Peter Hebblethwaite

Wie regiert der Papst

Peter Hebblethwaite

Wie regiert der Papst

Aus dem Englischen
von Wolfdietrich Müller

Benziger

Die englische Originalausgabe erschien 1986
unter dem Titel «In the Vatican»
im Verlag Sidgwick & Jackson Ltd, London

ISBN 3 545 25066 0

«Wer im Schiff Petri reist, sollte sich nicht zu genau im Maschinenraum umsehen»

(Msgr. Ronnie Knox, zitiert von Penelope Fitzgerald).

Inhalt

Vorwort

Dieses Buch wurde in Knock im Westen Irlands am 30. September 1979 ins Auge gefaßt, während wir auf die Ankunft Papst Johannes Pauls II. warteten. Die Beichtkapelle war in ein Gästezimmer umgewandelt worden. Dort traf ich Lord Longford, der ein Buch vorschlug, aber nicht noch eines über den Papst, sondern ein Buch über den Vatikan. Wenige Wochen später unterschrieb ich vorschnell einen Vertrag. Aber das Vorhaben verzögerte sich durch die notwendige Arbeit an *Johannes XXIII. Das Leben des Angelo Roncalli,* die länger dauerte, als ich gedacht hatte. So ist das Leben. Doch die Verzögerung hatte den Vorteil, daß das Pontifikat mittlerweile scharfe Konturen angenommen hat, und das spiegelt sich in der Römischen Kurie, der päpstlichen Beamtenschaft.

Manche «Progressive» («Liberale» in den Vereinigten Staaten) werden diese Konzentration auf die Kirche, wo sie am stärksten als Institution erscheint, beklagen. Sie sagen, die Kurie sollte als unerheblich außer acht gelassen werden. In meiner Sicht ist das ein Fehler. Denn in der «großen Tradition», für die zum Beispiel John Henry Newman und Friedrich von Hügel stehen, gibt es immer drei Elemente im Katholizismus, die in schöpferischer Spannung nebeneinandergehalten werden müssen: Theologie, Gottesdienst und Leitung – oder, wenn man will, Denken, Gebet und die Institution. Die Strukturen, die Organisation, der Apparat haben im Prinzip der geistigen Wirklichkeit der *koinonia* oder Gemeinschaft zu dienen.

Sobald man diesen Punkt begriffen hat, kann man mit großer Offenheit sprechen, darauf vertrauend, daß der Ausdruck reifen Glaubens in der Kirche immer gehört werden wird. Einige mir wichtige Grundsätze dienen als

Leitstern. John Stuart Mill sagte: «Meine Liebe zu einer Institution steht im gleichen Verhältnis zu meinem Wunsch, sie zu reformieren.» Das wäre bloß großsprecherisch, bezöge man sich nicht selbst in den nie endenden Prozeß von Reform und Wandlung *(metanoia)* ein. Das sind persönliche Angelegenheiten für den Betstuhl oder den Beichtvater. Noch bedeutender für einen Autor ist Beaumarchais' Bemerkung in *Figaros Hochzeit,* daß «ohne die Freiheit zu kritisieren kein Lob von Wert ist». Auf eine seltsame Weise hallt daraus wider, was der spanische Dominikaner Melchior Cano vor mehr als vierhundert Jahren auf dem Konzil von Trient sagte: «Petrus braucht unsere Lügen oder Schmeicheleien nicht. Diejenigen, die blind und unterschiedslos jede Entscheidung des Papstes verteidigen, sind dieselben Männer, die am meisten dazu beitragen, die Autorität des Heiligen Stuhles zu untergraben, anstatt sie zu unterstützen – sie zerstören ihre Grundlagen, anstatt sie zu stärken.» (Zitiert in Adrian Hastings [Hg.], *Bishops and Writers.*)

Es sollte inzwischen klar sein, daß man über den Vatikan nicht schreiben oder sprechen kann, ohne ein gewisses Maß an Theologie der Kirche mit einzubeziehen. Meine Theologie der Kirche beruht unerschütterlich auf dem Vatikanum II. Sie ist überall in diesem Buch am Werk zu sehen, besonders ausdrücklich allerdings im letzten Kapitel dieses Buches, wo ich mir eine gewisse prophetische Freiheit gestattet habe. Gewiß, ich habe mich nicht direkt mit der schmutzigen Angelegenheit der vatikanischen Finanzen befaßt. Das kommt einfach daher, daß ich nichts Neues zu dem Thema zu sagen habe. Ich verweise in solchen Dingen auf den Fachmann, Rupert Cornwell von der *Financial Times* und John le Carrés Bruder (siehe Rupert Cornwell, *God's Banker*).

Bleibt der Dank an Arthur Jones und Thomas C. Fox, den früheren und den jetzigen Herausgeber des *National Catholic Reporter,* der einzigen katholischen Zeitung auf der Welt mit der Einsicht und den Mitteln, einen hauptberuflichen «Vatikanischen Berichterstatter» anzustellen, ebenso *The Universe,* jetzt in den sicheren Händen der Bischöfe, für die Hilfe bei der Beschaffung der Bilder.

Castagnoli in Chianti
Fest der Verklärung, 6. August 1985

Postskriptum

Seit der Fertigstellung dieses Buches hat es ein weiteres «Erdbeben» – oder wenigstens um Haaresbreite – in der Römischen Kurie gegeben. Es gibt noch einen weiteren Reformplan. Seine Existenz wurde in etwa zugegeben, wenn auch sein Inhalt nicht offiziell aufgedeckt wurde. Man diskutierte ihn bei einer Konferenz des Kardinalskollegiums vom 20.–23. November 1985. Zu einer Beschreibung der Vorschläge und einem minutiösen Bericht, was aus ihnen wurde, siehe meine Arbeit *Synod Extraordinary* (1986). Der augenblickliche Eindruck ist, daß in allernächster Zeit nicht viel geschehen wird. Die meisten Merkmale des Plans erscheinen schon in diesem Buch als gefährliche Tendenzen. Es ist also durchaus möglich, daß ich unwissentlich die Grabschrift auf die Römische Kurie Pauls VI. geschrieben habe, aber auch jene «Präambel über die theologische Natur der Kurie», die die Kardinäle im November 1985 angefordert hatten. Man ist immer glücklich, wenn man einen Gefallen tun kann.

8. Dezember 1985

1

Von Brücken, Mauern und Brunnen

Die meisten ausländischen Besucher Roms kommen wegen des Vatikans und des Papstes. 1886 beschloß der Dichter und Entdecker Wilfrid Scawen Blunt, eine Weile in Rom zuzubringen. Kardinal Manning, ein alter Freund seiner Mutter, unterstützte das Vorhaben. «Sie werden dort in den jahrhundertealten Trott geraten», sagte der Kardinal, «und es wird Ihnen guttun» (Elizabeth Longford, *Pilgrimage of Passion*). Blunt, der ein ziemlicher Spitzbube war, machte sich auf und hatte ordnungsgemäß eine Audienz bei Papst Leo XIII. Sonderlich gut tat ihm das nicht.

Seit dem frühen Mittelalter sind die Menschen nach Rom gereist, und die «Angelsachsen» waren mit die ersten, die ein «Kolleg» an den Ufern des Tiber einrichteten. Das sehr unlateinische Wort *Borgo* ist eine Erinnerung an ihre Anwesenheit. Das Kolleg war nur zum Teil Schule: Es war auch ein Hospiz für Besucher, eine inoffizielle Botschaft bei den Päpsten und eine Festung, um die plündernden Sarazenen (unter welchem Namen die Moslems am Ort bekannt waren und in italienischen Marionettenstücken immer noch sind) abzuwehren, die in ihren schnellen Booten beunruhigend häufig den Tiber heraufgefahren kamen. Der Name, den man der Uferstraße gegeben hat, *Lungotevere dei Sassoni*, ist eine weitere Erinnerung an diese «sächsische» Gegenwart, und der Turm nördlich des Tunnels unter dem Gianicolo ist das Überbleibsel der französichen Entsprechung.

Diese frühesten Besucher waren wie die von heute Pilger. Sie gingen nach Rom, um die Reliquien von Petrus und Paulus zu verehren und den Nachfolger Petri zu sehen. Sie hatten das gleiche Motiv, aber sie sahen nicht, was wir sehen. Auf dem vatikanischen Hügel erhob sich die alte

Peterskirche, die Konstantin nach seiner Bekehrung 336 geplant hatte. Sie wurde im Stil einer Basilika gebaut, dem römischen Gerichtsgebäude nachgebildet – wie tatsächlich alle römischen Kirchen der damaligen Zeit. Die Piazza davor war ein Viereck und bei weitem nicht so groß wie die Fläche, die von Berninis Kolonnaden des 17. Jahrhunderts umgeben ist. Sie hatte bis ins späte 15. Jahrhundert Bestand. Aber der Pilger im, sagen wir, 8. Jahrhundert besuchte auch die Kirche San Giovanni in Laterno, die Kathedrale des Bischofs von Rom, Santa Maria Maggiore und San Paolo fuori le Mura, die damals durch eine prächtige Marmorkolonnade, eines der Weltwunder, mit der Stadt verbunden war. Der moderne Pilger, der sich durch den Verkehr schlängelt, macht immer noch die Runde zu denselben vier Basiliken.

Aber es gibt einige sehr wichtige Unterschiede. Das Wort «papa» war bereits in Gebrauch, wenn es auch anfangs auf jeden Priester angewendet wurde (wie heute noch als «Pope» in manchen orthodoxen Kirchen). Aber der bevorzugte Titel für den Bischof von Rom war «Stellvertreter Petri». Weil er als Nachfolger Petri, des Apostelfürsten, angesehen wurde, fungierte der Bischof von Rom als entscheidender Schiedsrichter bei strittigen Fragen, die ihm vorgetragen wurden. Auf dem Konzil von Chalcedon 451 wurde das Lehrschreiben Papst Leos des Großen mit dem Ruf «Petrus hat durch Leo gesprochen» als rechtskräftige Darstellung der Inkarnation begrüßt. Obwohl Spannungen bestanden, gab es damals keinen Bruch zwischen Osten und Westen.

Dennoch hatte der Papst bereits weltliche Macht erworben und herrschte über das, was später *Patrimonium Petri* genannt wurde, einfach weil der römische Kaiser seine Hauptstadt in den Osten, nach Konstantinopel, verlegt und somit «Italien» schutzlos gelassen hatte. Die Päpste füllten dieses Machtvakuum aus und wurden zur einzigen Verteidigung gegen die barbarischen Horden, die Ostgoten und die Westgoten und andere germanische Stämme, die den Norden des Landes ängstigten und plünderten, bis sie schließlich abgeschlagen, bestochen oder, was am besten war, bekehrt wurden.

Christus gab Petrus keine Versprechen eines irdischen Königreiches, und die Schlüssel des Königreiches umfaßten oder besagten keine weltliche Macht. Aber tausend Jahre lang, bis 1870, war es anscheinend natürlich, daß der Bischof von Rom als weltlicher und als geistlicher Führer handelte. Die Tiara, eine dreistufige Kopfbedeckung asiatischen Ursprungs, symbolisierte angeblich die Macht des Papstes über Himmel, Hölle und Erde. (Bismarck sagte, er würde die ersten zwei Reiche gern dem Papst überlassen, vorausgesetzt, er selbst kontrollierte das dritte.) Die Tiara wurde endgültig erst 1978 als unangemessener Kopfschmuck für den «Diener der Diener

Gottes» (Gregor der Große) aufgegeben. Der Verzicht darauf war Johannes Paul I. Beitrag während seiner kurzen Herrschaft von dreiunddreißig Tagen. Aber nichts davon hätte den Pilger des 8. Jahrhunderts nachdenklich gemacht. Er nahm es, wie es kam.

Falls er «Sachse» war, würde er sich auch voller Stolz erinnern, daß es ein Papst gewesen war, Gregor der Große, der den Mönch Augustinus 597 nach England geschickt hatte. Die Tatsache, daß Gregor es eilig hatte, das Inselvolk vor dem Jahr 600 zu bekehren, für wann das Ende der Welt zuverlässig vorausgesagt war, sie war vergessen, ebenso Augustinus' Brief, in Gallien geschrieben, in dem er sagte, er habe solche erschreckenden Berichte über die blutdürstigen Bräuche der Einwohner Britanniens erhalten, daß er nach Hause zurückzukehren wünsche. Der Papst befahl ihm weiterzumachen.

Die Sendung nach England war indes wichtig, weil sie auf das Papsttum als einen Mittelpunkt missionarischer Tätigkeit verwies. Es war hinsichtlich der Evangelisation nicht passiv. Andere Missionen folgten, namentlich jene der Heiligen Kyrill und Method, die unter den slawischen Völkern arbeiteten, die Evangelien und die Liturgie in ihre Sprachen übersetzten. Sie sollen sogar, so heißt es, den Stamm der Wislanen im südlichen Polen erreicht haben. Diese atavistische Erinnerung veranlaßte Papst Johannes Paul II. Ende 1980, Kyrill und Method zu Schutzheiligen Europas zu machen. Dem heiligen Benedikt, dessen Mönche Westeuropa evangelisiert hatten, war der Rang eines Schutzheiligen Europas 1966 zuerkannt worden, aber Johannes Paul wollte den aktuellen Standpunkt deutlich machen, wonach es ein «größeres» Europa gebe, das die Slawen einbezieht. Man unterstellte nicht, daß Benedikt bei der Arbeit versagt hätte; aber es wurde angedeutet, daß die gegenwärtige Teilung Europas künstlich und unhistorisch sei.

Trotz dieser Beispiele päpstlicher Initiativen wäre es anachronistisch, sich vorzustellen, die Kirche wäre damals etwa so abhängig vom Papsttum gewesen, wie sie es später wurde. Das war ein Glück, denn im 10. Jahrhundert erlebte es den schlimmsten und skandalösesten Abschnitt seiner Geschichte. Otto III., ein Nachfolger Karls des Großen als Heiliger Römischer Kaiser (den Papst 800 gekrönt hatte), besuchte Rom, um persönlich Marozia zu sehen. Diese bemerkenswerte Dame war die Mutter eines Papstes, den sie von einem anderen Papst empfangen hatte, die Tante eines dritten Papstes und die Großmutter eines vierten. Als wäre das noch nicht genug, sorgte sie mit Hilfe ihrer Mutter für die Wahl von neun Päpsten in acht Jahren, von denen zwei erwürgt, einer mit einem Kissen erstickt und die restlichen auf unbekannte Weise aus dem Weg geräumt wurden. Als Otto sie 986 besuchte, war sie seit vierundfünfzig Jahren im Gefängnis der Engelsburg. Otto ließ seinen Vetter Bruno als Gregor V. zum Papst weihen, und eine Synode ordnete die Hinrichtung Marozias an. Ein Kissen wurde fest auf ihre Nase und ihren Mund gedrückt, bis sie aufhörte zu atmen. Es gab keine Korrespondenten am Lateran, um diese entsetzlichen Ereignisse zu berichten. Ich denke an Marozia jedesmal, wenn ich an der finsteren Engelsburg, die auf das Mausoleum Kaiser Hadrians gebaut ist, vorbeigehe.

In einem Aufsatz mit der köstlichen Überschrift «Die ekklesiologische Bedeutung schlechter Päpste» legt Edmund Hill OP folgendes dar: «Selbst wenn der Heilige Stuhl zweihundert Jahre lang skandalöse Entwürdigung und Niedergang durchlitt . . . waren die anderen Kirchen außerhalb Italiens von diesem unglücklichen Zustand der Dinge nicht ernsthaft beeinträchtigt. Es war zum Beispiel eine Periode tatkräftiger Erneuerung und Reform in der angelsächsischen Kirche» (*New Blackfriars,* März 1981). Der Verlauf der päpstlichen Geschichte ist nicht so glatt, wie die spätere Apologetik behauptet. Die ekklesiologische Bedeutung schlechter Päpste besteht darin, daß die Kirche sie überleben kann.

Ich bediene mich dieser Beispiele nur, um zu zeigen, daß der Gang nach Rom, wie Manning sagte, bedeutet, «in den jahrhundertealten Trott zu geraten». Geschichte ist in Rom unausweichlich. Alles, was jetzt geschieht, spiegelt längst vergangene Ereignisse in einem verwirrenden Kaleidoskop von Beharrung und Wandel. Die Verwendung des Begriffes «Vatikan» zum Beispiel wäre im ersten Jahrtausend und lange danach unmöglich gewesen. Bis 1367 lebten die Päpste, abgesehen von ihrem Aufenthalt in Avignon, nicht im Vatikan, sondern im Lateranpalast, Tür an Tür mit ihrer Kathedralkirche. Die Peterskirche war immer die Kirche der Christenheit, und ihre Rolle war einzigartig. Aber bis in 15. Jahrhundert hätte man nicht «der Vatikan» sagen können, wenn man den Papst und seine Kurie oder Verwaltung meinte. Bis dahin hätte man sagen müssen: «Der Lateran hat soeben ein Dekret erlassen, das geistliche Kleidung verbietet» (was tatsächlich geschah).

Demnach ist der Vatikan, den der Pilger von heute sieht, eine sehr «moderne» Schöpfung, wenn man ihn in der langen Perspektive der Geschichte betrachtet. «Wir denken hier in Jahrhunderten« ist ein beliebter römischer Ausspruch. Lassen wir die Peterskirche einen Augenblick draußen, ist der augenfälligste Zug des gegenwärtigen Vatikans, daß er fast ganz von hohen, gewaltigen Mauern umgeben ist. Ich bin zweimal um die Mauer des Vatikans herumgegangen, beim erstenmal, um zu sehen, wie lange man braucht, beim zweitenmal, um die Denkmäler zu betrachten. («Wenn du siebenmal herumgegangen wärest», sagte ein Freund, «wären sie vielleicht heruntergefallen.») Die gesamte Fläche, die der Vatikan einnimmt, beträgt 44 Hektar. Ich brauchte ungefähr eine Stunde für den Rundgang.

«Es gibt etwas, das keine Mauern liebt», sang Robert Frost, und diese Mauern sind besonders abstoßend. Paulus spricht vom Einreißen von Mauern: «Denn er ist unser Friede ... und riß durch sein Sterben die trennende Wand der Feindschaft nieder» (Epheser 2,14). Päpste, so spürt man, sollten als *Pontifices* Brücken bauen, keine Mauern. Innerhalb des Vatikans ist die Torre San Giovanni als letzter Zeuge der Sarazenengefahr erhalten. (Papst Johannes XXIII. verwandelte den Turm in einen gemütlichen Ort der Einkehr, vierstöckig und mit Aufzug.) Die vatikanischen Mauern, immer noch stark und sicher, verlaufen im Zickzack, um Flankenfeuer zu ermöglichen, wie es den fortschrittlichsten Theorien der Zeit, in der sie gebaut wurden, entsprach. Sie wurden angelegt, um christliche Fürsten nicht hereinzulassen. 1527 wurde Rom von meuternden kaiserlichen Truppen geplündert, und Benvenuto Cellini hielt das Geschehen von der Engelsburg aus fest. Fast ganz Italien fiel in die Hände der Spanier.

Die heute sehr dekorative Schweizergarde stammt aus dieser Zeit. Es waren Söldner. Niccolò Machiavelli, der in dem Jahr der Plünderung Roms starb, mißtraute ihnen. «Wenn ein Fürst», schrieb er, «die Verteidigung seines Staates auf Söldner gründet, wird er nie Stabilität oder Sicherheit erreichen. Denn Söldner sind uneinig, machtlüstern, undiszipliniert und untreu» *(Der Fürst).*

Machiavelli machte sich auch Gedanken über Architektur, die von Papst Nikolaus V. (ein anderer Niccolò) vorweggenommen wurden. Natürlich baut ein Fürst (das heißt ein Herrscher) Mauern, um Feinde fernzuhalten, aber sie dienen auch dazu, die Einwohner mit der Fähigkeit, dem Ruhm und der Herrlichkeit ihres Herrschers zu beeindrucken. Der Bau großer Mauern war also eine Form von Propaganda. Auf seinem Sterbebett versammelte Nikolaus V. die Kardinäle um sich, um zu erklären, warum er so viel Zeit dem Bauen und der Stadtplanung gewidmet hatte. «Prächtige Bauwerke», erklärte er, «flößen den Menschen Vertrauen ein, und der Glanz von gleichsam ewigen Denkmalen wirkt auf ihre Vorstellungskraft, als wären es Werke Gottes. So wird die Verehrung der Menschen geweckt, und auf diese Weise wird die Vorstellung vom göttlichen Ursprung der römischen Kirche bekräftigt und durch religiöse Bewunderung neu belebt» (Luigi Parpagliolo, *Roma*). Daraus spricht nicht gerade der Geist der Evangelien. Es war derselbe Nikolaus V., der den Abbruch der alten Peterskirche befahl, um für ein neues, prächtiges Bauwerk Platz zu schaffen.

Es war dies ein typisches Renaissancedenken, und es wirkte anstößig auf Martin Luther, der Rom besuchte und sich bei den Augustinern in ihrer Kirche an der heutigen Piazza del Popolo aufhielt. Wenn man hinzufügt, woran der verstorbene Erzbischof «Tommy» Roberts gern jedermann erinnerte, daß nämlich die neue Peterskirche vom Erlös aus dem Verkauf von Ablaßbriefen gebaut wurde, dann erscheint die Reformation als die Ablehnung Roms fast unvermeidlich. Das reine Evangelium konnte solche verschwenderische Pracht nicht ertragen.

«Geht nach Rom», sagte Kardinal Manning, «und es wird euch guttun.» Das ist nicht die stets gleichbleibende Erfahrung von Pilgern gewesen. Es gibt ein mittelalterliches irisches Gedicht, das die Warnung enthält: «Den Ärger, den du zu Hause zurückläßt, findest du in Rom oder nirgendwo.» Dante wetterte gegen schlechte Päpste, ebenso der englische Franziskaner Wilhelm von Ockham. Doch ihre «schlechten Päpste» waren überhaupt nicht in Rom. Sie waren in Avignon und hingen von der Gunst der französischen Monarchen ab. Umberto Ecos Roman *Der Name der Rose* läßt diese Epoche des Papsttums lebendig erstehen, als Mystiker wie der Dominikaner Meister Eckhart verurteilt wurden (postum) und eine frühere Version der «Theologie der Befreiung», entwickelt von den «vergeistigten Franziskanern», streng unterdrückt wurde. Papst Johannes XXII. hielt es für äußerst verderblich zu lehren, daß «Unser Herr und Erlöser und seine Apostel nichts besaßen, weder persönlich noch gemeinsam». Johannes XXII., der reichste Monarch Europas, konnte das kaum hingehen lassen. Er machte den Namen Johannes mehr als sechshundert Jahre lang unbenutzbar für das Papsttum, bis Angelo Roncalli ihn frohen Sinnes neu belebte und begann, von der «Kirche der Armen» zu sprechen.

Die neue Peterskirche war nicht Ausdruck der «Kirche der Armen». Sie war vielmehr ein Beispiel jener «Pracht», von der Nikolaus V. sprach. Vier Architekten hatten schon an ihr gearbeitet, ehe Michelangelo beauftragt wurde, sie zu vollenden: Die Mittelpfeiler und ein Teil der äußeren Mauern standen bereits. Michelangelos Leistung bestand darin, daß er ihr seine geistliche Vision aufprägte. Er war kein Architekt von Beruf. Lord Clark sagte: «Sie ist von allen seinen Entwürfen der am stärksten von der Skulptur geprägte – eine einzige riesige Einheit, die das Auge herumführt, als wäre sie ein gemeißelter Torso» *(Civilisation)*.

Sie war in der Tat herrlich. Aber war sie notwendig? Mandel Creighton, der Cambridger Historiker des 19. Jahrhunderts, der später Bischof von London wurde, glaubte es nicht:

> Selbst ein Zeitalter, das gierig auf Neues und voller Selbstvertrauen war, wunderte sich über die Zerstörung der verehrtesten Kirche der Christenheit, um Platz für etwas Neues zu schaffen. Die Basilika des heiligen Petrus war seit Ewigkeiten das Ziel von Pilgerfahrten aus jedem Land gewesen. Außen glänzte sie von Mosaiken, von denen Giottos Schiff heute als einziges erhalten ist; innen war ihr Fußboden

ein Wunder der Mosaikkunst; ihre Denkmäler erzählten die Geschichte der römischen Kirche seit Jahrhunderten. Die Menschen mögen die heutige Herrlichkeit der Peterskirche preisen; sie vergessen, was zerstört wurde, um für sie Platz zu machen. Kein rücksichtsloserer oder barbarischerer Akt der Zerstörung wurde jemals absichtlich begangen *(A History of the Papacy from the Great Schism to the Sack of Rome).*

Creighton sprach von Papst Julius II., der die verhängnisvolle Entscheidung traf, die alte Basilika abzureißen. Er schrieb es der Eitelkeit und Eigenwerbung zu und weist darauf hin, daß die Päpste von da an ein unziemliches Interesse an ihren eigenen Grabdenkmälern zu zeigen beginnen.

Man kann das zugeben und sich dennoch fragen, ob die alte Peterskirche ganz so fest auf ihren Fundamenten stand. Drohte sie nicht einzustürzen? Es ist jedoch klar, daß die Peterskirche und der Vatikan, die wir heute sehen, das Ergebnis einer neuen Sicht, einer neuen Vorstellung sind. Tizians berühmtes Porträt Papst Paul III. läßt ihn wie einen gerissenen alten Fuchs aussehen, aber je länger man es betrachtet, desto mehr wirkt er wie ein weiser alter Kopf. Paul III. traf zwei Entscheidungen, die die katholische Kirche verwandelten: Er berief das Trienter Konzil ein, und er billigte die «Gesellschaft Jesu», einen neuen religiösen Orden, den ein Baske namens Inigo (oder Ignatius auf Latein) gegründet hatte. Es gab ein neues Selbstvertrauen und eine neue Sittenstrenge, die den Wunsch widerspiegelte, den Protestanten keinen Anlaß zur Klage zu geben. Spätere Päpste waren zumindest einigermaßen achtbar.

Sie bauten auch die Innenstadt Roms, die wir heute sehen, nach Lord Clark «das grandioseste Stück Stadtplanung, das jemals versucht wurde». Die neue «Sittenstrenge» der Gegenreformation erstreckte sich nicht auf die Künste. Barockkunst drückt Überfluß, Freude, Überschwang und reinen Spaß aus. Sie liebt das Trompe-l'œil, weite Durchblicke und vor allem Brunnen, diese höchst unstoffliche Form von Kunst. Sie ist durch und durch theatralisch. Der neue Petersplatz ist ein herrliches Bühnenbild. Shakespeare erinnerte seine Zeitgenossen:

Die ganze Welt ist Bühne,
Und alle Fraun und Männer bloße Spieler.
Sie treten auf und gehen wieder ab ...

Protestanten der strengeren Sorte, die davon überzeugt sind, daß keine Kultur auf Gehorsam und Unterdrückung gebaut werden kann, fühlen sich vielleicht unwohl im päpstlichen Rom, aber (um Lord Clark ein letztes Mal zu zitieren):

> Niemand mit einem Quentchen historischen Empfindens oder philosophischer Unparteilichkeit kann blind sein für die großartigen Ideale, den leidenschaftlichen Glauben an Heiligkeit, den Aufwand an menschlichem Genie im Dienste Gottes, die uns bei jedem Schritt, den wir im barocken Rom tun, triumphierend vor Augen geführt werden. Was immer es ist, barbarisch oder provinziell ist es nicht. Hinzu kommt, daß die katholische Erneuerung eine populäre Bewegung war, daß sie gewöhnlichen Menschen ein Mittel gab, durch Ritual, Bilder und Symbole ihre tiefsten Regungen zu befriedigen, so daß ihre Seelen Frieden hatten; und ich meine, man muß einverstanden sein, das Wort Kultur erst dann zu definieren, wenn wir das Rom der Päpste betrachtet haben.

Wir sind aus dem Vatikan gelockt worden, zwangsläufig, denn damals unterschied man kaum zwischen dem Vatikan und der Stadt Rom. Dort in der Sixtinischen Kapelle malte Michelangelo sein ehrfurchtgebietendes *Jüngstes Gericht*, das (abgesehen von außergewöhnlichen Umständen) auf alle folgenden Konklaven herabgeblickt hat. Es war ursprünglich von Papst Klemens VII. als Akt der Sühne für die Plünderung Roms, die Austreibung eines Alptraums gedacht; aber Paul III. verwandelte es in eine Bekräftigung der Macht der Kirche und eine Warnung vor dem schrecklichen Schicksal, das alle Ketzer und Abtrünnigen erwartete. Es macht eine mächtige ideologische Aussage, die ihre Stärke bis heute behielt, trotz der Touristen, die kommen und ein künstlerisches Meisterwerk bewundern.

Die Mauern, die den Vatikan umgeben, stammen aus derselben Zeit. Päpste, so scheint es, signierten ihre Bauten immer mit ihren Wappen. Die großen Mauerbauer waren Pius IV. (1559–65) und der heilige Pius V. (1566–72). (Es war übrigens Pius V., der weiter seine Dominikanertracht trug, nachdem er Papst geworden war, und so die «Tradition» begründete, daß Päpste Weiß tragen.) Nach diesen zwei Päpsten des 16. Jahrhunderts kam der nächste Ansporn zum Mauerbau im 19. Jahrhundert und war das Werk von Gregor XVI. (1830–46) und Pius IX. (1846–78). Das ist symbolisch bedeutsam. Im 16. Jahrhundert errichtete die Kirche auf dem Trienter Konzil dogmatische Mauern gegen die Bedrohung durch den Protestantismus. Im 19. Jahrhundert brandmarkten die Päpste, die von Napoleon und der Französischen Revolution gedemütigt worden waren, Indifferentismus, Demokratie, Säkularismus, Sozialismus und die Idee des Fortschritts – kurz, die gegenwärtige Welt – im *Syllabus der Irrtümer* (1864).

Dann versuchte Pio Nono, sie mit dem Ersten Vatikanischen Konzil (1869–70) abzuwehren.

Aber zwischen den mauerbauenden Päpsten kamen jene perückentragenden Päpste das 18. Jahrhunderts, die die urbane Landschaft der alten Stadt gerade zu der Zeit vollendeten, als die Bildungsreise in Mode kam. Ihr Beitrag wurde von Owen Chadwick beschrieben:

> Die Päpste des 18. Jahrhunderts zeigten der Welt ein freundliches Gesicht, wie ihre Stadt, würdig, ästhetisch, feierlich, barock – mit der neuen Fassade der Santa Maria Maggiore, die der Papst um die Jahrhundertmitte errichtete ... oder mit der wunderbarsten Treppe in Rom, der Spanischen Treppe, die 1725 zur Erinnerung an das Heilige Jahr gebaut wurde, oder mit dem fröhlichsten aller Brunnen Roms, dem Trevi, von dem Corsini-Papst Klemens XII. in Auftrag gegeben und 1762 vollendet, oder mit dem bekannten Vatikanischen Museum selbst, das in seinen Hauptzügen das Werk des letzten Papstes des Jahrhunderts war, des Papstes, der sich den Aufwand am wenigsten leisten konnte, aber den Vatikan zu dem machte, was er heute ist ... eines der Kunstzentren der Welt *(The Popes and European Revolution).*

Professor Chadwick läßt das Rom des 18. Jahrhunderts klingen wie Trollopes Barchester, «eine sonnenbeschienene ländliche Welt ohne das Grollen der Revolution, zuversichtlich, scheinbar beständig, gemütlich, altertümlich, wohlhabend, geachtet, freundlich, höflich und durch Mildtätigkeit Gutes tuend». Immerhin war es aber das Jahrhundert, das erbitterte kirchliche Schlachten mit den katholischen Monarchen Europas sah (der Streit um *Unigenitus* von 1725 hat viele Züge mit dem um *Humanae Vitae* von 1968 gemeinsam), die Unterdrückung der Jesuiten und am Ende des Jahrhunderts die Verschleppung des Papstes als Gefangener nach Frankreich. Viele kompetente Beobachter verkündeten das Ende des Papsttums als Institution.

Jetzt haben wir wesentliche Elemente zusammengetragen, die den Vatikan und einen guten Teil des Rom von heute ausmachen. Nehmen wir an, wir hätten eine Zeitmaschine zur Hand. Ein Reisender aus dem 8. Jahrhundert wäre höchst verwirrt vom Rom des 18. Jahrhunderts, aber wenn er den Tiber und die Silhouette der Hügel als Führer benutzte, würde er schließlich zurechtkommen und seinen Weg zum Petrusgrab finden. Der Reisende des 20. Jahrhunderts könnte einen modernen Stadtplan mitnehmen, der ihn, mit Verstand gebraucht, zu den bekannten Ansichten führen würde. Goethe lehnte am Obelisk im Mittelpunkt des

Petersplatzes und aß eine Weintraube, ganz wie es ein moderner Pilger vielleicht tun würde.

Aber nach diesem gemächlichen Bummel durch die Jahrhunderte ist die grundlegendste Frage immer noch nicht gestellt worden. Warum ist der Vatikan überhaupt da? Warum steht die Peterskirche hier anstatt in Antiochia oder Jerusalem? Einen Teil der Antwort gibt der Obelisk, an dem Goethe lehnte. Er wurde 1586 hier aufgestellt, und es waren 900 Männer mit 44 Winden und 140 Pferden nötig, um ihn in seine richtige Stellung hochzuziehen. Er hatte bereits eine lange Geschichte. Er wurde 60 n.Chr. auf dem größten Schiff, das man bis dahin gesehen hatte, aus Ägypten gebracht. Im Jahr 64 ließ Kaiser Nero ihn in dem Circus aufstellen, den er zwischen dem Gianicolo und dem Vatikanischen Hügel baute (ungefähr da, wo heute Nervis moderne Audienzhalle steht). Aber es war ein privater Circus, zu Neros persönlichem Vergnügen gebaut. Er liebte Wagenrennen um den Obelisk, der als Stele oder Markierung diente.

In der Nacht vom 18. auf den 19. Juli 64 brach ein Feuer in den bevölkerten engen Straßen Roms aus, auf der anderen Seite des Tibers, gegenüber von Neros Circus. Von heftigen Winden genährt, dauerte es über eine Woche. Der größte Teil der Stadt war zerstört. Nero stürzte sich sofort auf verschwenderische grandiose Bauvorhaben. Das obdachlose und hungrige Volk von Rom hielt das nicht für die dringlichste Aufgabe. Es ging das Gerücht, daß Nero das Feuer selbst gelegt hatte, um seinen Traum von einem prachtvollen Rom zu verwirklichen.

Nero bekam Wind von diesen Gerüchten. Er beschloß, sie zu unterdrükken. Ein Sündenbock müßte gefunden werden. Eine kleinere Sekte aus Palästina, von der man wenig wußte, war passend zur Hand. Und der Pöbel würde durch ein großes Schauspiel beschwichtigt. Am 13. Oktober 64, dem Jahrestag seines Amtsantritts als Kaiser, lud Nero die Römer auf das andere Tiberufer ein, um seinen neuen Circus zu besichtigen (alle anderen waren bei dem Brand vernichtet worden) und an den Feierlichkeiten teilzunehmen.

Tacitus beschrieb die Szene recht ausführlich. Der Kaiser nahm selbst an den Spielen teil und lenkte seinen Wagen in wilder Fahrt um die 300 Schritt lange Strecke. Manche Christen wurden in Tierfelle gekleidet und dann von aufgehetzten hungrigen Tieren in Stücke gerissen. Andere wurden in menschliche Fackeln verwandelt, um den Nachthimmel zu erleuchten und die Zuschauer warmzuhalten (denn ein römischer Oktober kann nach Einbruch der Dämmerung sehr kühl sein). Wieder andere wurden gekreuzigt: An großen Festtagen wie diesem war das Schauspiel einer Hinrichtung der Höhepunkt der Vorstellung, die Glanznummer. Die Arbeit Margherita Guarduccis und anderer Gelehrter hat nachgewiesen, über jeden vernünftigen Zweifel erhaben, wie ich glaube, daß Petrus von Galiläa, der Führer der Christen, unter denen war, die gekreuzigt wurden.

Sobald man das als gegeben nimmt, kann man mit etwas Phantasie rekonstruieren, was danach geschah. Es konnte natürlich von denen, die von Tieren verschlungen oder vom Feuer getötet worden waren, keine Überreste geben. Aber eine Kreuzigung hinterließ den Freunden und Anhängern des toten Mannes wenigstens eine Leiche, und die Römer waren, obwohl sie das Leben gering achteten, abergläubisch, was den Tod anging. Es dürfte tief in der Nacht gewesen sein, als die Leiche geborgen wurde. Vom Tiber hinauf zum Vatikanischen Hügel lief die Via Cornelia. Sie war von Grabstätten gesäumt, die vornehmsten dem Tiber am nächsten. Auf halber Höhe des Hügels lagen die bescheidenen Grabmäler der weniger Reichen, und dahinter kam steiniges, unbebautes Land. Ich glaube, daß die geschundene Leiche des Petrus an diesen Ort gebracht, begraben und unter einem Felsen versteckt wurde. Das Geheimnis wurde gut gehütet, bis zur Bekehrung Konstantins, als ein Altar über dem Petrusgrab errichtet wurde: Man kann die Reste davon in der in jüngster Zeit ausgegrabenen Krypta (den *scavi*) noch sehen. Ich kenne keinen bewegenderen Ort in Rom. Die Basilika des heiligen Petrus wurde dann über dem Grab erbaut, auf einer großen L-förmigen Fläche, die aus dem Hügel gehauen wurde, um sie passend zu machen. Von da an sind Pilger nach Rom gekommen.

Wäre das nicht passiert, wäre der Vatikanische Hügel zweifellos wie die meisten anderen Hügel Roms mit zahlreichen Wohnblocks bedeckt. Der Schlüssel zur Bedeutung des Vatikans und der Kirche findet sich hier. Sie beruht auf diesen alten Knochen, die hier liegen und die Auferstehung erwarten. Auf dieser Grundlage wurde in der Folge ein geistiger Überbau an Theorie und Theologie und Spekulation und Glauben und Aberglauben und Staatskunst errichtet.

Dieses Kapitel ist ein Spaziergang durch das päpstliche Rom gewesen. Es muß mit dem letzten ausschließlich päpstlichen Beitrag zur Schönheit der Stadt enden. Am 10. September 1870, genau zehn Tage vor dem endgültigen Zusammenbruch des Kirchenstaates, segnete Pius IX. niedergeschlagen seine unglücklichen Soldaten – von denen er nur erwartete, daß sie Scheinwiderstand leisteten – und ging dann, um den ihm zu Ehren *Acqua Pia* genannten Brunnen einzuweihen. Er lag in der Nähe des Bahnhofs Termini (den es da schon gab) und befindet sich jetzt auf dem Platz mit dem Namen Piazza Esedra. (Die trägen Nackten kamen später dazu.)

Einer der frühen Zeugen im Seligsprechungsprozeß für Pius IX. (er begann 1907 und hat im Pontifikat Papst Johannes Pauls II. Fortschritte gemacht) beschrieb ergreifend diesen letzten Auftritt des Papstes als weltlicher Souverän. Giuseppe di Bisogno, Bischof von Urbani, erzählte dem Gericht:

> Die Bekundung von Zuneigung durch das Volk von Rom war unbeschreiblich, als er durch die Straßen fuhr. Sie drängten sich um seine Kutsche und riefen: «Heiliger Vater, verlaß uns nicht.» Sie sagten das, weil es Gerüchte gab, der Papst sei aus Rom geflohen (wie 1848). Die Menschen hatten ihn immer geliebt. Diese letzte Kundgebung war deshalb besonders begeistert: Es war seine letzte öffentliche Zeremonie (Pietro Pirri SJ [Hg.], *Pio IX e Vittorio Emanuele II*).

Das war das Ende des Kirchenstaates. Von da an klagte Pius IX., er sei der «Gefangene des Vatikans», und tauchte nicht mehr aus seinem Gefängnis auf. Ein antiklerikaler Pöbel versuchte bei seinem Begräbnis 1878, seinen Sarg unter den Rufen «Werft den alten Trottel in den Fluß» in den Tiber zu befördern. Der Bischof von Rom konnte bis 1929 seinen Fuß nicht mehr in die Stadt Rom setzen. Rom war in eine neue Phase seiner Geschichte eingetreten. Es wurde die Hauptstadt eines modernen Staates.

Im Rückblick ist es überraschend, wie ruhig und verhältnismäßig schmerzlos dieser Übergang vollzogen wurde. Bis dahin war es die allgemein anerkannte Einsicht – für die holländische, französische und irische päpstliche Zuaven mit ihrem Leben bezahlt hatten –, daß der Kirchenstaat wesentlich für die Unabhängigkeit des Papstes sei. Lord Acton sagt es mit seinem gewohnten Nachdruck:

> Die Wahrung der Unabhängigkeit des Heiligen Stuhles durch die Unversehrtheit seines Territoriums ist eine Sache von solcher Bedeutung gewesen, daß sie häufig nahezu ganz Europa beschäftigte ... Reiche sind um ihretwillen aufgestiegen und gefallen, und sie ist das vorrangige Interesse und Motiv bei den meisten der größten Veränderungen in der politischen Ordnung Europas gewesen (Aus einem Artikel in *The Rambler,* 1880; zitiert bei Douglas Woodruff [Hg.], *Essays on Church and State,* 1952).

Das war richtig. Doch nur wenige trauerten. Tatsache ist, daß der Verlust des Kirchenstaates wie die Befreiung von einem Alp war. Die Entziehung der politischen Macht setzte die Päpste in die Lage, sich auf ihre geistige Autorität zu konzentrieren. Der September 1870 bezeichnete einen Wendepunkt. Rom sollte sich in den nächsten hundert Jahren mehr verändern als in den voraufgegangenen dreihundert. Wie es sich wandelte, wird Thema des nächsten Kapitels sein.

2

Von der heiligen zur weltlichen Stadt

Der Romancier Henry James besuchte Rom im Jahr 1873, neugierig, wie die Stadt sich verändert hatte, nun, da sie von der päpstlichen in weltliche Herrschaft übergegangen war. Die auffallendste Veränderung zeigte sich an den Zeitungsständen: Wo man einst nur feierliche und stark zensierte Zeitungen wie *Osservatore Romano* oder *La Voce della Verità* lesen konnte, gab es jetzt auch ein fröhliches Durcheinander von antiklerikalen und respektlosen Zeitungen. «Ein Rom, das ungereinigte Zeitungen liest», schrieb James, «ist wirklich ein anderes Rom.» Der andere Unterschied, der ihm auffiel, war die rasche Bevölkerungszunahme: «Der Corso war immer eine belebte Straße, aber jetzt ist es ein unaufhörliches Gedränge.» Also schloß James: «. . . mittels der Zahl ist Rom säkularisiert worden» (Zitiert in Bernard Wall, *Italy, A Personal Anthology*). Der Prozeß der Säkularisierung, der damals eben begonnen hatte, gewann in den nächsten einhundertfünfzehn Jahren an Fahrt und verwandelte «die heilige Stadt» in die durch und durch weltliche Stadt, die wir heute kennen.

Als am 20. September 1870 die Bresche bei der Porta Pia geschlagen wurde, hatte Rom eine Bevölkerung von etwas über 200 000. Es hatte immer noch einen ländlichen Anstrich: Ochsen tranken aus dem Tritonenbrunnen auf der Piazza Barberini, das Fortkommen der Kutsche seiner Eminenz wurde oft von auseinanderstiebenden Hühnern oder widerspenstigen Ziegen behindert. Giulio Andreotti, der dauerhafte Christdemokrat, hatte eine alte Tante, die sich an Papst Pius IX. erinnerte, als er die Via Giulia eines Abends langsam entlangfuhr, hier und da anhielt, um jemandem zu gestatten, seinen Ring zu küssen oder eine

Bittschrift zu übergeben, wie in seinen Memoiren *A Ogni Morte di Papa* geschrieben steht.

Aber diese gemütliche Vertraulichkeit zwischen den Päpsten und Rom änderte sich, sobald entschieden war, daß die Stadt die Hauptstadt Italiens werden würde. Das war keine unumgängliche Wahl, und es kam darüber zu ausgedehnten Debatten in Florenz, dem ersten Versammlungsort des neuen italienischen Parlaments. Aber am Ende setzten sich die Geschichte und die Erinnerung an das Römische Reich durch. Indem sie Rom zu ihrer Hauptstadt erhoben, forderten die neuen Herrscher Italiens den Papst auf seinem heimischen Grund und Boden heraus und beraubten ihn der Stadt, deren Bischof er war. Wenn sie Florenz zur Hauptstadt gemacht hätten, wäre Rom vielleicht weiter ein ziemlich schläfriger toter Winkel geblieben, wo nicht viel passierte.

Doch die neuen Herrscher Roms, zum größten Teil Antiklerikale und Freimaurer, wollten eine geschäftige und lebhafte Hauptstadt. Es lag auf der Hand, daß sie das barocke Rom, das sie geerbt hatten, nicht abreißen konnten. Aber sie taten ihr Bestes, um es mit einer Reihe von architektonischen Programmen, die einen dauerhaften Stempel hinterließen, abzuwandeln. Neue öffentliche Gebäude entstanden an der Via Nazionale, und Statuen von Staatsmännern in Gehröcken säumten allmählich den Corso Vittorio Emanuele. Der «Altar der Nation» – amtlicher Name für das Denkmal Viktor Emmanuels – sollte es mit der Kuppel der Peterskirche aufnehmen. Der scharfsichtige Beobachter Emile Zola merkte in seinem Roman *Rom* an, daß der ganze Bereich im Osten des Vatikans von der Piazza del Risorgimento an so geplant war, daß sich keine Durchblicke zur Peterskirche auftaten. Der Justizpalast am Tiber, dazu bestimmt, die höhere Moral des neuen Staates zu verkörpern, begann fast unmittelbar nach seiner Fertigstellung in seinen Fundamenten abzusacken. Er wird immer noch abgestützt, wie die Gerechtigkeit, die er fehlbar repräsentiert. Und diese ganze ungeheure Bautätigkeit verkündete der Welt, daß Rom jetzt die Hauptstadt eines modernen Staates war, die mit Berlin, Wien und Madrid wetteiferte.

Der Haken war, daß außerhalb Italiens nur wenige Menschen diese Veränderung des Status wahrnahmen. Sie dachten weiterhin an Rom als «die Hauptstadt des Katholizismus» oder «die Stadt der Päpste». Was immer sich an der Oberfläche änderte, Rom blieb ein Zentrum der Wallfahrt zu den Gräbern der Apostel, ein durch das Blut der Märtyrer und die Erinnerung an die Katakomben geweihter Ort. Giulio Andreotti klagt in seinen Memoiren, daß überall, wohin er als Vertreter seines Landes kam, Kabinettsminister, Friseure und Taxifahrer alle wissen wollten, wie es dem Papst ginge. Sie mochten den Namen des italienischen Ministerpräsidenten vergessen oder nie gekannt haben (es hat über vierzig nach dem Krieg gegeben, wenn sich auch jetzt das Tempo des Wechsels verlangsamt), aber den Namen des Papstes kannten sie immer. Rom war wirklich die Hauptstadt Italiens, aber in den Köpfen der Ausländer und im Volksgedächtnis blieb es «die heilige Stadt».

«Die heilige Stadt»: Dieser Begriff wurde in den Lateranverträgen, die «die Römische Frage» 1929 endgültig lösten, tatsächlich verwendet. Nachdem sie achtundfünfzig Jahre lang, bis auf ein Lächeln ab und zu, miteinander geschmollt hatten, versöhnten der Heilige Stuhl und Italien sich, und die Via della Conciliazione wurde angelegt, um die neu gefundene Harmonie zwischen beiden Tiberufern zu symbolisieren. Dieses Vorhaben reichte weit zurück: Montesquieu berichtet 1729, daß es einen Plan gab, das enge Häusergewirr zwischen der Peterskirche und dem Tiber abzureißen, aber man habe ihn nicht ausgeführt, weil man seltsamerweise glaubte, daß der Rauch von so vielen Feuern «die Luft reinigte». Die Tatsache, daß Papst Pius XI. (oder vielmehr sein erster Staatssekretär Pietro Gasparri) die Verträge mit Mussolini unterschrieb, bedeutet nicht, daß er ein Faschist gewesen wäre, und in der Tat führten sie zu mehr, nicht weniger Konflikten zwischen Kirche und Staat in den 1930ern. Aber Pius XI. hatte einen unvorsichtigen Satz fallengelassen, als er die «Aussöhnung» feierte: «Wir sollten sagen, daß wir großzügig von der anderen Seite unterstützt wurden. Und vielleicht mußte jemand dasein wie der Mann, den die Vorsehung auf unseren Weg geführt hat, jemand, der frei von den Zwängen alter und überholter Denkweisen ist.» In den Köpfen des Volkes und in der faschistischen Propaganda wurde das dahingehend vereinfacht, daß Pius XI. Mussolini einen «Mann der Vorsehung» genannt habe, ein Titel, den der Duce nur zu gern annahm.

In der faschistischen Ära wurde der Begriff «Rom» über jedes vernünftige Maß hinaus rhetorisch aufgebläht. Waren die Faschisten nicht durch ihren «Marsch auf Rom» an die Macht gekommen? In der Tat. Zwar haben Historiker (wie Seton-Watson) gezeigt, daß es in Wirklichkeit eine sehr banale Angelegenheit war und jene Marschierer, die nicht verlorengingen, prosaisch mit dem Zug eintrafen, aber was zählte, war die Symbolik. Der «Marsch auf Rom» deutete auf Vitalität, Energie, Heldentum hin. Das Rom der Faschisten war gleichzeitig eine Wiederherstellung und etwas Neues: Es sollte noch einmal das «Rom der Cäsaren» werden, Hauptstadt nicht bloß Italiens, sondern eines weltumfassenden Reiches (falls eines gefunden werden könnte). Der neue faschistische Mensch würde ein neues Rom bauen. Es ist noch zu sehen, im EUR, im Olympiastadion und in anderen Bauwerken, die über die Stadt verstreut sind (gekennzeichnet durch ihre einfachen giebellosen rechteckigen Fenster).

Es gab heftige Debatten und Meinungsverschiedenheiten über die Ursprünge Roms und über seine wahren Erben. Mussolini hatte erklärt, daß das Christentum «eine unbedeutende Sekte in den rotglühenden Wüsten Palästinas» geblieben wäre, wenn es nicht zu der zufälligen Begegnung mit dem Römischen Reich gekommen wäre. *Civiltà Cattolica* antwortete gereizt mit ihrer eigenen Darstellung von der «im wesentlichen christlichen Berufung» Roms.

Die «christliche Berufung» Roms war das Thema einer bemerkenswerten Rede, die Eugenio Pacelli, der Kardinalstaatssekretär, am 24. Februar 1936 hielt. Er stellte den Papst und die Kirche als die wahren Erben der *gesamten* Geschichte Roms dar. Er begann eindrucksvoll: «Rom ist ein geheimnisvolles Wort, und das Schicksal Roms gleicht einem Geheimnis; es ist die ewige Stadt, und das nicht so sehr, weil es sich vergangener Jahrhunderte rühmen kann, sondern um der noch kommenden Jahrhunderte willen» (Zitiert in Luigi Parpagliolo, *Roma*). Der zukünftige Pius XII. beruft sich auf Livius, «den größten Historiker der Stadt», der von den legendären Ursprüngen Roms spricht, die göttliche Wirklichkeit mit menschlicher Wirklichkeit mischen *(miscendo humana divinis)*. Wenn auch Livius' Darstellung nicht wörtlich genommen werden kann, erklärte Pacelli, weist sie auf die wahre Berufung Roms hin und bereitet den Tag vor, an dem die Stadt «zu einem übernatürlichen Ziel befohlen» wird. So wird Rom kraft einer «göttlichen Auserwählung» einmalig unter den Städten der Welt. Es sollte das Zuhause der Päpste werden, «der Sitz des Hirten der einen Herde Christi».

Pacellis Prosa wird überschwenglich, als er die gegenwärtige Rolle des Heiligen Stuhles beschreibt:

> Es ist wunderbar und tröstlich, zu denken, daß der vatikanische Haushalt des gemeinsamen Vaters (das heißt des Papstes) der Haushalt aller Söhne der Kirche ist, die hingebungsvoll von den vier Enden der Welt kommen, um ihren Blick und ihre Zuneigung auf die Gestalt in Weiß, den obersten Hirten Roms, zu richten ... Der Vatikan ist das Ziel des gläubigen Pilgers, der Fels der Einheit der Herde, der Brunnen der Autorität der Seelsorger, der verläßliche Leuchtturm des Glaubens und der moralischen Wahrheit, der alle Stürme von Irrtum und Leidenschaft erleuchten kann, damit die arme Menschheit sicher im Hafen des Friedens und der Rettung, für den Gott sie bestimmt hat, ankommen möge.

Diese Einleitungssätze sind typisch für eine Art römischer Rhetorik, die eine Hoffnung für die Wirklichkeit nimmt. Es war 1936 einfach nicht wahr, und es ist 1986 nicht wahr, daß die Söhne (und Töchter) der Kirche sich im Vatikan zu Hause fühlen. Zum größten Teil können sie nicht einmal hineinkommen. Was sie jetzt wie damals tun können, ist das, was Pacelli sie im Geiste tun sieht: bewundern, applaudieren, Taschentücher schwenken, einen Kloß im Hals haben. Aber es gibt nur einen wirklichen Akteur auf der Bühne, den Papst; die übrigen Gläubigen sind die dankbaren Empfänger seines Ratschlags und seiner Weisheit. Die «Welt» ist noch weiter entrückt: Sie ist die verschwommen wahrgenommene Quelle jener Irrtümer und Leidenschaften, die nur das Leuchtfeuer der Kirche (konzentriert in der Person des Papstes) vertreiben kann.

Weiter zu Pacellis pathetischer Rede:

> Das Schicksal Roms ist dem Stellvertreter Christi unterworfen; und durch den Stellvertreter Christi richtet es sich fest auf ein Ziel, das nicht von dieser Welt ist. Keine Stadt auf der ganzen Welt kann das Schicksal Roms übertreffen. Jerusalem und sein Volk sind nicht mehr die Stadt und das Volk Gottes; Rom ist das neue Zion, und jedes Volk, das gemäß dem römischen Glauben lebt, ist selbst römisch. Die Welt hat größere Städte, auf die die Menschen mit Recht stolz sind; aber Rom bleibt die Stadt Gottes, die Stadt der personifizierten Weisheit, die Stadt, die das Magisterium der Wahrheit und Heiligkeit besitzt.

Solche Rhetorik wird bald langweilig; die dreifachen Ausdrücke schlagen einem um die Ohren. Doch der Wortschall enthält einen sehr harten Anspruch, der durchaus nicht verschwommen ist: Diese Stadt *belehrt* die Welt, ihre Autorität ist überragend und unanfechtbar, und sie ist die wahre Erbin des Römischen Reiches (wenn auch im geistigen Bereich). Pacelli bestätigt in poetischen Begriffen, was das Erste Vatikanische Konzil abstrakt ausgedrückt hatte.

Der Faschismus brach in Schande zusammen und hinterließ nur architektonische Erinnerungen an sein Streben, ein neues Rom zu bauen. Das «Rom der Cäsaren» sollte im 20. Jahrhundert nicht wiederaufgestellt werden. Aber aus dem gleichen Grunde gewann das «Rom der Päpste» an Ansehen. Der «heilige Status» Roms hatte es vor der Zerstörung gerettet. Pius XII. verdiente sich den Titel eines «Verteidigers der Stadt» *(defensor civitatis)*. Begeisterte Massenaudienzen für alliierte Soldaten hoben das Papsttum auf eine neue Stufe der Popularität. Die bloße Existenz des Vatikans als unabhängige Enklave in Italien trug dazu bei, die Unterscheidung zu treffen, die von Siegern wie Besiegten gebraucht wurde, die Unterscheidung zwischen den Faschisten und den Italienern. Es gab einige gute Italiener, den Papst eingeschlossen.

Es ist aufschlußreich, Pacellis «römische» Rhetorik neun Jahre und einen Weltkrieg später zu vergleichen. 1945 sagte er bei einer Generalaudienz:

> Es war kein engherziges Gefühl, das Uns veranlaßte, so inbrünstig für die Sicherheit Roms einzutreten. Unser Herz bleibt durch die teuersten Bande mit anderen Städten vereint, und Wir haben uns bemüht, sie zu retten. Über ihren Ruinen, über ihren Leiden und über den Schmerz ihrer Bewohner haben Wir geweint . . . Aber Rom ist eine «einmalige Stadt», einmalig wegen der Größe ihrer Geschichte und der überragenden Rolle, die sie in der Geschichte der zivilisierten Welt gespielt hat. Sie ist einmalig vor allem, weil ihr übernatürlicher Auftrag sie außerhalb der Zeit und über Unterschiede der Nationalität stellt. Rom ist die Heimat *(patria)* aller Katholiken, wo immer sie sind.

Das war eine maßvollere Erklärung römischer Ansprüche, und es ist einleuchtender zu sagen, daß in Rom kein Katholik ein Fremder ist *(Roma patria communis)*, als daß sie alle zum Haushalt des Vatikans gehören.

Aber natürlich war Rom nicht «außerhalb der Zeit» gestellt, wie Pius XII. behauptete. Die Stadt und das Land wandelten sich schnell. Das Auftreten einer im wesentlichen katholischen Partei, der Christdemokraten, bedeutete, daß der Vatikan zum erstenmal seit 1870 mit einer Regierung zu tun hatte, die weitgehend mit ihm sympathisierte. Zwar träumte kein Mensch davon, den Kirchenstaat wiederherzustellen, aber das war auch unnötig, denn das Papsttum unter Pius XII. hatte eine sehr starke Stellung. Es konnte aufeinanderfolgende italienische Regierungen hinter den Kulissen beeinflussen, doch konnte es für keine der Katastrophen oder Skandale, die sie in regelmäßigen Abständen plagten, verantwortlich gemacht werden. Und Rom konnte seine unterbrochene Rolle als «heilige Stadt» wieder aufnehmen. Das Heilige Jahr 1950 faßte diese Restauration zusammen und symbolisierte sie. Alle Straßen führten wieder nach Rom. Mitten auf der Bühne stand der zerbrechliche, aristokratisch aussehende Römer (Pius XII. war der letzte Papst, der in Rom geboren wurde). Er segnete die ganze Welt, *urbi et orbi*, erst die Stadt und dann die Welt.

Die Sakralisierung konnte kaum weiter getrieben werden als in den 1950ern. Das Prädikat «heilig» tauchte plötzlich überall auf. Es wurde vom vatikanischen Stadtstaat selbst verwendet (die *sacra Città del Vaticano*), und das liefert immer noch das Nummerschild an den Autos des Vatikans – SCV. «Heilig» ging allen römischen Kongregationen voraus. Es konnte sich an alles heften, was der Papst tat. Nach dem *Osservatore Romano* sprach der Papst nicht einfach. Nein, «geisterfüllte Worte fielen von seinen heiligen Lippen». Respektlose Journalisten sprachen vom «heiligen Niesen» des Papstes. Die allgemeine Atmosphäre der «Heiligkeit» dehnte sich auch auf Kardinäle aus. Wenn sie in vollem Staat ausgingen, trugen sie eine lange Schleppe, die von zwei Pagen getragen wurde, während vor ihnen, gewagt rückwärts gehend, zwei Akolythen schritten. Diesen Anblick konnte man Anfang der 1960er noch im Hotel Columbus an der Via della Conciliazione sehen. Diese einzelnen Zeichen des Heiligen waren Zeugnisse der Heiligkeit der Stadt an sich. Man konnte nie vergessen, wo man sich befand.

Im selben Augenblick, als die überragende Sakralisierung Roms zum Ausdruck gebracht wurde, nahmen ironischerweise die Beweise zu, daß es eine immer stärker verweltlichte Stadt war. Die «Heiligkeit» Roms war wie eine Barockfassade: Sie verriet einem nicht nur nicht, wie die Form des Gebäudes dahinter war, sie führte einen auch bewußt in die Irre. Johannes XXIII. hatte das schon bemerkt und tat sein Bestes, um das Wortgeklingel zu stutzen. Er verbot die «heiligen Lippen» und das «Küssen des heiligen Purpurs». Er schrieb am Sonntag, dem 13. August 1961, in sein Tagebuch: «Man glaubt gewöhnlich und hält es für richtig, daß selbst die alltägliche Redeweise des Papstes voll von Geheimnis und Tiefsinn sei. Dem Beispiel Jesu aber ist viel näher eine gewinnende Einfachheit ...» *(Geistliches Tagebuch).*

Die ganze «Revolution» Papst Johannes' ist in diesem kurzen Abschnitt enthalten. Evangelische Einfachheit zur Norm zu machen, anstatt die Massen zu beeindrucken (das Prinzip Nikolaus' V.), war ein überraschendes Abweichen vom päpstlichen Beispiel. Papst Johannes erkannte daher auch eine weitere einfache Wahrheit hinsichtlich der Stadt Rom. Wenn man die Pacellische Redekunst beiseite schob, die Tatsachen betrachtete und versuchte, «die Zeichen der Zeit zu erkennen», wurde offenbar, daß Rom einen Bischof brauchte und zwar dringend. Es brauchte einen Bischof aus theologischen und ökumenischen Gründen, denn «Bischof von Rom» war die Grundlage aller vornehmeren Titel des Papstes wie Patriarch des Westens und Oberster Hirte. Und Rom brauchte einen Bischof aus praktischen und seelsorgerischen Gründen, denn weitgehend unbemerkt hatte die Stadt Rom ihr Wesen verändert und war «Missionsgebiet» geworden. Das erklärt, warum Papst Johannes, als er die Einberufung des Ökumenischen Konzils am 25. Januar 1959 bekanntgab, auch eine Synode für die Diözese Rom ankündigte. Die Synode war in Wirklichkeit kein großer Erfolg. Sie war verfrüht und hätte *nach* dem Konzil mehr Sinn gehabt als davor. Aber hinterher ist man klüger. Papst Johannes war ein alter Mann und hatte es deshalb furchtbar eilig.

Als das Konzil im Oktober 1962 zusammentrat, hielt Kardinal Giovanni

Battista Montini, damals Erzbischof von Mailand, eine wichtige Rede auf dem Kapitol, im Rathaus Roms. Sie steht in krassem Gegensatz zu Pacellis Rede von 1936. Es gibt nicht mehr die großen Worte vom «ewigen Geheimnis» Roms. Das Ende des Kirchenstaates wird als Befreiung des Papsttums für seine geistliche Sendung dargestellt. Montini glaubt, daß Camillo Cavour und das *Risorgimento* recht hatten, als sie auf Rom als Hauptstadt eines geeinten Italiens bestanden, und er läßt Cavours Motto «Eine freie Kirche in einem freien Staat» als ein klares, brauchbares Prinzip zur Regelung der Beziehungen zwischen dem Heiligen Stuhl und der Republik Italien gelten. Natürlich hat er die zentralen päpstlichen Ansprüche nicht aufgegeben. Aber sie werden jetzt eher eine *Dimension* Roms als eine *Definition* der Stadt. Es ist bezeichnend für Montini, daß er seinen Hauptpunkt in die Form einer Frage kleidet: «Kann Rom sich selbst treu sein, wenn es bloß nationale Hauptstadt bleibt? Denn ein anderes Rom hat auf einer anderen Ebene überlebt, das Rom des katholischen Glaubens» (zitiert in Giancarlo Zizola, *Quale Papa?*).

Montini, der Paul VI. wurde, quälte sich mit Rom genauso herum, wie er sich mit der Geburtenkontrolle herumquälte. Das kann man an seinem Zögern erkennen, ob er 1975 wieder ein Heiliges Jahr ausrufen sollte. «Wir haben Uns gefragt», schrieb er am 9. Mai 1973, «ob eine solche Tradition in einem Zeitalter, das sich so sehr von vergangenen Zeiten unterscheidet, aufrechterhalten werden sollte.» Er hatte bei der Vorbereitung des Heiligen Jahres 1950 mitgeholfen, das eine Übung in triumphaler Selbstdarstellung und Zentralisierung war. Wo war die Kollegialität? Wo war die Ortskirche? Aber Paul VI. schluckte seine Skrupel und schritt weiter. Das Heilige Jahr 1975 kann als «Erfolg» bezeichnet werden, insofern als die Massen kamen, was deutlich machte, daß Rom immer noch der Mittelpunkt des Katholizismus war. Doch ein Thema fehlte in den Reden des Heiligen Jahres 1975. Niemand bestand mehr darauf, daß die Diözese Rom *vorbildlich* sei. Das konnte auch nicht ernsthaft behauptet werden. Statt dessen war Rom *typisch* geworden. Alle Probleme des modernen städtischen Lebens waren da, sozusagen auf der Türschwelle des Papstes: Terrorismus, Drogen, Barackenstädte, Flüchtlinge, entwurzelte Bauern, unzureichende Wohnungen, Gesundheitsfürsorge und Schulbildung.

Unparteiische Studien wurden angestellt, und sie deckten die Wirklichkeit auf, die sich hinter der Fassade der «heiligen Stadt» versteckte. Roms Bevölkerung hatte sich in hundert Jahren auf das Zehnfache vermehrt. Es war schwierig geworden, in den neuen Vororten jemanden ausfindig zu machen, der in Rom geboren war. Echte Gläubige waren noch schwerer zu finden. In einem im Heiligen Jahr 1975 veröffentlichten Gutachten berichtete Emile Pin, damals Dozent der Soziologie an der Gregorianischen Universität, daß das Dogma der Unfehlbarkeit des Papstes von 36 Prozent der Römer abgelehnt und von 38,7 Prozent angenommen wurde, während der Rest keine rechte Meinung hatte. 81 Prozent waren der Meinung, es sei «ungünstig» oder «falsch», wenn Priester sich in die Politik einmischten. Nur 50 Prozent hatten Sympathien für Kardinäle, während 40 Prozent ein gutes Wort für die Römische Kurie übrig hatten. Der Höflichkeit wurden keine Zugeständnisse gemacht: Nonnen standen in der Wertschätzung der Römer 1975 noch tiefer, vermutlich wegen des umfangreichen Besitzes, den sie in der Stadt haben. Pins Buch *La Religiosità dei Romani* wurde damals (es ist erst zehn Jahre her) für schockierend und ziemlich taktlos gehalten. Es war ein bißchen, wie wenn jemand seine eigene Großmutter öffentlich beleidigt hätte.

Das waren – wie Pin einräumte – ziemlich grobe Instrumente, um die feinen Verschiebungen des religiösen Gefühls zu messen. Aber es gab nichts herumzudeuteln an den Ergebnissen der römischen Kommunalwahl vom 20. Juni 1976. Die Kommunisten erhielten 690 262 Stimmen (oder 35,3 Prozent), während die Christdemokraten mit 652 744 Stimmen (oder 33,9 Prozent) nicht ganz an sie herankamen. Zum erstenmal überhaupt waren in der Stadt Rom die Kommunisten an der Macht. Der Alptraum, der Pius XII. heimgesucht hatte – die rote Fahne, die über dem Kapitol wehte –, war jetzt Wirklichkeit geworden. Die Kommunisten blieben bis August 1985 in Rom an der Macht.

Die Folgen waren nicht verheerend. Während dieses ganzen Abschnitts bemühte sich die Kommunistische Partei Italiens sehr, ihre Unparteilichkeit und Achtbarkeit zu beweisen. Es war die Ära des «historischen Kompromisses» und des Eurokommunismus, der die Sowjetunion als Modell des Sozialismus ablehnte. Die römischen Kommunisten erwiesen sich als gute Verwalter. Sie verbesserten den Verkehrsfluß und richteten Fußgängerbereiche ein. Ihre städtischen Restaurants waren allerdings kein Erfolg. Sie lagen an schönen Stellen und waren billig, aber wie in Osteuropa hatten sie die mürrischsten Kellner.

Pius XII. hatte jede Wahl, sei es eine regionale oder eine nationale, als einen Kampf um die Seele Roms gesehen. Das Wichtigste war, die Kommunisten zu schlagen. Aber in den 1960ern hörten die Römer auf, in diesen Begriffen zu denken. Sie wurden gelassener. Kommunistische Bürgermeister läuteten nicht die Revolution ein, es baumelten keine Kardinäle an römischen Laternenpfählen, es rollten keine Schinderkarren. Das Leben ging im wesentlichen wie vorher weiter, nur mit einem anderen Klüngel, der seinerseits Protektion gewährte. Aber die kommunistische Regierung war insofern wichtig, als sie ein weiteres Stadium in der Verweltlichung der Stadt bezeichnete.

Es war wie Ironie, daß Papst Johannes Paul II., «der Mann aus einem fernen Land», wie er sich am Tag seiner Wahl selbst beschrieb, bei seiner Ankunft in Rom einen kommunistischen Bürgermeister im Amt vorfand. Die Kommunisten haben in Polen nie eine freie Wahl gewonnen, noch waren sie so dumm, es zu versuchen. Daß Kommunisten in der westlichen Welt Wahlen gewinnen können, beunruhigt Papst Johannes Paul zutiefst, glaubt er doch, daß der Prozeß der Verweltlichung nicht unvermeidlich ist und mit etwas mehr Entschlossenheit und Energie umgekehrt werden könnte.

Die Statistik spricht gegen ihn. 1980 wurde ihm das Diagramm des Niedergangs vorgelegt. 1960 wurden 89 Prozent der römischen Säuglinge getauft; 1977 war die Zahl auf 81 gesunken. 1963 wurden 96,8 Prozent der römischen Eheschließungen in der Kirche gefeiert; 1978 war diese Zahl auf 73,9 Prozent gefallen. Mehr als ein Viertel der Römer gab sich also mit einer Ziviltrauung zufrieden, das heißt, wenn sie sich überhaupt damit abgaben zu heiraten. Keiner von diesen Trends ist in diesem Pontifikat umgekehrt oder auch nur abgeschwächt worden. Peter Nichols schilderte im November 1982 die Wirkung Papst Johannes Pauls in Italien und schrieb: «Wenn der Papst außerhalb Roms reist, kann er normalerweise große Menschenmengen und einen guten Empfang erwarten. Die Römer zeigen weniger Interesse. Er hat selbst seine einmal häufigen Besuche von Kirchengemeinden beschnitten. Der letzte war Anfang Mai, und es bestehen derzeit keine Pläne für andere» (*The Times,* 13. Oktober 1982). Die Gemeindevisitationen wurden später wieder aufgenommen, aber in kleinerem Maßstab und weniger häufig; der Papst war anscheinend zu dem Schluß gekommen, daß sie zeitaufwendig waren und nicht viel nutzten.

In der Zwischenzeit wiesen die statistischen Trends nach unten. Bei einer Konferenz im November 1984, die der «religiösen und pastoralen Herausforderung Roms» gewidmet war, erklärte Don Giovanni Battista Cappellaro, daß 80 Prozent der *getauften* römischen Katholiken «nicht mit dem Leben der Kirche in Berührung stehen». Mehr als eines von drei Ehepaaren ist geschieden oder lebt getrennt oder erwägt eine solche Lösung. In Lazio, der Region von Rom, gab es 1982 25 000 Abtreibungen im Vergleich zu 55 000 Lebendgeborenen. Diejenigen, die sich sorgen, daß die Kirche der Niederlande «auseinanderfällt», könnten sehr wohl der Diözese Rom etwas mehr Aufmerksamkeit widmen.

Doch auch das nachchristliche Rom bleibt kulturell katholisch in dem Sinn, daß es weiterhin die alten Symbole versteht. Am 14. Mai 1981, dem Tag nach dem Mordanschlag auf Johannes Paul II., wurden eilends Plakate an die Mauern und Bauzäune Roms geklebt. Das ist eine alte Tradition: Plakate fechten Kämpfe miteinander aus und verzeichnen jeden Triumph und jede Tragödie. Unterschrieben war das Plakat von Luigi Petroselli, dem kommunistischen Bürgermeister von Rom. Obwohl es Mitgefühl mit dem Papst ausdrückte, dessen Leben noch in Gefahr war, enthüllte es auch, wie wenig noch von der Tradition Roms als «heiliger Stadt» übrig war:

> Bürger!
>
> Das Drama, das sich auf dem Petersplatz ereignete, berührt zutiefst die ganze Stadt.
> Rom ist die Hauptstadt des republikanischen Staates und das Zentrum des Katholizismus. Rom ist auch die Stadt des Papstes und die Diözese des Papstes.
> Ich war unter den ersten, die im Gemelli-Krankenhaus ankamen, um unsere Gefühle auszudrücken, unsere Hoffnung und unseren Wunsch, daß Johannes Paul II. möglichst bald in die Ausübung seiner Mission zurückkehren möge.
> Dieser abscheuliche Gewaltakt auf dem Petersplatz ist eine Herausforderung der ganzen Menschheit. Er zeigt, daß die Gewalt jetzt keine Grenzen mehr kennt. Wir sollten damit antworten, daß wir den Abscheu, Schrecken und Schock, die wir empfinden, in eine tägliche und noch stärkere Verpflichtung umwandeln, in Frieden *(convivenza)* zusammenzuleben und im Widerstand gegen Terrorismus und Gewalt vereint zu sein.
>
> Euer Bürgermeister

Dies könnte man als ein Stück Stimmenwerbung betrachten oder als einen Präventivschlag gegen den Gedanken, der bulgarische oder sowjetische Geheimdienst hätten mit den Schüssen zu tun, oder – am genauesten – als einen Ausdruck der Sorge um das Gemeinwohl Roms, das über Parteizugehörigkeiten stand.

Der Prozeß, von dem dieses Kapitel berichtet, kann in den zwei Fassungen des Konkordats verfolgt werden. Artikel I des Konkordats von 1929 schloß: «In Hinblick auf den heiligen Charakter der Ewigen Stadt, Diözese des Papstes und Ziel von Wallfahrten, wird sich die italienische Regierung verpflichten, in Rom alles zu verhindern, was zu dem besagten Charakter in Widerspruch stehen könnte.»

Der relevante Abschnitt im revidierten Konkordat von 1985, Artikel 2,4, sagt lediglich: «Die Italienische Republik erkennt die besondere Bedeutung an, die Rom als Bischofssitz des Papstes für den Katholizismus hat.» In anderen Worten, Italien akzeptiert jetzt als neutrale Tatsache, daß der Heilige Stuhl da ist.

Die jährliche Begegnung zwischen Papst Johannes Paul II. und dem kommunistischen Bürgermeister von Rom wurde ein Ritual, bei dem beide Seiten Höflichkeit mit kleinen Nadelstichen verbanden. Im Januar 1985 betonte Ugo Vetere «die Grundwerte, die allen großen kulturellen und ideologischen Strömen, die durch unsere Gesellschaft fließen, gemeinsam sind», ein ausreichend umfassender Anspruch. Johannes Paul griff das Thema antiphonisch auf, bemerkte, daß das soziale Klima dieses Jahr weniger gespannt sei (das heißt, der Terrorismus ging zurück), und erklärte, daß die Kirche bereit sei, die Verpflichtung eines jeden zum Aufbau eines besseren Roms anzuregen, aber «ohne Vermischung von Ebenen oder Funktionen oder ideologischen Standorten» (*Adista*, 24.–26. Januar 1985). Bei solchen Anlässen wird immer viel über *convivenza* geredet, über das allgemeine Wohl, und das griechisch-römische Erbe wird allgemein gefeiert. Diese höflichen Bemerkungen bezeichnen die widerwillige Anerkennung seitens des Bischofs von Rom, daß er notgedrungen die derzeitige Verwaltung der Stadt Rom akzeptieren mußte.

Aber das war weitgehend schöner Schein. Es gibt starke Beweise, daß Papst Johannes Paul 1985 versucht hat, die römischen und italienischen Katholiken zu einem Gegenangriff aufzurütteln. Die katholische Presse, besonders die Tageszeitung *L'Avvenire* und die Wochenschrift *Il Sabato*, beide in den Händen von *Communione e Liberazione*, einer 1956 von Msgr. Luigi Giussani gegründeten rechten Laienbewegung, verriet das Spiel. Im November 1984 zum Beispiel brachte *L'Avvenire* eine Fotografie von Kardinal Ugo Poletti, dem Stellvertreter des Papstes für die Diözese Rom, neben Nicola Signorello, dem Führer der Christdemokraten in der Hauptstadt. Das war das Signal für den Sturm auf Rom. Ein Versuch wurde unternommen, die Gemeindepriester und -schwestern dazu zu bringen, sich für die Sache der Christdemokraten zusammenzutun. Nur wenige begrüßten diese Rückkehr in die fünfziger Jahre. Aber es klappte, und acht Monate später war Signorello Bürgermeister von Rom und beendete neun Jahre kommunistischer Herrschaft, und Poletti war Präsident der Italienischen Bischofskonferenz (obgleich er bei der Wahl für diesen Posten keine Stimme bekam).

Das *disimpegno* oder Abrücken, das die Einstellung von Johannes XXIII. zur italienischen Politik kennzeichnete, ist aufgegeben worden; aufgegeben ist auch das eher «geistliche» als politische Verständnis der Katholischen Aktion, das Paul VI. gefördert hatte. Der Papst wird nicht mehr als jemand gesehen, der über dem politischen Getümmel steht. Er macht begeistert mit und spricht deutlich über Scheidung und Abtreibung, was in einer pluralistischen Gesellschaft politische wie moralische Probleme sind. Im April 1985 fuhr er nach Loreto zu einer Versammlung der italienischen

Kirche. Er drängt die italienischen Katholiken, «geeint» zu sein, und sagte, daß sie ihre Einheit in Augenblicken einer schweren nationalen Krise stets bewiesen hätten. Er pries «die Initiativen der Kirche und die Anstrengungen, welche die Grundlage christlichen Handelns auf sozialem Gebiet gebildet haben».

Das war dunkel und verschlüsselt. Die italienische Presse knackte schnell den Code und schloß, zweifelsohne richtig, daß der Papst die italienischen Katholiken drängte, für die Christdemokraten zu stimmen. *Post*, aber vermutlich nicht *propter hoc* kehrten die Christdemokraten in Rom an die Macht zurück, wenn auch Nicola Signorello nur als Führer einer Fünf-Parteien-Koalition Bürgermeister wurde, angelehnt an das Modell der nationalen Regierung aus Christdemokraten, Sozialisten, Republikanern, Liberalen und Sozialdemokraten. Am 24. Juni 1985 folgte dann Francesco Cossiga, ein Christdemokrat, auf den sehr beliebten Sozialisten Sandro Pertini als Präsident Italiens. So wurde der jüngste Nachkriegspräsident mit sechsundfünfzig Jahren Nachfolger des achtundachtzigjährigen ältesten. Cossiga ist Sarde wie sein verstorbener Vetter, der frühere kommunistische Parteichef Enrico Berlinguer, ein Anglophiler (er bewundert Thomas Morus) und ein frommer Katholik, der angeblich «Opus Dei nahesteht». So hat es sowohl in Rom als auch in Italien 1985 einen Vorgang gegeben, der «Restauration» genannt werden könnte. Die alte Ordnung hat sich wieder behauptet.

Es ist zu früh zu sagen, ob dies nur ein Schluckauf der Geschichte ist oder ein tiefergehender Wandel der römischen Gesellschaft. Es erscheint unwahrscheinlich, daß es sich um einen tiefgehenden Wandel handelt, denn Rom ist in den letzten zwanzig Jahren eine unbestreitbar weltliche Stadt geworden, über die der Papst die Kontrolle verloren hat. Rom hat immer noch mehr Priester als jede andere Stadt – 5280 –, die Zeugnis von ihrem einst heiligen Charakter ablegen. Papst Johannes Paul hat sie gedrängt, ihre Soutanen ständig zu tragen. Aber von dieser Zahl von Priestern sind nur 1153 in der Gemeindearbeit für eine Bevölkerung von über drei Millionen tätig, und die meisten von ihnen sind Ordensleute oder Freiwillige aus anderen Diözesen, die ihr missionarisches Pensum in Rom ableisten und dann dankbar nach Hause zurückgehen. Dies ist einem Zusammenhalt in der Diözese oder einer klaren seelsorgerischen Methode nicht dienlich. Durch das ganze Jahrhundert hat Rom es tatsächlich versäumt, sich mit Priestern zu versorgen. Es muß zu den am wenigstens erfolgreichen Diözesen auf der Welt zählen. Aber letzten Endes hängt das, was dort geschieht, von ihrem Bischof ab, vom Papst. Rom stellt den Zusammenhang für die Arbeit der Römischen Kurie her; aber die Päpste bilden die Führung. Wie sie sich voneinander unterschieden haben, wird Thema des nächsten Kapitels sein.

3

Päpste des zwanzigsten Jahrhunderts im Rückblick

Von weitem sehen Päpste ziemlich gleich aus: winzige Gestalten in Weiß, die auf einem fernen Balkon gestikulieren und Allgemeines über den Frieden von sich geben. Kommt man aber näher, verflüchtigt sich ihre monotone Gleichheit bald. Jeder hat eine persönliche Geschichte und ein individuelles Temperament. Daß dem so ist, sollte eine Binsenwahrheit sein; aber es wird gewöhnlich übersehen, weil die Mythologie vorschreibt, daß der «Mensch» in seinem «Amt» aufgeht. Papst Pius XI. sagte einmal zu Angelo Roncalli, dem zukünftigen Papst Johannes XXIII.: «Achille Ratti (sein Familienname) könnte sich bei Ihnen entschuldigen, aber Pius XI. kann es nicht.» Das hätte eigentlich nicht so schwierig sein dürfen. Niemand wird erniedrigt, wenn er zugibt, sich geirrt oder ungerecht verhalten zu haben. Aber die erhabene und fast übermenschliche Vorstellung von dem Amt verhinderte diese einfache menschliche und christliche Tat. Mein erster Punkt ist also biographischer Natur. Wir werden die Päpste, die Johannes Paul II. vorausgingen, verstehen, wenn wir uns ansehen, wie sie als Menschen waren.

Außerdem, wenn einer zum Papst gewählt ist, bleibt er das sein Leben lang. Die Kardinäle, die ihn gewählt haben (oder auch diejenigen, die es unbedacht versäumt haben), können ihre Meinung nicht nachträglich ändern. Sie müssen mit ihrer Wahl leben. Es gibt keine Halbzeitnervosität bei einem Papst – und wir wissen ja auch erst im Nachhinein, wann die Halbzeit erreicht war. Auch steht kein «stellvertretender Papst» bereit, der, entsprechend dem Vizepräsidenten der Vereinigten Staaten, «einen Herzschlag vom Papsttum entfernt» ist. Deshalb kommt es sehr darauf an, wer zum Papst gewählt wird. Er wird der Kirche, vielleicht einer Ära, seinen Stempel aufdrücken.

Dazu kommt, daß die Päpste dieses Jahrhunderts ein langes Leben hatten (mit Ausnahme von Johannes Paul I., der nur «wie eine Sternschnuppe über den Himmel blitzte», wie Kardinal Carlo Confalonieri es poetisch ausdrückte). Der heilige Pius X. wurde 1903 im Alter von achtundsechzig Papst und starb 1914, unmittelbar vor Ausbruch des Ersten Weltkrieges, mit neunundsiebzig. Benedikt XV. war ein jugendlicher Sechziger, als er im September 1914 gewählt wurde, und zweiundsiebzig, als er starb. Pius XI. war fünfundsechzig, als er 1922 gewählt wurde, und tatkräftig zweiundachzig, wenn er auch manchmal während Privataudienzen einnickte, um sich wieder wachzurütteln, wenn es um Ernennungen ging. «Nein, nein und nochmals nein», rief er dann, «nicht ihn.» Pius XII. war zweiundsechzig, als er gewählt wurde, und trotz eines Warnzeichens 1954 klammerte er sich an Leben und Amt bis zum Alter von zweiundachtzig, nach Paul Hoffmann angeblich durch «Frischzellentherapie» – die regelmäßige Injektion von feingemahlenem Gewebe frischgeschlachteter Lämmer – am Leben erhalten. Johannes XXIII. war fast siebenundsiebzig, als er gewählt wurde, lebte lange genug, um das Zweite Vatikanische Konzil einzuberufen, und erreichte die Einundachtzig. Paul VI. starb kurz vor seinem einundachtzigsten Geburtstag. Falls Johannes Paul II. die Achtzig erreicht, was der Schnitt für Päpste des 20. Jahrhunderts zu sein scheint, wird er im Jahr 2000 noch leben.

Päpste unterscheiden sich voneinander, und das gleiche gilt für ihre Amtsführung. Das hat auch theologisches Gewicht. Denn wenn die Art, wie Päpste tatsächlich ihr Amt ausüben, unterschiedlich ist, dann wäre eine Theologie des Papsttums, die sie auf eine fade Uniformität herabsetzt, undurchführbar in der Praxis und falsch in der Theorie. Nicht daß es so etwas wie «die Theologie des Papsttums» gäbe: Vatikanum I spricht nicht von «Papsttum» oder «Papst» (weil das überlieferte, nicht theologische Begriffe sind). Vatikanum I spricht vom Pontifex Maximus oder besser vom Nachfolger Petri. Heutige Theologen sehen den Vorrang Petri lieber als «das Amt Petri», um zu verdeutlichen, daß das Amt der Kirche zu Diensten ist, keine ihr auferlegte Pflicht.

Das geistliche Amt Petri ist es, die Einheit der Kirche zu fördern, zu schützen und zu symbolisieren. Aber der Nachfolger Petri ist nicht die *Ursache* der Einheit der Kirche. Das wäre eine blasphemische Behauptung. Die Quelle der christlichen Einheit ist der Heilige Geist, ausgegossen in unsere Herzen, wodurch wir gedrängt werden, uns zusammenzuschließen (Römer 5,5). Die Verschiedenheit der Päpste an sich macht das klar und *relativiert* sie. Es läuft darauf hinaus, daß das petrinische Amt in der Vergangenheit verschiedene Formen angenommen hat und deshalb eine andere Form in der Zukunft annehmen könnte. Es gibt keine Blaupause für seine Geschichte, sondern sie wird immer neu geschrieben.

In anderen Worten, es gibt ein Element der Unbestimmtheit am päpstlichen Amt, zu dem man sich noch nicht ausreichend geäußert hat. Hätte allerdings jemand während des Pontifikats Pius' XII. darauf hingewiesen, wäre er vermutlich schwer gerügt, wenn nicht auf den *Index der verbotenen Bücher* gesetzt worden. Denn Pius sah sich als die eigentliche Verkörperung des Papsttums (und diesmal ist es *le mot juste*), das in seiner Person eine Entwicklung von nahezu zweitausend Jahren zusammenfaßte, und er ermunterte andere, ihn ebenso zu sehen. Malachi Martin begriff es richtig: «Eugenio Pacelli war als Pius XII. der Machtfürst und der letzte Papst im traditionellen Sinn . . . Er war ein Muster dafür, wie Päpste sich Päpste vorstellten, ein päpstlicher Archetypus, nach dem einundvierzig Päpste seit der Mitte des 16. Jahrhunderts gestrebt hatten» *(Three Popes and a Cardinal).*

Vielleicht war es dieses Gefühl, am Ende einer Reihe zu kommen, was Pius XII. veranlaßte, seinen Vorgänger Pius X. 1950 seligzusprechen und ihn dann 1954 heiligzusprechen. Er rechnete nicht damit, daß es einen Pius XIII. geben könnte. Er hatte mehr Interesse an der Vergangenheit gefunden als an der Zukunft und versäumte es, neue Kardinäle zu ernennen, so daß das Kollegium, das zur Wahl seines Nachfolgers zusammenkam, bedenklich überaltert und unterbesetzt war.

Abgesehen von solchen tief in der Psyche Pius' XII. verborgenen Motiven fällt es schwer, sich einen überzeugenden kirchlichen Grund für die Kanonisierung des heiligen Pius X. auszudenken. Sobald die Tat vollbracht war, mußten natürlich katholische Kirchenhistoriker jede Menge Tünche auftragen. Die Wahrheit ist, daß Pius X. schwierig, mißtrauisch, neurotisch und einfältig war. Gewiß, er reformierte die Römische Kurie, ließ sich auf die Herkulesaufgabe einer Kodifizierung des Kirchenrechtes ein (erst Pfingsten 1917 fertiggestellt), führte nützliche liturgische Reformen ein, vereinfachte die Kirchenmusik und ließ Kinder jünger zur Erstkommunion zu. Das waren alles positive Leistungen. Aber sie rechtfertigen kaum die im März 1985 von Papst Johannes Paul II. in Riese, dem Heimatdorf des Heiligen in Venetien, aufgestellte Behauptung, daß «in ihm eine Epoche der Kirchengeschichte endete und eine andere begann, die zum Vatikanum II führte».

Der Gedanke, der heilige Pius X. wäre in irgendeiner nützlichen Weise ein Pionier von Vatikanum II gewesen, ist schwer aufrechtzuerhalten. Denn während Johannes XXIII. zu Beginn von Vatikanum II förmlich erklärte, daß es nicht einberufen worden sei, um Irrtümer zu verurteilen, und daß die Kirche heute «vorzieht, die Arznei der Barmherzigkeit anzuwenden anstatt der Strenge», war die Verurteilung von Irrtümern das hauptsächliche Ziel des Pontifikats Pius' X. Er war fixiert auf Unorthodoxie. Das scheint sogar in der historischen Untersuchung durch, die seine Seligsprechung fördern sollte. Er sah überall Gefahren. Seine Enzyklika *Pascendi* von 1907 erfand zuerst den «Modernismus» als System und verurteilte ihn dann mit großem Nachdruck. Pius X. schloß in seine Enzyklika umsichtig einen disziplinarischen Abschnitt ein, was Untersuchungskommissionen in jeder Diözese Italiens (mindestens) und einen Massenrausschmiß von Seminarprofessoren bedeutete. Pius begünstigte Säuberungen, Hexenjagden und Verleumdungen. Das ganze von Msgr. Umberto Benigni organisierte Spionagesystem wurde durch die zufällige Entdeckung eines Verstecks von Dokumenten in Gent während des Ersten Weltkrieges aufgedeckt. Die historische Untersuchung *(Disquisitio)* tut so, als habe Pius X. nicht direkt mit diesen ganzen Maßnahmen und Vergehen übereifriger Untergebener zu tun gehabt.

Ich möchte zwei unverdächtige zeitgenössische Urteile über Pius X. zitieren. Pater Cyril Charles Martindale SJ, der während seiner Schulzeit in Harrow katholisch wurde, hatte eine Audienz bei Pius X. und fand «seine Hände träge und kalt, und er machte den Eindruck, verdrossen und mürrisch zu sein» (Philip Caraman, *C. C. Martindale,* 1967). In der Handschriftensammlung der St Andrews University in Schottland gibt es auch einen Brief von Martindale an Wilfrid Ward, damals Herausgeber der *Dublin Review.* Er berichtet, daß ein italienischer Jesuit in den Sommerferien 1912 sich in Stonyhurst aufhielt, «um Englisch zu lernen». Der ungenannte Jesuit, der am neugegründeten Biblicum war, sagte, daß Pius X. sich beim Mittagessen Artikel vorlesen ließ, aber nur, bis er etwas Belastendes fand. An dieser Stelle wies er dann seinen Sekretär, Msgr. Giambattista Bressan, an, einen Artikel zu schreiben, der den Autor anprangerte, und ihn in *L'Unità cattolica,* der Lieblingszeitung des Papstes, «unterzubringen». Der anonyme Artikel würde danach dem Heiligen Offizium die Begründung liefern, gegen den betreffenden Theologen Schritte zu unternehmen. Es war eine Terrorherrschaft.

Mein zweiter Zeuge ist Kardinal Désiré Mercier, Erzbischof von Mecheln-Brüssel, der als Wortführer des «tapferen kleinen Belgien» während des Ersten Weltkrieges und später als Schirmherr der «Mechelner Gespräche» zwischen Anglikanern und Katholiken berühmt wurde. Er konnte Pius X. offen gesagt nicht ausstehen, ließ sich aber nichts anmerken. 1908 schrieb Wilfrid Ward dem Herzog von Norfolk: «Kardinal Mercier denkt, die römische Theologie sei ganz unmöglich. Doch obwohl er auf vertrautem Fuß mit dem Papst steht, gibt er ihm nicht die leiseste Andeutung dieser Ansicht» (Adrian Hastings [Hg.], *Bishops and Writers,*

1977). Die sechzehn Briefe von Mercier an Ward in der Handschriftenabteilung von St Andrews bestätigen dieses Urteil. Ward steckte in Schwierigkeiten wegen seiner Biographie des Kardinals Wiseman. Nichts geschah, bis die französische Übersetzung herauskam, mit einem *«L' Esprit du siècle»* überschriebenen Schlußkapitel, und das hörte sich, weil Ward den «Geist der Zeit» mehr lobte als beschimpfte, schrecklich nach «Modernismus» an. Mercier tröstet ihn, so gut er kann, rät ihm, sich still zu verhalten und jeden Verteidigungsversuch zu unterlassen und vor allem fürs erste von seinem Vorhaben einer Lebensbeschreibung John Henry Newmans abzusehen. Das würde wie ein rotes Tuch auf einen römischen Stier wirken.

Sobald Pius X. tot war und Europa in Flammen stand, konnte Mercier etwas freier sprechen. Er schrieb einen Hirtenbrief unter dem Titel *Von einem Papst zum nächsten.* Er blieb etwas verschwommen. «Wer das Glück hatte, dem Herzen Pius' X. nahezukommen», schrieb er, «weiß, daß eine erlesene Mischung von Melancholie und väterlicher Güte in seiner Seele herrschte.» Obwohl Mercier einräumte, daß Pius X. energisch gehandelt hatte, um Irrtümer zu bekämpfen, fügt er hinzu: «Es hat Sorgen gegeben und zwar berechtigte, und es sind Seelen verletzt worden» *(Per Crucem ad Lucem).* Weiter als bis dahin wagte 1915 niemand öffentlich zu gehen.

Aber schon gab es einen anderen Papst, Benedikt XV. Er bleibt der am wenigsten sichtbare und gewürdigte Papst dieses Jahrhunderts, vor allem weil seine Wahl unmittelbar nach dem Ausbruch des Ersten Weltkrieges stattfand. Im August 1917 bezeichnete er den Krieg als «sinnloses Gemetzel» (*«inutile strage»* – oft fälschlich mit «sinnlosem Kampf» übersetzt), ein Satz, mit dem er erfolgreich alle Kriegführenden gegen sich vereinte. Die Ausnahme machten die italienischen Überlebenden der Niederlage von Caporetto (Karfreit) 1917, die sich eifrig zurückzogen und «den Eindruck von Menschen machten, die nach langer schwerer Arbeit endlich heimkehrten, lachend und plaudernd» (Christopher Seton-Watson, *Italy from Liberalism to Fascism*). Leider täuschte dieser Eindruck. General Cadorno dezimierte sie (das heißt, er erschoß buchstäblich jeden zehnten), und die Rufe «nach Frieden und dem Papst» verstummten bald.

Benedikt erging es nach dem Krieg kaum besser. Dem Heiligen Stuhl wurde nicht gestattet, an der Versailler Konferenz teilzunehmen. Er hatte keinen anerkannten internationalen Status. Benedikt beschäftigte sich mit der Reorganisation der missionarischen Arbeit. Das war eine dringende Aufgabe, da die alten Muster des Kolonialismus sich wandelten – die Deutschen hatten ihr Kolonialreich verloren – und die französische Hegemonie herausgefordert werden mußte. Er holte den jungen Angelo Roncalli von Bergamo herunter, damit er die Missionsfinanzierung in Italien organisierte.

Doch Benedikts Pontifikat war durchaus kein Fehlschlag. Er stellte die diplomatischen Beziehungen zu Frankreich wieder her (abgebrochen von Pius X.) und nahm sie in angemessen taktvoller Form mit dem «protestantischen» Großbritannien auf. Er machte in seiner Enzyklika *Ad Beatissimi* im Prinzip der Hexenjagd ein Ende: «Es besteht keine Notwendigkeit, dem Bekenntnis des Katholizismus Attribute hinzuzufügen. Es genügt, wenn jeder sagt: *Christianus mihi nomen, Catholicus cognomen* (Christ ist mein Name und Katholik mein Zuname). Es zählt nur, daß man sein Leben gemäß diesen Namen führt.»

Damit endeten nicht die gegenseitigen Beschimpfungen, aber es war ein erster Schritt. Benedikt bereitete auch den Weg für eine «Aussöhnung» mit dem italienischen Staat – was für ein Staat das auch immer war. Seine Billigung der Gründung einer frühen Version der christdemokratischen Partei *(Partito Popolare Italiano)* hätte die Faschisten vielleicht daran gehindert, an die Macht zu kommen, wäre sie nicht von seinem Nachfolger aufgehoben worden.

Achille Ratti, Pius XI., der von 1922 bis 1939 herrschte (das angemessene Wort für ihn), war der Papst der Superlative. Er hatte die meisten Heiligsprechungen und die meisten Heiligen Jahre. Er hatte die meisten Konkordate, einschließlich derjenigen mit Benito Mussolini und Adolf Hitler (obgleich letzteres Konkordat weniger finster ist, wenn man sich erinnert, daß darüber schon lange verhandelt wurde, bevor Hitler zu Ruhm oder Macht kam). Er schrieb die meisten Enzykliken, und während seines Pontifikats war es, daß die Vorstellung von einem verbindlichen Magisterium einen festen Platz in den theologischen Handbüchern einzunehmen begann. Es bedeutete, den Papst als Lehrautorität ernst zu nehmen, gleich bei welcher Gelegenheit. Natürlich hieß das niemals, daß alles, was er sagte, strenggenommen unfehlbar war, aber seine sämtlichen Äußerungen gewannen gewissermaßen eine Aura von Unfehlbarkeit. Es war ein Fall von «schleichender Unfehlbarkeit», wie Sir Arnold Lunn, ein berühmter Konvertit der dreißiger Jahre, es später ausdrückte.

Was immer man von den Enzykliken Pius' XI. hält – und sie sind inzwischen völlig überholt –, sie hatten einen Schwung und eine Würde, die einem eine gewisse Bewunderung abnötigen. Seine naturgegebene Form war die Schmähschrift. 1928 brachte er die entstehende ökumenische Bewegung mit schwerer Ironie zum Schweigen: «Kongresse und Begegnungen werden angesetzt und von einer großen Zahl von Zuhörern besucht, wo alle ohne Unterschied, Gläubige und Ungläubige ebenso wie jede Art von Christ, eingeladen sind, sich an der Diskussion zu beteiligen» *(Mortalium Animos).* Es dauerte über dreißig Jahre, um sich davon zu erholen. Mit *Casti Connubii* 1930 geißelte er (stillschweigend) die Anglikanische Kirchengemeinschaft wegen ihrer Laschheit gegenüber der künstlichen Empfängnisverhütung und verkündete, daß der Platz der Frau im Haus sei. Wiederum mußten sich Menschen dreißig Jahre lang fragen, ob der Heilige Geist nicht eher bei der Lambeth-Konferenz war als bei Pius XI.

Pius XI. war unablässig schreibend tätig. 1931 nutzte er die Tatsache, daß vierzig Jahre seit Leos XIII. Sozialenzyklika *Rerum Novarum* vergangen waren, und «brachte die katholische Soziallehre auf den neuesten Stand» in solchen schwer faßbaren Fragen wie «gerechter Lohn» und «Sozialismus». Was immer Pius mit seiner Verurteilung des «Sozialismus» gemeint hatte: ich lernte in meiner Jugend, daß sie sich nicht auf die britische Labour Party bezog. Aber John Pollards Dissertation hat gezeigt, daß Pius XI. mit seinen Bemerkungen auf die italienische Situation zielte. *Quadragesimo Anno* war alles andere als angenehm für die Faschisten, im Gegenteil, sie machte den Duce wütend, weil sie ihm wegnahm, was er für die einzige wirtschaftliche Originalität des Faschismus hielt, den korporativen Staat.

Schärfe und polizeiliche Aktivität nahmen während der 1930er Jahre zu, als Mussolini näher zu Hitler rückte. 1937 glich Pius XI. seine Brandmarkung des marxistischen Atheismus in *Divini Redemptoris* – Katholiken wurden in Spanien und Mexiko gemordet – mit dem Angriff auf die rassistischen Tendenzen des Nationalsozialismus *(Mit brennender Sorge)* aus. Die letztere wurde auf abenteuerlich-geheimem Weg nach Deutschland befördert, wobei der junge John J. Spellman, später Erzbischof von New York, den Kurier spielte. Nichts stand Pius XI. im Leben so gut wie sein Abschied davon. Aber niemand hat auch nur entfernt daran gedacht, ihn seligzusprechen. Er war zu intolerant, übellaunig, ungerecht, unberechenbar. Aber er legte bemerkenswerte Energie und Vitalität an den Tag. Ein Feuer glomm in diesen betagten Augen.

Pius XI. brach mit den Regeln, indem er seinen Staatssekretär, Eugenio Pacelli, eindeutig zu seinem Nachfolger designierte. Das hatte vermutlich nicht viel Einfluß auf das Konklave, denn die Wünsche eines Papstes reichen nicht über sein Grab hinaus. Zwar wurde die Legende verbreitet, Pius XII. sei mit allen Stimmen minus einer (seiner eigenen) gewählt worden, aber in Wirklichkeit sprach sich eine gewichtige Gruppe italienischer Kardinäle gegen ihn aus, weil sie ihn für unfähig hielten, mit den Umwälzungen und Katastrophen fertig zu werden, die im Frühjahr 1939 bevorzustehen schienen. Sie schätzten ihn als zu zaghaft, zu unsicher, zu unentschlossen, zu ängstlich ein.

Aber im Verlauf der nächsten neunzehn Jahre drängte sich das Bild Pius' XII. – schlank, asketisch, aristokratisch, die Augen nach oben gerichtet hinter der randlosen Brille, die Arme ausgebreitet, um die Welt zu umarmen – als Abbild des Papsttums an sich auf. Oder so schien es damals. Pius trug ein intensives Bewußtsein von der Würde seines Amtes in die Einzelheiten des täglichen Lebens. Er ernannte seinen Freund Kardinal Luigi Maglione, den früheren Nuntius in Frankreich, zu seinem Staatssekretär, stellte aber klar, daß dies das Ende ihrer Freundschaft bezeichnete: Von nun an würde ihr Verhältnis das des Vorgesetzten zum Untergebenen sein (Andrea Riccardi [Hg.], *Pio XII*). «Der Papst ist immer der Papst», sagte er seinem Beichtvater, dem deutschen Jesuiten Augustinus Bea, um zu erklären, warum er seine Worte immer so sorgfältig vorbereitete, selbst vor privaten Begegnungen. Pius XII. war nie entspannt, nie außer Dienst.

Alles zusammen läßt ihn wirken wie ein humorloses Monster oder ein unausstehlicher Pedant. Er hatte von beiden etwas. Aber es ist doch nicht die ganze Geschichte. Einer von denen, die ihm am nächsten standen, Domenico Tardini, zeichnete ein Porträt von Pius XII., das seine Haltung und sein «Schweigen» erklären hilft. Zwar wurde das Buch bei seinem Erscheinen 1960 zu Unrecht für «hagiographisch» gehalten, aber es lohnt sich, «zwischen den Zeilen zu lesen». «Vom Temperament her war Pius XII. weich und ziemlich schüchtern. Er hatte nicht das Temperament eines Kämpfers *(lottatore)* . . . Seine große Güte drängte ihn, jeden zufrieden zu halten und keinen zu verärgern, die milde Gangart der strengen und Überredung der Durchsetzung seines Willens vorzuziehen» *(Pio XII).*

Tardini selbst war das Gegenteil, er war ein *lottatore,* und er erklärt freimütig, wie «Explosionen» oder Wutausbrüche Teil seiner Regierungsmethode waren. Tardini und Pacelli waren beide Römer, aber Tardini war den barschen, unverblümten Menschen des Borgo näher als Pius.

Nach Tardini war es für Pius XII. eine richtiggehende Qual, sich zu einem Entschluß durchzuringen: «Vor gegensätzliche Vorschläge und Empfehlungen gestellt, fühlte er sich sehr ungemütlich, hin und her gerissen zwischen seiner angeborenen Leutseligkeit und den strengen Forderungen seines Gewissens.» Das Ergebnis war, daß Pius kontroverse Angelegenheiten am liebsten in der Schwebe ließ. Er war der Meister der Verzögerung und des Aufschiebens. Freie Stellen blieben auf Monate, manchmal Jahre unbesetzt. Unfähig, sich für einen Nachfolger Magliones zu entscheiden, als sein Staatssekretär 1944 starb, ließ er den Posten einfach unbesetzt und wurde sein eigener Staatssekretär. In der Praxis war es freilich die Unfähigkeit, zwischen Tardini und Giovanni Battista Montini zu entscheiden, was ihn lähmte. Er ließ sie beide zusammen arbeiten, obwohl er wußte, daß sie höchstwahrscheinlich die Pedalen des Tandems in verschiedenen Richtungen treten würden. Das konnte man «Pluralismus» oder «Entschlußlosigkeit» nennen.

Wenn Tardini recht hat, daß Pius XII. von seinem Temperament her zaudernd und unsicher war, dann wird das Verhalten des Papstes während des Krieges ein wenig verständlicher. Es machte ihn von vornherein geneigt, eine Politik der strengsten Unparteilichkeit zwischen den Kriegführenden einzuschlagen. Auf diese Weise würde er sich nicht festlegen müssen. Aber sein Freiraum war klein. In einem Krieg, der von einem glühenden Nationalismus in Gang gehalten und geschürt wurde, mußte die «supranationale» Entscheidung für Unparteilichkeit den Heiligen Stuhl zwangsläufig isolieren und Mißverständnisse auf allen Seiten verursachen. Da überdies kleine Nationen ganz deutlich mit Füßen getreten und mit himmelschreiender Ungerechtigkeit behandelt wurden, erlebte man die päpstliche Neutralität als päpstliche Schwäche. Das katholische Polen insbesondere fühlte sich im Stich gelassen. Pius XII. «schien gleichgültig gegenüber ihrem entsetzlichen Schicksal». Also war Pius nicht nur hinsichtlich der Juden «stumm»; er war auch «stumm» hinsichtlich seiner katholischen Brüder.

Heute, wo die meisten wichtigen diplomatischen Dokumente veröffentlicht sind, kann man sehen, daß die Amerikaner, in Person ihres Vertreters Myron Taylor, die «Isolation» des Heiligen Stuhles besser verstanden als ihre europäischen Verbündeten, die ständig Druck auf den Papst ausübten, sich auf ihre Seite zu schlagen. Es wäre ein großartiger Propagandacoup gewesen, wenn man einen päpstlichen Segen für die eigene Sache bekommen hätte; doch man braucht das nur festzustellen, um zu begreifen, warum es ausgeschlossen war. Jedoch hätte die Neutralität mit der Brandmarkung von Menschenrechtsverletzungen einhergehen können: Die Konzentrationslager und die Bombardierung Dresdens waren zwar nicht moralisch identisch, aber beide moralisch verabscheuenswert.

Aber es ist leicht, im nachhinein recht zu haben. Verteidiger von Pius können einige gültige Punkte zu seinen Gunsten anführen. Der erste ist, daß Pius, als die Menschenrechte in Rom verhöhnt und die Juden zur Vernichtung nach Deutschland verfrachtet wurden, die Ordenshäuser Roms für sie öffnete, so daß 90 Prozent der römischen Juden gerettet wurden. Der österreichische Historiker F. Engel-Janosi behauptet, dieser «Erfolg» sei die direkte Folge von Pius' diplomatischer Behandlung der Judenfrage gewesen: Stumm in der Öffentlichkeit, konnte er deshalb privat nützlich sein. Er bekräftigt diese Theorie durch einen Vergleich mit den Niederlanden, wo die Geistlichkeit offen zur Verteidigung der Juden auftrat, aber 79 Prozent der holländischen Juden umkamen (Riccardi, *Pio XII*). Nach dieser erschreckenden statistischen Kopfzählung sehen sich die Holländer wegen ihrer Unklugheit verurteilt, während Pius XII. entlastet ist. So wird aus seiner anlagebedingten Unfähigkeit, sich für etwas zu entscheiden, eine Tugend gemacht.

Doch wenn Pius' XII. unsicheres Temperament erklären hilft, warum er während des Krieges zu internationalen Fragen schwieg, war seine Leitung der Kirche gleichzeitig von Entschiedenheit und Energie geprägt. Er schloß Frieden mit der rechten *Action Française*, womit er seinen Vorgänger, der sie verurteilt hatte, zu verwerfen schien. Und 1942 schickte er den Professor am Angelicum Réginald Garrigou-Lagrange in das besetzte Frankreich, wo er als Visitator unter den Dominikanern aufräumte. Die Herausgeber von *La Vie Intellectuelle* und *La Vie Spirituelle* wurden rausgeworfen (Riccardi). Wo es ihm wirklich wichtig war, zögerte Pius XII. durchaus nicht, sondern handelte schnell und mit Autorität. Alles hing davon ab, wie er seine Prioritäten setzte.

Wie Pius X., der Mann, den er heilig sprach, war Pius XII. vorrangig mit der Orthodoxie beschäftigt. Die Entsendung von Garrigou-Lagrange nach Frankreich 1942 war nur das erste Geplänkel in einem in die Länge gezogenen Kampf gegen die sogenannte *«théologie nouvelle»*, was in der Praxis für alles stand, was die Jesuiten in Fourvière, Lyon, und die Dominikaner in Le Saulchoir taten. Sie erneuerten die Theologie durch biblische und patristische Studien und durch einen *historischen* Ansatz bei Problemen, der unendlich befriedigender und geistig anregender war als die zeitlosen Abstraktionen, die ein Garrigou-Lagrange vortrug.

Dennoch war Pius XII., entgegen einer gegenteiligen verbreiteten Legende, theologisch nicht sehr hoch gebildet. Da er den größten Teil seines Lebens im diplomatischen Dienst zugebracht und mit Kardinal Pietro Gasparri an der Kodifizierung des Kirchenrechts gearbeitet hatte, war seine Kenntnis der eigentlichen Theologie «kümmerlich» – *«scarsa»*, sagt Riccardi. Als Theologe war er ein *terrible simplificateur*. Was immer vom «Bestand des Glaubens» abzuweichen schien, war ein Greuel. Es reichte aus, wenn Garrigou-Lagrange (dem wir im nächsten Kapitel wiederbegegnen werden als Doktorvater Karol Wojtylas) ihm versicherte, der Bestand des Glaubens werde von französischen Theologen angenagt, daß er handelte. Sie wurden in *Humani Generis* 1950 verurteilt. Wieder einmal wurden Professoren rausgeworfen, zum Schweigen gebracht und, im Fall Yves Congars, nach Cambridge ins Exil geschickt.

Vielleicht gibt es keinen Widerspruch zwischen einem Unsicherheitsgefühl und despotischem Verhalten: Die Unsicheren neigen am meisten zum Autoritarismus. Man zeige ihnen einen Abgrund der Ungewißheit, und sie schaudern entsetzt zurück. Pius XII. verabscheute die «Theologie» des Risikos, die im Nachkriegsfrankreich in Mode war. (Gott, so machten die Franzosen klar, war ein beachtliches Risiko eingegangen, als er die Welt erschuf.) «Vor die Wahl zwischen apostolischer Wirksamkeit und Integrität der Priesterschaft gestellt», erklärte Pius, «würde ich immer die Integrität der Priesterschaft wählen» (Riccardi). Diese von falschen Voraussetzungen ausgehende Trennung bedeutete die Verurteilung des Arbeiterpriester-Experiments.

Eine letzte Besonderheit Pius' XII. muß noch erwähnt werden. Er hatte ein apokalyptisches Gefühl, daß die Welt schlechter wurde und nicht viel dagegen ausgerichtet werden konnte. Wie stark die Botschaft von Fátima zu dieser Stimmung beitrug, läßt sich nicht sagen. Aber durch einen seltsamen Zufall war Pius XII. am 13. Mai 1917 zum Erzbischof geweiht worden, am selben Tag, an dem die Heilige Jungfrau begann, vor den Bauernkindern in Portugal zu erscheinen. Seine apokalyptische Vision bedeutete, daß er nicht viel Gutes in der Welt von heute finden konnte. Die Dogmatisierung der Himmelfahrt Mariens – das einzige Beispiel bis heute für die Ausübung der päpstlichen Unfehlbarkeit – war angeblich sowohl «notwendig für die Erlösung» als auch «wahrscheinlich ein großer Beitrag zum Fortschritt der Gesellschaft»: ein etwas verwirrender Anspruch. Nach Kardinal Giuseppe Siri, dem Kronprinzen Pius' XII., wurde die Himmelfahrt in einer Weise als Dogma verkündet, daß sie «einer Welt, die Filmstars und Sporthelden richtigen Lehrern vorzog» eine Herausforderung hinwarf. In anderen Worten war es ein Stück der Welt trotzender kirchlicher *machismo*, und die Tatsache, daß andere Christen schockiert oder entsetzt waren, bewies nur die Klugheit: Sie würden erfahren, was ein richtiger Lehrer war. Pius' XII. apokalyptischer Pessismismus entband ihn von allzu tiefem Nachdenken über die Folgen seines Tuns. Ob er wirklich zu dem französischen Botschafter sagte: *«Après moi, le déluge»*, mag bezweifelt werden. Aber gewiß benahm er sich, als kümmerte er sich nicht darum, was nach seinem lange hinausgeschobenen Tod geschehen würde. Im Tod, sagte Benny Lai, sah er zum erstenmal menschlich aus. Bis dahin hatte ihn niemand ohne seine Brille gesehen.

Da ich eine umfassende Biographie von Papst Johannes XXIII. herausgebracht habe, kann ich mich hier zu ihm kurz fassen. Ganz deutlich verwandelte er das Bild des Papsttums mehr als jeder andere Papst dieses Jahrhunderts. Er tat es durch Güte. Güte kann nur erfahren, nicht erklärt werden. Für eine öffentliche Person, die die Menschen nur durch die verzerrende Linse der Medien erreicht, war Johannes' Fähigkeit bemerkenswert, auch mit denen, die er nie kennengelernt hatte, in Verbindung zu treten. Anläßlich seines Todes 1963 wehte der Union Jack in Belfast auf Halbmast – ein Anblick, den man in dieser gespaltenen Stadt nie zuvor gesehen hatte. Wir können das seinem Charisma zuschreiben, ein Wort, das eine religiöse Heimat hatte, bevor es für Politiker benutzt wurde (es bedeutet einfach die Gabe der Gnade); aber damit haben wir nur ein Wort durch ein anderes ersetzt.

Es gibt jedoch einen Schlüssel, um Johannes' Wirkung auf die Welt zu verstehen. Seine Vorgänger hatten, wie wir gesehen haben, die Menschen dazu gebracht, sich die Päpste als über der gewöhnlichen Menschheit stehend vorzustellen. Gelegentlich stiegen sie von der Einsamkeit ihrer olympischen Höhen herab und verurteilten irgend etwas. Aber als Johannes *Mater et Magistra* und *Pacem in Terris* schrieb, beschäftigte er sich mit Dingen, um die sich die einfachen Leute sorgten, nämlich Frieden, Gerechtigkeit und harmonisches Zusammenleben (*convivenza* war eines seiner Lieblingsworte). Niemand zog Johannes' Menschlichkeit in Zweifel, aber sie stand zur Geistigkeit als deren Erfüllung gar nicht so sehr in Widerspruch. Er «ließ das Übernatürliche natürlich erscheinen», sagte Kardinal Léon-Joseph Suenens. Anstatt die unnahbare aristokratische Gegenwart beizubehalten, die Pius XII. bei öffentlichen Anlässen kultiviert hatte, war Johannes brüderlich und freundlich. Einer seiner Lieblingstexte war aus Genesis: «Ich bin Joseph, euer Bruder.» Er meinte es. Er verwendete ihn, um Sozialisten in Venedig und die amerikanischen Juden, die ihn in Rom besuchen kamen, zu begrüßen und sogar vor Journalisten. Blaise Pascal schrieb in seinen *Pensées*: «Wenn wir einen natürlichen Stil sehen, staunen und freuen wir uns richtig, weil wir erwarteten, einen Autor zu treffen, und einen Menschen finden.» Die Menschen staunten und freuten sich über Papst Johannes, weil frühere Amtsinhaber sie dahin gebracht hatten, mit einem vom Bewußtsein seiner eigenen Würde durchdrungenen Autokraten zu rechnen, und statt dessen trafen sie einen Bruder.

Doch Papst Johannes war nicht einfach ein gutherziger alter Junge mit großen Ohren, der Liebe und Charme ausstrahlte. Er war ein ernstzunehmender Kirchenhistoriker, der dem Konzil sagte, daß «Geschichte die Lehrerin des Lebens» *(magistra veritatis)* ist. Dies gab ihm einen Sinn für Perspektive und ein Bewußtsein, daß das christliche Dogma sich im Lauf der Zeit entwickelt und verschiedene Fragen zu verschiedenen Zeiten zu beantworten versucht hatte; es war nicht auf immer in endgültigen, zeitlosen Aussagen erstarrt. Johannes sah die Tradition als einen strömenden Fluß, den viele Bäche gespeist hatten. Sein Sinn für Geschichte schärfte sein Bewußtsein für den *kairos*, den richtigen Augenblick, die Zeit, wann Gott in der Welt handelt oder der Heilige Geist ruft. Er wollte den *kairos* nicht verpassen. Deshalb berief er das Vatikanum II ein. Die Römische Kurie und die örtlichen Kirchen lebten sich auseinander. Also sollten die Bischöfe der Welt zusammenkommen, nicht um Irrtümer zu verurteilen, sondern um die Kirche zu erneuern und das Verhältnis zwischen den Bischöfen und dem Bischof von Rom wieder fruchtbar wirken zu lassen.

Der Fachausdruck dafür war «Kollegialität» oder die Teilnahme der Bischöfe der Welt an der «Sorge aller Kirchen». Unterbrochen vom Französisch-Preußischen Krieg, hatte Vatikanum I sich nur mit dem päpstlichen Amt befaßt. Johannes wünschte, daß sein Konzil dieses Ungleichgewicht korrigierte, indem der Bischof von Rom nicht als über der Kirche stehend gesehen würde, sondern als einer, der «die Versammlung der Nächstenliebe leitet» (Irenäus). Natürlich steht es uns frei zu sagen, daß diese Definition des petrinischen Amtes auch seinem Temperament entgegenkam; aber dann müssen wir auch sagen, daß sein Temperament die Wiederentdeckung eines Stils päpstlicher Amtsführung gestattete, die frische Kräfte in der Kirche freisetzte. Papst Johannes war weniger ein Initiator als viel mehr ein Mann, der etwas möglich machte. Er wußte aus Erfahrung, daß Verbote, Kirchenbann, Exkommunikationen und Verurteilungen nur die Atmosphäre der Kirche vergifteten und eine Spur menschlicher Verwüstungen hinterließen. Er hatte es in Bergamo im Pontifikat Pius' X. gesehen, er sah es 1950 als Nuntius in Paris wieder. In seinem Pontifikat traten allmählich Jesuiten wie Henri de Lubac und Karl Rahner und Dominikaner wie Yves-Marie Congar und Marie-Dominique Chenu aus den Schatten der Mißbilligung heraus. Unter Pius XII. zum Schweigen gebracht und zensiert, kehrten sie zurück und leisteten einen wichtigen Beitrag zum Vatikanum II.

Niemand freute sich mehr über diese Wende des Schicksals als Giovanni Battista Montini, der im Juli 1963 auf Papst Johannes folgte. Er war der belesenste und bestunterrichtete Papst des Jahrhunderts. Er nahm den Namen Paul VI. als Zeichen an, daß er der modernen Welt ein Missionar sein wollte. Er hatte sich lange auf dem laufenden gehalten mit den Entwicklungen in Frankreich und Deutschland. Als in den 1930ern Karl Adams Buch *Das Wesen des Katholizismus* in Rom verboten wurde, behielt Montini den übriggebliebenen Bestand in seiner Wohnung und verschenkte Exemplare an vertrauenswürdige Gäste. Wenn Theologen in den frühen 1950ern verurteilt wurden, empfing er sie im Vatikan immer freundlich und mit einem Achselzucken über den letzten Zwischenfall mit Ottaviani. Er wurde selbst 1954 nach Mailand abgeschoben, und man verweigerte ihm ausdrücklich den Kardinalshut, der «mit dem Posten verbunden war». Also bereit, «für die Kirche» zu leiden, hatte Montini «seitens der Kirche» gelitten (um die Unterscheidung des französischen Dominikaners Père Clérissac zu verwenden). Aber er haderte nicht in Mailand, und 1955 traf er den tapferen Bischof George Bell aus Chichester, der einen Satz von ihm weitergab: «Obwohl der Heilige Vater oft zur Zusammenarbeit zwischen Katholiken und getrennten Brüdern gedrängt hat, hat er nie angedeutet, wie dies geschehen sollte.» Bell kommentiert: «Er war wie ein

Kaplan, der den Pfarrer taktvoll kritisiert» (Bernard und Margaret Pawley, *Rome and Canterbury through the Centuries*). Im Jahr darauf lud Erzbischof Montini eine Gruppe von Anglikanern zu einem zehntägigen Studienaufenthalt nach Mailand ein.

Zweifellos war er von allen Päpsten des 20. Jahrhunderts am besten auf sein Amt vorbereitet. Er hatte die Pontifikate Pius' XI. und Pius' XII. von innen erlebt. Er wußte genau, was mit der Römischen Kurie geschehen mußte, und er machte 1967 Ernst. Er wurde zu einer Zeit Papst, als dank Papst Johannes das Ansehen des Papsttums so hoch war wie Jahrhunderte nicht mehr. Woher kommt es dann, daß dieses Pontifikat, obwohl so voller glänzender Gesten und Gedanken, am Ende zu versagen schien? Mehrere Gründe mögen in Frage kommen.

Erstens war er von der Veranlagung her ein stellvertretender Kommandeur. Auf den Fotografien der Epoche von Pius XI. und Pius XII. sehen wir ihn so: ein schlanker jugendlicher Schatten am Ellbogen des Papstes, wie er ein wichtiges Dokument unterschreibt. Die Tatsache, daß Montini das Dokument vielleicht selbst abgefaßt hatte, gehört nicht hierher. Was er anläßlich seiner Wahl zum Papst empfand, kann man aus einer «persönlichen Notiz» ersehen, die er neun Jahre später veröffentlichte: «Vielleicht rief der Herr mich zu diesem Dienst nicht, weil ich eine Begabung dafür habe oder damit ich die Kirche in ihren gegenwärtigen Schwierigkeiten lenken und retten kann, sondern damit ich etwas für die Kirche erleiden kann und es dadurch klar sein wird, daß es der Herr ist und keiner sonst, der sie führt und rettet» *(Insegnamenti)*. Dies ist, glaube ich, mehr als ein rein konventioneller Ausdruck der Demut: Es ist ein echtes Bekenntnis, daß er fühlt, die Aufgabe übersteige seine Kräfte und er werde, menschlich gesehen, scheitern. Nicht alle Päpste sehen ihr Amt in dieser Weise. Papst Johannes Paul II. fühlt, daß seine Wahl alle Jahrhunderte, in denen die verwüstete und gemarterte polnische Kirche vernachlässigt wurde, wieder gutmachte, und die Tatsache, daß er Mehmet Ali Agcas Mordanschlag überlebte, bekräftigte den göttlichen Segen. Paul VI. hatte keine solche Versicherung hinsichtlich seiner Aufgabe.

Einer der Gründe für Pauls Entmutigung war, daß er von Johannes XXIII. ein Konzil erbte, das er nie einberufen hätte. Wir wissen das, weil er an dem Tag, an dem es angekündigt wurde, am Telefon mit seinem Mentor Pater Giulio Bevilacqua sprach und sagte: «Dieser heilige alte Knabe scheint nicht zu merken, in was für ein Hornissennest er da sticht» (Fappani-Molinari). Bevilacqua sagte ihm, er solle darauf vertrauen, daß der Heilige Geist in der Kirche noch am Werk sei. Montini bekehrte sich bald zu dieser Ansicht und wurde der wichtigste italienische Fürsprecher eines Konzils, das im Geist Papst Johannes' durchgeführt würde. Deshalb, in der Tat, folgte er ihm als Papst: Er war dem Konzil verpflichtet und wußte, wo es lang gehen sollte. Niemand hat meine Einschätzung in Frage gestellt, daß Montini mit seinem Brief vom 18. Oktober 1962 den einzigen durchführbaren Plan für das Konzil vorlegte und «das mit Abstand wichtigste Dokument» zu seinem Verständnis ist (Hebblethwaite, *Johannes XXIII.*).

Aber gerade weil er ein kluger und weitsichtiger Mann war, erriet Paul VI., was in der Zeit nach dem Konzil geschehen würde, wenn die Parteien, die sich in der Peterskirche gegenübergestanden hatten, ihren Streit fortsetzten, wer nun eigentlich gewonnen hätte. Deshalb strebte Paul eine möglichst breite Übereinstimmung auf dem Konzil an, und manche seiner Änderungen waren als lindernder Trank für die Gekränkten gedacht. Sein Ziel war, daß es *«des convaincus, pas de vaincus»* geben sollte: Keiner sollte sich unterlegen fühlen, jeder sollte überzeugt werden. Vieles an Pauls Verhalten während und nach dem Konzil kann mit seinem Wunsch erklärt werden, die Gefühle der geschlagenen Minderheit, die größtenteils in der Römischen Kurie saß, zu respektieren. Er wurde beschuldigt, vor ihnen die Waffen gestreckt zu haben – eine unsinnige Anklage, die die Konservativen selbst gewiß nie geglaubt hätten.

Paul VI. lief, so könnte man sagen, vom Start an ein totes Rennen. Das petrinische Amt war für ihn ein ständiges Kreuz. Er konnte nicht zur autokratischen Einfalt Pius' XII. zurückgehen, aber er konnte auch nicht der gewinnenden Direktheit Johannes' XXIII. nacheifern. So war er mit seinem gequälten Selbst alleingelassen, mit seinem Kampf, seinen Zweifeln, dem Sinn des Intellektuellen für Komplexität. Als Arrigo Levi in seinem Interview mit ihm bemerkte, daß allein in der Sowjetunion das Prinzip der Autorität intakt geblieben sei, murmelte Paul VI.: «Ist das eine gute oder schlechte Sache?»

Man sagte von ihm, er könne sich nicht zu Entscheidungen durchringen; aber wenn er es tat, wie zum Beispiel über den geistlichen Zölibat und über Geburtenkontrolle, wurde er beschuldigt, willkürlich und ohne geeignete Beratung zu handeln. «Wie leicht ist sie zu untersuchen», sagte er zur Geburtenkontrolle, «wie schwer die Entscheidung.» Er hätte leicht weiterhin unentschlossen bleiben können. Doch seine Verurteilung der künstlichen Geburtenkontrolle in *Humanae Vitae* ist weitaus milder und seelsorgerisch einfühlsamer in die Rechte des Gewissens und das Wirken des Heiligen Geistes in den Gläubigen als der grimmige Entwurf, den Kardinal Alfredo Ottavianis Heiliges Offizium für ihn vorbereitet hatte. Es ist nie anerkannt worden, daß Paul VI. im Ton dem «Mehrheitsbericht» der Geburtenkontrollkommission (die eine modifizierte Billigung aussprach) näher war als dem der Minderheit (die den ganzen Gedanken im Namen der Tradition und Autorität kurzerhand ablehnte). Das ist, zugegeben, eine Sache von Nuancen und des Kleingedruckten; aber anders als Johannes Paul II. behauptete Paul VI. nicht, daß Benutzer von empfängnisverhütenden Mitteln «die Herrschaft Gottes leugneten». Paul VI. dachte weiter. Er ist fällig für eine Rehabilitierung.

Historiker streiten sich ohne Ende über eine «Periodisierung», das heißt darüber, wie man Pauls VI. Pontifikat unterteilen soll. Begann es, mit *Humanae Vitae* 1968 bergab zu gehen oder noch früher? Stellte sein fabelhaftes Dokument *Evangelii Nuntiandi* von 1975 als Antwort an die Synode über Evangelisation einen frischen und verspäteten Energieausbruch dar? War Paul am Ende optimistischer als am Anfang? Was immer die Antworten auf diese Fragen sein mögen, endete Pauls VI. Pontifikat beeindrukkend.

1978, in seinem Todesjahr, schlug das Schicksal zu. Aldo Moro, Sekretär der Christdemokratischen Partei (in der Praxis ihr Führer), war ein Freund Montinis seit dessen Zeit als Kaplan beim F.U.C.I., dem Bund italienischer katholischer Studenten, gewesen. Montini, so könnte man sagen, bereitete unter dem Faschismus die demokratische Zukunft Nachkriegsitaliens vor. Aber jetzt war Moro von den Roten Brigaden gefangen, gefoltert, mehrere Wochen hingehalten und schließlich brutal ermordet und nicht weit von der Piazza del Gesù, seinem Parteibüro, auf die Straße geworfen worden. Paul VI. brach mit dem Protokoll und ging hinunter in die Basilika San Giovanni in Laterano, um dem Herrn Vorwürfe zu machen, daß er dieses schreckliche Ereignis zugelassen hatte. Es erinnert an das Buch Hiob. Der Achtzigjährige, dessen nörgelige Wehklagen (er konnte nichts zu seiner Stimme) so unerheblich geschienen hatten, sprach plötzlich für Italien und wurde die Stimme der ganzen Nation.

Dann konnte er sterben.

Yves Congar schrieb über seinen Tod:

> Paul starb mit den Worten: «Vater unser im Himmel» auf seinen Lippen. Es war der Tod, für den er immer gebetet hatte. «Was ist das größte Unheil hier unten?» hatte er gefragt und geantwortet: «Unfähig zu sein, ‹Vater unser› zu sagen» (16. April 1965). «Was tut die Kirche auf dieser Welt?» fragte er bei einer anderen Gelegenheit und antwortete: «Sie macht es uns möglich, ‹Vater unser› zu sagen» (23. März 1966). Paul, der einen so wunderbaren Sinn für die vielsagende Geste hatte, plante sein Begräbnis in Hinblick darauf, daß es eine Zusammenfassung seines Lebens würde. Sein Sarg stand zu ebener Erde: Er wurde nicht von der Tiara gekrönt, die er weggelegt hatte (und die kein zukünftiger Papst benutzen würde), nicht einmal

> von einer Mitra oder einer Stola, sondern von dem aufgeschlagenen Evangelienbuch, dessen Seiten von dem leichten Wind umgeblättert wurden *(Modernité).*

Papst Paul starb am 6. August 1978, dem Fest Verklärung des Herrn. An diesem selben Tag 1945 war die Atombombe zum erstenmal mit verheerenden Folgen abgeworfen worden.

Selbst in dreiunddreißig Tagen hinterließ Albino Luciani seinen Stempel auf dem päpstlichen Amt. Er schaffte die Krönungszeremonie ab und verzichtete damit endgültig auf die Tiara. Das Vatikanische Pressebüro log aus Gründen der Erbauung über die Umstände seines Todes und gab so Anlaß zu Verdächtigungen, die von Populärschriftstellern ausgebeutet wurden. Schließlich erfand er den ersten Doppelnamen in der Geschichte des Papsttums, in der Hoffnung, damit deutlich zu machen, was er seinen zwei Vorgängern, Johannes und Paul, verdankte. Aber Papst Johannes Pauls unerwarteter Tod bedeutete, daß sein Nachfolger praktisch verpflichtet war, denselben Namen anzunehmen. Wie berechtigt das war, wird im nächsten Kapitel zu sehen sein.

4

Das Denken Karol Wojtylas

Zu den Schlüssen, die man aus dem vorigen Kapitel ziehen könnte, gehört der, daß Päpste oft in gegensätzlichen Paaren auftreten. Nach dem aristokratischen, unnahbaren, «engelgleichen» Pius XII. kam der liebenswerte, brüderliche Bauer Johannes XXIII. Johannes spielte in der Tat gern damit. Zu dem neu ernannten Erzbischof von Le Mans in Frankreich, der sich sorgte, er könne unmöglich dem gelehrten, heiligen und ach so guten Kardinal Georges Grente nachfolgen, soll er gesagt haben: «Machen Sie es einfach wie ich – genau das Gegenteil meines Vorgängers.»

Der Gegensatz zwischen aufeinanderfolgenden Päpsten ist eigentlich nicht überraschend. Denn die Frage, die sich jedem Konklave stellt, ist immer die nach Kontinuität oder Wandel. Da es in Wirklichkeit nicht viel Raum für einen wesentlichen Wandel gibt, entscheiden sie sich gewöhnlich für Kontinuität, aber in einem anderen Stil. Das geschah auch 1978. Der frühe Tod Albino Lucianis nach nur dreiunddreißig Tagen als Papst stellte die Frage dramatischer. Es lag ein Hauch von Krise in der Luft. Was die Kirche jetzt brauchte, war ein starker Mann, der mutig an die Zinnen treten würde, um der ganzen Welt ohne Zaudern den Glauben zu verkünden. Deshalb wurde Kardinal Karol Wojtyla gewählt. Den beiden aussichtsreichsten Italienern im Rennen, Giovanni Benelli, Erzbischof von Florenz, und Giuseppe Siri, Erzbischof von Genua, gelang es, sich gegenseitig kaltzustellen, und so machten sie den Weg frei für den Kardinal-Erzbischof von Krakau, Karol Wojtyla, den ersten Nichtitaliener seit dem Niederländer Hadrian VI., der 1523 starb – vergiftet von seinem Arzt, wurde gemunkelt.

Es gab offensichtlich Kontinuität zwischen Montini und Wojtyla und sogar eine gewisse Ähnlichkeit. Nicht ohne Grund hatte Papst Paul ihn 1967 zum zweiten polnischen Kardinal erhoben (als törichte Kommentatoren sagten, Paul spalte die polnische Kirche). Auch war es kein Zufall, daß Kardinal Wojtyla ausgesucht wurde, um die Fastenexerzitien der Römischen Kurie 1976 zu leiten (die Vorträge wurden unter dem Titel *Zeichen des Widerspruchs* veröffentlicht). Und vielleicht kann man von Wojtyla sagen, er habe mit seinen Vorlesungen an der Katholischen Universität Lublin 1960 (veröffentlicht unter dem Titel *Liebe und Verantwortung*) *Humanae Vitae* vorweggenommen und dazu beigetragen.

So könnte man fortfahren und die tiefe Harmonie der Ansichten Pauls VI. und Johannes Pauls II. demonstrieren. Sie bestand wirklich, aber sie war trügerisch. Es gibt einen Unterschied des Stils, der so hervorstechend ist, daß man vieles von dem, was Johannes Paul tut, als Kritik an der Schwäche seines Vorgängers lesen kann. Wo Paul VI. mit sich rang und schwankte, stürzt Johannes Paul sich mutig hinein. Er verkündet ohne Zögern oder Zweideutigkeit «die Freude des Glaubens in einer unruhigen Welt», wie er in seiner ersten Enzyklika *Redemptor Hominis* (1979) erklärte. Hier sind zwei Beispiele für den Gegensatz im Stil.

Zwar begann Papst Paul, die ganze Welt als «Pilgerpapst» zu bereisen, aber seine Reisen waren von beschränkter Dauer und fügten sich in einen systematischen und symbolischen Plan (beginnend im Heiligen Land, von wo das Christentum ausgegangen war), und sie endeten gänzlich nach seiner Fernostreise 1970. Während seiner letzten acht Jahre rührte er sich nicht vom Fleck. Als Paul VI. 1969 nach Uganda reiste, blieb er nur drei Tage und hielt drei wichtige Predigten oder Ansprachen. Johannes Pauls erster Besuch in Afrika führte ihn in zehn Tagen in sechs Länder, und er hielt über siebzig Reden. Nicht ohne Zusammenhang mit dieser Leidenschaft fürs Reisen – Johannes Pauls dritter Afrikabesuch im August 1985 war seine siebenundzwanzigste Auslandsreise – ist das unbestrittene Geschick des gegenwärtigen Papstes im Umgang mit dem Medium Fernsehen. Wie Präsident Reagan, aber in einem noch größeren Ausmaß, kann man Johannes Paul einen «großartigen Vermittler» nennen. Paul VI. dagegen war eine zurückgezogene Person, die sich vor Menschenmassen oder Kameras nicht gut darstellen konnte.

In der Frage, die man wohl oder übel ihre «Hollandpolitik» nennen muß, gab es in der Erfassung des Problems kaum einen Unterschied zwischen Paul VI. und Johannes Paul II. Sie stimmten weitgehend sowohl in der Analyse als auch der Lösung überein: Vatikanum II war den Holländern in den Kopf gestiegen, und sie interpretierten es auf eine unbekümmerte Art. Paul VI. packte das Problem an, indem er den *Holländischen Katechismus* zensierte, dem Niederländischen Pastoralkonzil 1970 Einhalt gebot und «konservative» Bischöfe wie Adrianus Simonis für Rotterdam und Jan Gijsen für Roermond ernannte. Johannes Paul hat sich dieser Politik angeschlossen, sie aber mit größerer Energie und Entschiedenheit verfolgt. Er holte die niederländischen Bischöfe im Januar 1980 zu einer «Sondersynode» nach Rom, wo sie, abgeschnitten von ihren Landsleuten und überstimmt von der Römischen Kurie, die seelsorgerischen Methoden, die in den vorausgegangenen fünfzehn Jahren praktiziert worden waren, praktisch verwarfen. Sie gingen nach Hause und konnten die veränderten Methoden natürlich nicht durchsetzen. Immer mehr konservative Bischöfe wurden ernannt (siehe Kapitel 8). Schließlich begab sich Johannes Paul selbst, wie Daniel in der Löwengrube, kühn im Mai 1985 nach Holland, um die Botschaft persönlich zu vermitteln. Falls er scheiterte, war es ein glanzvolles, heroisches Scheitern.

Ein weiterer Aspekt des Gegensatzes zwischen den zwei Päpsten zeigt sich im Gespräch mit ihnen und in der Art, wie sie ihr Amt sehen. Paul VI. sprach offen zu einigen wenigen Freunden, darunter Jean Guitton. 1967 beschrieb er die Bürde des Papstes und sein *métier* folgendermaßen:

> Im Leben des Papstes gibt es keine Ruhezeiten oder Atempausen. Die Vaterschaft ist nie aufgehoben. Und weil das, womit er sich befaßt, immer die Grenzen des Möglichen überschreitet, ist die einzige Lösung, die ihm bleibt, sich dem Augenblick zu überlassen, und das ist der Herr. Ein Papst lebt von Krise zu Krise, von Augenblick zu Augenblick. Er geht, wie die Hebräer in der Wüste, von Manna zu Manna. Und er hat nicht viel Zeit, auf der Straße, die er gereist ist, zurückzublicken oder voraus auf den Weg, der vor ihm liegt *(Dialogue avec Paul VI).*

Das deutet an, daß Paul VI. sein Pontifikat als ein ständiges Improvisieren sah, als käme sein täglicher Arbeitsplan von irgendwoher und würde von den Ereignissen zusammengestellt. Wenn er am Morgen aufwachte und sich fragte, was zu tun wäre, fände er die Antwort irgendwo in den Presseübersichten, die das Staatssekretariat lieferte. Diese Methode war sehr charakteristisch für Montini, und sie führt uns zum Kern seiner päpstlichen Spiritualität: Die meiste Zeit mußte er Gott dienen und ließ sich von dem überraschenden Heiligen Geist führen.

Papst Johannes Paul II. würde das als Theologie nicht ablehnen. Aber seine Praxis ist ganz anders, aus Gründen, die Paul VI. nennt: «Im Leben des Papstes gibt es keine Ruhezeiten oder Atempausen.» Es ist wenig Zeit da zum Denken, Lesen, Aufnehmen des Neuen. Papst Johannes Paul II.

muß deshalb von dem Kapital leben, das er erworben und vermehrt hat, bevor er Papst wurde – denn jetzt, wo er Papst ist, ist es zu spät, neue Dinge zu lernen.

Wenn Pauls VI. Gespräche seine Angst und seinen Glauben aufdecken, verrät Johannes Paul II. kaum etwas. Für einen in der Öffentlichkeit so redseligen Mann ist er privat erstaunlich schweigsam und geheimnisvoll. Einige, die ihn fragten, ob er bei seinem Frankreichbesuch von der französischen Kirche als der «ältesten Tochter der Kirche» reden würde, antwortete er mit einem Schlag auf die Schulter und einem *«Pourquoi pas, mon vieux?»* Ein englischer Monsignore wurde zum Essen eingeladen, um zu erläutern, was sich bei der Nationalen Pastoralkonferenz in Liverpool 1980 zugetragen hatte. Der Papst hörte schweigend zu und sagte am Ende nur: *«Deo Gratias.»* Kardinal Léon-Joseph Suenens wußte nur, daß sein Rücktrittsgesuch als Erzbischof von Mecheln-Brüssel angenommen und daß er als Führer der charismatischen Bewegung bestätigt worden war, als sich die Lifttüren schlossen und er unabwendbar davongetragen wurde. Es gibt viele ähnliche Geschichten. Johannes Pauls Gespräche sind dunkel und rätselhaft.

Es läuft letzten Endes darauf hinaus, daß der Papst ein äußerst höflicher Zuhörer ist, aber seine Gesprächspartner manchmal das Gefühl haben, daß das, was sie sagen, in vorherbestimmte Fächer gesteckt wird. Ich habe drei Gespräche mit Papst Johannes Paul gehabt, und das Höchste, was ich behaupten kann, ist, daß ich ihn jedesmal zum Lachen gebracht habe. Auf dem Weg nach Afrika 1980 stellte mich Pater Romeo Panciroli, damals vatikanischer Pressereferent, als Korrespondent des *National Catholic Register* vor, einer rechten Zeitschrift, die sich stark von meinem *National Catholic Reporter* unterscheidet. Ich fragte den Heiligen Vater, ob er bei seiner Begegnung mit dem neuen Erzbischof von Canterbury Robert Runcie in Akkra, Ghana, die Anglikanische Kirchengemeinschaft als eine «Schwesterkirche» bezeichnen würde. «Lesen Sie noch einmal *Lumen Gentium*» (die Konstitution des Konzils über die Kirche), riet er und hielt dabei meine Hand fest, «dann werden Sie sehen, daß wir in Christus alle Brüder und Schwestern sind.» Hatte er die Frage mißverstanden? Nicht ganz, denn er fuhr fort: «Schwesterkirche ist nur eine Entsprechung.» Schließlich verwendete er den Begriff «Schwesterkirche» nicht, als er mit Runcie sprach. Er verwendete ihn statt dessen für die römisch-katholischen «jungen Kirchen» Afrikas, die inzwischen soweit «erwachsen» waren, daß sie diesen Titel verdienten.

Auf dem Rückweg von Afrika stellte ich fest, daß die beiden einzigen Präsidenten, denen wir begegnet waren, die sich mit Recht als Katholiken bezeichnen konnten – Mobutu von Zaire und Houphouet-Boigny von der

Elfenbeinküste –, trotz ihres vorgerückten Alters unmittelbar vor der Ankunft des Papstes geheiratet hatten. Was war die Erklärung, fragte ich unbefangen, für diese plötzliche Lust auf die Ehe? Die Wahrheit war, daß die dortigen päpstlichen Nuntien den betreffenden Präsidenten geraten hatten, ihre Ehen gesetzlich zu regeln, bevor Johannes Paul ankam. Er antwortete auf meine Frage: «Sie verstehen, daß ich auf persönliche Dinge nicht eingehen kann?» Ich bekundete nickend meine Achtung vor den Geheimnissen des Beichtstuhls. «Sagen wir einfach», schloß Johannes Paul, «daß dies die ersten Früchte meiner Pastoralvisitation in Afrika sind.» Gescheit und doch etwas ausweichend.

Als ein noch besseres Beispiel für päpstliche neckische Reden – es bietet sich kein treffenderes Wort an – nimmt man am besten den Gedankenaustausch auf dem Weg nach Kanada im Herbst 1984. Johannes Paul, gebräunt und gesund aussehend nach einem Aufenthalt in seinem Sommerpalast in Castelgandolfo, kam in das Heck des Flugzeugs, wie es seine Gewohnheit ist. Die meisten Fragen betrafen die Instruktion, die gerade einen Monat vorher, am 3. September, von der Kongregation für die Glaubenslehre (dem ehemaligen Heiligen Offizium) erlassen worden war. Dieses Dokument (wir werden ihm noch begegnen) verurteilte die Theologie der Befreiung zumindest in ihren «marxistischen» Versionen. Die Diskussion verlief folgendermaßen:

«Wie können Sie damit rechnen, den Dialog mit marxistischen Regierungen nach der jüngsten Instruktion der Kongregation für die Glaubenslehre fortzusetzen?»

Johannes Paul: «Warum fragen Sie? Sagt sie irgend etwas gegen Marxisten?»

«Es sieht so aus, und auch gegen marxistische Regierungen.»

Johannes Paul: «Und richtet sich das, was sie sagt, *nur* gegen marxistische Regierungen?»

«Dann richtet es sich also auch gegen andere?»

Johannes Paul: «Es ist alles sehr klar ausgedrückt, und natürlich werden sich manche Regierungen in dem, was da geschrieben ist, wiedererkennen. Aber das Dokument sagt nichts, was Marxisten oder marxistische Regierungen direkt angreift.»

(Die Ehrlichkeit zwingt mich einzuwerfen, daß die Instruktion tatsächlich gewisse «totalitäre und atheistische Regime» – die nicht, das ist wahr, als «marxistisch» ausgewiesen sind – in den folgenden Worten beschreibt: «Diese Schande unserer Zeit kann nicht übergangen werden: Während sie behaupten, ihnen Freiheit zu bringen, halten diese Regime ganze Nationen unter Bedingungen der Sklaverei, die eines Menschen unwürdig sind» [11, 10].)

«Der Dialog geht also weiter?»

Johannes Paul: «Wir versuchen, genau dieses zu tun. Aber es braucht zwei für einen Dialog. Ein Dialog kann nie Manipulation sein.»

«Wenn Sie nach Santo Domingo gehen, werden Sie sehr nahe an Kuba sein. Würden Sie gern nach Kuba gehen?»

Johannes Paul: «O ja, ich würde sehr gern dorthin gehen. Aber vielleicht sind die Kubaner nicht ...»

«Vielleicht wären die Kubaner glücklich, Sie zu empfangen?»

Johannes Paul: «O ja, die Kubaner, sie sind gute Menschen.»

«Was wird das Schicksal der Priester sein, die in Nicaragua Kabinettsminister sind?»

Johannes Paul: «Sie werden gemäß dem Kirchenrecht behandelt werden.»

«Was halten Sie von den Feministinnen, die vorhaben, Sie in Kanada herauszufordern?»

Johannes Paul: «Ich liebe jeden, auch diese Frauen. Aber jeden zu lieben, heißt nicht, die Wahrheit nicht zu lieben. Wie die Alten sagten: *Amicus Plato, sed magis amica veritatis* (Plato ist ein Freund, aber die Wahrheit ist ein größerer Freund).

Das ist nicht ganz so sprühend wie Boswell über Johnson oder Eckermann über Goethe. Vielleicht bekommen heutige Journalisten, was sie verdienen. Die letzte Bemerkung über die Ordination von Frauen beleuchtet die Gefahr bei diesen improvisierten Pressekonferenzen im Flugzeug.

Denn sobald der Papst von seiner *cathedra* (oder *sedes,* dem Heiligen Stuhl) heruntersteigt und sich in eine laufende Debatte einschaltet, haben seine Argumente genausoviel Gewicht wie die eines jeden anderen und nicht mehr. In seinem ausführlichen Gespräch mit André Frossard, dem einzigen Schreiber, der fast uneingeschränkten Zugang zu ihm hatte, verwirft Johannes Paul die Priesterweihe von Frauen mit der Begründung, daß «die Muttergottes nicht beim letzten Abendmahl anwesend war» *(Fürchtet euch nicht!).* Es ist möglich, daß einen dieses Argument nicht völlig überzeugt. Vor dem päpstlichen Besuch in den Niederlanden im Mai 1985 sagte Kardinal Simonis, diese peinlichen Fragen sollten nicht an den Heiligen Vater gerichtet werden, weil er Holländisch nicht genügend beherrschte, um seine Antworten aus dem Stegreif zu geben. Er mußte für Jahrhunderte sprechen. Er konnte das Magisterium nicht improvisieren.

Das alles ist wahr. Dennoch bringen uns die aus dem Handgelenk geschüttelten Bemerkungen dem Denken Johannes Pauls näher als seine sorgfältiger gedrechselten Äußerungen. Sie zeigen ihn in seiner Menschlichkeit. Der Schlüssel zu seinem Denken ist in der historischen Erfahrung Polens zu finden. Das ist nicht das gleiche, wie wenn man sagt, er sei «konservativ» oder was immer, weil er Pole ist. Das ist zu stark vereinfacht und vielleicht «rassistisch». Auf jeden Fall ist er kein «typischer polnischer Priester». Nicht viele polnische Priester laufen Ski und treiben Philosophie. Keine anderen sind Papst geworden. Dennoch ist es die wichtigste Tatsache an ihm, daß er Pole ist. Abgesehen von zwei Jahren am Belgischen Kolleg in Rom von 1946 bis 1948 verbrachte er seine ersten achtundfünfzig Jahre in Polen.

Die familiäre Situation der Wojtylas verdient Interesse.

Am 18. Mai 1920 geboren, als Polen gerade seine Unabhängigkeit wiedererlangt hatte, verlor Karol seine Mutter, als er neun Jahre alt war, und seinen ältesten Bruder bald darauf. Obwohl er sehr ungern über seine Familie spricht, erzählte er Frossard:

> Mit zwanzig hatte ich bereits alle Menschen verloren, die ich liebte, und selbst die, die ich vielleicht geliebt hätte, so die große Schwester, die sechs Jahre vor meiner Geburt gestorben war, wie man mir erzählte. Ich war noch nicht alt genug, um zu meiner ersten Kommunion zu gehen, als ich meine Mutter verlor, die nicht das Glück hatte, den Tag zu erleben, auf den sie sich so gefreut hatte als einen großen Tag. Sie wollte zwei Söhne, einen als Arzt und einen als Priester; mein Bruder war Arzt, und ich bin trotz allem Priester geworden *(Fürchtet euch nicht!)*.

Hier könnte man leicht überinterpretieren. Aber einige Dinge darf man getrost sagen. Das Fehlen jeder weiblichen Präsenz im Haushalt förderte die Idealisierung der Muttergottes, die zum Typ des «ewig Weiblichen» wurde (wie auch die Alternative zu Eva, der Versucherin). Und verspürte er einen Drang, sozusagen «seine Mutter glücklich zu machen», indem er Priester wurde? Ich weiß es nicht. Aber es ist sicher wahr, was Peter Nichols scharfsichtig schrieb: «Die Familie bedeutete ihm etwas Natürliches, was er aber nie hatte» (*The Times*, 1. Juni 1982). Mit zwanzig Jahren war er Waise, sogar ohne Aussicht auf Neffen oder Nichten; er erscheint als eine Art Methusalem.

Dann kam zu dieser persönlichen Tragödie die nationale Katastrophe mit der Besetzung Polens durch die Nazis. Die Polen sollten mit Schwerarbeit ausgebeutet und, wenn sie nicht mehr arbeitsfähig waren, ausgerottet werden. Polen würde erst «judenrein» und dann «polenrein». Die Ermordung von Priestern, Akademikern und führenden Persönlichkeiten auf kulturellem Gebiet begann sofort 1939 an Karol Wojtylas Jagiellonischer Universität in Krakau. Ein Sturm der Entrüstung ging durch die westliche Presse, doch nach dem Zusammenbruch Frankreichs mutmaßte der Generalgouverneur Hans Frank richtig, daß sein «Pazifizierungsprogramm» nun weniger ausländisches Interesse finden werde. «Ich muß zugeben», protokollierte er, «daß mehrere tausend Polen, insbesondere jene, welche die geistigen Führer der Gesellschaft sind, sterben müssen.» Dies wird von Jan Tomasz Gross in *Polish Society under German Occupation* zitiert. Gross, ein Soziologieprofessor an der Yale University, beschreibt, wie jede Hoffnung systematisch zerstört wurde. Es spielte kaum eine Rolle, ob man versuchte, die Besatzer zu bestechen, oder ob man ihnen trotzte: Am Ende traf einen dasselbe Schicksal. Es war eine Situation der *anomia*, der Gesetzlosigkeit, eine auf den Kopf gestellte Welt, in der nichts mehr Sinn hatte.

In geistigen Kategorien war die Besetzung der «dunklen Nacht der Seele» ähnlich, wie sie der spanische Mystiker des 16. Jahrhunderts Johannes vom Kreuz beschreibt. Dieser Satz wurde auf dem Grabstein des Kardinals Adam Sapieha verwendet, des Erzbischofs von Krakau und Mentors des jungen Wojtyla. «Er erhielt den Glauben der Polen», heißt es auf dem Epitaph in der Franziskanerkirche, «während ihrer dunklen Nacht der Seele.» Es gibt nur zwei Antworten auf so eine Erfahrung: Verzweiflung oder Glauben.

Karol Wojtyla stand gerade kurz vor seinem zwanzigsten Geburtstag, als er sein erstes Stück *Hiob* schrieb. Es wurde (wie sein Dichterfreund Marek Skwarnicki berichtet) sehr schnell in der Karwoche 1940 geschrieben. Kein Wunder, daß er sich dem Buch Hiob zuwandte. Hier war ein Mann, der alles verloren hatte. Nicht nur das, aber die eigentliche Grundlage der Vernunft war umgestoßen: Die Bösen leben im Glück, während die Güte verspottet wird. Hans Frank hatte sich auf dem Wawel an der Weichsel eingerichtet. Polnische Könige waren in der Krypta der innerhalb der Schloßmauern liegenden Kathedrale begraben. Franks Anwesenheit war hier Beleidigung, Kränkung und Blasphemie.

Karol Wojtylas Stück nimmt die Tragödie Polens hin, aber verwandelt sie schließlich. Am Schluß des Stückes hat Hiob, der Mann des Alten Testaments, eine Vision von Christus, dem alles genommen ist, der gedemütigt ist, verspottet, an ein Kreuz der Schande gehängt. Aber der Herr erhebt ihn und nimmt ihn in Schutz. Das letzte Wort wird nicht Niederlage sein, sondern Auferstehung. Es war eine Frage, die von katholischen Literaturkritikern in den 1930ern viel diskutiert wurde: Kann es letztendlich eine christliche Tragödie geben? Die Antwort war nein, weil das Leben sich schließlich als eine Göttliche Komödie im Sinne Dantes erweisen wird – das heißt, Gott wird sich als «alles in allem» offenbaren.

Es ist behauptet worden, daß die meisten Menschen ihre Denkweise bis zum Alter von fünfundzwanzig entwickelt haben und daß danach neue Ideen nur unter Schwierigkeiten Eingang finden können. Bis zum Alter von fünfundzwanzig hatte Karol Wojtyla das 20. Jahrhundert in seiner verheerendsten Phase erlebt. Nahe Krakau lag das Vernichtungslager Auschwitz, in das die Juden aus dem Ghetto geschickt wurden. Die «Befreiung» Polens durch die Rote Armee stellte sich als Täuschung heraus: Sie ließ Wojtyla auf Dauer zweifeln an politischen Schlagworten und der Art, wie sie die Menschen ausnutzten. Dann wurden die Atombomben über Hiroshima und Nagasaki abgeworfen.

Alle diese Ereignisse zusammengenommen erzeugten in Karol Wojtyla ein starkes Gefühl, daß die Zivilisation, ob im Osten oder im Westen, nur eine dünne Tünche war, die über die Barbarei gemalt war. Eine Macht des Bösen ging in der Welt um. Ein kosmischer Kampf fand zwischen Gott und Satan statt. Das gab und gibt dem gesamten Denken Papst Johannes Pauls eine eschatologische Spitze. Das gewaltige kosmische Drama spielt sich in den Ereignissen dieser Welt ab. So ist Mehmet Ali Agcas Mordversuch eine weitere Episode im ewigen Kampf zwischen Gut und Böse. In diesem apokalyptischen Sinn sieht er die Muttergottes, wie in Genesis auf sie hingewiesen wird, als «die Frau, die den Kopf der Schlange zertreten wird». Der Tag des Mordanschlags, der 13. Mai 1981, war das Fest der Muttergottes von Fatima. Ein Jahr später ging Johannes Paul nach Fatima, um Maria für die Rettung seines Lebens zu danken.

Dieses Gefühl, am Rand des Untergangs zu leben, könnte erklären, warum alle Punkte auf der Tagesordnung der westlichen Kirchen seit dem Vatikanum II – typischerweise Geburtenkontrolle, Priestertum der Frau, ordentlicher Prozeß, Kollegialität, sogar Ökumenismus – seine Aufmerksamkeit eigentlich nicht fesseln. Sein apokalyptischer Glaube befaßt sich mit der Frage von Leben und Tod. «Der Glaube beginnt jenseits der Verzweiflung.»

Dieses Zitat stammt von Georges Bernanos, dem französischen Romancier, der zu derselben «geistlichen Familie» wie der Papst gehört. Für Karol Wojtyla ist der Priester eine heroische Gestalt wie der Abbé Donissan in *Unter der Sonne Satans,* Bernanos' erstem Roman. Er steht allein auf der Brustwehr, Streiter seines Volkes, verstrickt in einsamer Schlacht mit dem Bösen. So sprach Johannes Paul zu den westdeutschen Priestern 1980 in Altötting:

> Ihr seid aufgerufen, auf besondere Weise an dem geistigen Kampf teilzunehmen. Ihr seid aufgerufen zu diesem ständigen Kampf, in den die Mutter Kirche verstrickt ist und der sie dem Inbegriff der Frau, der Mutter des Herrn, ähnlich macht. Im Kern eurer Berufung steht die Anbetung des heiligen Gottes; aber aus dem gleichen Grund seid ihr den Versuchungen des Bösen besonders ausgesetzt, wie in den Versuchungen des Herrn sichtbar wird.

Das ist sehr dramatisch, um nicht zu sagen, melodramatisch, und die meisten unter uns sind es nicht gewohnt, so zu denken.

Aber wenn man von dieser Vorstellung des Priesters ausgeht, der in einem geistigen Kampf steht, wird man nicht freundlich auf die zugehen, die sich vom Schlachtfeld fortstehlen möchten, um einen bequemen Posten zu suchen. Johannes Paul betrachtet sie einfach als Feiglinge und Deserteure. Deshalb zog er Pauls VI. mitfühlende Regeln der Laisierung zurück und setzte grimmige Normen an ihre Stelle, die wenige verstehen können und kaum einer erfüllen kann. Sie bedeuten in Wirklichkeit, daß Heirat und Priesterweihe aneinander angeglichen worden sind. Die einzige Möglichkeit, aus dem einen oder dem anderen Zustand herauszukommen, ist eine Annullierung – das heißt eine Erklärung mit vorausgehendem Beweis, daß es tatsächlich nie eine Heirat und nie eine Priesterweihe gegeben hat. Das ist hart: Aber in der apokalyptischen Vision, die ich umrissen habe, sind ein paar einzelne Opfer nicht von Bedeutung. Denn er glaubt, wiederum Bernanos zitierend, daß «die Kirche nicht so sehr Reformer braucht wie Heilige», wie er in einer Predigt über den heiligen Karl Borromäus sagte (*Osservatore Romano,* 3. Dezember 1984). Bernanos sagte auch: «Es gibt nur eine Traurigkeit – kein Heiliger zu sein.»

Außerdem – und das ist etwas, wovon wir im Westen keine Vorstellung haben – ist ein Priester in Polen, der das geistliche Amt verläßt, fast gezwungen, in den Dienst der kommunistischen Partei einzutreten, sich ihrer Propagandaorganisation anzuschließen und zu verleumden, was er einst liebte, oder zumindest es zu spalten zu suchen, indem er «progressives» Getön von sich gibt. (Siehe Maciej Pomian-Srzednicki, *Religious Change in Contemporary Poland;* über Expriester, die in der antireligiösen Propaganda arbeiten.) Was kann er sonst tun? Das *todo o nada* oder «alles oder nichts» des heiligen Johannes vom Kreuz spiegelt sich in Karol Wojtyla wider. Es macht ihn zu einem Mann der endgültigen Entscheidungen, wenn Sie so wollen, oder der mitleidslosen Extreme, wenn Sie nicht wollen.

Das für die Zukunft. Aber Karol Wojtyla wußte, worauf er sich einließ, als er am 1. November 1946 in Sapiehas Privatkapelle zum Priester geweiht wurde. Er verpfändete sein Wort und damit basta. Er las seine ersten drei Messen zu Allerseelen, ein Fest, das in Polen wie in Italien besondere Bedeutung hat. Es ist interessant, daß er sich zu Allerseelen 1984 auf einem Mailänder Friedhof einfand und eine Parallele zwischen seinem eigenen Leben und dem seines Namenspatrons Karl Borromäus zog:

> Es lohnt sich festzustellen, daß er seinen endgültigen Entschluß, sich dem Dienst Gottes zu widmen, anläßlich des Todes seines Bruders Frederico faßte. Als er zum einzigen Sohn der Familie wurde, drangen viele Menschen darauf, daß er heiratete, um das Geschlecht der Borromeo fortzusetzen. Statt dessen öffnete der Tod seines Bruders

ihm die Augen für die Armut menschlicher Wirklichkeit (*Osservatore Romano*, 2. Dezember 1984).

Das klingt wie eine spärlich verhüllte Autobiographie.

Seine Priesterweihe 1946 war gefördert worden, weil Sapieha bereits beschlossen hatte, ihn nach Rom zu schicken. Ein schneller Nachkriegsbesuch zeigte dem betagten Kardinal, daß er kaum eine Seele dort kannte. Er beschloß, dem abzuhelfen, indem er seine besten und begabtesten Seminaristen nach Rom schickte. So hatte seine eigene Karriere vierzig Jahre vorher begonnen. Also verließ Karol Wojtyla zum erstenmal Polen und studierte am Angelicum, der Dominikanischen Universität in Rom. Der Grund, weshalb er das Thema seiner Dissertation «Der Glaubensakt beim heiligen Johannes vom Kreuz» wählte, ist schon angedeutet worden. Geringeres kam nicht in Frage.

Noch andere Faktoren trugen dazu bei. Er kannte die Karmeliter aus seiner Heimatstadt Wadowice und sollte später einen von ihnen, Pater Rafal Kalinowski, bekannt als «Märtyrer des Beichtgeheimnisses», am 22. Juni 1983 während seines zweiten Polenbesuches seligsprechen. Außerdem war Johannes vom Kreuz ein Dichter und gehörte zu seinen geheimen Poesielesungen in Krakau. Im März 1946, dem Jahr, in dem er nach Rom ging, veröffentlichte Karol Wojtyla seine ersten Gedichte *Lieder des verborgenen Gottes* in einer Karmeliter-Schrift, *Glos Karmelu.* Er hätte selbst leicht Karmeliter werden können. Aber Bischof Julian Groblicki sagte, er sei abgelehnt worden, denn «du bist für größere Dinge geboren» *(«Ad majores res natus es»).*

Aber die Haltung des Entweder-Oder, des Alles oder Nichts, *todo o nada*, behielt er bei. Andere Formen der Spiritualität haben, obwohl nicht weniger streng, größere Achtung vor der Schöpfung, können «sowohl – als auch» sagen, sind weniger absolut.

Nachdem er zum Priester geweiht worden war und seinen Doktortitel mit dem heiligen Johannes vom Kreuz erworben hatte, kehrte Wojtyla nach Krakau zurück. Obwohl er Kaplan in einer Gemeinde war, begann er auch, in Krakau und an der Katholischen Universität von Lublin, der einzigen unabhängigen Universität zwischen Elbe und Pazifik, Philosophie zu lehren. Aber was für eine Philosophie? Am Angelicum war seine Doktorarbeit von dem Dominikaner Pater Garrigou-Lagrange betreut worden, Führer der Opposition gegen die «neue Theologie», eingeschworener Feind der «historischen Schule» der französischen Jesuiten und Dominikaner. Aber Wojtyla, obgleich geneigt, so eine Sorte von Thomismus der «ewigen Wahrheiten» zu begrüßen, hatte bereits eine metaphysische Erfahrung gehabt, die sein Leben änderte. Frossard, der selbst eine dramatische

Bekehrung hatte, nennt sie «wunderbar» und «eine kopernikanische Revolution». Papst Johannes Paul beschrieb ihm, wie er sein heimliches Philosophiestudium im Oktober 1942 begann:

> Auf der Stelle fand ich mich vor einem Hindernis. Meine literarische Schulung, die sich um die klassische Literatur drehte, hatte mich nicht auf all die scholastischen Thesen und Formeln vorbereitet, von denen das Lehrbuch voll war. Ich mußte einen Weg bahnen durch ein dichtes Unterholz aus Begriffen, Analysen und Axiomen, ohne auch nur den Boden, über den ich mich bewegte, erkennen zu können. Nachdem ich mich zwei Monate lang durch die Pflanzenwelt geschlagen hatte, kam ich zu einer Lichtung, zur Entdeckung der tiefen Gründe, wofür allein ich bis dahin gelebt und gefühlt hatte. Als ich das Examen ablegte, sagte ich meinem Prüfer, daß nach meiner Meinung die neue Sicht der Welt, die ich in meinem Kampf mit diesem Handbuch der Metaphysik erlangt hatte, wertvoller sei als die Note, die ich bekommen hatte. Ich übertrieb nicht. Was Intuition und Empfindung mich bis dahin gelehrt hatten über die Welt, fand seine feste Bekräftigung *(Fürchtet euch nicht!)*.

Es ist offensichtlich schwierig, diese Art von Erfahrung jenen zu vermitteln, die sie nie gehabt haben. Es hört sich nicht wie eine mystische Erfahrung im strengen Sinne an. Es könnte als metaphysische Konversion bezeichnet werden. Was wirklich eine Rolle spielt, ist die Wirkung auf Karol Wojtylas Denkweise.

Dies veranlaßte ihn, seinen Thomismus mit einer Dissertation über das Werk Max Schelers zu mäßigen, den abtrünnigen Schüler von Edmund Husserl, dem Vater der Phänomenologie. Er fragte: «Kann eine christliche Ethik auf die Philosophie Max Schelers gegründet werden?» Seine Antwort war «nein». Aber nach Michael Dummett, Professor in Oxford, machte Wojtyla sich einen philosophischen Stil zu eigen, der an den späten Husserl erinnert. Er hat drei wesentliche Merkmale. Der Denker äußert nur: Er legt seinen eigenen Standpunkt nicht im Gegensatz zu anderen möglichen Standpunkten dar, indem er Gründe anführt, warum sein eigener überlegen ist. Er fühlt sich nicht aufgefordert, Argumente zu seinen Gunsten vorzubringen: Er stellt seinen Standpunkt einfach fest und, wenn herausgefordert, stellt er ihn erneut und besser fest. Auch gibt er keine Beispiele, wie das, was er sagt, «eingelöst» werden könnte. Dummett, der in den Medien stets (und zutreffend) als «frommer Katholik» bezeichnet wird, versicherte mir, daß er seine Kritik nicht, wie manch einer annehmen könnte, vom Standpunkt einer «Oxford-Philosophie» geübt habe, sondern vom Standpunkt Thomas von Aquins, der immer deutlich Gegenpositionen darlegt, seine Gründe angibt und – nicht sehr gute – Beispiele anbietet. Alle diese Bemerkungen beziehen sich auf *Person und Tat*, Wojtylas philosophisches Hauptwerk.

Den philosophischen Stil, den er in Lublin lernte, kann man in seinem Pontifikat am Werk sehen. Er beantwortet häufig eine Frage mit einer Gegenfrage (wie im Flugzeug auf dem Rückweg von Kanada). Er ist fest davon überzeugt, daß man zum Wesen der Sache – des priesterlichen Amtes oder des religiösen Lebens oder der Ehe zum Beispiel – einfach durch Nachdenken vordringen kann. Als Folge davon scheint er manchmal völlig die Dimension der Zeit zu vergessen und so auf Geschichte und die Entwicklung des Dogmas zu verzichten. Als er Papst Johannes' Bergamo besuchte, versuchte er, Priester und Nonnen, die angeblich von «all diesen Veränderungen» beunruhigt waren, zu trösten, indem er sie erinnerte: «Wir sind, was wir immer gewesen sind – und ich meine damit, wir müssen bleiben, wie Christus der Herr wünschte.»

Aber ist es wirklich möglich, diesen Sprung in Siebenmeilenstiefeln vom ersten ins zwanzigste Jahrhundert zu machen? Religiöses und priesterliches Leben haben eine Geschichte und haben viele Formen angenommen. Aus der gegenwärtigen Disziplin ein Absolutum zu machen, ist verkehrt. Eine Kanonisierung der Gegenwart macht das Leben schwierig. Um gegenüber Johannes Paul gerecht zu bleiben: Er behauptet nicht, irgendeine Art von Historiker zu sein. Er sagte offen zu Frossard: «Die Umstände haben mir nie viel Zeit zum Studium gelassen. Vom Temperament her ziehe ich das Denken der Belesenheit vor.» Selbstbeobachtung und Meditation sind sein Weg zur Wahrheit.

Alle Vorbehalte Papst Johannes Pauls gegenüber den Vorgängen in der gegenwärtigen Kirche rühren aus diesem Mangel an wirklichem Sinn für die Geschichte. Das wirkt in zwei Richtungen. Wenn jemand wie Edward Schillebeeckx OP von der Geschichte des geistlichen Amtes her zeigt, daß die Kirche sich immer die Priester gegeben hat, die sie braucht, und daß der Weg theoretisch frei ist für die Ordination von verheirateten Männern und von Frauen, werden Schritte gegen ihn unternommen. Wenn Leonardo Boff versucht, auf den Heiligen Geist zu reagieren, der in den «Zeichen der Zeit» spricht, wird er sehr entschieden fertiggemacht. Die Methoden unterscheiden sich also nicht sehr stark von denen Garrigou-Lagranges im Pontifikat Pius' XII., und der Konflikt geht um die gleiche Frage: Was ist der Platz der Geschichte im katholischen Denken, als Sinn für das Vergangene *und* als Antwort auf die Gegenwart?

Es ist interessant, daß er in *Person und Tat* das Konzil nur einmal zitiert. Streng genommen hatte es in einer philosophischen Arbeit nichts zu suchen, aber er war Bischof und war glücklich zu entdecken, daß er vom Vatikanum II bestätigt worden war. Er zitiert folgenden Text:

> Die Kirche, die in keiner Weise hinsichtlich ihrer Aufgabe und Zuständigkeit mit der politischen Gemeinschaft verwechselt werden darf noch auch an irgendein politisches System gebunden ist, ist zugleich Zeichen und Schutz der Transzendenz der menschlichen Person (*Gaudium et Spes,* Art. 76, zitiert in *Person und Tat*).

Während also Theologen anderswo «neue Einsichten» und «veränderte Schwerpunkte» im Konzil entdeckten, erlebte Wojtyla es als Bestätigung dessen, was er bereits wußte über die zentrale Rolle der menschlichen Person. Dies ist gewiß ein Schlüssel zu seinem Denken. Die «Würde des Menschen» ist eine philosophische Prämisse, aus der er endlose Schlüsse ziehen kann, über die ordentlichen Arbeitsbedingungen, die Schändlichkeit der Folter, die Verteidigung der Menschenrechte, die Irrtümer des marxistischen Kollektivismus und so weiter. Aber sie untermauert eine theologische Auffassung, die voraussetzt, daß es Christus ist, der zweite Adam, der «den Menschen dem Menschen selbst offenbart und so seine höchste Berufung erschließt» (*Gaudium et Spes,* Art. 22).

So war Karol Wojtyla, bis er im Oktober 1978 zum Papst gewählt wurde, eine ausgeglichene, gestandene Persönlichkeit mit klaren Ansichten zu allen Problemen der Kirche. Seine einsame Kindheit, seine Kriegserfahrungen, seine apokalyptischen Visionen, seine literarischen Ambitionen, seine philosophische Arbeit und die ständige Erfahrung, in der Opposition zu stehen, machten ihn zu dem Papst, der er wurde. Es war unwahrscheinlich, daß er sich nachträglich sehr ändern würde. Obwohl es nicht unmittelbar deutlich wurde, sollte sein Pontifikat zuerst eine Verteidigungsunternehmung sein, dazu bestimmt, die Fehler Pauls VI. zu korrigieren, und dann ein Einsatz zur «Restauration» vorkonziliarer Werte. Ich verwendete den Begriff «Restauration» zum erstenmal im Oktober 1979 nach dem Besuch in den Vereinigten Staaten. Niemand nahm ihn ernst. Aber als Kardinal Joseph Ratzinger, Cheftheologe des Vatikans, ihn Ende 1984 gebrauchte, wurde er sozusagen die offizielle Losung des Pontifikats.

Aber wenn es zu einer Restauration kommen sollte, wäre ein wesentliches Instrument zu ihrer Durchführung die Römische Kurie, die päpstliche Verwaltung. Ihr wenden wir uns jetzt zu, zunächst im allgemeinen, dann mehr im einzelnen.

5

Petrus und seine Sekretäre

Die Römische Kurie steht im Dienst des Papstes. Sie ist in Wirklichkeit das päpstliche Sekretariat. Der erste Benediktinermönch, der Papst wurde, Gregor der Große, war römischer Senator gewesen, der das Befehlen gewohnt war und die Verwaltung aus dem Effeff beherrschte. Er ließ sich von seinen Mönchsbrüdern bei seiner Korrespondenz helfen. Er schickte einen von ihnen, Augustinus, nach England.

Die moderne Kurie ähnelt Gregors mönchischer Gemeinschaft nicht, wenn man die Forderung des Zölibats ausnimmt. Sie tut nicht stets, was der Papst wünscht. «Außenseiter»-Päpste (das heißt solche, die nicht in der Kurie ausgebildet wurden) wie Johannes XXIII. müssen lernen, wie man mit diesen selbstbewußten Prälaten umgeht. «Insider»-Päpste wie Paul VI., der neunundzwanzig Jahre im Staatssekretariat arbeitete, wissen, wie das System funktioniert, und haben größere Aussichten, es zurechtzubiegen – besonders wenn sie einen Giovanni Benelli auf dem verantwortlichen Posten haben. Als Diözesanbischof und Ausländer war Karol Wojtyla im doppelten Sinn Außenseiter. Doch das scheint ihm keine besonderen Schwierigkeiten bereitet zu haben.

Ich fragte einmal einen Freund von ihm, ob Kardinal Wojtyla als Erzbischof von Krakau ein guter Verwaltungsmann gewesen sei. Es trat eine lange Pause ein. Dann sagte Stefan (nennen wir ihn einmal so): «Ich glaube, er interessierte sich nicht sehr für Verwaltung. Er umging schwierige Fragen lieber. Er beließ einige Personen, die nicht gut waren, in wichtigen Stellungen. Seine eigene Rolle war es anzuregen: Er glaubte, wenn er das nur machte, würden sich die Gegebenheiten ändern.» Stefan fügte nach einer noch längeren Pause hinzu: «Ich glaube, er war im Grunde eine Einmannkapelle.» Ein anderer Zeuge, Janusz, sagte, sein System in Krakau sei ein «gut funktionierendes Chaos» gewesen. Hanna sagte: «Er konnte eigentlich nicht gut mit Laien umgehen, aber jetzt, wo er Papst ist, müssen wir uns alle hinter ihn stellen.» Diese Bemerkungen werfen Licht auf das gegenwärtige Pontifikat. Verwaltungsarbeit ist nicht Johannes Pauls starke Seite. Ihm genügt es anzuregen. Er überläßt langweiligere und schmutzigere Aufgaben anderen.

Es gibt gelegentliche Klagen über eine «polnische Mafia» in der Kurie. Zu Pius X. sagte man, er habe «das Schifflein Petri in eine Gondel verwandelt», indem er so viele Venezianer mitbrachte. Johannes Paul II. hat gar nicht so viele neue Polen in der Kurie untergebracht. Ladislaw Rubin, jetzt Präfekt der Kongregation für die Ostkirchen, war schon in Rom, ebenso der nicht mehr arbeitsfähige André Deskur, der emeritierte Präsident des Rates für die sozialen Kommunikationsmittel. Beide sind jetzt Kardinäle.

Msgr. Jacques Martin, bis Ende 1986 Präfekt des Päpstlichen Haushaltes, der die Privataudienzen regelte und deshalb Zugang zum Papst hatte, ist Franzose. Ein geistreicher Historiker, der eine Dissertation über päpstliche Nuntien des 19. Jahrhunderts in Frankreich schrieb, verfügt er über eine unerreichte Kenntnis des Vatikans und war bisher, recht verlegen wirkend, auf allen Papstreisen zu sehen. Er bekannte: «Ich bin das Bindeglied zum Papst, der Lift sozusagen. Jeder muß durch meine Hände gehen. Aber außer dem Lift gibt es auch noch eine Hintertreppe, und die ist vollgestopft mit Polen.»

Der Zugang zur Hintertreppe wird von Msgr. Stanislaw Dziwisz kontrolliert, dessen Name mit der Wurzel *dziw*, was «Wunder» bedeutet, zu tun hat. Er war schon in Krakau Sekretär des Papstes. Man sah ihn Johannes Paul nach Mehmet Ali Agcas Mordversuch in den Armen halten. Er ist der Mann, der dem Papst immer das Manuskript reicht, kurz bevor er, nach dem Mikrophontest, zu sprechen beginnt. Bei den meisten Mahlzeiten anwesend, sieht er manchmal gelangweilt aus, weil er nicht so viele Sprachen wie sein Vorgesetzter beherrscht. Er nimmt die meisten Anrufe beim Papst entgegen und wirkt manchmal schroff. Manche sagen, er mache sich wichtig. Aber das hat man von fast allen päpstlichen Sekretären gesagt. Es gibt einen Spruch aus dem Mittelalter: *«Timeo non Petrum, sed secretarium eius»* («Ich habe keine Bedenken wegen Petrus, aber sein Sekretär macht mir Angst»).

Außer Dziwisz gibt es ein paar Polen, die an strategische Punkte gestellt sind, wo sie die Dinge im Auge behalten können. So ist Bischof Kazimierz Majdanski von Stettin-Cammin im Päpstlichen Rat für die Familie; Marek Skwarnicki ist Mitglied des Laienrates; Halina Bortnowska, eine Laientheologin, ist Mitglied des Sekretariats für die Einheit der Christen, aber nachdem sie unter dem Kriegsrecht eine Woche inhaftiert war, wagt sie nicht, Polen zu verlassen, weil sie fürchtet, nie mehr zurückkehren zu dürfen. Sie machen noch keine «polnische Mafia» aus.

Allerdings ist es vermutlich wahr, daß die Polen, bei 30 Millionen Katholiken, früher in der Kurie unterrepräsentiert waren und das jetzt wettmachen. Aber sie haben doch eine große Vergünstigung: Sie werden im allgemeinen regelmäßiger zur päpstlichen Messe um sieben Uhr morgens eingeladen, worauf ein herzhaftes päpstliches Frühstück folgt. Aber das ist verständlich: Die meisten Menschen, seien sie noch so gut in Sprachen, sprechen beim Frühstück am liebsten ihre Muttersprache, wenn sie überhaupt sprechen.

Aber die Kurie bleibt überwiegend italienisch, und Italienisch ist ihre Umgangssprache (mit Ausnahmen, die ich anmerken werde). Ihre Arbeit bleibt der katholischen Welt weitgehend unsichtbar. Selbst gut informierte Katholiken können selten mehr als zwei oder drei Mitglieder der Römischen Kurie beim Namen nennen – und so sollte es auch sein. Die Kurie ist nicht so wichtig, wie sie manchmal von sich glaubt. Aber sie verdient es, besser bekannt zu sein. Bischöfe sind besser im Bild als Priester, weil sie mit der Kurie zu tun haben bei ihren *ad limina*- (Auf der Schwelle Petri-) Besuchen jedes fünfte Jahr. Ordensobere – Provinziale und ihre Konsultoren – müssen ebenfalls wissen, wie der Wind weht. Und sei es nur, um ihre Windschirme aufzustellen. Erstaunlich ist, wie klein die zentrale Verwaltungsmannschaft ist im Vergleich zu der gewaltigen Zahl derer, die sie theoretisch verwaltet.

Bei der letzten Zählung gab es 810 464 000 Katholiken, die 18,4 Prozent der Weltbevölkerung ausmachen. Sie sind in 359 000 Gemeinden und 2 456 Diözesen gegliedert (*Osservatore Romano*, englisch, 29. Oktober 1984). Doch die Kurie hat nur 1 800 aktive Mitglieder auf ihrer Gehaltsliste, was auf einen Beamten für jeweils 450 000 Katholiken hinausläuft. Dazu bemerkt Arthur Jones in einer Untersuchung der geschäftlichen Effizienz des Vatikans: «Wenn die Zentralverwaltung der Vereinigten Staaten sich des gleichen Pro-Kopf-Verhältnisses rühmen könnte, gäbe es nur 511 Bundesbedienstete in Washington statt 300 000» (*Forbes*, 14. Januar 1985). Der Vatikan hat eine magere Mannschaft. Sie arbeitet phantastisch preiswert.

Aus diesem Grund haben manche Beobachter der Kurie wegen ihrer rationellen Arbeitsweise gratuliert. Peter F. Drucker vom Amerikanischen Management-Institut (AIM) sagte, sie sei eine der drei tüchtigsten Verwaltungsorganisationen der Geschichte. Die Tatsache, daß die beiden anderen General Motors und die preußische Armee waren, sollte uns vielleicht zu denken geben. Das Ziel von General Motors ist, möglichst viele Autos zu produzieren und zu verkaufen. Das Ziel der preußischen Armee war, Feinde abzuschrecken oder, falls das nicht gelang, sie im Kampf zu schlagen. Was immer das Ziel der Römischen Kurie sein mag, es überschneidet sich weder mit dem von General Motors noch dem der preußischen Armee.

Die Daseinsberechtigung der Römischen Kurie besteht darin, dem Papst bei der Erledigung seiner Arbeit zu helfen. Der Bischof von Rom hat zu verkünden, daß Christus auferstanden ist, daß er in der Tat wahrhaftig auferstanden ist. Er hat «die Freude des Glaubens in einer unruhigen Welt» kundzutun – ein Satz aus *Redemptor Hominis,* Johannes Pauls II. erster Enzyklika. Also ist es das, was seine «Bürokraten» ebenfalls zu tun haben. Sie mögen diese Vision aus den Augen verlieren. Sie mögen «ausgebrannte Fälle» wie der Monsignore in Morris Wests Roman *Des Teufels Advokat* werden. Sie mögen in den Zustand absacken, den Max Weber «die Routinisierung des Charismas» nannte. Das alles sind mögliche Gefahren. Aber die meisten von ihnen wissen, daß sie kein Recht haben, sich an die Stelle des Papstes oder der lokalen Kirchen zu setzen.

Dies gilt – oder sollte gelten – auf jeder Ebene der Römischen Kurie. Aber natürlich sind es unvermeidlich die Spitzenkardinäle, die den Glanz haben und was an Macht möglich ist. Die wichtigsten vatikanischen Kongregationen (oder Dikasterien, wie sie nach der Terminologie des Römischen Reiches, woher sie kommen, auch heißen) werden oft für Regierungs-«Ministerien» oder «Abteilungen» gehalten. Aber dieser Vergleich ist irreführend. Denn Kurienämter haben sehr wenig Macht – und die geringe, die sie haben, kann ihnen immer strittig gemacht werden.

Die Kongregation für die Ordensleute zum Beispiel kann der einen Million Nonnen und den 154 148 Ordenspriestern, für die sie theoretisch verantwortlich ist, nur Rat erteilen. Sie muß Änderungen der Satzung überprüfen, aber ansonsten bleiben die Superioren der unzähligen geistlichen Orden letztendlich verantwortlich für das, was geschieht. Und sie mögen glauben, daß die Kongregation für die Ordensleute unter ihrem neuen Präfekten Kardinal Jérôme Hamer OP übertriebene und groteske Forderungen an sie stellt, so zum Beispiel, daß alle politischen Äußerungen, die von jedem beliebigen Ordensmann irgendwo gemacht werden, zuerst die Billigung der Heiligen Kongregation oder, wenn nicht, des zuständigen päpstlichen Nuntius haben müssen. Das war der ziemlich lächerliche oder, um es freundlicher auszudrücken, undurchführbare Vorschlag, der den Schweizer Ordensleuten im Mai 1985 vorgelegt wurde. Die Kurie kann natürlich immer behaupten, «gemäß Höherer Autorität» (Großbuchstaben sind verbindlich) zu handeln, aber das muß bewiesen werden. Es kann nicht vorausgesetzt werden, daß die Kongregation für die Ordensleute «im Namen des Heiligen Vaters» spricht, wenn sie zu den Kleidersäumen von Nonnen

Stellung nimmt. Aber diese Doppelwertigkeit plagt einen großen Teil der Arbeit der Kurie.

Dieses Bild eines relativ ohnmächtigen «Ministeriums» oder Dikasteriums mit wenig echter Autorität muß allerdings eingeschränkt werden, indem man einen weiteren Zug der Kurie berücksichtigt. Auf der obersten Ebene leiten Kardinäle nicht nur ihre eigenen Bereiche, sondern sitzen auch in den «Ausschüssen» (gewöhnlich «Räte» genannt) anderer Kongregationen. Kurz, es gibt ein System der personellen Verflechtung, was bedeutet, daß ein gut plazierter Kardinal theoretisch weiß, was in einer Reihe anderer Ressorts vor sich geht. Legt man diesen Maßstab an, war der Spitzenkardinal 1984 Bernadin Gantin, der in den Ausschüssen der Kongregation für die Glaubenslehre, für die Bischöfe, für die Orientalischen Kirchen, für die Ordensleute, für die Evangelisierung, für die Selig- und Heiligsprechungen, für das katholische Unterrichtswesen war, ganz zu schweigen von den Sekretariaten für die Nichtchristen und die Nicht-Glaubenden. Kardinal Joseph Ratzinger kam an zweiter Stelle in dieser Hackordnung und Kardinal William Wakefield Baum, früher Erzbischof von Washington, an dritter. Dies bedeutet indes nicht, daß sie Verfahren außerhalb ihrer eigenen Ressorts beeinflussen können, aber sie wissen im allgemeinen wenigstens, was vor sich geht. Jedoch gibt es kein wirkliches Gefühl einer «Kabinetts»-Regierung in der Kurie, noch weniger einen Begriff von kollektiver Verantwortlichkeit. Alles wird am Ende von dem «Fürsten» bestimmt, in dessen Schuld die Kardinäle stehen. «Man spürt ein stärkeres Band der Loyalität zu dem Papst, der einen zum Kardinal gemacht hat», sagte mir einer von ihnen geheimnisvoll, «als zu seinem Nachfolger, der einen nicht ernannt hat.» An dieser Bemerkung habe ich seither herumgerätselt.

Alle Einwände gegen die Römische Kurie – und davon hat es im Lauf der Geschichte viele gegeben – laufen letzten Endes auf eines hinaus: Ihre Angehörigen beanspruchen für sich, im Namen des Papstes zu handeln, wenn sie sich in Wirklichkeit seine Autorität anmaßen. Hier ist eine klassische Äußerung eines gemäßigten Benediktiners, Patrick Granfield:

> Die vatikanische Bürokratie wird oft mit der imperialistischen Vorstellung vom Papsttum verknüpft. Das schwerfällige Räderwerk der Römischen Kurie ist trotz Verbesserungen in jüngster Zeit noch weit entfernt von rationeller Arbeit. Übertriebene Schreibarbeiten – jemand nannte es «Papierkrieg» –, unzumutbare Verzögerungen und eine Abneigung, das Subsidiaritätsprinzip anzuerkennen, charakterisieren die zentrale Verwaltung der Kirche. Diese Mängel sind natürlich in jeder großen gesellschaftlichen Einrichtung zu Hause, aber in

> Rom sind sie durch die Jahrhunderte der Übung zur Vollkommenheit geschliffen worden *(The Papacy in Transition).*

Daß Granfield Unwirtschaftlichkeit sieht, wo Drucker rationelles Arbeiten sah, hat seinen Grund darin, daß sie verschiedene Ellen anlegen. Drucker dachte vom Standpunkt der institutionellen Dauerhaftigkeit her: «Keine nach Gewinn strebende Körperschaft hat uns jemals so stark beeindruckt wie die römisch-katholische Kirche. Die Hierarchie rührt sich schnell bei Verwaltungsmaßnahmen, langsam bei der Änderung ihrer gesellschaftlichen Bräuche und überhaupt nicht, wo das Dogma betroffen ist» (Jones, in: *Forbes*). Granfield möchte als Mönch und Theologe die Institution – in diesem Fall die Römische Kurie – den Zielen der Kirche als Gemeinschaft oder *koinonia* unterordnen. Das ist das richtige Kriterium, das man anwenden sollte. Die Kurie sollte niemals ein Zweck an sich werden dürfen. Soviel wie möglich sollte den örtlichen Kirchen überlassen bleiben. Das nämlich ist mit dem Prinzip der «Subsidiarität», das in päpstlichen Sozialenzykliken diskutiert wird, gemeint.

Gleichzeitig sind Granfields detaillierte Kommentare ziemlich ungerecht. Die Römische Kurie ist kein schwerfälliges Räderwerk: Sie ist so schlank, wie es nur möglich ist. Das Staatssekretariat zum Beispiel hat eine Mannschaft von knapp über 150, um Beziehungen zu pflegen und die Kirchen in der ganzen Welt zu betreuen. Kardinal Joseph Ratzinger klagte, daß er zur Überprüfung der bei seiner Kongregation angezeigten Theologen nur um die zehn Beamte hat. Jeder in der Kurie ist überlastet. Gleich nach dem Schillebeeckx-«Gespräch» in Rom 1980 wurde Erzbischof (was er damals war) Jérôme Hamer gefragt, wie es ihm ginge. Er antwortete, daß er sich ziemlich zermürbt fühle, es gebe soviel zu tun, von allen Seiten dränge Unorthodoxie herein. Er hörte sich in jeder Hinsicht wie ein besorgter Arzt auf dem Höhepunkt einer Grippeepidemie an. Man hätte ihm raten sollen, sich auszuruhen. Aber er wurde von einem Pflichtgefühl, wie er es sah, getrieben. Ständig auf der Hut stand er auf der Brücke und suchte den Horizont nach möglichen Irrtümern ab.

Zuschauer können vom äußeren Schein leicht getäuscht werden. Der anglikanische Bischof von Taunton, Peter Nott, der die Kurie im Frühjahr 1985 zwei Wochen lang beobachtete, sah sich in der Lage zu berichten, daß «die Zentralisierung weniger drückend sei als erwartet», «das Personal jeder Kongregation verhältnismäßig klein sei» und – der springende Punkt – «der Vatikan bestehe, um Einheit durch gegenseitige Abstimmung zu fördern, nicht durch Herrschaft» (*The Tablet,* 8. Juni 1985). So ist es. Zu prüfen ist jedoch nicht, was der Vatikan von sich sagt, sondern was er wirklich tut. Und die kleine Mannschaft und Schlankheit, auf welche die

Kurie stolz ist, bedeuten auch, daß sie nicht genügend Leute oder Mittel hat, um sich auf eine große Reisetätigkeit oder ausgedehnte Beratungen einzulassen. Vom Zentrum aus gesehen mag die Zentralisierung nicht bedrückend wirken; spürt man sie am scharfen Ende, können dieselben Entscheidungen ganz anders aussehen.

Granfields Klage über «übertriebene Schreibarbeit» ist zu unbestimmt. Übertrieben im Verhältnis wozu? Die meisten Kurialen schaffen es, ihre Schreibtische in Ordnung zu halten und die Papiere recht schnell weiterzuleiten. «Schreibarbeit» jedenfalls ist das, womit die Kurie meistens zu tun hat. Sie liefert Urteile (von der Apostolischen Pönitentiarie, der Apostolischen Signatur und der Rota, einer Art Berufungsgericht in Ehefragen), beantwortet Briefe (in der Regel am nächsten Tag), bereitet Dokumente vor, bildet sich einen Potpourri von Meinungen zu, sagen wir, der Ordination von Frauen, entwirft Berichte, billigt dieses oder tadelt jenes. Zu allen diesen diversen Tätigkeiten gehört, daß man Worte zu Papier bringt – oder, in neuerer Zeit und zumindest im Staatssekretariat, Worte in den Textverarbeiter eingibt. Dieses letzte Hilfsmittel sei eine große Erleichterung, sagte man mir, weil selbst Dokumente, die für einen sehr großen Kreis bestimmt sind, eine «persönliche Note» bekommen können.

Fragen Sie einen Kurialen, was er tut, und er wird fast ausnahmslos erwidern (falls er bereit ist zu antworten), daß er an einem besonders schwierigen Fall arbeitet oder «ein Dokument vorbereitet» über die «Spiritualität des Diözesanpriesters» oder «die Zukunft der städtischen Kirchengemeinde». Diese beiden Beispiele kommen aus der Kongregation für den Klerus. Jede Kurienabteilung hat eine jährliche Vollversammlung, wenn die Außenmitglieder und Konsultoren kommen. Dieses Treffen vorzubereiten und zu gewährleisten, daß dabei nichts schiefgeht, ist eine der Hauptaufgaben des Kurialen. Es ist eine verhältnismäßig unanstrengende Verantwortlichkeit. «Die Vollversammlung hinter sich bringen» kann das Hauptziel im kurialen Leben werden. Die Fremden – *questa gente da fuori* – können eingewickelt und nach Hause geschickt werden. Beamte, so stellte Henry Kissinger fest, geben vor, Möglichkeiten zu prüfen, wenn sie in Wirklichkeit ein ruhiges Leben suchen.

Granfield klagt auch über «unzumutbare Verzögerungen». Jeder, der mit der Römischen Kurie zu tun gehabt hat, wird Beispiele von horrenden Verzögerungen, die großes menschliches Leid verursachen, anführen können. Aber diese entstehen fast ausnahmslos in Rechtsfragen – Annullierung von Ehen oder Entlassung aus dem Priesterstand zum Beispiel –, wo Beweise gesammelt und bewertet werden müssen. Drei Jahre später eine knappe Notiz zu erhalten, die besagt «abgelehnt, unzureichende Gründe», kann die Menschen wirklich verärgern. Ein nicht dispensierter Priester und seine

Familie haben ihre Katze nach Ratzinger «Kardinal Unzureichende Gründe» genannt. Aber Haarspalterei und die Verschleppung des Gesetzes sind keine Eigenart des Vatikans.

Granfields letzte Anklage, daß die Unfähigkeit der Kurie das Ergebnis der langen Übung über die Jahrhunderte sei, ist die schwerwiegendste von allen, falls sie trifft. Im 18. Jahrhundert war meisterhafte Untätigkeit sicher eine Möglichkeit zu leben. Ein Botschafter berichtete seiner Regierung: «In Rom gibt jeder Befehle, und keiner befolgt sie, und eigentlich läuft alles ganz gut» (Maurice Andrieux, *Daily Life in Papal Rome in the Eighteenth Century*). Papst Benedikt XIV., der volkstümlichste Papst vor Johannes XXIII., dem ein verrückter Franziskaner mitteilte, der Antichrist sei in einem Abruzzendorf geboren, fragte, wie alt er sei. Als er erfuhr, drei, sagte Benedikt: «Sehr schön, dann wird es auf meinen Nachfolger zukommen, sich damit zu befassen» (Andrieux). Aber diese Geschichte illustriert nicht Unfähigkeit, sondern Klugheit, die einzige Tugend, die man durch Erfahrung lernen kann.

Ein Großteil Kritik an der Kurie ist das Ergebnis einer Reflexhandlung. Die Männer in den Schützengräben nehmen die Unnahbarkeit der Stabsoffiziere in ihren bequemen Privatquartieren im Hauptquartier übel. Das ist nur natürlich. Für Pater Leonardo Boff OFM ist Kardinal Joseph Ratzingers Blick aus dem Fenster der Piazza di Sant'Uffizio zwangsläufig falsch, weil er am falschen Platz oder im falschen Palast ist. Der richtige Platz ist bei den Armen. Sei bei ihnen und lese dann aufs neue das *Magnificat*, das von Mächtigen spricht, die von ihren Thronen gestürzt werden.

Da Katholiken nicht gern ihre Päpste direkt angreifen, kritisieren sie lieber die Kurie. Sie stellt einen prachtvollen Sündenbock dar. Sie ist fern und gesichtslos. Überdies gab es einen historischen Augenblick, als die Kurie alle schlimmsten Erwartungen erfüllte, die man bei ihr hegen konnte: während des ganzen Konzils, aber besonders seiner ersten Sitzungsperiode 1962, als sie sich in der Defensive befand. Die Geschichte hatte die Einfachheit einer mittelalterlichen Moralität, in der edelmütige Bischöfe von außerhalb Roms gegen unfähige und kleingeistige Kurialen aufgeboten wurden. Der junge Joseph Ratzinger war damals eher ein Wilderer als ein Wildhüter. Er lieferte dem Kardinal Joseph Frings von Köln Argumente und Munition, der dann einen berühmten Angriff auf das Heilige Offizium (wie es damals hieß) und seine schändlichen Methoden vom Stapel ließ. Er erhielt stürmischen Beifall. Zwanzig Jahre später wurde Ratzinger Präfekt desselben Ressorts, jetzt in Kongregation für die Glaubenslehre umgetauft.

Meine Ansicht ist, daß die Kurie einen prächtigen Blitzableiter abgibt. Sie erfüllt die nützliche Funktion, Angriffe auf den Papst abzuleiten. Das hatte ziemlich viel Sinn im Pontifikat von Papst Johannes XXIII., als die

Legende von «dem braven Burschen von Papst, gelähmt durch unfähige Kurienbeamte» eine vernünftige Annäherung an die Wahrheit war. Es hat jetzt überhaupt keinen Sinn mehr, aber die Legende blüht immer noch. So sagt Pater Francis Xavier Murphy CSSR (alias «Xavier Rynne») zu Papst Johannes Pauls II. erster Enzyklika, *Redemptor Hominis:*

> Überreich an ausgefallener Terminologie und charakteristischen dogmatischen Wendungen strömte sie hervor in kraftvollen Wellen einer Sprache, die der vatikanischen Kongregation für die Glaubenslehre Zustände bereitete, als ihre Schreiber sich bemühten, sie in eine ordentliche Form zu bringen und mit ihrem theologischen Inhalt fertig zu werden (Francis Xavier Murphy, *The Papacy Today*).

Das Schlüsselwort ist «Schreiber». Wir wissen genau, was wir von diesen kleinen Bürohengsten zu halten haben, die in ihrem ganzen Leben keinen originellen Gedanken hatten und diesen Besessenen, diesen überströmenden Brunnen von einem polnischen Papst nicht verstehen können. Er ist kühn und unkonventionell. Sie sind kleinkariert und schmarotzerhaft. Das ist in Wirklichkeit eine groteske Parodie der Situation. Eine Legende, die für die eine Situation gedacht ist, kann nicht leibhaftig auf eine andere übertragen werden. Dabei werden zwei Tatsachen nicht bedacht. Die Kurie befindet sich in der Hauptsache in breiter Übereinstimmung mit den Maßnahmen Johannes Pauls II. Aber das hält sie nicht davon ab zu denken, daß er zuviel redet.

Die Römische Kurie ist wie die Stadt Rom selbst im wesentlichen ein Produkt der Barockzeit und der Gegenreformation. Sie war vor allem eine Schöpfung des Franziskanerpapstes Sixtus V. im Jahr 1588. Sie war nicht für den Dialog gedacht, sondern für die Mission. Sie trat nicht in die Diskussion mit den örtlichen Kirchen ein. Sie gab ihnen Anweisungen hinsichtlich der Seminare und der Katechismen (beides Neuerungen des Trienter Konzils). Sie war nicht ökumenisch, weil ihre höchste Priorität war, die katholische Orthodoxie zu verteidigen und den Protestanten auf dem Gebiet der Mission zuvorzukommen, was ihr dank der geistlichen Orden weitgehend gelang. Was heute als Kongregation für den Klerus bekannt ist, wurde früher mit bewundernswerter Schlichtheit Kongregation für das Konzil genannt, und sie reicht bis 1564 zurück. Zwischen dem 16. Jahrhundert und 1870 bedeutet «das Konzil» das Konzil von Trient.

Nach 1870 stand «das Konzil» für Vatikanum I (was noch nicht so hieß, weil damals kein Mensch von einem weiteren Konzil träumte). Die Vorstellung, daß der Nachfolger Petri «mit jener Unfehlbarkeit, die die Kirche besitzt, begabt» war, tröstete die Päpste über den Verlust des Kirchenstaates hinweg. Geistige Macht wog das Fehlen weltlicher Macht auf. Sie führte auch zu einer zunehmenden und bisher nicht dagewesenen Zentralisierung. Eisenbahnen erleichterten die Reise nach Rom. Der Telegraf bedeutete, daß Rom rascher einschreiten konnte. Die Verbindung ging in beiden Richtungen: Die nationalen Kollegs in Rom wurden stark erweitert, und ein Bad in der *Romanità* wurde jedem geraten, der Bischof werden wollte. Das Lateinamerikanische Kolleg wurde 1858 und das Nordamerikanische Kolleg 1859 eröffnet.

1965 bedeutete «das Konzil» inzwischen Vatikanum II, und eine neue Theologie der Kirche als das Volk Gottes zog unweigerlich die Reform der Kurie nach sich. Das geschah auf zweierlei Art: durch die Schaffung neuer Ämter wie der Sekretariate zur Förderung der Einheit der Christen, für die Nichtchristen und für die Nicht-Glaubenden, die, neben die «alte Kurie» gestellt, einen heilsamen Einfluß auf sie ausübten, und zweitens durch die Apostolische Konstitution *Regimini Sanctae Ecclesiae,* die 1967 von Paul VI. verkündet wurde.

Kardinal Agostino Casaroli, jetzt Staatssekretär, hat gesagt, daß Pauls VI. Behandlung der Kurie radikal war, «verglichen mit den Reformen von Sixtus V. 1588 und Pius X. 1908». Gewiß war es ein Versuch einer für andere Zwecke geplanten Kurie eine gesprächsbereite Mannschaft aufzupfropfen, die sich zum Wohl der ganzen Kirche in den seelsorgerischen Dienst des Papstes stellen würde.

Regimini Sanctae Ecclesiae war sicherlich ein epochemachendes Dokument. Es sah vor, daß moderne Sprachen in offiziellen Briefen und Dokumenten verwendet werden konnten; früher wurden Dokumente lateinisch geschrieben. Es machte Diözesanbischöfe zu Mitgliedern aller Kurienabteilungen. Es verlangte die Amtsniederlegung (oder deren Angebot) mit fünfundsiebzig; dies war ein Schlag gegen die Greisenherrschaft, wenngleich die Tatsache, daß das nicht für Päpste galt, manch einen verstimmte. Ich habe den Verdacht, daß Paul VI. nicht damit rechnete, länger als bis fünfundsiebzig zu leben, als er diese Regelung traf. Aber er überraschte sich selbst, und er wußte, daß Kardinäle hinter vorgehaltener Hand murrten: «Wenn ich zu alt bin, um Präfekt der Kongregation für die Bischöfe zu sein, warum soll dann der Papst über dieses Alter hinaus weitermachen dürfen?» «Man kann nicht von der Vaterschaft zurücktreten», war Pauls VI. schlagfertige Antwort. Aber die Pensionierung mit fünfundsiebzig Jahren beendete ein System, in dem Kurienkardinäle wie mittelalterliche Barone waren, die ein unabhängiges Lehen verwalteten.

Paul VI. änderte auch die Namen von Kurienämtern. Dies mag belanglos oder rein kosmetisch erscheinen, aber in Wirklichkeit war es ein Versuch, die Kurie in eine neue Ära zu stoßen und in das Wagnis Vatikanum II einzubeziehen. Das einst gefürchtete Heilige Offizium wurde die Kongregation für die Glaubenslehre. Ihr wurde die positive Aufgabe zugewiesen, eine vernünftige Theologie zu fördern. Die Internationale Theologische Kommission aus dreißig Mitgliedern wurde eingerichtet, um «den Geist des Konzils fortzuführen» und der Kongregation für die Glaubenslehre ein breiteres Spektrum von Ratgebern zu geben, als die römischen theologischen Seminare zur Verfügung stellen konnten. Nach Joseph Goebbels war es klar, daß «Propaganda» nicht mehr als Name des Missionsdikasteriums zu verwenden war. Es erhielt die sperrige Bezeichnung einer Kongregation für die Evangelisierung der Völker. Aber die alten Namen werden immer noch für die Gebäude, in denen sie untergebracht sind, benutzt. Wenn man die Telefonvermittlung des Vatikans unter der Nummer 698 anruft, ist man immer noch besser beraten, um Verbindung mit dem Heiligen Offizium oder mit Propaganda zu bitten.

Das heißt nicht, daß die Reformen Pauls VI. scheiterten, sondern nur, daß alte Gewohnheiten einen langsamen Tod sterben. In den folgenden Kapiteln dieses Buches werden wir sehen, wie die «neue Kurie», das Produkt des Vatikanums II, die von der Gegenreformation geerbte «alte Kurie» umwandelte oder nicht umzuwandeln vermochte. Der wichtigste strukturelle Wandel – von Peter Drucker nicht bemerkt – war, daß Paul VI. dem Staatssekretariat eine «koordinierende Rolle» zuwies und Msgr. Giovanni Benelli zum «Substitut» ernannte, mit der Aufgabe, diese Rolle wahrzunehmen. In der Praxis besteht kein großer Unterschied zwischen «Koordinierung» und «Kontrolle», und Benelli war zwar nicht der Menschenfresser, als den ich ihn im *Observer* im März 1973 geschildert habe, wußte aber mit Sicherheit alles über Kontrolle. So wird das nächste Kapitel, das die Untersuchung der Kurienabteilungen einleitet, mit dem Staatssekretariat anfangen. Dann werde ich mich mit der «alten Kurie» befassen und schließlich mit der «neuen Kurie».

Dieses Kapitel begann mit der Frage: Ist es passend, die Kurie eine Bürokratie zu nennen, und sind ihre Dikasterien Ministerämtern vergleichbar? Eine letzte Überlegung wird andeuten, daß die Kurie etwas völlig anderes als weltliche Regierungen ist. Auf welche Weise kommt man hinein? Könnte ein Laie, Mann oder Frau, sagen: «Ich möchte gern in der Kurie arbeiten?» Gibt es eine geregelte Laufbahn? Die kurze Antwort lautet: Es gibt sie nicht. Für den Herrn zu arbeiten, ist keine «Karriere». Man darf nicht damit rechnen, in seinem Dienst reich zu werden. Tatsächlich können die wenigen Laien, die im Vatikan arbeiten, in der Bibliothek oder am Rundfunksender zum Beispiel, nur durch Schwarzarbeit nebenbei überleben. Außerdem wissen sie, daß sie nie auf die Spitzenposten vorrücken, weil diese ein Reservat der Kleriker sind.

Wie *kommt* dann aber jemand in die Römische Kurie? Nachdem ich dies über die Jahre mit vielen Kurialen diskutiert habe, ist die einzige befriedigende Antwort: Beziehungen und Zufall. Sie sind zum Beispiel Dominikaner und ein Kirchenrechtler von bescheidenem Renommée – eine gute Doktorarbeit und ein oder zwei wichtige Artikel. Eines schönen Tages essen Sie mit jemandem von der Kongregation für die Glaubenslehre zu Mittag, der beim Grappa sagt: «Wir brauchen Leute wie Sie. Es wäre nicht für lange. Sie können mit einem Fünfjahrespensum anfangen.» Aber dominikanische Kirchenrechtler stehen nicht direkt Schlange, um in die Kongregation für die Glaubenslehre einzutreten – oder auch nur, um am Angelicum zu unterrichten. Die besten Kurialen waren immer die mit der geringsten Neigung dazu; Übereifer ist ein schlechtes Zeichen. Italiener und eine gewisse Sorte Spanier haben freilich solche Hemmungen nicht.

Um die zufällige Natur kurialer Ernennungen zu beleuchten, möchte ich die Laufbahn von Giovanni Coppa, Titularerzbischof von Serta, betrachten. Er ist nie in seiner fiktiven Diözese im Land der Ungläubigen *(in partibus infidelium),* was vermutlich irgendwo in Kleinasien bedeutet, gewesen. Er ist ein Erzbischof ohne Menschen. Macht nichts, er hat eine wichtigere Rolle.

Sein Titel ist «Delegat für die päpstlichen Vertreter beim Heiligen Stuhl», was eine diplomatische Aufgabe vermuten läßt. Aber das ist erfunden. In der Praxis hat Coppa die Gesamtaufsicht über das Team, das die Papstreden schreibt. Er kümmert sich um die italienischen Übersetzungen (die entscheidend sind). Geboren am 9. November 1925, ist Msgr. Coppa jetzt einundsechzig, und er mußte bis zu seinem vierundfünfzigsten Jahr warten, bis er seine jetzige Stellung erreichte. Wie kam er dorthin?

Er wurde in Alba bei Turin in Norditalien geboren, besuchte das örtliche Seminar und wurde im Januar 1949 geweiht. So weit, so unauffällig. Dann ging er an die Katholische Universität vom Heiligsten Herzen in Mailand, wo er eine Doktorarbeit über die Ikonographie der Dreifaltigkeit von den christlichen Ursprüngen bis zum Beginn des 14. Jahrhunderts schrieb.

Sein nächster Schritt war entscheidend, und er entzieht sich einer Erklärung. Als seine Dissertation fertig war, wurde er 1952 in die Apostolische Kanzlei «berufen». Sechs Jahre später wurde er wieder «berufen», diesmal ins Staatssekretariat, und von da an war seine Karriere richtig angelaufen. Sein Können als Latinist erwies sich während des Konzils als nützlich. In seiner freien Zeit hat er hauptsächlich über den heiligen Ambrosius gearbeitet, den Laien, der dazu bewogen wurde, Bischof von Mailand zu werden. Er hat wissenschaftliche Ausgaben der Abhandlungen von Ambrosius *De Mysteriis* (über die Sakramente) und *Expositio Evangelii secundum Lucam* (über das Lukas-Evangelium) besorgt. Wer «berief» ihn ursprünglich, als er sechsundzwanzig war? Kurz, wer war sein Gönner? Er war eine Ausnahme, weil er nicht an einer römischen Universität war. Also entdeckte ihn jemand als begabten Mann, als ehrgeizigen Mann, und brachte ihn nach Rom, um als Kirchenrechtler zu arbeiten, obwohl seine Dissertation auf einem ganz anderen Gebiet geschrieben worden war. Meine Vermutung ist, daß sein Gönner Giovanni Battista Montini war, der Coppas Arbeit über Ambrosius bestimmt geschätzt haben dürfte; aber solche Dinge werden selten öffentlich besprochen. Wenn alles gut geht, wird Erzbischof Coppa eines Tages Kardinal Coppa werden.

Ich verwende das Beispiel Coppa nur, um zu zeigen, daß es kein geregeltes Verfahren für den Eintritt in die Römische Kurie gibt. Eine Ausnahme bildet das Staatssekretariat, das von seinen Männern im allgemeinen erwartet, daß sie an der Accademia Pontificia studiert haben, der Diplomatenschule des Vatikans gegenüber dem Elefanten auf der Piazza Minerva. Dort lehrte der zukünftige Paul VI. Geschichte der Diplomatie, indem er in jedem Semester ein einziges Jahr einer intensiven Untersuchung unterzog. Die Italiener haben offenbar versäumt, für einen Studentenzustrom zu sorgen; 1985 erhielt sie ihren ersten nichtitalienischen Rektor, den Kalifornier Msgr. Justin Rigali. Aber selbst das Staatssekretariat besteht nicht auf diesem Eintrittsmodus, wie das Beispiel Coppa zeigt. Ansonsten gibt es keine Entsprechung zur staatlichen Prüfung. Natürlich gibt es in der Praxis einige Minimalforderungen, ohne die der Kuriale eine Last wäre: die Fähigkeit, wenigstens drei Sprachen zu sprechen, und eine Doktorarbeit in Theologie oder Kirchenrecht (obgleich kirchliche Doktortitel nicht unbedingt ein Beweis für eine wissenschaftliche Befähigung sind).

Italiener machen immer noch die Mehrheit in der Kurie aus, und ihre Anwesenheit bedarf keiner großen Erklärung: Sie folgen einfach der Tradition. Nichtitaliener scheinen durch Zufall dort zu sein. Sie sind an einer römischen Universität gewesen und scheinen in Rom zu gedeihen (manche Leute tun das), oder einer ihrer Professoren, der zugleich Konsultor einer Römischen Kongregation ist, erinnert sich an den guten So-und-so und bringt seinen Namen vor, oder ein geistlicher Orden meint, es könnte vernünftig sein, eines seiner Mitglieder zur Kurie «abzustellen», so daß der Mann, während er dem Papst dient, auch weiß, was gespielt wird. Das Sekretariat für die Einheit der Christen benimmt sich vernünftiger als andere Abteilungen: Msgr. Basil Meeking, ein Neuseeländer, ist dort, weil er eine Dissertation über die Laien in den Dokumenten des Weltkirchenrates (WCC) geschrieben hatte. Aber das ist ein seltener Fall. Typischer ist der Kurienbeamte, der dort ist, weil sein Bischof darin eine vom Himmel gesandte Gelegenheit sah, einen schwierigen Mann aus seiner Diözese zu entfernen und gleichzeitig «die Kurie zu internationalisieren». Auf diese Weise kann der Bischof zwei Fliegen mit einer Klappe schlagen.

Doch wenn es eine Sache des Zufalls ist, in die Kurie hineinzukommen, hängt das Vorankommen in ihr weitgehend davon ab, das Papier in Bewegung und den Kopf gesenkt zu halten. Im 18. Jahrhundert war die beste Art des Vorankommens *(camminare)*, «sich genau an die Regeln zu halten, während man sich geschickt den kleinsten Vorfall, der einem unterkommt, zunutze macht» (Andrieux, *Daily Life* ...). Kardinal Agostino Casaroli, jetzt Staatssekretär, scherzte einmal über seine eigene Karriere: «Die Beförderung auf den Rang eines Untersekretärs kam durch den natürlichen Prozeß, dazusein und älter zu werden.» Dies war natürlich übertriebene Selbstbescheidung. Aber Staatsdiener überall in der Welt werden den springenden Punkt sehen. Im Zweifelsfall gehen Bürokraten auf Nummer sicher.

Schließlich liegt der Hauptunterschied zwischen anderen internationalen Bürokratien und der Römischen Kurie darin, daß sie außer einem Sekretariat auch ein Hof ist wie ein königlicher Hof. Das bedeutet das Wort Kurie ja auch, obgleich es auch die Assoziation mit einem Gerichtshof beinhaltet. Ein Kardinal des 18. Jahrhunderts drückte das sehr brutal aus, als er einräumte: «Ich kenne mich weder in Theologie noch in Kirchengeschichte aus, aber ich weiß, wie man an einem Hof lebt.» Der Papst ist mehr als alles andere ein absoluter Monarch. Gut, er ist gebunden durch das Wort Gottes, den Bestand des Glaubens, die Tradition der Kirche usw. Aber er wird von keinem von unten beurteilt, und es gibt kein Berufungsgericht gegen seine Entscheidungen. Die Kirche ist keine Demokratie. Und trotz allen tapferen Redens von «Konsultation», «Kollegialität» und «Mitverantwortung» in den zwanzig Jahren seit dem Konzil ist das in der Praxis schwer zu erreichen. Die natürliche Tendenz ist, in die alten Gewohnheiten des direkten Eingreifens zurückzufallen. Das ist besonders so, wenn jemand eine apokalyptische Vision von einer anderswo «auseinanderfallenden» Kirche hat und den Papst als ihren tatkräftigen Retter sieht. Nicht jeder in der Kurie sieht die Welt in so fahlen Farbtönen, aber loyale Kritiker des päpstlichen Stils würden sich nicht besonders wohl fühlen, dort zu arbeiten. Daneben gibt es noch einen anderen Faktor, der sich in anderen Bürokratien nicht findet. Der Grund, warum die Kurie rationell arbeitet, sagte mir ein hochgestellter Erzbischof, ist, daß «diese Männer Geistliche sind: Wir können uns auf ihren Gehorsam verlassen».

6

Päpstliche Diplomatie

Ein wenig überraschend enthält der neue Codex des Kirchenrechts, der 1983 verkündet wurde, nur zwei Paragraphen über die Römische Kurie. Der erste davon hebt die Wichtigkeit des Staatssekretariats hervor:

> Die Römische Kurie, durch die der Papst die Geschäfte der Weltkirche zu besorgen pflegt und die ihre Aufgabe in seinem Namen und seiner Autorität zum Wohl und zum Dienst an den Teilkirchen ausübt, besteht aus dem Staatssekretariat oder Päpstlichen Sekretariat, dem Rat für die öffentlichen Angelegenheiten der Kirche, den Kongregationen, den Gerichtshöfen und anderen Einrichtungen ... (can. 360).

Da das Staatssekretariat den Rat für die öffentlichen Angelegenheiten der Kirche einschließt, wird sein Vorrang sehr deutlich geltend gemacht. Es ist der Dynamo der Kurie, das Nerven- und Kommunikationszentrum. Es lohnt sich, hier einen Blick auf den lateinischen Text zu werfen. Wenn man so sagt, «der Papst pflegt die Geschäfte der Weltkirche zu besorgen», heißt es nicht, daß er das unbedingt tun muß. Auf Latein heißt es: *«Curia Romana, qua negotia ecclesiae universae Summus Pontifex expedire solet ...»* Das bedeutet einfach, daß der Pontifex Maximus gewohnheitsmäßig die Geschäfte so führt. Niemand, glaube ich, hat jemals behauptet, die Kurie sei eine göttliche Einrichtung, das heißt, von Christus selbst gewollt oder eingesetzt. Die Kurie könnte vergehen. Das Kirchenrecht erkennt an, daß sie eine menschliche Einrichtung ist.

Der verstorbene Giovanni Benelli indes behauptete, einen Hinweis auf den päpstlichen diplomatischen Dienst in der Art und Weise auszumachen, wie Titus und Timotheus von Paulus «zu Missionen» entsandt wurden. Niemand fand das sehr überzeugend. Zu ausgefallene Behauptungen hinsichtlich der Kurie werden unweigerlich durch die Geschichte widerlegt. Denn die zentrale Rolle, die das Staatssekretariat wahrnimmt, ist eine sehr moderne Erscheinung. Erst 1605 konnte das Staatssekretariat von seinen Nuntien und Gesandten wöchentliche Berichte anfordern, und erst 1721 wurde der Kardinalstaatssekretär automatisch Erster Minister des Kirchenstaates und zugleich Außenminister. Und erst 1967 wurde das Staatssekretariat im *Annuario Pontifico* an erster Stelle genannt und bekam die umfassende Aufgabe der «Koordinierung» zugewiesen. Msgr. Paul Poupard, der es wissen sollte, behauptet, es sei «das Auge, das Herz und der Arm des Papstes» *(Il Vaticano Oggi)*.

Es ist ihm mit Sicherheit physisch am nächsten. Das Staatssekretariat befindet sich im dritten Stock des Apostolischen Palastes, der sich an der rechten Seite des Petersplatzes erhebt. Es belegt eine Reihe von miteinander verbundenen Räumen um den Damasus-Hof. Unmittelbar bevor man durch die Tür geht, wo die Worte *«Segretario di Stato»* auf die Buntglasleiste geschrieben sind, findet man eine Landkarte des 16. Jahrhunderts auf die Wand gemalt. Nordamerika heißt *«terra incognita»*, Rußland ist *«Sarmatia»*, und Australien ist einfach nicht vorhanden. Eine andere Karte im Empfangsbereich bringt die Dinge auf einen etwas neueren Stand, denn sie zeigt, wo es im Pontifikat Pius' XII. päpstliche Diplomaten gab. Washington, das damals einen Apostolischen Delegaten hatte, erscheint als *Vashingtonensis* und Warschau als *Varsaviensis*. 1986 freilich hatte *Vashingtonensis* einen Pronuntius, und *Varsaviensis* hat keinen päpstlichen Diplomaten mehr gehabt, seit die Kommunisten die Macht übernommen haben. Aber die Landkarten werden nic geändert. Die Orientierungshilfe einer Periode wird zur Kostbarkeit einer anderen Ära.

Im Pontifikat Pius' XII. dehnte sich das Staatssekretariat rapide aus. Das war paradox, weil Pius XII. nie einen Nachfolger für seinen einzigen Staatssekretär, Kardinal Luigi Maglione, der 1944 starb, ernannte. Von da an wurde Pius «sein eigener Staatssekretär», das Amt, das er unter Pius XI. innehatte. In der Praxis wurden die zwei Abteilungen von dem hitzigen Römer Domenico Tardini, zuständig für Außerordentliche Angelegenheiten (die erste Abteilung), und dem Brescianer Intellektuellen Giovanni Battista Montini, der sich um die Ordentlichen Angelegenheiten (die zweite Abteilung) kümmerte, geleitet. Diese Unterscheidung ist nun glücklicherweise abgeschafft. Sie war nie sehr leicht zu fassen. Sie kam nach den Napoleonischen Kriegen auf, als Papst Pius VI. ein besonderes Beratergremium aus Kardinälen schuf, um die speziellen Probleme zu untersuchen, die mit dem Umgang mit den entstandenen neuen oder den wiederhergestellten Regierungen verbunden waren. So bedeutete «außerordentliche Angelegenheiten» im Prinzip den Umgang mit Staaten anstatt mit innerkirchlichen Dingen. Aber Robert Graham SJ merkt zu Pius XII. an: «Selbst der Papst nahm die Unterscheidung nicht allzu wörtlich, und oft genug entschied er automatisch, wenn er ein besonderes Problem einem seiner Gehilfen anvertraute, ob es ‹außerordentlich› oder ‹ordentlich› war» *(Paul VI et la Modernité dans l'Eglise).* Die Verwirrung spiegelte sich gut in einer Geschichte, die Pater Graham erzählte. Eines Tages berichtete ein *minutante* (Beamter) der ersten Abteilung Tardini atemlos: «Monsignore, seine Eminenz Kardinal X ist mit seiner Haushälterin durchgebrannt.» Ohne von seinen Papieren aufzusehen, antwortete Tardini angeblich: «Erzählen Sie das Montini – er befaßt sich mit den Ordentlichen Angelegenheiten.»

Zweifellos waren es Erfahrungen wie diese, die Montini veranlaßten, als er Papst wurde, die verschiedenen Funktionen innerhalb des Staatssekretariats klarzustellen und den Rat für die öffentlichen Angelegenheiten der Kirche zu schaffen, der sich mit diplomatischen Fragen, internationalen Beziehungen und den internationalen Organisationen befassen sollte. Der Vatikan hat einen «Beobachter»-Status bei den Vereinten Nationen, der Unesco (Kultur), der FAO (Ernährung und Landwirtschaft), der EG (Europäische Gemeinschaft) und der OAS (Organisation Amerikanischer Staaten).

Aber wiederum muß man sich kneifen, um sich zu erinnern, wie klein alle diese Ämter waren im Vergleich zu der Größe der Aufgaben, auf die sie sich eingelassen hatten. Tardinis Abteilung für die Außerordentlichen Angelegenheiten wuchs laut Andrea Riccardi *(Pio XII)* von sechzehn im Jahr 1944 auf zweiundsiebzig im Jahr 1955, während Montinis Personal bei den Ordentlichen Angelegenheiten einen Sprung von vierunddreißig auf vierundsiebzig machte.

Da Kardinal Agostino Casaroli, der derzeitige Staatssekretär, seine diplomatischen Fähigkeiten unter diesen zwei sehr verschiedenen Männern lernte, wird es nützlich sein, sie hier einander gegenüberzustellen, denn sie vertreten zwei verschiedene Traditionen im Staatssekretariat. Tardini wurde von Pietro Gasparri geformt, dem Staatssekretär der 1920er Jahre und hauptsächlichen Autor des Codex des Kirchenrechts von 1917. Sein Hauptanliegen war es, die Kirche nicht mit irgendwelchen politischen Kräften zu kompromittieren, die versuchen könnten, sie auszunutzen. Ironisch und unvoreingenommen, akzeptierte Tardini den Grundsatz von Msgr. Francesco Borgongini Duca, Papst Johannes' altem Klassenkameraden, wie Riccardi erzählt: «Wenn wir von einer Regierung einige Zugeständnisse zugunsten der Freiheit der Kirche bei der Ernennung von Bischöfen, katholischer Schulen, Einfluß auf die Jugend herausholen, retten wir weitaus mehr Seelen, als wenn wir predigen oder Beichten abnehmen.» Das hatte einen gewissen Sinn in der Zeit des Faschismus und Nationalsozialismus. Aber es bedeutete, daß das Hauptziel der vatikanischen Diplomatie die Verteidigung der Kirche als Institution war. Die einzigen «Rechte», die zählten, waren die «Rechte der Kirche». Sie berücksichtigte nicht das «pastorale» Wesen der Kirche oder die Tatsache, daß ihre Mission der ganzen Menschheit gilt.

Montini dagegen war eine sehr unrömische Gestalt. Sein Bildungsgang war nicht übermäßig klerikal gewesen. Sein Vater war Politiker und Zeitungsherausgeber mit einer stark antifaschistischen Haltung. Als Kaplan der F.U.C.S., der Vereinigung katholischer Studenten in der faschistischen Zeit, half Montini, die Generation der christdemokratischen Politiker vorzubereiten, die nach dem Krieg nach oben kam. Ganz grob kann man sagen, daß im Staatssekretariat Tardini die Tradition verkörperte, während Montini die Karte der Modernität und des Dialogs ausspielte. Deshalb wurde er 1954 nach Mailand ins Exil geschickt. Aber als er 1963 als Papst zurückkam, tat er sein Bestes, die Reformen durchzuführen, über die er während seiner neunundzwanzig Dienstjahre im Staatssekretariat nachgegrübelt hatte.

Der jetzige Staatssekretär, Kardinal Agostino Casaroli, Sohn eines Schneiders aus Piacenza, folgt eher der Linie Montinis als der Tardinis. Papst Johannes XXIII. erkannte sein Talent und sandte ihn auf internationale Konferenzen über diplomatische und konsularische Beziehungen. Dies brachte ihn in Kontakt zu kommunistischen Diplomaten, und er wurde der erste vatikanische Diplomat, der ausgedehnte Reisen in Osteuropa unternahm. «Die Kirche hat keine Feinde», sagte ihm Papst Johannes, und Casaroli merkte, wie die Güte Papst Johannes' das ideologische Treibeis abgeschmolzen hatte. So begann Casarolis Verbindung mit der «Ostpolitik». Von 1969 stand er an der Spitze des neugeschaffenen Rates für die öffentlichen Angelegenheiten der Kirche. In den 1960er und 1970er Jahren wurde er als «Henry Kissinger des Vatikans» bekannt.

Er beschrieb einmal mit beispielhafter Offenheit sein Ziel bei Verhandlungen mit kommunistischen Regierungen. Erst das *esse* der Kirche sichern – ihre Existenz an sich –, indem man sich vergewissert, daß zum Beispiel die Bischöfe nicht einfach Handlanger der Regierung sind. Dann konnte man zu einem zweiten Stadium des *bene esse* übergehen, in dem bestimmte Rechte gesetzlich garantiert würden. Bezeichnenderweise gehörten dazu das Recht der Versammlung, das Recht, Kirchen zu unterhalten und zu bauen, das Recht der Kinder, Religionsunterricht zu besuchen, das Recht der Kirche auf einen gewissen Zugang zu den Medien. Jenseits davon lag der schimmernde Horizont des *plene esse,* wo die Kirche innerhalb eines kommunistischen Systems völlig frei sein würde. Casaroli würde als erster zugeben, daß dieser erfreuliche Stand der Dinge nirgendwo erreicht worden ist. Es ist zweifellos ein unerreichbarer Horizont. Aber Horizonte sind dazu da, das Denken und die Vorstellungskraft zu weiten. Casaroli zitiert gern Dante: «Er, dessen Blick an einem Stern festhält, er geht nicht fehl.»

Während dieser Zeit mußte Casaroli sich mit vielen anderen Problemen befassen. Er verhandelte erneut über die Konkordate mit Spanien und mit Italien, wobei letzteres über zehn Jahre beanspruchte. Er legt keinen so großen Wert auf Konkordate. «Das Ideal», sagt er, «ist *concordia,* Eintracht, nicht das Konkordat.» Er nimmt es nicht so wichtig, welche Form es annimmt, vorausgesetzt, es gibt ein Abkommen. So war er zufrieden mit dem «Protokoll», das 1966 mit Jugoslawien unterschrieben wurde. Casarolis Methoden haben sich nicht geändert. Er ist im wesentlichen ein Mann, der in der Stille arbeitet, ein Tüftler, ein Meister des Dossiers. Obwohl er gelegentlich einen wohldurchdachten Vortrag hält, erledigt er den größten Teil seiner Arbeit für sich. Er wird nicht nervös oder ärgerlich. Er wird von seiner Mannschaft verehrt und hat für seine Generation getan, was Tardini für seine tat.

Papst Johannes Paul II. erbte seinen Staatssekretär Kardinal Jean Villot von Papst Paul VI. Villot, in David Yallops *Im Namen Gottes?* als ein Mann geschildert, der für sein Amt zu morden bereit ist, hätte in Wirklichkeit liebend gern aufgehört und wäre nach Hause gegangen. Aber er wurde behalten bis zu seinem Tod im April 1979. Darauf wurde Casaroli Staatssekretär. Das kam sicher überraschend, denn es war bekannt, daß die polnischen Bischöfe seiner «Ostpolitik» mißtrauten. Sie fürchteten, die vatikanischen Diplomaten könnten über ihre Köpfe hinweg mit der polnischen Regierung verhandeln. Sie glaubten, die polnische Situation besser zu kennen als Italiener, die nur von Zeit zu Zeit hereinschauten. Diese Bedenken wurden jedoch beiseite geschoben. Casaroli war als ein Mann von starker Loyalität bekannt, der bereits vier Päpsten mit großem Geschick gedient hatte. Und ganz sicher sprach sehr viel dafür, einen erfahrenen Italiener neben dem ersten nichtitalienischen Papst seit 457 Jahren zu haben.

Villot war eher ein «Seelsorger» als ein «Diplomat» gewesen, und er sah eine hauptsächliche Arbeit in der Pflege des Kontakts zu den örtlichen Kirchen. Casaroli vernachlässigt diesen Aspekt seiner Aufgabe nicht, aber durch Ausbildung und Gewohnheit beschäftigt ihn stärker die traditionelle diplomatische und politische Rolle des Staatssekretariats. Außerdem hat er eine Anzahl besonderer Aufgaben dazubekommen, die die Wichtigkeit seines Amtes noch mehr vergrößert haben. Er erhielt alle Vollmachten, die Angelegenheiten des *Istituto di Opere di Religione* (I.O.R.), volkstümlich als «vatikanische Bank» bekannt, ins reine zu bringen. Er nahm an der Sondersitzung der Vereinten Nationen zur Abrüstung im Juli 1982 teil und hatte im Januar 1983 den Vorsitz bei der «Konsultation» amerikanischer und europäischer Bischöfe, die dem Friedenshirtenbrief der Bischöfe der Vereinigten Staaten vorausging. Man darf sicher sein, daß er im Bild ist über die Auswirkungen von SDI (Strategische Verteidigungsinitiative, allgemein «Krieg der Sterne» genannt), womit sich die Päpstliche Akademie der Wissenschaften, zu der Russen und Amerikaner gehören, seit Januar 1985 befaßt.

Aber die wichtigste zusätzliche Pflicht in diesem Pontifikat ist es, den Papst auf seinen Auslandsreisen zu begleiten. Es gibt bei diesen Gelegenheiten nicht besonders viel für ihn zu tun, und einem Mann wie Casaroli seinen Schreibtisch und seine Aktenbündel wegzunehmen, ist ziemlich grausam – wenn auch die Verbindung mit dem Amt durch Radio Vatikan aufrechterhalten wird. Ich begegnete ihm einmal, als wir auf den Beginn der Messe warteten – vor dem von Chinesen gebauten Volkspalast der Kultur in Kinshasa, Zaire. Um acht Uhr morgens war die Hitze schon sehr stark, und eine Mitra gibt einen sehr unzureichenden Sonnenhut ab. Wir wußten, daß wir bis mindestens Mittag würden aushalten müssen. «Interessieren Sie sich immer noch für die ‹Ostpolitik›?» fragte Casaroli in Anspielung auf unsere früheren Gespräche. Ich bejahte es. «Nun», sagte er, «jetzt habe ich das Gefühl, daß ich zur Kirche des Schweigens gehöre. Ich kann mit meiner Arbeit nicht vorankommen, und doch muß ich hier sein.»

Casaroli geht auf päpstliche Reisen mit für den Fall, daß etwas Schlimmes passiert: ein Attentatsversuch oder ein diplomatischer Ausrutscher oder ein verstimmter Präsident. Er kann auch eine nützliche Ausputzerrolle als päpstlicher Ersatz spielen. Es war dem Papst offenbar nicht möglich, während der Reise auf die Philippinen im Februar 1981 politische Gefangene zu besuchen, aber Casaroli konnte diskret ohne Fernsehkameras hingehen und den Segen des Papstes überbringen. Diese Fernostbesuche gaben ihm auch eine Möglichkeit, China, das ihn fasziniert, aus größerer Nähe zu betrachten. Manchmal benutzt Casaroli die Gelegenheit einer päpstlichen Reise, um einen Vortrag über internationale Angelegenheiten zu halten. Sein Vortrag im kanadischen Empire Club in Toronto am 14. September 1984 ging um «das Papsttum und die Herausforderungen der modernen Welt».

Er war interessant als Offenlegung, wie Casaroli die Rolle des Heiligen Stuhles auf der internationalen Szene als die eines «übernationalen Akteurs» sieht. (Siehe R. O. Keohane und J. S. Nye [Hgg.], *Transactional*

Relations in World Politics, besonders L. Valliers Kapitel «Die römisch-katholische Kirche als übernationaler Akteur».) Hier erhebt Casaroli einen Anspruch und räumt zugleich eine Versuchung ein:

> In bezug auf die hier in Frage stehenden Dinge nimmt der Heilige Stuhl in mancher Hinsicht eine bevorzugte Stellung ein. Da er keine eigenen politischen, territorialen oder militärischen Interessen zu verteidigen hat, ist er in der Lage, die Wirklichkeit und die Begleiterscheinungen der Probleme, die auf der internationalen Bühne entstehen, mit größerer Objektivität zu sehen. Gleichzeitig muß er sich jedoch vor der Versuchung hüten, konkrete Situationen, die manchmal sehr komplex sind, von einem Standpunkt aus zu beurteilen, der zu theoretisch ist oder die Dinge zu sehr vereinfacht. Der Heilige Stuhl muß auch bemüht sein, völlige Unabhängigkeit und größte Ausgewogenheit des Urteils zu bewahren, selbst wenn sein Verhältnis zu den verschiedenen betroffenen Parteien nicht immer von der gleichen Beschaffenheit ist: Zu manchen sind die Beziehungen freundlich, zu anderen unbefriedigend oder sogar überhaupt nicht gut. Er muß bereit sein, mit gleicher Objektivität die Motive und das Verhalten der einen und der anderen Seite zu prüfen und zu bewerten, und willens sein, die Kanäle des Dialogs mit allen offenzuhalten: wenigstens mit denen, die zuhören wollen.

Wenn wir diese ziemlich trockene Sprache in Alltagssprache übertragen, dann sagte Casaroli unter anderem, daß der Heilige Stuhl so unparteiisch wie möglich bleiben muß und sich zum Beispiel nicht zwischen Ost und West zu entscheiden braucht. Er mag wissen, wo seine Freunde sind, aber er darf vor keinem die Tür zuschlagen.

Komischerweise war es genau zu dieser Zeit, daß Gerüchte über ein *terremoto* oder Erdbeben im Vatikan in Rom aufkamen. Das ist die übliche vatikanische Bezeichnung für eine drastische Veränderung oder Umgruppierung. (Die aufsehenerregendste war 1954, als Montini ohne Kardinalshut nach Mailand geschickt wurde.) Casaroli würde sein Amt niederlegen, hieß es, weil ihm der Ton von Kardinal Joseph Ratzingers Instruktion «Über gewisse Aspekte der Theologie der Befreiung», am 3. September 1984 veröffentlicht, nicht gefiel. Außerdem war er, obwohl er Mitglied der Kongregation für die Glaubenslehre ist, nicht ordnungsgemäß über die Sitzung, die den anstößigen Text billigte, unterrichtet worden. Der Abschnitt, der nach Casarolis Ansicht zum Sturm blies, stellte fest:

> Eine der wichtigsten Fakten unserer Zeit muß alle, die ehrlich die Befreiung ihrer Brüder wollen, zum Nachdenken anregen. Millionen

> unserer Zeitgenossen sehnen sich legitimerweise danach, die grundlegenden Freiheiten wiederzuerlangen, deren sie durch totalitäre und atheistische Regierungsformen beraubt wurden, die auf revolutionärem und gewalttätigem Weg die Macht an sich gerissen haben, und dies im Namen der Befreiung des Volkes. Man kann diese Schande unserer Zeit nicht übersehen: Ganze Nationen werden unter menschenunwürdigen Bedingungen in Knechtschaft gehalten, während gleichzeitig behauptet wird, man bringe ihnen die Freiheit. Diejenigen, die, vielleicht unbewußt, sich zum Verbündeten solcher Unterdrückung machen, verraten die Armen, denen sie zu dienen behaupten.

Ein Mitglied des Staatssekretariats sagte: «Wir sind so eine grobe und beleidigende Sprache nicht gewöhnt.» Sie gefährdete die ganze geduldige diplomatische Arbeit Casarolis in Osteuropa, die im großen und ganzen von Erzbischof Achille Silvestrini, seinem Nachfolger als Leiter des Rates für die öffentlichen Angelegenheiten der Kirche, geleitet und von Erzbischof Luigi Pozzi vor Ort ausgeführt worden war. Es war nicht etwa so, daß einer von ihnen den Inhalt für falsch gehalten hätte. Nur hatte dieses umfassende politische Urteil einfach keinen Platz in einem Dokument von angeblich theologischer Natur. Eine unmittelbare Folge war, daß Kardinal Josef Glemp keine Begegnung mit General Wojciech Jaruzelski vereinbaren konnte. Die Instruktion vergiftete die Atmosphäre. Sie schien auch ein Echo auf Reagans Anprangerung der Sowjetunion als «Reich des Bösen» zu sein. Sie ließ keine «Unparteilichkeit» erkennen. Die Glaubenskongregation konnte über Theologie sagen, was sie wollte, das war ihr Zuständigkeitsbereich; aber sie hatte kein Recht, in der internationalen Politik zu streunen. Diesmal hatte Ratzinger sich übernommen. Das Staatssekretariat sieht ihn als tölpelhaften Bayern mit wenig Erfahrung in internationalen Angelegenheiten.

Casaroli trat nicht zurück. Statt dessen tat er etwas ohne Beispiel in den Annalen der Römischen Kurie. Er zeigte sich öffentlich uneins mit Ratzinger. Er distanzierte sich von der Instruktion. Das ging feinfühlig vor sich. Er wies darauf hin, daß die Instruktion selbst irgendein zukünftiges «positives» Dokument erwähnt, und deutet an, es wäre besser gewesen, das «positive» Dokument zuerst vorzulegen. Er verriet auch, daß er die entscheidende Sitzung versäumt hatte. Er signalisierte den Osteuropäern und allen, die es zur Kenntnis nehmen wollten, daß die von Johannes XXIII. begonnene und von Paul VI. entwickelte Politik des Dialogs in diesem Pontifikat nicht aufgegeben worden sei.

Casaroli unternahm weitere Schritte, um seinen Freiraum zu wahren.

Die oben erwähnte Rede in Toronto kann nun als eine Verteidigung Pauls VI. gelesen werden. Darin erwähnte Casaroli *Populorum Progressio,* die Enzyklika von 1967, die mit der Bemerkung beginnt, «Entwicklung ist der Name für Frieden»: «Seine Enzyklika, die gewissermaßen die *Magna Carta* päpstlicher Lehre in dieser Sache bleibt, wirkt wie ein Echo des Evangeliums, wenn sie sagt, ‹Ich habe Mitleid mit diesen Massen›.» Er bezog sich ausdrücklich nicht auf *Laborem Exercens,* Johannes Pauls II. «Sozialenzyklika», die teilweise das gleiche Gebiet behandelt. Das war in Toronto am 14. September. Am 26. September enthüllte Casaroli in Brescia, Papst Pauls VI. Heimatstadt, im Dom eine Statue seines früheren Mentors. Er pries Papst Paul als einen Mann des Dialogs und Mitgefühls und sagte: «Der Mensch ist für den Dialog geschaffen . . . und der Mensch, der nicht zu anderen spricht, der nicht offen ist für die Wirklichkeit, hört nicht zu, antwortet nicht, ist wie eine Pflanze, der vom Boden keine Nahrung zugeführt wird.» Die italienische Presse sagte, dies sei ein «Angriff» auf Papst Johannes Paul. Auch wenn es zu rätselhaft blieb, um einen zu diesem Schluß zu führen, läßt sich nicht leugnen, daß Casaroli, als er auf seinen siebzigsten Geburtstag am 24. November 1984 zuging, anmahnte, daß das Pontifikat Pauls VI. nicht so leicht abgeschrieben werden konnte und daß der Nachdruck, den Vatikanum II auf den Dialog gelegt hatte, ein dauernder Teil der katholischen Tradition blieb. Daß Casaroli eine solche Freiheit des Geistes zeigen durfte, war zweifellos eine Bedingung seinerseits gewesen, damit er auf seinem Posten blieb. Also gab es am Ende kein Erdbeben. Man fühlte sich an die langweiligste Schlagzeile erinnert, die jemals in der *Times* stand: «Leichtes Erdbeben in Chile. Keine Opfer.»

Nach solchen dramatischen Beinahe- oder Nicht-Ereignissen ist es eine Erleichterung, sich den handfesteren Fragen der täglichen Arbeitsgänge des Staatssekretariats zuzuwenden. Es hat knapp über hundertfünfzig Mitglieder, die nach Sprachen in acht «Pulte» eingeteilt sind: Französisch, Italienisch, Englisch, Deutsch, Spanisch, Portugiesisch, Latein und Polnisch. Ihre hauptsächliche Aufgabe ist es, die Korrespondenz des Papstes zu erledigen, ob der Schreiber Präsident Ronald Reagan ist oder Lieschen Müller. Das Staatssekretariat ist auch verantwortlich für die päpstliche Ehrenliste: Wer ist würdig, Ritter des Gregoriusordens zu werden, oder wer bekommt die *Bene Merenti*-Medaille für fünfzig Jahre Tapferkeit vor der Orgel. (Erzbischof Bruno Heim hat ein teures Buch über päpstliches Blech geschrieben.)

Es teilt auch dem vatikanischen Pressebüro und Radio Vatikan mit, was sie zu sagen haben, und hält umgekehrt die Weltpresse scharf im Auge: Jeden Tag erhält Papst Johannes Paul II. einen einzigen Band mit Zeitungsausschnitten plus «gewisse Zeitungen». Niemand will sagen, welche.

Wenn nicht *Le Monde, El Pais, The Times,* der *Corriere della Sera,* die *Frankfurter Allgemeine* und die *New York Times* dabei sind, will ich Hans heißen.

Die Diplomatenpostsäcke, durch die päpstliche Vertreter mit dem Staatssekretariat in Verbindung stehen, quellen auch über von Zeitungsausschnitten über Theologen, die für unorthodox gehalten werden. Der Heilige Stuhl ist jetzt in 122 Ländern vertreten – allerdings gibt es häufig Doppelaufgaben. So ist Pio Laghi Pronuntius in den Vereinigten Staaten und Beobachter bei der OAS (Organisation Amerikanischer Staaten). In Afrika und im Nahen Osten erwartet man von päpstlichen Gesandten, daß sie drei oder vier Länder «abdecken». Sie werden Nuntien genannt, wenn sie von Amts wegen Doyens des diplomatischen Korps sind (das ist meistens in Europa und bestimmten lateinamerikanischen Ländern der Fall), Pronuntien, wo sie nicht automatisch Doyens sind, und Apostolische Delegaten, wo sie den Papst bei der örtlichen Kirche vertreten und keine offiziellen diplomatischen Funktionen gegenüber dem Staat haben.

Diplomatische Beziehungen sind gegenseitig, was schlicht bedeutet, daß es bei 122 Botschaften, die der Vatikan im Ausland hat, theoretisch 122 Botschaften in Rom gibt. Aber auch hier gibt es viele Doppelfunktionen. Chiang Hai Ding ist der Botschafter Singapurs beim Heiligen Stuhl, aber er ist auch Botschafter bei der Europäischen Gemeinschaft und den Benelux-Ländern, was natürlich den größten Teil seiner Zeit beansprucht. Er kommt jedoch mindestens viermal im Jahr nach Rom und ist außergewöhnlich gut informiert. Riccardo Peter hat die schwierige Aufgabe, Nicaragua zu vertreten. Von der Somoza-Diktatur ins Exil geschickt, schlug er sich mit Arbeiten für Radio Vatikan durch, während er eine Dissertation an der Gregorianischen Universität schrieb. Nach dem Sturz Somozas 1979 wurde er mit fünfunddreißig der jüngste Botschafter beim Vatikan. Sein Auftrag lag auf der Hand. Er wäre der erste, der eingestehen würde, daß er nicht sehr erfolgreich war bei seinem Versuch, den Heiligen Stuhl davon zu überzeugen, daß die nicaraguanische Revolution eine wichtige christliche Komponente hatte. Er fühlt sich im Staatssekretariat besser verstanden als überall sonst im Vatikan.

Ich erwähne Chiang Hai Ding und Riccardo Peter, um die volle Breite des römischen diplomatischen Lebens zu veranschaulichen. Ein britischer Gesandter beim Heiligen Stuhl (was er damals war) fand die Instruktion des Außenministeriums unzureichend und suchte Rat bei dem verstorbenen Sir Alec Randall, der dort die Nummer zwei gewesen war. «Das erste, was Sie im Kopf behalten müssen, alter Junge», sagte Sir Alec, «ist, daß Sie absolut nichts zu tun haben. Und das zweite ist, daß der Vatikan ein erstklassiger Horchposten ist. Halten Sie also die Ohren offen. Sie werden eine Menge erfahren.» Also halten die Herren die Ohren offen.

Vatikanische Diplomaten halten im Ausland die Ohren offen. Msgr. Alberto Giovanetti behauptet, daß vatikanische Diplomaten besser im Bilde sind als andere, weil Gemeindepriester ihnen Informationen zukommen lassen, die weltlichen Diplomaten, die die Hauptstadt nie verlassen, nicht zugänglich sind. Er vertritt auch die Ansicht, daß der Zölibat den vatikanischen Diplomaten längere Arbeitszeiten erlaubt. Giovanetti, der in der Delegation des Vatikans bei den Vereinten Nationen in New York arbeitete, schrieb einen glänzenden Roman, der seine Erfahrungen wie in einem Zerrspiegel wiedergibt, *Requiem für einen Spion.* Der KGB setzt seinen eigenen Mann an die Stelle des letzten vatikanischen Vertreters – mit recht genau voraussagbaren Folgen. Ich will die Geschichte nicht verderben. Lesen Sie selbst.

Aber der vatikanische diplomatische Dienst ist oft kritisiert worden: 1969 sagte Kardinal Léon-Joseph Suenens, seine Vertreter wären «Spione in den örtlichen Kirchen». Während der Regierung Allende in Chile war die Nuntiatur mit Losungen vollgeschmiert, die verkündeten: «Die Kirche ist die Kirche der Armen.» Die Hauptbeschuldigung ist, daß diplomatische Überlegungen das Prophetische verhindern. Direkter gesagt: Es mag diplomatisch wünschenswert scheinen, den Status quo zu unterstützen, indem man ein ungerechtes Regime, typischerweise eine Militärdiktatur, stützt, anstatt auf die einheimischen Bischöfe zu hören, die es als tyrannisch brandmarken. Dies geschah auf skandalöse Weise in den letzten Tagen Somozas in Nicaragua.

Damit soll nicht die Nützlichkeit des vatikanischen diplomatischen Dienstes geleugnet werden. Er kann als Puffer zwischen den einheimischen Bischöfen und einem bedrohten Regime dienen. Falls das Regime stürzt, ist es leichter, den Pronuntius abzuziehen, als die Bischöfe zu ersetzen. Und die vatikanische Vermittlung im Streit um den Beaglekanal zwischen Chile und Argentinien löste ein Problem, das diese zwei vermeintlich «katholischen» Länder an den Rand des Krieges gebracht hatte. Geführt von Casaroli hat Papst Johannes Paul behutsam von der Versöhnung zwischen zwei «Völkern» gesprochen und so jedes Werturteil über ihre derzeitigen Regierungen vermieden.

Der diplomatische Dienst des Vatikans wurde von Papst Paul VI. mit seinem Motuproprio vom 24. Juni 1969 *Sollicitudo Omnium Ecclesiarum* reformiert. Paul versuchte, eine «seelsorgerische» Dimension in die Arbeit seiner Vertreter einzubringen. Was er bewirken wollte, kam besser in einer Ansprache an päpstliche Gesandte zum Ausdruck, die sich am 28. November 1970 in Manila versammelt hatten.

> Die Rolle des Nuntius entfaltet sich ebenfalls. Bis jetzt war der Nuntius wenig mehr als der Vertreter des Papstes bei Regierungen und

> Kirchen. Vor allem war seine Tätigkeit hierarchischer und administrativer Natur; in gewissem Sinn blieb er ein Fremder für die örtliche Kirche ... Heute muß der Nuntius seiner Arbeit ein nachdrücklicheres pastorales Gewicht geben. Auch er steht im Dienst des Reiches Gottes, wie es in diesem Land Fortschritte macht (Cardinale, *The Holy See and the International Order*).

Trotz dieser mutigen Worte war es schwer, irgendeinen spürbaren Wandel auszumachen. Bei der Synode von 1974 über «Evangelisierung» packte Bischof James Sangu aus Tansania den Stier kühn bei den Hörnern:

> Den Zeichen der Zeit folgend und an fast ganz Afrika denkend, bitten wir in aller Bescheidenheit den Heiligen Stuhl, Sorge zu tragen, daß das Bild des vatikanischen diplomatischen Korps einen universelleren oder «katholischeren» Charakter annimmt als das gegenwärtige, der als «größtenteils italienisch» gesehen wird. Es ist schmerzlich, die Beschuldigung zu hören, daß der Heilige Stuhl in der katholischen Kirche Nationalismus praktiziert.

Diese und andere Einwände gegen den vatikanischen diplomatischen Dienst wurden in einem seltsamen, 1981 erschienenen Buch in Erwägung gezogen und unfeierlich zu den Akten gelegt. Sein Autor war Msgr. Mario Oliveri, damals ein jugendlicher Fünfunddreißiger und Sekretär an der Apostolischen Delegatur in London. Er ist inzwischen nach Brüssel versetzt worden. Sein Titel war *Die Vertreter: Die wahre Natur und Funktion päpstlicher Legaten.* Oliveri faßt mutig die Einwände gegen den päpstlichen diplomatischen Dienst zusammen:

- Nuntiaturen machen die Welt glauben, daß die Kirche einer politischen Macht entspricht.
- Ihre Pflichten könnten den Vorsitzenden der Bischofskonferenzen übertragen werden, die sowieso besser über die örtlichen Gegebenheiten Bescheid wissen.
- Ihre Funktionen könnten kompetenten Laien übertragen werden.

Oliveri trägt diese Einwände nur vor, um sie zu widerlegen. Aber vieles spricht für sie: Die Tatsache ist schlicht, daß das Konzil nicht wußte, was es mit dem ganzen prachtvollen Staat von Nuntien, Internuntien, Apostolischen Delegaten, Chargés d'affaires und dem Rest machen sollte.

Sie wirkten um so weniger normal, nachdem Vatikanum II die Bedeutung der örtlichen Kirche und der Kollegialität unterstrichen hatte. Sie sind ein geisterhaftes Überbleibsel des erloschenen Kirchenstaates.

Das soll nicht heißen, daß sie abgeschafft werden sollten. Aber sie *könnten* abgeschafft werden. Das war die Frage, die am Anfang dieses Kapitels gestellt wurde. Sind das Staatssekretariat und der vatikanische diplomatische Dienst eine «göttliche Einrichtung»? Selbst Oliveri geht nicht ganz so weit. Er räumt ein, daß «diplomatische Repräsentation nicht absolut wesentlich für die grundsätzliche Natur des Amtes des Bischofs von Rom ist und daß es zu irgendeiner Zeit eine Alternative dazu geben könnte». Aber später informiert er uns, daß päpstliche Repräsentanten «ein integraler Bestandteil des Kirchenlebens sind», was sich nach ziemlich unverzichtbar anhört. Und der verstorbene Giovanni Benelli steuert ein Vorwort bei, in dem er behauptet, daß päpstliche Diplomatie «ein unersetzliches Instrument» ist, was seine Notwendigkeit so gut wie feststellt.

Casaroli hält sich weise aus solchen theoretischen Fragen heraus. Solange der vatikanische diplomatische Dienst da ist, sagt er, gebrauchen wir ihn eben pragmatisch für die Sache der Gerechtigkeit und des Friedens. Casaroli weiß auch, daß Papst Johannes Paul in einer schwachen Position ist, wenn er auf seiner Notwendigkeit oder auch nur Nützlichkeit beharrt, weil die polnischen Bischöfe seit dem Krieg bestens ohne den Vorteil eines Nuntius oder Apostolischen Delegaten ausgekommen sind. Sie würden es übelnehmen, wenn man ihnen so eine Person vorsetzen würde. So erhebt Casaroli einfach die Augen zum Himmel, seufzt leise, erinnert an die große Tradition von Tardini und Montini und macht sich wieder an seine Ordner. Er ist die Art Mensch, sagte Desmond O'Grady, die der Kurie einen guten Namen macht (*Catholic Herald*, 30. November 1984). Ich sagte ihm einmal, daß meine Artikel über seine «Ostpolitik» im *Observer* weit weniger Aufsehen erregten als vergleichbare Artikel über Giovanni Benelli. «Der Grund liegt auf der Hand», sagte Casaroli, «Sie waren viel zu freundlich zu mir. Das interessiert keinen.»

7

Wachhunde der Orthodoxie

Mit der Kongregation für die Glaubenslehre betreten wir eine Abteilung des Vatikans, die getreue Protestanten und standhafte Engländer inbrünstig hassen. Von Paul III. 1542 als «die Heilige Kongregation für die allgemeine Inquisition» gegründet, war ihre Aufgabe, die Kirche gegen die Gefahr der Ketzerei, wirkliche oder angebliche, zu verteidigen. Ihre berühmtesten Opfer waren Giordano Bruno, auf dem Scheiterhaufen auf dem Campo dei Fiori 1600 verbrannt, und Galileo Galilei, der unter diesen Umständen glimpflich davonkam. Doch auch abgesehen von diesen berühmten Namen wurden in den nächsten vier Jahrhunderten Leben zerstört, Theologen zum Schweigen gebracht und Bücher verboten. Die Inquisition weckte Gefühle von Furcht und Schrecken. Sie förderte die Gewohnheit der Anzeige. Sie änderte ihren Namen 1908 in «das Heilige Offizium», aber in der Praxis änderte sich nichts. Von allen Kurienämtern war es das am wenigsten geliebte und hatte am meisten wiedergutzumachen. Wenn man nach einer weltlichen Entsprechung Ausschau hielt, mußte man sich George Orwells Wahrheitsministerium in *1984* zuwenden, denn es befaßte sich ebenfalls mit dem «Gedankenverbrechen».

Während des Zweiten Vatikanischen Konzils gab es viele Anträge, daß etwas gegen den Skandal getan werden sollte. Kardinal Alfredo Ottaviani, zu jener Zeit Propräfekt des Heiligen Offiziums, führte die Konservativen auf dem Konzil und behauptete, wie eigentlich vorhersehbar, jeder Angriff auf das Heilige Offizium sei ein Angriff auf den Papst. Das hinderte Kardinal Joseph Frings, den Erzbischof von Köln, nicht, auf einer dramatischen Sitzung am 8. November 1963 zu sagen:

> Die Unterscheidung zwischen administrativen und richterlichen Angelegenheiten muß auf alle Kongregationen angewendet werden, einschließlich des Heiligen Offiziums. Die Art, wie das Heilige Offizium verfährt, ist nicht an unsere Zeit angepaßt, schadet der Kirche und ist ein Stein des Anstoßes für Nichtkatholiken. Ich weiß, wie schwierig die Aufgabe derer ist, die viele Jahre lang im Heiligen Offizium für die Verteidigung der offenbarten Wahrheit gearbeitet haben. Aber man muß darauf bestehen, daß das Heilige Offizium akzeptiert, daß niemand angeklagt und verurteilt wird, ohne zuerst gehört zu werden, daß sein Bischof gleichzeitig informiert wird und daß der Beschuldigte die Anklage gegen ihn kennt und eine Möglichkeit erhält, zu korrigieren, was er gesagt oder geschrieben hat.

Dieser Protest gegen Willkür erhielt begeisterten Beifall. Frings' theologischer Berater, der bei dieser Rede seine Hand im Spiel hatte, war Joseph Ratzinger, damals sechsunddreißig Jahre alt. Neunzehn Jahre später wurde er Präfekt des reformierten Heiligen Offiziums.

Papst Paul VI. antwortete auf diesen weitverbreiteten Wunsch nach Reform, indem er den Index der verbotenen Bücher abschaffte und sein Motuproprio *Integrae Servandae* am 7. Dezember 1965, dem ereignisreichen vorletzten Tag des Konzils, veröffentlichte. Es gab dem Amt seinen jetzigen Namen, Kongregation für die Glaubenslehre, worin die Absicht steckte, eine geänderte Funktion deutlich zu machen. Er zitierte den ersten Johannesbrief 4,18, in dem es heißt, «vollkommene Liebe vertreibt die Furcht», und er sagte: «Die Verteidigung des Glaubens wird heute besser gewährleistet durch die Förderung guter Theologie.» Also sollte die Glaubenskongregation eher das Positive als das Negative betonen, eher ermutigen als tyrannisieren, eher Quellen öffnen als verschließen. Sie sollte Konferenzen und Studienseminare zu strittigen Fragen abhalten, etwas gänzlich Neues. Ihre Verfahrensweise wurde revidiert. Es blieb als das letzte Mittel die Rolle der «brüderlichen Korrektur von Irrtümern», aber das war nicht ihr Hauptziel. Der Haken bei allen diesen Reformen war, daß sie von denselben Personen durchgeführt werden sollten, die sich die ganze Zeit einem Wandel widersetzt hatten. Ottaviani blieb als Präfekt, zunehmend blind und nicht mehr auf der Höhe.

Aber er machte 1966 ein bedeutsames Eingeständnis:

> Das Verfahren ist geändert worden ... Der Angeklagte hat eine größere Möglichkeit, sich selbst zu verteidigen, seine eigene Ansicht auszudrücken und sie zur Diskussion zu stellen. Wir sind zu dem Verfahren zurückgekehrt, das Benedikt XIV. ins Auge gefaßt hatte. Wir

müssen einräumen, daß im Lauf der Jahrhunderte das Heilige Offizium von diesem Verfahren abgewichen war und eine autoritäre Methode an die Stelle gesetzt hatte. Es war unglücklich, daß dies geschah (Interview in *La Gente*, 13. April 1966).

Da Benedikt XIV. von 1740 bis 1756 herrschte, darf man sagen, daß es unglaublich lange dauerte, um das Verfahren durchzuführen, das man im Zeitalter der Aufklärung so weise «ins Auge gefaßt hatte».

Die Gangart der Reform beschleunigte sich etwas, als Ottaviani Platz machte für Kardinal Franjo Šeper, früher Erzbischof von Zagreb. Er hatte bei der Synode 1968 vernünftig gesprochen und einen bescheidenen internationalen Ruf erworben. Vor allem war er nicht so eingeigelt wie Ottaviani, der immer den Eindruck machte, das letzte Gefecht im falschen Graben zu kämpfen. So war Šeper auch in der Lage, im April 1969 anstandslos eine Internationale Theologenkommission (ITK) einzurichten. Dreißig Theologen (alle männlich, Kleriker oder Ordensleute) aus verschiedenen Teilen der Welt sollten die Konsultoren, die in Rom ständig verfügbar waren, glücklich ergänzen. Die ITK sollte ein Ungleichgewicht korrigieren und die Erinnerung an das Konzil wachhalten, wo nichtrömische Theologen den größten Teil des intellektuellen Inhalts beigetragen hatten.

So begann in den ersten 1970er Jahren die Reform der Glaubenskongregation zu greifen. Karl Rahner, früher ein Opfer des Heiligen Offiziums, war Mitglied der ITK (allerdings zog er sich 1974 zurück). 1973 veröffentlichte die Glaubenskongregation eine Erklärung, *Mysterium Ecclesiae*, die bis zu einem gewissen Grad den «positiven Ansatz» veranschaulichte, den Paul VI. gefordert hatte. Im Hintergrund war Hans Küngs beunruhigendes Buch *Unfehlbar?*, das die Definition der Unfehlbarkeit durch Vatikanum I in Zweifel zog. Aber anstatt ihn einfach zu widerlegen, wie das Heilige Offizium es getan hätte, kommt *Mysterium Ecclesiae* Küng wenigstens insofern auf halbem Weg entgegen, als es die zeitbedingte Natur konziliarer Aussagen anerkennt. Das dürfte von den meisten Literaturkritikern nicht als großer Fortschritt betrachtet werden, aber für die Glaubenskongregation war es ein bemerkenswerter Schritt nach vorn:

> Es geschieht manchmal, daß eine dogmatische Wahrheit zuerst unvollständig (aber nicht fälschlich) ausgedrückt wird und zu einem späteren Zeitpunkt, wenn sie in einem breiteren Zusammenhang des Glaubens oder menschlichen Wissens betrachtet wird, einen vollständigeren und vollkommeneren Ausdruck erhält ... Obwohl die Wahrheiten, welche die Kirche durch ihre dogmatischen Formulierungen

zu lehren gedenkt, von den veränderlichen Vorstellungen einer bestimmten Epoche verschieden sind und ohne sie ausgedrückt werden können, kann es dennoch manchmal geschehen, daß diese Wahrheiten durch das Magisterium in Begriffen formuliert werden, welche die Spuren solcher Vorstellungen tragen ... (zitiert nach Raymond E. Brown, *Crises Facing the Church*).

Für Protestanten ist biblischer Fundamentalismus die größte Gefahr. Katholiken neigen mehr dazu, durch «konziliaren Fundamentalismus» in Versuchung zu geraten. Er wurde 1973 in dieser Erklärung der Glaubenskongregation offiziell aufgegeben. Papst Johannes' lapidare Feststellung bei der Eröffnung von Vatikanum II war jetzt «eingelöst»: «Die Substanz des uralten anvertrauten Glaubensgutes ist eine Sache, und die Art und Weise, wie es dargestellt wird, ist eine andere» (Siehe Hebblethwaite, *Johannes XXIII* zur komplizierten Geschichte dieses Satzes). Die Glaubenskongregation tat nun, was Paul VI. sich von ihr erhofft hatte.

Aber nicht jeder war glücklich über diese Veränderungen. 1971 sprach Kardinal Karol Wojtyla vor dem polnischen Theologiekongreß über das Thema «Theologie und Theologen in der nachkonziliaren Kirche». Wojtylas Vortrag befaßte sich ausschließlich mit der Beziehung zwischen Theologen und dem Lehramt. Das Konzil, erklärte er, war das Modell einer fruchtbaren und harmonischen Zusammenarbeit zwischen Theologen und Bischöfen gewesen. Aber es war seit sechs Jahren vorbei. Seit da war die Beziehung schlecht geworden. Die rechte Aufgabe der Theologen ist es, «das heilige Gut der Offenbarung zu schützen, zu verteidigen und zu lehren», in enger Verbindung mit den Bischöfen, aber in strenger Unterordnung unter sie. Die Funktion der Theologen ist «rein beratend» (römischer Ausdruck, der besagt, daß sie nichts entscheiden dürfen). Wojtyla zitierte dann zustimmend eine Bemerkung von Kardinal Franjo Šeper, der davor gewarnt hatte, «das Wort Gottes zum Instrument zur Durchsetzung der eigenen Meinung zu machen». Es ist nicht unvernünftig anzunehmen, daß diese Gedanken, wenn Kardinal Wojtyla sie 1971 hatte, sich verstärkt haben dürften, bis er 1978 zum Papst gewählt wurde. Die meisten Menschen werden mehr sie selbst, wenn sie älter werden.

Inzwischen hatte der Mann, der Šeper als Präfekt der Glaubenskongregation am 29. November 1981 nachfolgen sollte, Joseph Ratzinger, ebenfalls Zweifel, in welche Richtung die Theologie nach dem Konzil gehen würde. Er wurde durch die revolutionäre und antiautoritäre Stimmung von 1968 sehr beunruhigt. Seine Theologiestudenten begannen, Herbert Marcuse, Theodor Adorno, Hans-Georg Gadamer und andere Neomarxisten zu lesen. Unter ihnen war der junge brasilianische Franziskaner Leonardo

Boff. Ihre Wege würden sich noch kreuzen. Ratzinger erklärte später die fatale Anziehungskraft des Marxismus im Sinne einer Schuldübertragung: Die Jugend Europas und Amerikas, wegen ihres Wohlstands in einer Welt der Armut und Unterdrückung in Verlegenheit, ergriff romantisch Partei für «die Elenden der Erde» (Siehe seinen Vortrag über die Theologie der Befreiung in *Il Sabato*).

Ratzinger glaubte, diese Bewegung sei gut gemeint gewesen, aber von Grund auf fehlgeleitet. Er rückte in der Theologie und in der Politik nach rechts. Konkurrierende Professoren beschuldigten ihn, sich um seiner Karriere willen anzupassen. «Wenn man heute in Deutschland Kardinal werden will», bemerkte Hans Küng beißend, «muß man früh anfangen zu üben.» Es überrascht nicht, daß die Bemerkung schmerzte. Man erinnerte sich daran, als Ratzinger 1977 Erzbischof von München und Freising wurde.

So begann schon in den 1970ern die Polarisierung der katholischen Theologie. Da waren jene wie die Kardinäle Karol Wojtyla und Joseph Höffner aus Köln, die glaubten, daß Gehorsam gegenüber dem Magisterium, der Lehrautorität der Kirche, an erster Stelle stünde. Nur wenige Theologen sahen die Dinge ganz so stark vereinfachend. Denn das Magisterium an sich ist auf Theologen angewiesen, die ihm Argumente und Beweise zutragen. Es existiert nicht isoliert von ihrer Arbeit. Natürlich entzogen sich manche Theologen dem Problem, indem sie an demütigen gelehrten Aufgaben weiterarbeiteten und zum Beispiel die Überlieferung von Handschriften des heiligen Cyprianus erforschten (was Pater Maurice Bévenot SJ machte). Aber es gab andere, die spürten, daß die «Einsichten von Vatikanum II» noch nicht voll ausgeschöpft waren. Das konnte fast alles heißen. Ich möchte vier Theologen erwähnen, deren Arbeit später den Zorn der Glaubenskongregation auf sich zog.

1971 schrieb Hans Küng einen schmalen Band unter dem Titel *Wozu Priester?*, der die nicht historisch Denkenden fast genauso verschreckte wie damals *Unfehlbar?* Denn Küng erklärte, daß die Idee der Priesterweihe zwar eine «legitime Entwicklung» sei, man aber dennoch nicht sagen könne, sie sei von «Christus eingesetzt», da sie «bei Paulus bekanntlich nirgendwo erwähnt und vorausgesetzt wird». Schlimmer noch leugnete Küng, daß die Priesterweihe irgendein «göttliches Recht auf kirchlichen Leitungsdienst» in sich trage. Die Macht, die Konsekrationsworte auszusprechen –, was als einziges übrigblieb, um den Priester zu definieren – »aus der dann faktisch doch wieder eine Art globaler Überlegenheit über alle übrigen Gläubigen abgeleitet werden kann, wird heute kaum noch einen begabten jungen Menschen locken, in den kirchlichen Dienst einzutreten». Was immer historisch richtig sein mochte – es war klar, daß Küngs Lehre vom geistlichen Amt für die Institution selbstmörderisch war. Wer würde auf dieser entmutigenden Grundlage geweihter Priester werden wollen?

Der flämische Dominikaner Edward Schillebeeckx schaltete sich in diese Diskussion ein und sagte, daß das Amt von unten käme, nicht von oben. In gewissem Sinn war das eine Binsenwahrheit. Jeder Geistliche mußte notwendigerweise aus einer christlichen Gemeinde herauskommen, und dann, auf einer zweiten Stufe, anerkennt, billigt und segnet die Kirche diese Berufung. Aber feindseligen Kritikern schien es, als versuchte Schillebeeckx, die Praxis von «Basisgemeinden» oder «kritischen Gruppen» zu rechtfertigen, die ihre eigenen Zelebranten der Eucharistiefeiern ernannten oder sich suspendierter verheirateter Priester bedienten. Schillebeeckx war in Wirklichkeit sehr vorsichtig und machte sich nicht verwundbar, indem er so ungeschminkt argumentiert hätte. Aber in einer polemischen Atmosphäre gingen Nuancen und Beteuerungen der guten Absicht über Bord.

Der *annus mirabilis* 1971 sah auch die Veröffentlichung von Gustavo Gutierrez' *Theologie der Befreiung* aus dem gleichen Jahr. Vieles darin war schwerfällig und ziemlich langweilig. Es las sich wie eine Anthologie von Hirtenbriefen aus der Feder von Bischöfen in verschiedenen Teilen Lateinamerikas. Aber sie hatten miteinander gemein, daß sie das Urteil der Lateinamerikanischen Bischofskonferenz (C.E.L.AM.) von Medellín im September 1968 akzeptierten. Dort sagten die Bischöfe, die beste Art, die christliche Lehre der Erlösung zu übersetzen, sei «*liberación*». «Gott hat seinen Sohn gesandt», erklärten sie, «damit er leibhaftig alle Menschen befreien kann von der Sklaverei, die sie knechtet, von Sünde, Unwissenheit, Hunger, Elend und Unterdrückung – in einem Wort, von der Ungerechtigkeit und dem Haß, die aus menschlichem Egoismus stammen» (*La Iglesia en la actual transformación de América Latina a la luz del Concilio,* C.E.L.AM., 1969). Gutierrez, ein peruanischer Indio, entwickelte einfach diesen Gedanken weiter. Sein größter Erfolg steckte in seinem Titel. Er wird «Vater der Theologie der Befreiung» genannt, nicht weil er sie erfand, sondern weil er der Sache einen Namen gab.

Inzwischen studierte in diesem selben Jahr 1971 der brasilianische Franziskaner Leonardo Boff in Deutschland. In seiner Dissertation, zuerst 1972 deutsch veröffentlicht, diskutiert er eine Frage, welche die deutschen Theologen seit Adolf Harnack zu Beginn des Jahrhunderts beunruhigt hat. Was ist die wahre Natur des Katholizismus? Ist es eine «Verfälschung des Evangeliums», wie humanistisch gebildete Protestanten glaubten, oder eine rechtmäßige Entwicklung? Boff antwortete, daß «Katholizismus» nicht irgendeine Abweichung von einem primitiven Ideal sei, sondern im Gegenteil die einzige Möglichkeit, das Evangelium in der Gesellschaft darzustellen. Katholizismus sei die «Inkarnation» des Evangeliums *(Kirche: Cha-*

risma und Macht). Darüber konnte sich niemand beklagen. Aber dann erkennt Boff einen Teil des protestantischen Standpunktes an, wenn er andeutet, daß es die katholische Versuchung (oder «der pathologische Befund», wie er es nennt) sei, vor den Werten der gegenwärtigen Gesellschaft zu kapitulieren und somit autoritär zu sein in einem autoritären Zeitalter.

1972 schrieb Boff die folgenden Worte, die den Strick drehten, an dem er 1985 aufgehängt werden sollte. Über welche historische Epoche er schreibt, bleibt unklar, aber es klingt vage nach der Gegenreformation, und er scheint das Heilige Offizium im Visier zu haben:

> Alle Entscheidungen wurden durch die Verabsolutierung der Doktrin, kulturelle Formen und die Verteilung der Macht innerhalb der Gemeinschaft in einer kleinen hierarchischen Elite zentralisiert. Die Verabsolutierung einer Form der kirchlichen Präsenz in der Gesellschaft führte zur Unterdrückung der Gläubigen. Institutionelle Arthritis führte zu einem Mangel an Vorstellungskraft und Abwesenheit von kritischem Geist und Kreativität. Alles Neue stand sofort unter Verdacht ... Das Streben nach Sicherheit war stärker als das nach Wahrheit und Echtheit. Spannungen wurden und werden häufig durch Mittel einer Repression erstickt, die oft die menschlichen Grundrechte verletzt, die sogar von atheistischen Gesellschaften verkündet werden *(Kirche: Charisma und Macht).*

Aber im Pontifikat Pauls VI. wurde weder gegen Küng noch gegen Schillebeeckx ein endgültiger Schritt unternommen. Nichts wurde auch nur versucht gegen Gutierrez oder Boff, die das Privileg genossen, aus der «Dritten Welt» zu sein. War dies ein weiteres Beispiel der Schwäche und Hilflosigkeit Pauls? Es gab einige, die so dachten, darunter Wojtyla und Ratzinger.

Die Begründung für diese Aussage ist einfach die, daß gegen diese vier Theologen vorgegangen wurde, als Karol Wojtyla 1978 Papst und Joseph Ratzinger im Januar 1982 sein Präfekt der Glaubenskongregation wurde. Die Meinungsverschiedenheiten der 1970er Jahre wurden die *«colloquia»* (Gespräche) der 1980er. Es wurde auch bemerkt, daß die vier beschuldigten Theologen (nicht zu reden von den anderen, die in der betreffenden Zeit im Halbschatten lagen) alle mit der mehrsprachigen Zeitschrift *Concilium* verbunden waren. 1965 gegründet, um den Geist des Konzils zu erhalten, hat sie irgendwie überlebt. Ein Vorschlag für eine polnische Ausgabe wurde mit der Begründung abgelehnt, daß «alle polnischen Theologen Fremdsprachen lesen können» und sie folglich nicht brauchten. Aber das war weniger unschuldig, als es klingt. Eine rivalisierende Zeitschrift, *Communio*, 1972 gegründet, wurde von all jenen unterstützt, die vom Konzil enttäuscht gewesen waren. Unter ihnen waren Karol Wojtyla, Joseph Ratzinger, der Schweizer Theologe Hans Urs von Balthasar und Henri de Lubac (den Johannes Paul II. zum Kardinal machen würde). So kann man die Geschichte der Glaubenskongregation in diesem Pontifikat vielleicht einfach als zeitweiligen Sieg von *Communio* über *Concilium* deuten.

Das einzige englische Mitglied in der Redaktion von *Concilium* ist Nicholas Lash, Professor der Theologie am Norris-Hulse in Cambridge. Er berichtet von dieser Erfahrung.

> Wir sind ein gemischter Haufen, keiner von uns ohne Narben durch die Furchtsamkeit und Selbstgefälligkeit, die Zeichen der Erbsünde sind (allerdings trifft das gleiche vermutlich auf manche Beamte in Kardinal Ratzingers Kongregation zu). Wir haben alle zu unserer Zeit dumme Sachen gesagt – manche dümmer als andere! Dennoch bin ich ständig beeindruckt, nicht einfach von der Belesenheit und Intelligenz meiner Kollegen, sondern von ihrer leidenschaftlichen und treuen Anhänglichkeit an die katholische Kirche. Und gerade in einem Zusammenhang von «postklassischem» kulturellem und theologischem Pluralismus hat so ein ausgedehntes Netz von Mitarbeitern und Redaktionsberatern, die einer in sieben Sprachen erscheinenden und von einem aus elf Nationalitäten zusammengesetzten Gremium geleiteten Zeitschrift dienen, wie ich glaube, der Kirche einen unverzichtbaren Dienst zu leisten – sogar wenn es ein Dienst ist, der ständiger brüderlicher Korrektur bedarf (Korrektur, die häufig in der schicklichen Weise von der Zeitschrift *Communio* vorgenommen wird, mit der Kardinal Ratzinger natürlich eng verbunden ist) (*New Blackfriars*, Juni 1985).

Ratzinger war 1964 ein Gründungsmitglied von *Concilium* gewesen. Nicht in Verlegenheit wegen dieser frühen Verbindung sagt er jetzt:

> Ich habe mich nicht geändert; es sind die andern, die sich geändert haben ... Gleich bei unseren ersten Zusammenkünften 1964 machte ich meinen Kollegen zwei Punkte klar. *Erstens*, daß unsere Gruppe nie in irgendein Sektierertum und in Arroganz verfallen sollte, als ob wir allein die richtige Theologie verträten und als eine Art progressives Magisterium entscheiden könnten, was in kommenden Zeiten eine progressive Theologie lehren sollte. *Zweitens*, daß wir den Buchstaben und Geist des Vatikanum II – damals noch in Gang befindlich

> – ohne irgendwelche typischen Fluchten nach vorn hinnehmen müssen.

Die eigentliche Bedeutung ist, daß die gefährlichen Trends, vor denen Ratzinger 1964 weitsichtig warnte, gut zwanzig Jahre später alle Wirklichkeit geworden sind.

Ratzinger ist in eine unangenehme und wenig beneidenswerte Situation gestellt worden. Statt eines Theologen unter anderen ist er der Richter seinesgleichen geworden. Wo er einst Argumente vorbringen mußte, um seine persönlichen theologischen Positionen abzustützen, kann er jetzt das volle Gewicht seiner Autorität gegen seine früheren Kollegen und Studenten einsetzen. In der 1970ern konnte er Leonardo Boff, sollte es nötig sein, in einem gelehrten Artikel oder einer bissigen Buchbesprechung «widerlegen». Jetzt befaßt er sich mit Boff einfach, indem er ihn «zum Schweigen bringt». Selbst dann kann er in Boffs Schriften keine «Irrtümer» und erst recht keine «Ketzereien» entdecken. Der Brief, der die traurige Nachricht mitteilt, schließt: «Die Kongregation fühlt sich ... verpflichtet zu erklären, daß L. Boffs hier analysierte Optionen so beschaffen sind, daß sie die gültige Glaubenslehre gefährden, die zu fördern und zu schützen die Aufgabe ebendieser Kongregation ist» (*Osservatore Romano,* engl., 9. April 1985). Dies ist das erste Beispiel, daß jemand wegen seiner «Optionen» (*opzioni* ist das italienische Wort) zum Schweigen gebracht wird. Boff behauptet, daß seine «Option» den Ärmsten gilt. Man könnte versucht sein zu glauben, daß das Redeverbot für Boff eine größere Gefahr für den Glauben ist, als alles, was Boff gesagt haben könnte.

Ratzinger scheint seinen legendären Charme dieser Tage für ökumenische Besucher zu reservieren. Martin Conway, der im Frühjahr 1983 mit der Delegation des Britischen Kirchenrates in den Vatikan ging, eine Reaktion auf Papst Johannes Pauls in Canterbury ausgesprochene Einladung «zu kommen und zu sehen», sagte von ihm:

> Dies ist ein Mann, der nicht nur außerordentlich intelligent ist, sondern der es auch genießt, mit anderen intelligenten Menschen zusammenzusein, und der wegen der seltenen Gelegenheit aufgeregt war, mit Gleichrangigen zu diskutieren, die einen anderen Standpunkt hatten. Er verspürte deutlich echten Eifer, hatte Lust, sich auf dieses Gespräch vorzubereiten, weil es so selten war.

Natürlich war es etwas Seltenes, denn wenn Ratzinger ein «Gespräch» oder *colloquium* mit einem katholischen Theologen hat, dann treffen sie sich nicht als Gleichgestellte. Ratzinger handelt als Richter und als Jury. Sein

Ziel ist, den Theologen zu ertappen. Es liegt Angst in der Luft. Schillebeeckx erzählte mir, der schlimmste Teil seines *colloquiums* im Dezember 1980 (das war in der Prä-Ratzinger-Ära) war, daß er liebenswürdigen Small talk während der Kaffeepause machen mußte. Boff sagte, Ratzinger habe ihn mit einem Lächeln willkommen geheißen.

Es lohnt sich, ein weiteres anglikanisches Urteil anzuführen, einfach um zu zeigen, daß die Grenzen einer theologischen Diskussion ein wirkliches Problem darstellen. Theologen können fehlgehen und in einen Irrtum verfallen. Die Frage ist, ob dieser Punkt tatsächlich erreicht worden ist und die Grenzen eines unerlaubten Pluralismus überschritten worden sind. Kein römisch-katholischer Theologe ist zum Glück soweit gegangen wie Don Cupitt, Dekan des Emmanuel College in Cambridge, der nicht nur das göttliche Wesen Christi geleugnet hat, sondern auch die persönliche Natur Gottes. Howard Root, der Leiter des Anglikanischen Zentrums in Rom und deshalb der inoffizielle Botschafter der Anglikaner beim Vatikan, gibt wohl zu, daß die Anglikaner alles fürchten, was der Inquisition ähnelt, denkt aber dennoch, daß man von der Strenge der Glaubenskongregation etwas lernen kann:

> Ich frage mich, ob Anglikaner es nicht von Zeit zu Zeit gern hätten, wenn man die Werke mancher Theologen wenigstens ansehen ließe, von einem Gremium – zusammengestellt aus den vielen Richtungen des eigenen Bekenntnisses –, das nach ernsthafter Prüfung und Diskussion mindestens z. B. folgendes sagen könnte: «Es tut uns schrecklich leid, aber uns scheint, daß Professor X oder Kanonikus Z recht weit vom anglikanischen Verständnis und Ausdruck des christlichen Glaubens abgewichen ist. Wir fühlen uns verpflichtet, den Menschen mitzuteilen, daß dies unser wohlerwogenes Urteil ist. Wir schlagen keine Strafaktion vor und machen keine Machtgelüste geltend, irgendeine Buße zu verhängen; aber wir wären dankbar, wenn Anglikaner überall diese Arbeiten ansehen und uns dann sagen würden, ob sie unser Urteil für richtig halten.» (*News-letter of the Friends of the Anglican Centre in Rome,* Herbst 1984).

Aber man braucht diesen köstlich zurückhaltenden Text mit seinem Sinn für Pluralismus und Achtung vor der Arbeit einzelner Gelehrter nur hinzuschreiben, um den Gegensatz zu dem robusteren Stil Roms zu erfassen. Ratzinger ist bestens vorbereitet, es mit allen, die da kommen, aufzunehmen, eine Wüste zu schaffen und sie Frieden zu nennen.

Überdies ist Ratzinger nicht der taktvollste Mensch. Nachdem er in der brasilianischen Kirche Zwietracht gestiftet hatte, erklärte er dann kühl, daß er den Maulkorb für Boff eigentlich nicht «Bestrafung» nennen möchte. Es war vielmehr wie «ein Sabbatjahr» oder «eine Zeit der Besinnung». Das war Boff vorher angedeutet worden. Ein Weilchen *Romanità* würde ihm helfen, mit seinen Problemen zurechtzukommen. Boff antwortete, er würde sich bei den Indianern am Amazonas Christus näher fühlen als in Rom. Und er reiste ab. Die brasilianischen Bischöfe wissen sehr wohl, daß die Kardinäle Alfonso Lopez Trujillo, Erzbischof von Medellín in Kolumbien, und Joseph Höffner aus Köln Mitglieder im Gremium der Glaubenskongregation sind und daß sie entschlossen sind, die Theologie der Befreiung zu «zerschlagen». Ratzinger ist um so bereiter, sich an dieser Unternehmung zu beteiligen, als er glaubt, daß sein ehemaliger Student Boff «kein ernsthafter Theologe mehr ist, sondern in Wirklichkeit ein theologischer Schauspieler» (berichtet von dem brasilianischen Bischof Bonaventura Kloppenburg in *Verja,* Sao Paulo, 9. Januar 1985). Die Welt ist klein. Boff war einmal Sekretär von Kloppenburg, einem Mitfranziskaner. Kloppenburg ist ein führendes Mitglied der Internationalen Theologischen Kommission. Er war es, der die erste ernsthafte Attacke gegen Boffs Buch *Kirche: Charisma und Macht* ritt: in der Zeitschrift – Sie haben es erraten – *Communio.* Gefühle der Enttäuschung und *odium theologicum* spielen ihre Rolle. Alle diese persönlichen Faktoren zählen mit.

Natürlich sind sie normalerweise nicht zu entdecken. Die allgemein bekannte Geschichte ist, daß die Glaubenskongregation, aufgeschreckt durch verschiedene gefährliche Tendenzen, mutig einschreitet, um die Kirche vor Unheil zu bewahren. Aber ausnahmslos erkennen die betroffenen Theologen sich nicht wieder in den Porträts, die Ratzinger von ihnen zeichnet. Dies traf besonders bei der Instruktion «Über einige Aspekte der Theologie der Befreiung» zu. Ihre Hauptsorge war, daß die Theologen der Befreiung Marxisten geworden sind. Sie verneinen dies.

Gustavo Gutierrez war dies alles schon durchgegangen in seiner langatmigen Erwiderung auf Ratzingers Kritik zu *Theologie der Befreiung* vom Mai 1983 (Text in *Paginas,* Lima, September 1984). Der erste «Dialog» der Theologie der Befreiung fand mit den «Humanwissenschaften» statt, notwendigerweise, da es unmöglich war, den gegenwärtigen Hintergrund in Lateinamerika ohne gewisse Rückgriffe auf die Soziologie zu beschreiben. Natürlich, räumt er ein, stellen «die Humanwissenschaften» kein gültiges «System» dar, säuberlich verpackt und sofort gebrauchsfertig. Sie «wissenschaftlich» zu nennen, bedeutet nicht, daß ihre Schlüsse unangreifbar sind; im Gegenteil, sie müssen ständig überprüft und an der Erfahrung gemessen werden. Ratzinger fegt diesen wichtigen Punkt vom Tisch und sagt mit kräftiger Ironie:

> Der Begriff «wissenschaftlich» übt freilich eine fast mythische Faszination aus, und doch ist nicht alles auch wirklich wissenschaftlich, was dieses Etikett trägt. Deshalb muß der Verwendung einer Methode des Zugangs zur Wirklichkeit eine kritische Prüfung erkenntnistheoretischer Art vorausgehen. Diese vorgängige kritische Prüfung fehlt bei manchen «Befreiungstheologien» («Über einige Aspekte der Theologie der Befreiung»).

Gutierrez antwortet, daß die Theologie der Befreiung «kritisch» geblieben ist, kritisch gegenüber den begrifflichen Werkzeugen, die sie verwendet, kritisch gegenüber den Elementen des Marxismus, die man gelegentlich in den Gesellschaftswissenschaften findet, und kritisch gegenüber den aktuellen «Befreiungsbewegungen» in ihren Ländern. Gutierrez hat sich zum Beispiel gegen den maoistischen *Sendero Luminoso* in Peru gestellt. So kann er seine Hand aufs Herz legen und diese feierliche Erklärung abgeben:

> In keinem Fall hat jemand vorgeschlagen, daß die atheistische Ideologie des Marxismus akzeptiert werden sollte: Wenn das geschähe, befänden wir uns außerhalb des Reichs des christlichen Glaubens überhaupt und sprächen nicht mehr über Theologie. Noch hat es irgendeine Übereinstimmung mit der totalitären Interpretation der Geschichte als Negation der menschlichen Freiheit gegeben. Diese zwei Aspekte – die atheistische Ideologie und die totalitäre Vision – sind klar aus unserem Glauben und aus einer gründlichen gesellschaftlichen Analyse ausgeschlossen (Vollständiger Text in *Il Regno,* Bologna, 1. November 1984).

Aber das reicht Ratzinger nicht, der Gutierrez weiterhin mit Hilfe der peruanischen Bischöfe (die in dieser Frage gespalten waren und immer noch sind) hetzte. Aber die zentrale Frage ist, ob einer Elemente des Marxismus benutzen kann, ohne Marxist zu werden. Pater Pedro Arrupe, Generaloberer der Jesuiten, hatte dies in seinem Brief «Über marxistische Analyse» vom 8. Dezember 1980 behauptet. Das mag sein Schicksal besiegelt haben, denn in der Instruktion «Über einige Aspekte der Theologie der Befreiung» schreibt Ratzinger:

> Die ideologischen Apriori werden bei der Lektüre der sozialen Wirklichkeit vorausgesetzt. So wird es unmöglich, die heterogenen Elemente auseinanderzuhalten, die dieses erkenntnistheoretisch hybride Gemisch bilden. Man glaubt, nur das aufzugreifen, und wird dabei verleitet, gleichzeitig die Ideologie anzunehmen.

Marxismus ist in anderen Worten ein vollständiges System. Wer A sagt, muß auch B sagen. Kaufe ein Element, und alle anderen purzeln in deinen Einkaufskorb. Dies ist eine mögliche Sicht des Marxismus. Ich habe sie selbst in *Christian Marxist Dialogue and Beyond* (1977) vertreten. Man kann gewiß sagen, daß diese Gefahr besteht und manche in die Falle gehen.

Aber es ist keine *unumstößliche* Wahrheit und bestimmt keine theologische Wahrheit, die im Glaubensbestand enthalten ist. Es ist deshalb schwierig einzusehen, wie eine theologische Verurteilung mit so verheerenden menschlichen und politischen Folgen auf ein so zufälliges, fadenscheiniges und unbeweisbares Urteil gegründet werden kann.

Doch es ist freilich sehr charakteristisch für den Inquisitor, deine eigenen Gedanken besser zu kennen, als du sie selbst kennst. «Du glaubst vielleicht, du bist kein Marxist», sagt der Inquisitor, «aber ich weiß zufällig, daß du einer bist, weil die innere Logik deines Standpunktes dich dorthin bringt, trotz deiner Beteuerungen der Treue und des Glaubens. Ich mache mir nur Sorgen um dein Wohl. *Anathema sit.* Den Bannfluch darüber!»

Außer der Verwendung von zweifelhaften und nicht schlüssigen Argumenten verdreht Ratzinger die Aussagen der Theologen, die er anprangern will. Es ist zum Beispiel interessant, daß Boff nicht als «Theologe der Befreiung» oder Neomarxist angegriffen wurde, sondern wegen seiner Ansichten über die Kirche (formuliert, wie wir gesehen haben, in Deutschland in den 1970er Jahren). Ratzinger unterstellt, daß Boff eine «relativierende Vorstellung von der Kirche» hat. Anders ausgedrückt, er weiß nicht, wo «die eine wahre Kirche Christi» wirklich zu finden ist. Viel Wesens wird um *Lumen Gentium* gemacht, die Konstitution des Konzils über die Kirche, wo in dem Satz «Diese Kirche (d. h. die eine Kirche Christi) besteht in der Römisch-katholischen Kirche» *subsistit in* an die Stelle eines *est* trat. Damit sollte nicht mehr unterschlagen werden, daß andere «kirchliche Elemente» *(elementa ecclesiae)* in anderen Kirchen gefunden werden könnten. Diese Änderung machte den Ökumenismus möglich. Ratzinger mißversteht Boff völlig in diesem Punkt. In seinem Bericht über ihr *colloquium* erklärt Boff die Veränderung in der Weise, wie es gediegene Theologen wie Bischof Christopher Butler und Avery Dulles getan haben:

> Die Einheit zwischen der Kirche Christi und der katholischen Kirche ist nicht statisch, sondern dynamisch. Die Kirche Christi ist in der katholischen Kirche in einer Weise verwirklicht, die dem dynamischen und sakramentalen Wesen der Kirche entspricht. Ich sagte nie, daß «die katholische Kirche nirgendwo existiert» («Cronica Eclesiastica», in *Revista Eclesiastica Brasiliera,* Dezember 1984 – eine der letzten Nummern, die Boff herausgab, bevor er entlassen wurde).

Es wäre interessant, Ratzinger zu fragen, wie viele Menschen tatsächlich Protestanten geworden sind, weil sie Boff gelesen haben.

Ratzinger unterscheidet sich von seinen Vorgängern insofern, als er bereit ist, Interviews zu geben und Artikel zu schreiben, in denen er im eigenen Namen spricht. Sein berühmtestes Interview stand in der italienischen Zeitschrift *Jesus* (November 1984), und es wurde zu einem Buch verarbeitet, *Rapporto sulla Fede* (deutsch: *Zur Lage des Glaubens*). Ziemlich entwaffnend behauptet Ratzinger, daß die Ansichten, die er ausdrückt, «rein persönlich» und «für die Institutionen des Heiligen Stuhles nicht bindend» sind. Man kann seine Abneigung verstehen, jedesmal wenn er den Mund auftut, den «Heiligen Stuhl zu binden». Aber er kann kaum erwarten, daß die Leute glauben, es gäbe keine innere Verbindung zwischen den Dingen, die er sagt, wenn er den Hut des Präfekten der Glaubenskongregation trägt, und denen, die er ohne ihn sagt.

Schließlich waren diese inoffiziellen Äußerungen ungeheuer wertvoll, weil sie die allgemeine «Weltanschauung» offenlegten, die hinter den individuellen, offiziellen Verkündungen und Verboten liegen. Sie zeigen einen Ratzinger, der den Weg, den die Kirche in den zwanzig Jahren seit dem Ende des Konzils 1965 gegangen ist, zutiefst pessimistisch beurteilt. Er sieht die Kirche «zusammenbrechen». Er glaubt, daß Karl Rahner mit «seinem Schlagwort vom ‹anonymen Christen›» (von Rahner auf diejenigen angewendet, die in der Gnade Christi leben, ohne sich dessen bewußt zu sein) ungeheuren Schaden angerichtet habe. Die verschwommene Idee «der Geist des Konzils» ist «ein Antigeist, ein Inkubus» geworden. Die Theologen haben «Gott feminisiert». Seit Sigmund Freud wird Vaterschaft mit Mißtrauen betrachtet – so geht Gott der Vater dahin («der Tod Gottes»). Amerikanische Moraltheologen insbesondere werden herausgegriffen, weil sie in «Konsequentismus» verfallen sind (das heißt die Taten nach ihren Wirkungen beurteilen). Übertriebener Optimismus – hinsichtlich der Welt, hinsichtlich der Möglichkeit, daß die Menschen gut sind, hinsichtlich der Trends und Bewegungen der Zeit – hat alle diese Probleme verursacht. So ist Ratzingers «Pessimismus» nicht einfach eine Temperamentssache: In seinem eigenen Denken ist es eine klare und bewußte *Reaktion* auf eine sehr ernste Situation.

Nun neigen Auseinandersetzungen zwischen Optimisten und Pessimisten dazu, frustrierend und zwecklos zu sein. Sie betrachten dieselbe Wirklichkeit, aber von entgegengesetzten Seiten. Die Flasche ist halb voll oder halb leer. Aber Nicholas Lashs Argument ist sicher wahr: «Was in diesen letzten zwanzig Jahren schon erreicht worden ist, hat präkonziliare Erwartungen in mancher Hinsicht eher schon übertroffen als ihnen grausam widersprochen» («Katholische Theologie und die Krise klassischer Bildung», in *New*

Blackfriars, Juni 1985). Und falls es einen «skandalösen Optimismus» gibt, über den Ratzinger sich beklagt, dann gibt es auch einen «skandalösen Pessimismus», für den er Beispiel ist. Lash behauptet, was zusammenbricht, sei nicht der Katholizismus, sondern nur eine bestimmte Version davon, «die merkwürdige Zitadelle, die wir einst errichteten».

Lash beruft sich auf die Unterscheidung des verstorbenen Bernard Lonergan zwischen der «klassischen» und der «modernen» Weltsicht. Ratzinger hat die «klassische» Sicht, die «voraussetzt, daß die Einheit von Glauben, Hoffnung und Liebe nur gesichert werden kann, wenn man eine abweichende Meinung zum Schweigen bringt und echte Meinungsverschiedenheit ausschließt». Die moderne Kultur verlangt, daß die Wahrheit im Gehorsam zum Herrn gesucht werde, während sie zugleich anerkennt, daß der kulturelle Pluralismus für immer bleiben wird. Ratzingers zugrundeliegende Illusion ist, daß er annimmt, es gäbe einen einzelnen günstigen Punkt (zum Beispiel den Vatikan), der irgendwie frei von jeglicher kulturellen Beeinflussung sei. «Eine Kirche ohne Spannung», sagt Lash, «wäre eine abgestorbene Kirche, ein Mausoleum, aus dem der Heilige Geist entwichen ist.» Das bedeutet nicht, daß jede Spannung kreativ ist oder jeder Konflikt mit der Nächstenliebe vereinbar. Es bedeutet aber, daß man nicht von einer Kirche träumen sollte, die es auf der ganzen Welt nie gegeben hat. Konflikt und Spannung gehören zum Alltag der Kirche. Man sollte hart, aber fair argumentieren. Es ist letzten Endes der Mangel an Fairneß, der das auffallendste Merkmal der Glaubenskongregation heute ist.

Allerdings ist das nicht das Urteil Papst Johannes Pauls, dem Ratzinger verantwortlich ist. In seiner vorweihnachtlichen Ansprache an das Kardinalskollegium 1984 spielte Papst Johannes Paul auf die Kontroversen an, die um Boff und Gutierrez Wellen geschlagen hatten, und machte sich die Mühe, die Arbeit der Glaubenskongregation zu verteidigen:

> Wer auch immer die Sache mit leidenschaftsloser Objektivität betrachtet, kann nicht umhin, bei gewissen Ereignissen der jüngsten Zeit anzuerkennen, daß dieses Dikasterium (d. h. die Glaubenskongregation) immer vom striktesten Respekt vor den Personen, mit denen es zu tun hatte, inspiriert gewesen ist. Deshalb hat man das Recht, eine gleichermaßen respektvolle Haltung seitens derjenigen zu erwarten, mit denen es zu tun hat, wenn sie aufgefordert sind, privat oder öffentlich über die Arbeit der Glaubenskongregation zu sprechen. Die gleiche Haltung des Respekts sollte in jedem Angehörigen des Volkes Gottes zu finden sein, da die Glaubenskongregation keinen anderen Zweck hat, als das höchste Gut, das ein Christ hat – die

> Echtheit und Unversehrtheit seines Glaubens –, vor jeglicher Gefahr zu bewahren.

Das sollte Ratzinger bei seiner schwierigen Wachhund-Aufgabe trösten. Der Haken ist, daß «leidenschaftslose» Objektivität in solchen Dingen knapp ist.

8

Ernennung und Ämterbesetzung

Die Kongregation für die Glaubenslehre sorgt sich, wie wir gerade gesehen haben, um die Rechtgläubigkeit und Stabilität. Ihr Vorgänger, das Heilige Offizium, schmückte sich mit dem Etikett «*Höchste* Kongregation . . .», und obwohl das Adjektiv jetzt fallengelassen worden ist, erhebt die Glaubenskongregation immer noch den Anspruch auf universelle Zuständigkeit, da alles und jedes in gewissem Sinn «dogmatisch» ist. Aus diesem Grund bleibt sie das mächtigste Dikasterium oder Ressort im Vatikan. Das zweitmächtigste ist das, was heute als die Kongregation für die Bischöfe bekannt ist. Denn sie ernennt Bischöfe in der ganzen Welt (mit Ausnahme der Missionsgebiete, für die die Kongregation für die Evangelisierung der Völker zuständig ist, und des Ostens, der der Kongregation für die Orientalischen Kirchen untersteht). Aber das läßt immer noch eine riesige Menge von Bischofsberufungen in der Obhut der Kongregation für die Bischöfe.

An dieser Stelle würde der Sprecher der Bischofskongregation einhaken und sagen, daß sie keine Bischöfe «ernennt». Nur der Heilige Vater kann das tun. Die Bischofskongregation dagegen «*bereitet vor,* was immer mit der Ernennung von Bischöfen, Apostolischen Administratoren usw. zu tun hat» (*Annuario Pontificio,* 1984). Man begreift die Nuance: die Bischofskongregation denkt, der Papst lenkt. Sie befaßt sich auch mit der Einteilung der Diözesen und dem, was man die «Errichtung» neuer nennt. Und es ist das Gremium, dem die Bischöfe Bericht erstatten, wenn sie zu ihren fünfjährlichen *ad limina*-Besuchen nach Rom reisen. Kardinal Sebastiano Baggio, langjähriger Präfekt der Bischofskongregation, hielt das für eine ihrer wichtigsten Aufgaben und übersetzte sie ins Lateinische. Die Bischöfe gehen nach Rom, «um Petrus zu sehen» (*videre Petrum,* eine Anspielung auf den Galaterbrief, wo Paulus Petrus aufsucht), und sie reisen «zum Herzen der Kirche» *(ad cor ecclesiae)* (*«A servizio della collegialità nello stile del dialogo», Osservatore Romano,* 20. Oktober 1982). Dies ist sehr erbaulich und ohne Zweifel wahr.

Aber es vertuscht eine Reihe wichtiger Tatsachen. Die erste ist, daß sie von ihrer Gründung durch Sixtus V. 1588 bis zum 15. August 1967 als Konsistorialkongregation bekannt war und als Innenministerium der Kirche fungierte. Mit ihrem Präfekten Kardinal Gaetano De Lai führte hauptsächlich sie die Antimodernistenkampagne in den Anfangsjahren unseres Jahrhunderts durch. Innerhalb Italiens verordnete sie den Diözesen «apostolische Visitationen» (sie wurden vom Kardinal-Erzbischof von Mailand, Carlo Andrea Ferrari, «apostolische Vexationen» genannt), die den Rauswurf von Seminarprofessoren zur Folge hatten.

Auch ist nicht wahr, daß das, was wir jetzt Kongregation für die Bischöfe nennen, traditionell mit neuen bischöflichen Ernennungen befaßt war. Eine von den Legenden, auf die der Vatikan sich berufen kann, ist der Gedanke, daß das, was jetzt getan wird, «seit unvordenklichen Zeiten» getan worden ist. Daß die Ernennung von Bischöfen in der katholischen Kirche zentralisiert ist, wird von den meisten Katholiken als gegeben hingenommen. Abgesehen von ein paar exzentrischen Historikern, die sich die Mühe machten nachzuschlagen, wer hätte da jemals etwas anderes gedacht, als daß Bischöfe vom Vatikan herunterfallen? Die örtlichen Kirchen haben das, was sie bekommen, dankbar anzunehmen und *molto allegro* und mit herzlichem Nachdruck *«Ecce sacerdos magnus»* («Sieh da ein großer Hoherpriester») zu singen. Das war immer so.

Aber es war nicht immer so. Wir haben es mit einer sehr jungen Tradition zu tun. Zwei Bischofsernennungen des 4. Jahrhunderts zeigen die beiden Methoden, die sich auf die eine oder andere Weise über mehr als tausend Jahre behaupteten. Ambrosius (339–97) zum Beispiel wurde 370 römischer Zivilkommandant von Liguria und Aemilia mit Hauptsitz in Mailand. Dessen ketzerischer Bischof, der Arianer Auxentius, war gestorben, und Ambrosius setzte sich für Frieden und Versöhnung in seiner Provinz ein. Das war 374. Sehr zu Ambrosius' Schrecken rief eine Stimme (später sagte man, die eines Kindes – *ex ore infantium*) aus: «Ambrosius soll Bischof werden!» Der Ruf wurde von der ganzen Versammlung aufgenommen. Überraschend daran war, daß er nicht einmal getauft war, aber das wurde bald bereinigt. Innerhalb einer Woche war er sowohl getauft als auch geweihter Bischof, und später wurde er einer der einflußreichsten Bischöfe aller Zeiten. Er war in der Tat vom Volk gewählt worden.

Inzwischen lebte am anderen Ende des Mittelmeeres in Kleinasien

Johannes Chrysostomus als Eremit in einer feuchten Höhle. 386 zum Priester in Antiochia geweiht, wurde er Sekretär des Bischofs und hatte besonders die Verantwortung, den Armen zu helfen. Seine Beredsamkeit wurde berühmt. Chrysostomus bedeutet «der mit dem goldenen Mund», und er gebrauchte seine Beredsamkeit, um die Sünden der Reichen zu geißeln und nach dem Steueraufstand von 387 die Lage zu beruhigen. Das brachte Kaiser Arkadios 397 zu dem Schluß, daß Johannes genau der Rechte wäre, um Erzbischof von Konstantinopel zu werden – aber er war eine Wahl des Kaisers und nicht des Volkes. Johannes Chrysostomus' weiteres Schicksal war heroisch und tragisch. Er wurde verbannt und abgesetzt, gewann die Unterstützung des Papstes und erlag schließlich seinen vielen Beschwerden. Gut dreißig Jahre nach seinem Tod wurde er rehabilitiert und in der Apostelkirche in Konstantinopel erneut beigesetzt.

Wir dürfen also sagen, daß wenigstens im ersten Jahrtausend Bischöfe entweder vom Volk gewählt oder von einem weltlichen Herrn (Kaiser oder König oder schließlich auch Lehnsherrn) ernannt wurden. Wahlen durch das Volk führten, wo sie stattfanden, manchmal zu ungehörigen Tumulten, deshalb trat die Wahl durch das Domkapitel, den Klerikerverein der Diözese, im allgemeinen an ihre Stelle.

Die maßgeblichste kirchenrechtliche Äußerung zu der Frage, der 28. Kanon von Lateranum II, erklärt sehr bestimmt, daß Bischöfe von den Domkapiteln gewählt werden sollen. Es kommt niemandem in den Sinn, daß Bischofsernennungen etwas mit dem Papst zu tun haben. Die zwei Systeme – Wahl durch ein Domkapitel und königliche oder kaiserliche Amtseinsetzung – galten selbst noch 1829, als die päpstliche Macht, Bischöfe zu ernennen, sich auf nur vierundzwanzig Diözesen außerhalb des Kirchenstaates erstreckte; da der Papst Souverän des Kirchenstaates war, befand er sich hinsichtlich der Bischofsernennung dort in der gleichen Stellung wie Ludwig VXIII. oder Karl X. in Frankreich. Als weltlicher Herrscher nämlich, nicht als Bischof von Rom, ernannte er sie.

Aber die Situation änderte sich, und die Vereinigten Staaten spielten zufällig eine Schlüsselrolle in der Geschichte. Der erste Bischof der neuen Republik, John Carroll (ein *Ex*-Jesuit nur deshalb, weil die Gesellschaft Jesu unterdrückt worden war), wurde 1789 von den sechsundzwanzig in den Vereinigten Staaten tätigen Priestern gewählt. Sie glaubten, sie wären dem Geist von Lateranum II so treu wie möglich. Papst Pius VI. akzeptierte Carroll als Bischof von Baltimore. Sein Nachfolger, Pius VII., variierte seine Methoden. In fünf Fällen akzeptierte er die Kandidaten, die gemeinsam von den amerikanischen Bischöfen und dem Klerus benannt worden waren, vier weitere wurden *motu proprio* ohne Konsultation in den Vereinigten Staaten ernannt, und in einem Fall lehnte er den vorgeschlagenen Kandidaten ab und ersetzte ihn durch seinen eigenen.

An diesem Punkt schossen die amerikanischen Bischöfe über das Ziel hinaus und begingen einen taktischen Schnitzer. Sie schrieben 1810 nach Rom und baten darum, das Recht der Ernennung möge dem Erzbischof von Baltimore und seinen Suffraganen übertragen werden. Da der Papst damals in Gefangenschaft war, dachten sie vielleicht, sie könnten damit Glück haben. Bis dahin hatte das amerikanische System eine gewisse Ähnlichkeit mit Lateranum II gehabt. Was jetzt vorgeschlagen wurde, war etwas ganz anderes. Außerdem hatte der Heilige Stuhl die Gefahr richtig erkannt: «die Entwicklung eines exklusiven Klubs von einheimischen Bischöfen, ausgewählt durch Vetternwirtschaft» (Garrett Sweeney in: Adrian Hastings [Hg.], *Bishops and Writers*). Die amerikanische Kirche gab zu dieser Zeit französischen Kandidaten den Vorzug, Rom drängte ihr irische Bischöfe auf, das Ergebnis war ein Unglück.

Aber die Amerikaner hatten sich mit gebundenen Händen und Füßen selbst in die Macht des Heiligen Stuhles begeben. Sie konnten Bischöfe nicht durch Kapitelwahlen bestimmen, weil sie keine Domkapitel hatten. Sie konnten das *ius patronatus* (Recht der Ämterbesetzung) nicht dem Präsidenten übertragen, wie in Lateinamerika geschehen, weil die Verfassung die Trennung von Kirche und Staat verlangte. Das Muster, in das die Amerikaner hineinstolperten, wurde ein Modell für fast die ganze restliche Kirche: Die amerikanischen Bischöfe konnten dem Vatikan Empfehlungen geben, aber der Papst würde immer frei entscheiden – *«eos libere nominat Pontifex Romanus»* (der römische Pontifex ernennt frei die Bischöfe), wie der Kodex des Kirchenrechts von 1917 verkündete (Canon 320). Wenige bemerkten oder beklagten jedenfalls, wie tief traditionslos diese Feststellung war.

So ist das gegenwärtige System der Bischofsernennungen durch den Vatikan im Grunde eine Erfindung des 19. Jahrhunderts. Die Übernahme der Bischofsernennungen durch den Vatikan wurde mit der Begründung gerechtfertigt, daß es die einzige Möglichkeit wäre, die «Freiheit der Kirche» gegen die Einmischung von Regierungen zu verteidigen. Frankreich mit seiner unabhängig vom jeweiligen politischen System «gallikanischen» und separatistischen Tradition war ein besonderes Ziel: Von Napoleon bis zu de Gaulle war die französische Regierung stark an der Ernennung der Bischöfe interessiert. Das Argument, daß die päpstliche Ämterbesetzung ein besseres System wäre als die staatliche Ämterbesetzung, setzte sich auf der ganzen Linie durch. Und es war ein gutes Argument.

Doch trotz dieses offensichtlichen Triumphs für den Heiligen Stuhl bis 1917, als zum erstenmal ein umfassender Codex des Kirchenrechts verkündet wurde, ernannte der Papst nur 700 oder ungefähr die Hälfte der Bischöfe der Welt. Weitere Drohungen von Regierungen – die jetzt eher kommunistisch als «gallikanisch» waren – bestärkten den Vatikan noch mehr in seiner Entschlossenheit, die Kontrolle über Bischofsernennungen zu behalten oder wiederzugewinnen. Moderne Kommunikationsmittel machten es leichter: das Maultier, das Pferd, die Eisenbahn, der Telegraf, das Telefon, das Telex, die Computer – das waren die Etappen, durch die der Vatikan bei den Bischofsernennungen allwissend und allmächtig wurde. 1980 hatten nur vierundzwanzig von 2456 Diözesen der katholischen Kirche immer noch Kapitelwahlen. Sie befanden sich größtenteils in Mitteleuropa, und der Bischof von Basel in der Schweiz ist das bekannteste Beispiel. Es gab auch noch 175 fortbestehende Beispiele von staatlicher Ämterbesetzung – aber sie waren in zunehmendem Maße Anachronismen und schwanden still und leise dahin. Wenn man also sagt, daß Bischöfe im großen und ganzen vom Papst ernannt werden, ist das völlig richtig, aber es sollte klar erkannt werden, daß es eine sehr junge Entwicklung ist. In seiner *Utopia* freute sich Thomas More, der Lordkanzler von England, auf den Tag, an dem wieder Bischöfe gewählt würden (und, nebenbei bemerkt, heiraten dürften). Das war zweifellos einer der Gründe, warum *Utopia* auf den Index der verbotenen Bücher gesetzt wurde, obwohl More der Tradition näher war als seine Kritiker. Es ist wenig wahrscheinlich, daß die Kongregation für die Selig- und Heiligsprechungen (damals Kongregation für die Riten genannt) diesen Aspekt seines Werks berücksichtigte, als er für die Heiligsprechung 1935 entlastet wurde.

Der neue Codex des Kirchenrechts (1983) wiederholt den alten Codex, läßt aber Raum für ein Wahlsystem (von nicht näher bestimmter Art): «Der Papst ernennt die Bischöfe frei oder bestätigt die rechtmäßig Gewählten.» Das könnte sich als wichtig für die Zukunft erweisen. Aber in der Gegenwart ist es klar, daß in der Praxis der Papst «Bischöfe frei ernennt» oder jedenfalls die überwiegende Mehrheit von ihnen.

Dies weist der Bischofskongregation eine schwere Last an Verantwortung zu. Sie muß sich über in Frage kommende Kandidaten in der ganzen Welt auf dem laufenden halten. Sie hat eine ungeheure Macht der Ämterbesetzung. Sie kann eine örtliche Kirche direkt beeinflussen, denn wer die Führung kontrolliert, der kontrolliert die Kirche. Welche Art von Befähigung wird für die mittlere Führungsschicht der Kirche gesucht? Wie wird jemand Bischof? Nach einem alten Witz sind es drei Eigenschaften, die verlangt werden: getauft zu sein, männlich zu sein und am nationalen Kolleg in Rom studiert zu haben. Die zwei ersten Forderungen darf man vergessen, nicht aber die dritte.

Der neue Codex des Kirchenrechts nimmt einen ernsteren Standpunkt ein:

> Can 378-§ 1. Hinsichtlich der Eignung der Kandidaten für das Bischofsamt wird gefordert, daß der Betreffende
> 1. sich auszeichnet durch festen Glauben, gute Sitten, Frömmigkeit, Seeleneifer, Lebensweisheit, Klugheit sowie menschliche Tugenden und die übrigen Eigenschaften besitzt, die ihn für die Wahrnehmung des Amtes, um das es geht, geeignet machen;
> 2. einen guten Ruf hat;
> 3. wenigstens 35 Jahre alt ist;
> 4. wenigstens seit fünf Jahren Priester ist;
> 5. den Doktorgrad oder wenigstens den Grad des Lizentiaten in der Heiligen Schrift, in der Theologie oder im kanonischen Recht an einer vom Apostolischen Stuhl anerkannten Hochschuleinrichtung erworben hat oder wenigstens in diesen Disziplinen wirklich erfahren ist.

Das alles scheint eigentlich auf der Hand zu liegen. Ein guter Priester sollte einen guten Bischof abgeben. Trunkenbolde und Schürzenjäger werden am besten ausgesondert. Aber da bleiben immer noch schrecklich viele Kandidaten übrig. Gibt es ein anderes, verborgenes Auswahlprinzip?

Da «Rechtgläubigkeit» bei katholischen Priestern vorausgesetzt werden muß, wenn nicht das Gegenteil kirchenrechtlich nachgewiesen ist, hilft das als Kriterium nicht viel weiter. Es dürfte eher durch die feinere Prüfung auf «Standhaftigkeit» ersetzt werden. Hans Küng aus der Schweiz, wo gewählte Bischöfe (und Gemeindepriester) einmal die Norm waren, drückte es etwas ironisch so aus:

> Und die neuen Bischöfe wählte man, sofern man freie Hand hatte, am liebsten nach den «bewährten» beiden Prinzipien aus: anständiger moralischer Standard und möglichst unkritische römische Linientreue, «Gehorsam» genannt. Glücklicherweise täuschte man sich in manchen Fällen und ließ Männer zum Zuge kommen, die sich als Bischöfe nachher durch selbständiges Urteil, mutiges Handeln und unerwartete Initiativen auszeichneten *(Unfehlbar?)*.

Der verstorbene Kardinal John Carmel Heenan, kein großer Fan von Hans Küng, bestätigte diese Analyse indirekt. Im Hinblick auf seine eigene Berufung nach Leeds (von geistlichen Spaßvögeln sofort in «der grausame Stuhl» umbenannt) bemerkte er: «Ich weiß, daß Klugheit zu den am höchsten geschätzten Tugenden bei Bischofskandidaten zählte, und ich rechnete sie nicht zu meinen Eigenschaften» *(Not the Whole Truth).* Heenan also schlüpfte durch das Netz.

Die Wahrheit ist, daß viele Männer sich verändern, wenn sie Bischöfe werden, manchmal zum Besseren. Pater Oscar Romero aus El Salvador zum Beispiel war ein äußerst fügsamer und konservativer Priester, der einen Beichtvater von Opus Dei hatte und sich über die Lockerheit an den Seminaren sorgte: Sie trugen tatsächlich kurze Hosen beim Fußball – schockierend! Sobald er Erzbischof von San Salvador war, wandelte er sich, weil er allmählich lernte, daß er die Hoffnungen seines Volkes verkörpern und artikulieren mußte, daß er «die Stimme jener, die keine Stimme haben» werden mußte. Auf diese Weise, sagte Jon Sobrino SJ, der ihm seine großen Hirtenbriefe schreiben half, entdeckte er wieder das ursprüngliche Ideal des Bischofs in Lateinamerika als Verteidiger der Unterdrückten (der Indios) gegenüber ihren Unterdrückern. Deshalb mußte er niedergeschossen werden, während er am 24. März 1981 die Messe zelebrierte, ein bischöflicher Märtyrer, der sich zu Stanislaw von Krakau und Thomas Becket, zwei anderen «aufrührerischen Priestern», gesellt.

Aber ich gehe nicht davon aus, daß die Bischofskongregation wirklich nach solchen prophetischen Geistern sucht. Sie sind ein Bonus, einer von Küngs Fällen, wo man sich «täuschte». Vor kurzem habe ich zwei weitere Darstellungen gehört, wonach die Bischofskongregation sucht. In England würde Msgr. X. niemals zum Bischof gemacht werden, weil er während seiner Zeit als Universitätskaplan eifrig Opus Dei bekämpft hatte. In Holland konnte Pater Y. nicht zum Bischof gemacht werden, sagte Kardinal Adriaan Simonis, der Primas, «weil er nicht jeden Tag die Messe feierte». Es trifft gewiß zu, daß Kardinal Sebastiano Baggio, Präfekt der Bischofskongregation von 1973 bis 1984, ein Unterstützer von Opus Dei war. Und es scheint sich unter Kardinal Bernadin Gantin, seinem Nachfolger, wenig geändert zu haben.

Die Ernennung von Gantin macht aber eines recht deutlich. Während Baggio als Nuntius in Chile und Brasilien und als Apostolischer Delegat in Kanada Dienst getan hatte, war Gantins Erfahrung auf sein heimatliches Dahomey (jetzt Volksrepublik Benin) und Rom beschränkt. Baggio hatte den kritischen Posten des Vorsitzenden der Päpstlichen Kommission für Lateinamerika inne. Während man von Baggio also erwarten konnte, wenigstens einige der Kandidaten zu kennen, die er in Erwägung zog, dürfte das bei Gantin kaum der Fall sein. Außerdem war Baggio ein Mann mit einer «Karriere» in der Kurie, wogegen Gantin durch Zufall hineinstolperte, als er durch das «marxistisch-leninistische» Regime 1971 gezwungen wurde, Benin zu verlassen. Gantin verfügt weder über das Wissen noch den Einfluß Baggios. Also würde man erwarten, daß Bischofsernennungen jetzt «von unten» über die Empfehlungen örtlicher vatikanischer Diplomaten kommen oder «von oben» auf persönliche Initiative des Papstes.

Das System sieht so aus: Örtliche Bischöfe werden aufgefordert, Namen auf eine Liste allgemeiner Kandidaten zu setzen, und wenn eine Vakanz eintritt, nimmt der Nuntius oder der ihm entsprechende Mann «umfangreiche Beratungen» vor, bis er drei Namen ermittelt, die *terna.* Aber da solche Beratungen streng vertraulich bleiben, ist es nicht möglich abzuschätzen, wie gründlich sie gewesen sind.

Es scheint jedoch, daß die Ansichten des vatikanischen Nuntius oder Apostolischen Delegaten besonderes Gewicht haben und daß es normalerweise die Rolle der Kongregation für die Bischöfe ist, die Informationen vom Ort zu verarbeiten und dann den Papst über die Entscheidungen zu informieren. Man kann es sich einfach nicht ernsthaft vorstellen, daß der Papst genug wissen kann, um jeden einzelnen Bischof in der katholischen Welt zu ernennen. Wenn er es nur versuchte, hätte er für nichts anderes mehr Zeit.

Aber in bestimmten Schlüsseldiözesen hat es Beweise direkten päpstlichen Eingreifens gegeben. Das trifft dort besonders zu, wo es «Überraschungen» gibt. In kirchlichen Begriffen bedeutet eine «Überraschung» etwas, woran die Medien nicht gedacht haben (andere dagegen vielleicht doch): Sie dient einfach als Maßstab für frühere Unwissenheit und Begriffsstutzigkeit. So war das Auftauchen des Abts von Ampleforth, Basil Hume, aus seinem Schlupfwinkel in Yorkshire, um Erzbischof von Westminster zu werden, eine «Überraschung». Es war auch ein Beispiel für Pauls VI. direktes Eingreifen, obwohl Erzbischof Bruno Heim einen Teil des Verdienstes an dieser originellen Ernennung für sich beanspruchte. Der Beweis dafür ist, daß er protestierte, als ich sie dem Herzog von Norfolk und dem Londoner katholischen «Establishment» zuschrieb.

Es hat einige gleichermaßen «überraschende» oder «persönliche» Ernennungen im Pontifikat Johannes Pauls II. gegeben. Er war offenbar lebhaft an der Nachfolge von Kardinal Stefan Wyszyński interessiert, der erstaunlicherweise von 1948 bis 1981 Primas von Polen gewesen war und vier oder fünf Erste Sekretäre der Polnischen Vereinigten Arbeiterpartei überlebt hatte. Offensichtlich war die Nachfolge etwas, was Johannes Paul nicht in den Händen Baggios lassen wollte, der völlig ohne Kenntnis Polens war. So wurde schließlich die ambivalente und ziemlich tragische Gestalt Josef Glemp Primas von Polen. Ebenfalls ein direktes Eingreifen gab es im Fall von Jean-Marie Lustiger, von polnisch-jüdischen Eltern geboren, ein Elternteil kam in Auschwitz um. Er wurde aus seiner Pariser Gemeinde gerissen, um am 10. November 1979 Bischof von Orléans zu werden, und wurde am 31. Januar 1981 nach Paris befördert.

Andere «Überraschungs»-Ernennungen betrafen zwei Jesuiten, die nach ihren Statuten keine gehobene Stellung annehmen dürfen, außer in Missionsgebieten, wenn nicht der Papst «einen Befehl zu heiligem Gehorsam» ausspricht. Dies geschah anscheinend bei dem französischen Jesuiten Roger Heckel SJ, der 1981 Erzbischof von Straßburg wurde. Er war Johannes Paul schon als Sekretär der Internationalen Kommission für Gerechtigkeit und Frieden bekannt, und er hatte sich auf diesem Posten auf eine sorgfältige Analyse der Lehre des Papstes als Ausdruck der gültigen «sozialen Doktrin» der Kirche beschränkt. Unglücklicherweise erlebte Straßburg nur den Schock seiner Ernennung, denn er starb, bevor er etwas Nennenswertes tun konnte. Wie sich herausstellte, verärgerte Johannes Paul nur ohne Sinn und Zweck den Diözesanklerus von Straßburg.

Die Ernennung des glänzenden italienischen Bibelwissenschaftlers und Jesuiten, des dreiundfünfzigjährigen Carlo Maria Martini, bis dahin Rektor der Gregorianischen Universität, auf den Erzbischofsstuhl in Mailand am 29. Dezember 1979 war viel dramatischer. Sie war nicht bloß überraschend. Sie war höchst erstaunlich. Denn Mailand ist die mit Abstand renommierteste, bevölkerungsreichste und wohlhabendste Diözese Italiens – der Stuhl von Ambrosius und Karl Borromäus, und schon zwei Päpste in diesem Jahrhundert sind von dort gekommen: Ratti, als Pius XI., und Montini, als Paul VI. Ein Jesuit als Bischof einer italienischen Diözese lief jeder Tradition zuwider. Das einzige frühere Beispiel war Robert Bellarmin im 17. Jahrhundert – und er war nur kurz Bischof von Capua, einer kleinen Stadt, die Mailand das Wasser nicht reichen konnte. Ein weiterer Grund zum Staunen war, daß man glaubte, der Papst wäre mit den Jesuiten nicht zufrieden. So war Martinis Berufung nach Mailand ein rätselhaftes, verblüffendes Ereignis. Einige sagten, der Papst beraube die Jesuiten ihres nächsten Generals – allerdings erklärten sie nicht, warum er sich so donquichotisch verhalten sollte. Baggio ließ wissen, daß er Martini den Vorrang gab, nachdem er sein Buch über Lukas gelesen hatte und entdeckte, daß Martini bereits geistlicher Ratgeber einer bedeutenden Zahl italienischer Bischöfe war. Aber da springt Baggio nur auf den fahrenden Zug auf. Die Verdienste Martinis stehen nicht in Frage: Die gesamte italienische Presse ist überzeugt, daß er der nächste Papst wird. Es gibt gewisse Hinweise, daß es eine undefinierbare Eigenschaft namens «Spiritualität» ist, die Fähigkeit, über Gott glaubwürdig zu sprechen und gewöhnliche Menschen das Beten zu lehren, wonach Johannes Paul bei seinen Bischofsernennungen sucht.

Aber es gibt auch Fälle, wo der Vatikan durch Bischofsernennungen seine Autorität verteidigt. Sie können benutzt werden, um wieder Ordnung in einer Kirche herzustellen, von der man glaubt, sie sei in Irrtum oder «Säkularismus» verfallen oder was immer das gängige Schreckgespenst ist. Das auf der Hand liegende Beispiel ist die holländische Kirche (die sich selbst immer die Römisch-katholische Provinz der Niederlande nennt). Auf der Sondersynode, die 1980 in Rom stattfand, wurden die sieben holländischen Bischöfe daran erinnert, daß sie «wahre Lehrer des Glaubens» sein sollten und nicht einfach Ausleger eines vagen *«sensus fidelium»* (des Glaubensempfindens gewöhnlicher Christen). Damit sollten die Bischöfe daran gehindert werden, ihre Leute zu ermuntern, eine besondere Methode zu legitimieren. Sie sind nicht «Delegierte» ihrer Kirche. Sie sind wirkliche «Führer».

Um dies klarzustellen, wählte man den paradoxen Weg, unpopuläre Bischöfe zu berufen. Das nämlich geschah in Holland nach der Synode. Als erstes wurden vier gefügige Weihbischöfe ernannt. 1983 dann, als Kardinal Jan Willebrands, der Primas, sein Amt niederlegte, um sich auf seine Arbeit als Vorsitzender des Sekretariats für die Einheit der Christen in Rom zu konzentrieren, folgte ihm Adriaan Simonis, der rasch Kardinal wurde. Simonis war seit 1970 Bischof von Rotterdam gewesen. Er war nicht der konservativste der holländischen Bischöfe; dieser Titel wurde mühelos von dem Pfeifenraucher Jan Gijsen aus Roermond im südöstlichen Holland (Limburg) gehalten. Aber er war ausreichend konservativ, um Proteste auf allen Seiten hervorzurufen. Der Koprovinzial der holländischen Dominikanerprovinz, Andrew Lascaris, der Papst Johannes Paul beim Generalkapitel in Rom im September 1983 traf, sagte ihm, die meisten Menschen in Holland wären unglücklich über die Ernennung von Simonis. Etwas betroffen von dieser Offenheit erwiderte der Papst: «Ihr werdet vielleicht später glücklich» («Eine enttäuschende Erzählung», *New Blackfriars,* März 1985).

In Wirklichkeit wuchs die holländische Unzufriedenheit mit einer weiteren Folge von haarsträubenden Bischofsernennungen. Henrik Bomers, der neue Bischof von Haarlem, war seit 1965 Missionar in einem entlegenen Winkel Äthiopiens gewesen. Sein Weihbischof, Joseph F. Lescrauwaet, war ein Ordensgeistlicher, der den größten Teil seines Arbeitslebens an der Universität Löwen in Belgien zugebracht hatte. Dies ließ einen entschiedenen Mangel an Vertrauen auf die einheimische Geistlichkeit vermuten. War es denkbar, daß keiner der 327 Diözesan- und 364 Ordenspriester in Haarlem für das bischöfliche Amt für geeignet gehalten wurde? Es fällt schwer, das zu glauben, und leichter kann man sich vorstellen, daß etwas demonstriert werden sollte. Besonders als genau der gleiche Vorgang dann in der Diözese Den Bosch wiederholt wurde. Ihr Bischof, der siebenundfünfzigjährige Jan Bluyssen, der einzige amtierende Bischof, der Vatikanum II miterlebt hatte, trat aus gesundheitlichen Gründen (die echt waren) zurück. Sein Ersatz war Gijsens Weihbischof, der zweiundsechzigjährige Jan Ter Schure, der viele Lebensjahre in der Kurie seines Ordens, der Salesianer, in Rom verbracht hatte.

Diesmal beschlossen die Domherren, die Ernennung abzulehnen und direkt beim Papst zu protestieren. Aber vergeblich. Das Ergebnis war, daß die Straßen wie ausgestorben waren, als Papst Johannes Paul am 11. Mai 1985, angeblich auf einer Wallfahrt, durch Den Bosch fuhr. Ein verlegener Ter Schure war an seiner Seite im Papstmobil. An einer Stelle fielen sie auf die Knie zum Gebet. Dann, in der Johannes-Basilika, tat der Papst etwas ganz Unerhörtes: Während Ter Schure einfältig gerade drei Meter weit weg saß, verteidigte Johannes Paul seine Berufung. Er sagte:

> Ich weiß, daß ihr in den letzten Wochen eine schwierige Zeit durchgemacht habt. Die jüngsten Berufungen von Bischöfen haben einige von euch tief betroffen, und ihr fragt nach Gründen für diese Spannungen. Ich möchte gern in aller Aufrichtigkeit sagen, daß der Papst versucht, das Leben der Kirche in der Berufung eines jeden Bischofs zu verstehen. Er sammelt Informationen und erhält Rat entsprechend dem kirchlichen Gesetz und Brauch. Ihr werdet verstehen, daß die Meinungen manchmal geteilt sind. Letzten Endes muß der Papst die Entscheidung treffen.

Die Wahrheit ist jedoch, daß die Meinung in Den Bosch gar nicht so gespalten war. Im Gegenteil, sie stand fest vereint gegen Ter Schur. Überdies war das Bild von dem Papst, der über den Einzelheiten bischöflicher Berufungen allerorts brütet, schwer zu akzeptieren. Holland, so meint man, braucht dringend eine besondere Behandlung, ein «Ernstfall-Szenario» (wie jemand gegenüber *Time* sagte). Sobald Papst Johannes Paul begonnen hatte, seine Entscheidung in Den Bosch zu verteidigen, wäre es nützlich gewesen, sie zu erläutern. Der ursprüngliche Entwurf der Ansprache enthielt dies: «Muß der Papst seine Wahl erläutern? Der Takt erlaubt ihm nicht, dies zu tun.» Die Tatsache, daß diese Worte gestrichen wurden, lenkte nur die Aufmerksamkeit auf sie. Die Holländer hätten gern gewußt, nach welchen Kriterien Bischöfe in Holland gewählt werden. Falls «Takt» eine Antwort verbietet, fällt es ihnen nicht sehr schwer zu erraten, wie sie lauten könnte.

Die holländische Bischofskonferenz war klein genug, um im Zeitraum von fünf Jahren neu geformt und übernommen zu werden. Bei größeren Bischofskonferenzen können solche Methoden nicht greifen. Brasilien hat über 300 Bischöfe und hat bisher die einflußreichste Bischofskonferenz der

Welt gehabt. Die Mehrheit ist irgendeiner Form der Theologie der Befreiung verpflichtet gewesen. Das wird sich schrittweise ändern. Pater Bonaventura Kloppenburg OFM, der den ersten Angriff auf seinen Franziskanerbruder Leonardo Boff startete, wurde belohnt, indem er im selben Jahr Weihbischof von São Salvador de Bahia wurde. Dies gab die Richtung für die Zukunft an, um so mehr, als Kardinal Eugenio De Araújo Sales, Erzbischof von Rio de Janeiro, und Kardinal Angelo Rossi, die einzigen brasilianischen Mitglieder der Bischofskongregation, eingeschworene Feinde der Theologie der Befreiung sind. Mittlerweile werden andere brasilianische Kardinäle wie Aloisio Lorscheider und Paolo Evaristo Arns, die Leonardo Boff unterstützt haben, deutlich kaltgestellt.

Die Bischofskonferenz der Vereinigten Staaten (mit amtlichem Namen: United States Catholic Conference, USCC) ist fast so groß wie die brasilianische. Außerdem ist sie gut organisiert und wird von Kardinal Joseph Bernadin, Erzbischof von Chicago, gut geführt. Sie hat ihr vereintes Denken wirkungsvoll und anregend auf die Arbeit über die Ethik nuklearer Kriegsführung und, in jüngerer Zeit, auf die Wirtschaft konzentriert. Sie hat eine gute Arbeitsmethode entwickelt, weiß, wo sie Rat suchen kann, ohne sich den Experten auszuliefern, und ist neuen Fragen (zum Beispiel nach dem Platz der Frauen in der Kirche) so offen, wie man nur sein kann. Kurz, es gab eine neue Generation von amerikanischen katholischen Bischöfen, die dem Vatikanum II voll verpflichtet waren. Der in Belgien geborene Erzbischof Jean Jadot, von Mai 1973 bis 1980 Apostolischer Delegat, war für diese Verwandlung hauptsächlich verantwortlich. Organisatoren wie der verstorbene Kardinal John J. Cody («Ich bin ein Ein-Mann-Betrieb») wurden durch Seelsorger ersetzt, die für die Probleme der amerikanischen Gesellschaft empfänglich waren.

Jadot wurde durch Beförderung in den Vatikan kaltgestellt und wurde Prosekretär des Sekretariats für die Nichtchristen. Er hielt sich jedoch nicht lange, und bei der Umgruppierung vom 29. Mai 1984 wurde er durch Erzbischof Francis Arinze, einen Afrikaner, ersetzt. Jadot zog sich in die Schweiz zurück, ohne den Kardinalshut, mit dem er vielleicht gerechnet hatte.

In Washington wurde er durch einen konventionelleren Typ des vatikanischen Diplomaten ersetzt, Erzbischof Pio Laghi, der mit einem schlechten oder zumindest dunklen Bericht über Menschenrechte aus Argentinien eingetroffen war. Seine Ernennung ist auf den 10. Dezember 1980 datiert. Es war natürlich reiner Zufall, daß seine Ankunft in der Nr. 3339 der Massachusetts Avenue N. W. mit Ronald Reagans Wahl zum Präsidenten der Vereinigten Staaten zusammenfiel. Ohne Zweifel war es auch Zufall, daß die vollen diplomatischen Beziehungen zwischen dem Heiligen Stuhl und den USA im Januar 1984 aufgenommen wurden. Laghi wurde Pronuntius, und der erste amerikanische Botschafter beim Heiligen Stuhl war William Wilson, ein reicher alter kalifornischer Intimus von Reagan und Malteser-Ritter. Viele Jahre – 116 genaugenommen – hatte es geheißen, daß diplomatische Beziehungen zwischen den USA und dem Vatikan wegen der Trennung von Kirche und Staat nicht in Frage kämen. Jetzt verabschiedete sie der Kongreß stillschweigend, mit kaum einem Klagelaut seitens der Protestanten, die sich angeblich dem Papismus unversöhnlich widersetzen. Schließlich wurde John O'Connor, wohlbekannt als Anhänger Reagans, rechtzeitig vor dem Wahlkampf von 1984 Erzbischof von New York. Er wurde 1985 zum Kardinal gemacht. Es gab einfach zu viele Zufälle, um sich wohl zu fühlen.

Präsident Reagan hatte die Katholiken schon geraume Zeit umworben. Er hat sogar einen besonderen «Verbindungsoffizier zur katholischen Gemeinde», Robert Reilly, der freimütig zugab: «Wir freuen uns über die Berufung O'Connors. Wir freuen uns über seine strenge Haltung zur Abtreibung.» Bedeutete das, daß andere amerikanische Bischöfe hinsichtlich der Abtreibung nicht streng waren? Reilly wagte sich noch weiter vor: «Es gibt ein natürliches Bündnis zwischen dem Präsidenten und dem Erzbischof bei einer ansehnlichen Zahl von Fragen» (Siehe Wayne Barret: «Heiliger als Du», *Greenwich Village Voice,* 25. Dezember 1984). Das kann er zweimal sagen. Exmarinekaplan O'Connor ist ein «Falke» in bezug auf Kernwaffen, glaubt an ein entschlossenes Vorgehen gegen die Sandinisten und hat nicht die Politik der amerikanischen Bischöfe eingehalten, die Bernadin als eine «unbeirrbare Ethik des Lebens» oder «das saumlose Kleid» definiert hat: das heißt, daß die Achtung vor dem Leben das ganze Spektrum umfaßt und gleichermaßen auf Abtreibung und die Anwendung von Kernwaffen zutrifft. Katholiken sollten nie, sagte Bernadin, einseitige Wahlkämpfer werden. (Er entwickelte diese Gedanken erstmals in einem Vortrag an der Fordham University, New York, und dann im März 1984 an der Saint Louis University.) O'Connor schien nicht zugehört zu haben. Er brach auch mit der Tradition, daß Bischöfe sich während der Wahlkämpfe nicht zu Kandidaten äußern. Er trug zu Geraldine Ferraros Wahlniederlage bei, als er eine zwei Jahre alte Bemerkung über Abtreibung (die jedenfalls vertretbar war) ausgrub.

Doch das Schweigen Bernadins zu diesen Dingen ist ausgesprochen ohrenbetäubend gewesen. Er hat einen Kuckuck ins Nest gesetzt bekommen. Die Ironie ist beträchtlich. Weiter oben in diesem Kapitel sahen wir, wie die Argumente für die Zentralisierung von Bischofsberufungen auf der Notwendigkeit gründeten, unabhängig vom Staat zu sein, und ich erklärte, wie das amerikanische Beispiel dazu beitrug. Aber jetzt scheint es, daß Präsident Ronald Reagan, der mächtigste Mann der Welt, den Mantel Ludwigs XIV. angelegt hat.

Vermutlich wird es ihm nicht viel nützen. Schon gibt es Zeichen, daß O'Connor jetzt, da er ein Mitglied der Spitzengruppe ist, begreift, wie wichtig die Zusammenarbeit mit Bernadin ist. Er hat auch seine erste Kostprobe römischer Willkür bekommen. Im Mai 1985 wurde ein zweiundfünfzigjähriger Chicagoer Priester O'Connor als Weihbischof «angeboten». Die Tatsache, daß es Pater Edward Egan an seelsorgerischer Erfahrung fehlte und er die zwölf vorausgegangenen Jahre Ehefragen in der Römischen Rota bearbeitet hatte, wirkte auf manche bedenklich. Es ist allgemein bekannt, daß der Vatikan glaubt, das amerikanische Annullierungsverfahren sei lasch und müsse ein bißchen gestrafft werden. O'Connor war einigermaßen verstimmt, daß dieser Weihbischof über ihm abgeworfen wurde.

Aber er erholte sich schnell. Im August 1985 nahm O'Connor an einer Konferenz teil, die von der rechtsgerichteten Organisation *Communione e Liberazione* in Rimini an der Adria veranstaltet worden war. Sie war dem reichlich ausgefallenen Thema «Parsifal, die Bestie und Superman» gewidmet (Parsifal wurde wegen der Suche nach dem Heiligen Gral gepriesen, die Bestie sollte demaskiert und Superman an den Pranger gestellt werden). O'Connor wurde frei heraus gefragt, ob es zuträfe, daß man, um unter Papst Johannes Paul Kardinal zu werden, ein glühender Anhänger seiner sämtlichen Maßnahmen sein müsse. O'Connor antwortete umsichtig: «Die Entscheidungen des Papstes sind immer sorgfältig durchdacht. Auf jeden Fall ist es richtig, daß zwischen dem Vatikan und den Bischöfen der Welt Harmonie herrschen sollte. Die Entscheidungen früherer Päpste wurden nach dem gleichen Grundsatz getroffen.» Er wurde dann gefragt, ob er oft mit dem Papst spräche, und gab diese erstaunliche Antwort: «Manchmal muß Seine Heiligkeit auf mich warten, weil ich auf dem anderen Apparat mit Präsident Reagan spreche» (*Corriere della Sera*, 26. August 1985).

Katholischer Theologie entsprechend sind Bischöfe die «Nachfolger der Apostel». So ist es. Aber sie kommen manchmal auf ziemlich eigenartigen Wegen dorthin. Es gab allerdings immer zwei Möglichkeiten, den Bischof zu betrachten. Er konnte im Verhältnis zu seinen Menschen und im Verhältnis zur übrigen Kirche gesehen werden. Wenn man sein Verhältnis zu seinen Menschen und ihren Bedürfnissen hervorhebt, dann ergab eine Art von Wahl, wie Lateranum II sie ins Auge faßte, einen Sinn. Wenn man die Notwendigkeit, seine örtliche Kirche gegenüber der Weltkirche zu repräsentieren, hervorhebt, dann kann man sich für seine Anerkennung durch Rom oder sogar die direkte Berufung stark machen.

Zum Schluß und als Postskriptum zu diesem Kapitel muß man auf die Bedeutung der «Erklärung» der Bischofskongregation, datiert auf den

27. November 1982, hinweisen. Sie erklärte nämlich, daß Opus Dei, die verschwiegene rechtsgerichtete religiöse Bewegung, von Msgr. Josemaría Escrivá de Balaguer y Albás, Marquis von Peralta, 1928 in Spanien gegründet, soeben in eine «Personalprälatur» umgewandelt und deshalb aus der Obhut der Kongregation für die Ordensleute und Säkularinstitute direkt in die der Bischofskongregation übertragen worden war. Dies war ein großer Triumph für Opus Dei, weil es seinen Anspruch auf Eigenständigkeit bestätigte: Es war weder eine religiöse Ordensgemeinschaft noch ein Säkularinstitut. War es dann ein Theaterpferd? Nein, es war eine Personalprälatur. Und was war das? Es war eine Quasi-Diözese: nicht direkt eine Diözese, weil es (im Prinzip) die ganze Welt umfaßt und nicht durch ein Territorium bestimmt ist, aber einer Diözese insofern ähnlich, als es sowohl aus Priestern als auch aus Laien, Männern und Frauen, besteht. Zur Zeit der Bewerbung machte Opus Dei eine Mitgliedschaft von «72 375 Gläubigen aus 87 Ländern, von denen zwei Prozent Priester sind» geltend. Es erinnerte ein wenig an ein militärisches Kaplansamt, das einen Bischof für die seelsorgerische Betreuung der Truppen in Übersee hat.

Aber diese Parallele ist nicht stichhaltig. Der Militärbischof ist dazu da, um mit einem besonderen Problem fertig zu werden, das sich von allein auflöst, wenn die Männer und ihre Familien nach Hause zurückkehren. Es gibt kein anderes Beispiel für eine Quasi-Diözese, in die Menschen nach Wunsch eintreten können. Falls Opus Dei eine Quasi-Diözese ist, dann ist es eine merkwürdige Anomalie, eine kirchenrechtliche Monstrosität, und ganz gleich, wie heftig es die Tatsache zu leugnen sucht, bedeutet sein neuer Status, daß es der Kontrolle der örtlichen Bischöfe entgleitet.

Wir kommen so zu der paradoxen Schlußfolgerung, daß eine Bewegung, die von einer großen Zahl von örtlichen Bischöfen mit äußerstem Mißtrauen betrachtet wird, jetzt von genau derselben Kongregation gefördert wird, die angeblich die Bischofsinteressen vertritt. Wie Kardinal Sebastiano Baggio selbst einräumte, als er die Ankündigung machte: obwohl die Mehrheit der zu Rate Gezogenen sich für diese Änderung aussprach (er nannte keine genauen Zahlen), «hatten nicht wenige Bemerkungen oder Bitten um Klarstellung geäußert». Das hatten sie allerdings. Wir werden Opus Dei wieder begegnen. In der Zwischenzeit müssen wir vom Bischofmachen zum Heiligmachen weitergehen. Die zwei Verfahren haben etwas miteinander gemeinsam.

9

Die Bedeutungen der Heiligsprechung

Wer immer Führer in der Kirche ernennt, hat Kontrolle über die Kirche. Aber es gibt noch eine andere, weniger greifbare, aber nicht weniger wichtige Form der Kontrolle: «Vorbilder» christlichen Lebens können den Gläubigen als Beispiele, denen man folgen soll, vorgesetzt werden. Solche Vorbilder des Glaubens nennt man Heilige. Wer nun zur Ehre der Altäre erhoben wird (um die geheiligte Wendung zu benutzen) in jedem beliebigen Pontifikat, weist auf die Einstellung des Papstes hin und auf die Richtung, in die er die Kirche zu lenken wünscht.

Bei der Betrachtung der Selig- und Heiligsprechung bemerken wir wieder einmal, daß das, was heute geschieht, das Ergebnis ziemlich junger Entscheidungen ist (meist aus den letzten vierhundert Jahren). Dennoch ist es in der ältesten Tradition der Kirche begründet: Die Lehre von der Gemeinschaft der Heiligen ist grundlegend für den christlichen Glauben. Wir werden nicht als isolierte Einzelwesen erlöst, sondern durch die Vereinigung mit dem Leib Christi, welcher die Kirche ist. In der Sprache des Neuen Testamentes sind die «Heiligen» einfach Christen, die Getauften, in denen Gottes Gnade bereits wirkt. So übertrifft die Zahl der Heiligen bei weitem die Liste der offiziell zu Heiligen Erklärten. Jean-Baptiste Bossuet hielt im 17. Jahrhundert eine Predigt, in der er warnte, daß am Tag des Jüngsten Gerichts hohen Klerikern die Birette vor Staunen von den Köpfen fliegen würden angesichts des unwahrscheinlichen Pöbelhaufens, der ihnen voraus ins himmlische Reich einzöge.

Also ist die Gemeinschaft der Heiligen, bestehend aus den Lebenden und den Verstorbenen, ein demokratisches Dogma insofern, als es erklärt, daß alle Christen eine radikale Gleichheit in der Gnade besitzen, die nicht durch spätere Unterscheidungen zwischen denen, die ein Amt in der Kirche innehaben, und denen, die keines haben, verändert wird. Vermutlich sind wir alle manchen Heiligen begegnet, die von ihrer Heiligkeit nichts wußten. Es gibt sogar einen Widerspruch zwischen dem Bewußtsein der Heiligkeit und dem tatsächlichen Heiligsein: Wie alle guten Christen geht der Heilige von der Überzeugung seiner eigenen Sündhaftigkeit aus. Das Gute in sich schreibt er Gott zu. Mit Maria sagt er: «Denn der Mächtige hat Großes an mir getan» (Lukas 1,49). So ist im Prinzip nichts Außergewöhnliches an der Heiligkeit. Sie ist der normale Weg für alle Christen.

Aber wie sich die Dinge entwickelt haben, ist es nicht das, was die meisten Katholiken glauben. Sie halten es im allgemeinen für unwahrscheinlich, daß ihre Eltern oder Kinder Heilige sind, die ein «St.» vor ihrem Namen und einen Heiligenschein um ihren Kopf haben. Heilige sind solche, die durch die Mühle der Kongregation für die Selig- und Heiligsprechung gegangen sind. Das erste Stadium ist, vom örtlichen Bischof als «Diener Gottes» *(servus Dei)* anerkannt zu werden; die zweite und schwierigste Stufe ist, den Titel eines Seligen *(Beatus)* zuerkannt zu bekommen, der bedeutet, daß die betreffende Person die beseligende Gottesschau genießt – sie ist von der Gnade zur Glorie geschritten. Und die dritte ist die «Kanonisation», die Aufnahme in den «Kanon» oder die offizielle Liste der anerkannten Heiligen, ausgezeichnet durch heroische Tugendhaftigkeit und Fröhlichkeit. «Der ganze Vorgang», sagte ein Beobachter, «ist eine Kreuzung zwischen einer komplizierten Gerichtssache und der Einbringung eines ganz besonders umstrittenen Gesetzes im Parlament» (Philip Mould, *The Times*, 9. Mai 1984). Er ist der Kongregation für die Selig- und Heiligsprechung anvertraut (im weiteren kurz: Heiligenkongregation). Ihre Arbeit ist Thema dieses Kapitels.

Die Heiligenkongregation ist eine verhältnismäßig neue Entwicklung. Zum Beispiel geht die Unterscheidung zwischen «selig» und «heilig» auf Papst Urban VIII. 1634 zurück (Pierre Delooz in *Saints and their Cults*). Die wichtigste Systematisierung des Verfahrens kam im 18. Jahrhundert unter Benedikt XIV., dem «humanistischen Papst», der mit Voltaire und den gelehrtesten Männern der Zeit in Briefwechsel stand. Nach vielen Jahren als Advocatus Diaboli hatte er einen guten Riecher für Betrug und Schwindel und brachte in seine Arbeit die strengsten Maßstäbe historischer Genauigkeit ein (siehe Renée Haynes, *Philosopher King*). Zwar waren viele Päpste versucht, an den Vorschriften herumzubasteln, aber die größten Veränderungen nach Benedikt XIV. sind in diesem Pontifikat eingetreten.

Aber alle diese Veränderungen in den letzten vier Jahrhunderten bauten auf eine Tradition, die viel älter und ganz anders war. Wir können wohl sechs Stadien in der Geschichte der Erkennung von Heiligkeit unterscheiden:

1. Diejenigen, die in den ersten tausend Jahren von einer Ortskirche als solche angesehen wurden. Der Vorgang war einfach so, daß sich ein «Kult» um das Grab eines örtlichen Märtyrers oder frommen Bischofs entwickelte. Als die Christenverfolgung aufhörte, wurde das Ordensleben manchmal als eine Alternative zum buchstäblichen Martyrium betrachtet («weißes Martyrium») und verdiente die gleiche Krone.
2. Diejenigen, die von Päpsten zwischen 993 und 1234 anerkannt wurden. Die Päpste versuchten, eine gewisse Kontrolle über die Ausbreitung örtlicher Kulte auszuüben und nebenbei die Ansprüche ihres eigenen Amtes zu fördern. Aber sie waren nicht ganz erfolgreich, und viele Heilige wurden immer noch spontan heiliggesprochen.
3. Diejenigen, die zwischen 1234 und 1634 mit päpstlicher Billigung heiliggesprochen wurden, obwohl es immer noch einige zählebige örtliche Kulte gab, die sich durchsetzten.
4. Urbans VIII. Gesetzgebung von 1634, die zum erstenmal die Unterscheidung zwischen Seligsprechung und Heiligsprechung vornahm und auf römischer Billigung bestand.
5. Benedikts XIV. gründliche Revision dieser Gesetzgebung.
6. Johannes Pauls II. Abänderungen, *Divinus Perfectionis Magister,* 1983.

Wie in vielen Fragen der Kirchengeschichte ist es so gelaufen, daß Spontaneität durch bürokratische Ordnung ersetzt wurde, daß Charisma juristischer Präzision wich, daß Legende wissenschaftlicher Sichtung unterzogen wurde. Und wie gewöhnlich gibt es einen Gegensatz zwischen der griechisch-orthodoxen Tradition, die weniger durchorganisiert und näher an der ursprünglichen Tradition ist, und dem römischen Beharren auf dem richtigen juristischen Verfahren. Es liegt Gewinn wie auch Verlust in dieser Entwicklung. Ob der Gewinn den Verlust aufwiegt, ist eine rein akademische Frage.

In dieser Hinsicht sind Anglikaner mehr wie die Orthodoxen: Bischof Edward King, der 1914 starb, und Nicholas Ferrar aus Little Gidding erschienen auf örtlichen Druck in der offiziellen Liste. Kanonikus Donald Allchin von der Kathedrale in Canterbury klagte, daß das Verfahren Roms «umständlich und teuer» sei, und wollte es gern dezentralisiert sehen.

Doch genau das war die Wirkung der Apostolischen Konstitution *Divinus Perfectionis Magister* vom 26. Februar 1983. Sie «vereinfachte» das Verfahren. Jemand kann schon zehn Jahre nach seinem Tod heiliggesprochen werden. Die Verantwortung, potentielle Heilige zu überprüfen und ihre Sache vorzutragen, liegt jetzt bei den Diözesanbischöfen und ihren Bischofskonferenzen. Der «Promotor» der Sache wird ein Mann (oder eine Frau) am Ort sein, und die Rolle der Heiligenkongregation wird es sein, Sorge zu tragen, daß das Kanonische Recht ordnungsgemäß beachtet wurde. In anderen Worten, es wird die Rolle des alten «Advocatus Diaboli» übernehmen, die heroische Tugend des Kandidaten gründlich untersuchen und prüfen und schließlich das «Gewissen der Kirche» dem Urteil überantworten, daß er oder sie jetzt «im Himmel» ist, eins mit Christus, der jetzt für sie «alles in allem» ist.

Das neue System ist noch nicht so lange in Kraft, daß wir beurteilen können, wie es funktionieren wird. Es sieht auf den ersten Blick wie eine willkommene Dezentralisierungsmaßnahme aus. Aber die vom Untersekretär der Heiligenkongregation, Msgr. Fabijan Veraja, abgegebene Erklärung unterstrich nicht, daß der Schritt getan wurde, um die örtliche Kirche hervorzuheben. Statt dessen schrieb er es der wachsenden Arbeitsbelastung der Heiligenkongregation zu. Er ließ sich keine Einzelheiten entlocken, machte aber gnädig eine statistische Angabe von großer Bedeutung: Während die 1950er Jahre die Einleitung von siebenundvierzig Prozessen sahen, übertraf das einzelne Jahr 1982 dies mühelos mit dreiundfünfzig. Vielleicht werden sie nicht alle erfolgreich durchkommen. Aber die Zahl der Heiligsprechungsprozesse ist dramatisch angestiegen. Gegenwärtig stehen über zweitausend Anwärter auf die Heiligkeit auf der Liste.

Das ist die erste Neuheit in diesem Pontifikat. Die zweite ist, daß Papst Johannes Paul der erste Papst ist, der bei Heiligsprechungszeremonien außerhalb Roms den Vorsitz führte. Natürlich ergab sich diese Frage nicht bei den nicht reisenden Päpsten, die sich als Gefangene im Vatikan betrachteten. Johannes Paul II. scheint in der Heiligsprechung eine Sonderbehandlung zu sehen, einen Bonus, den er beim Besuch einer örtlichen Kirche gewährt. So kanonisierte er auf den Philippinen Lorenzo Ruiz, den ersten philippinischen Heiligen – einen chinesischen Diener der Dominikaner, der versehentlich das Schiff bestieg, das sie nach Japan brachte, und ihr qualvoll langsames Sterben, mit dem Kopf nach unten über Abortgruben hängend, teilte. In Korea waren die hundert koreanischen Märtyrer an der Reihe. Bei seinem zweiten Besuch in Polen 1983 beatifizierte er am 20. Juni in Posen Mutter Ursula Ledochowska, die 1907 die erste Schule für polnische Mädchen, die unter russischer Besetzung lebten, aufbaute; und dann zwei Tage später in Krakau beatifizierte er den Karmeliterpater Rafal Kalinowski und den Gründer der Albertiner, Bruder Albert Chmielowski. Kalinowski stammte aus seiner Heimatstadt Wadowice, wo er 1907 als «Märtyrer des Beichtgeheimnisses» starb, und Chmielowski war der Maler, über den der junge Karol Wojtyla 1950 ein kaum verhülltes autobiographisches Stück, *Die Brüder Gottes,* geschrieben hatte.

Und so ging es weiter. Im September 1984 fand in Jarry Park, Montreal, die erste Seligsprechung auf nordamerikanischem Boden überhaupt statt. Die selige Marie-Léonie war eine schätzenswerte Frau, die einen geistlichen Orden gründete, der sich im großen und ganzen der Haushaltsführung des Klerus widmete. Dies schien nicht so ganz den Forderungen kanadischer Feministinnen zu entsprechen.

Wenn aber Selig- und Heiligsprechungen außerhalb Roms dazu bestimmt sind, die örtlichen Kirchen zu ermutigen, so haben sie doch auch theologische Bedeutung. Das auffallendste Beispiel war die Seligsprechung von Anuarite Nengapate am 15. August 1985 in Kinshasa, Zaire. Die selige Anuarite war eine dreiundzwanzigjährige zairische Nonne. Während der Simba-Rebellion 1964 weigerte sie sich, den sexuellen Zudringlichkeiten von Openge Olumbe nachzugeben, der sie in Stücke zerhackte, während ihre Schwestern das *Magnificat* sangen. Olumbe ist jetzt ein frommer, wenngleich einfältiger Katholik, und er war bei der Seligsprechung seines Opfers anwesend. Der Papst vergab ihm im Namen der Kirche. Seine Predigt war eine lange Hymne auf «den ursprünglichen Wert der Jungfräulichkeit», und er setzte die Afrikanerin Anuarite auf die lange Liste römischer Märtyrerinnen, Agatha, Lucia, Agnes, Caecilia ... So betritt Afrika mit dieser Seligsprechung die Weltkirche, und diejenigen, die verheirateten Priestern mit der Begründung das Wort geredet hatten, daß «Zölibat» kein afrikanischer Wert sei, werden stillschweigend gerügt.

Der Anstieg der Seligsprechungsprozesse warf eine Reihe von Fragen auf. Warum waren so viele davon Priester und Nonnen? Wo waren die Vorbilder weltlicher Heiligkeit? Kardinal Pietro Palazzini, Präfekt der Heiligenkongregation seit 29. Juni 1980, versuchte auf der Synode von 1980 darauf zu antworten und sagte, daß Priester und Nonnen naturgemäß aus gutem Haus kämen und ihre Eltern mit ihnen ebenfalls geehrt würden. Das Argument schien weit hergeholt. Warum dann nicht gleich die Eltern selig- oder heiligsprechen?

Das nächste war die Gefahr, die Währung der Heiligkeit abzuwerten. So viele Kandidaten sind mit übermäßiger Eile, wie es scheint, durchgepeitscht worden. Zeitgenössische Urteile sind bekanntlich fehlbar. Lassen zehn Jahre ausreichend Zeit, um jemandes Heiligkeit in eine historische Perspektive zu stellen? Beim Vatikanum II wurde der Gedanke an Paul VI. herangetragen, daß Johannes XXIII., sein Vorgänger, durch Akklamation heiliggesprochen werden sollte. Paul VI. bekam einen Schreck und ordnete listig an, daß der Untersuchungsprozeß sowohl für Johannes XXIII. als auch Pius XII. nach den normalen Vorschriften beginnen sollte. Papst Johannes wurde den Franziskanern anvertraut, genaugenommen Pater Antonio Cairoli, während die Jesuiten in der Person von Paolo Molinari Pius XII. zugeteilt bekamen. Das hielt die Dinge auf, was zweifellos beabsichtigt war.

Ganz deutlich spiegelt die Kanonisationspolitik eines jeden Pontifikates eine sehr bewußte Auswahl von Mustern der Heiligkeit, die der ganzen Kirche vorgestellt werden sollen. 1979 wies Pierre Delooz darauf hin, daß von den in diesem Jahrhundert für «selig» Erklärten nur 33 Prozent Frauen und nur 20 Prozent Laien waren (*Concilium*, 1979). Trotz des endlosen Geredes über Heiligkeit von Laien stimmt es immer noch, daß der sicherste Weg zur Seligsprechung ist, Ordensmitglied oder Gründerin eines weiblichen geistlichen Ordens zu sein, wenn man nicht zufällig den Märtyrertod stirbt. Es ist hilfreich, Italiener, Franzose oder Spanier oder, in diesem Pontifikat, Pole zu sein. Es ist eigentlich nicht überraschend, daß Ordensgründerinnen so häufig heiliggesprochen werden. Ihre Kongregationen haben das Geld, um die Heiligsprechung mit der notwendigen Hartnäckigkeit durchzudrücken. Und sie haben ein starkes Interesse daran: Die Kanonisation der eigenen heiligen Mutter Gründerin ist ein Beweis, daß das ganz besondere eigene *charisma* von der Kirche anerkannt wird. Es hat die Früchte der Heiligkeit erbracht, es ist etwas Gutes. Deshalb darf der Orden mit zusätzlichem Schwung anwerben. Er trägt das Siegel, wenn nicht vom Heiligen Geist, dann zumindest von der Heiligenkongregation.

Am 14. April 1985 sprach Papst Johannes Paul II. zwei weitere Nonnen des 19. Jahrhunderts selig: Caterina Troiani, Gründerin der Franziskaner-Schwestern vom Herzen Mariens, und Pauline von Mallinckrodt, Gründerin der Schwestern der christlichen Liebe (die sich besonders um blinde Kinder kümmern). Am Tag darauf antwortete der Papst bezeichnenderweise auf das Geraune, das man wegen seiner Beatifikationspolitik gehört hatte. Zuerst erklärte er, daß Heilige gewöhnliche Menschen wie wir alle sind:

> Selige und Heilige sind keine exotische Gattung von Menschenwesen, die als seltsam bestaunt werden müssen. Sie sind Menschen wie wir, die uns den Weg zeigen, die uns den Mut geben, unbeirrbar nach dem Ziel zu streben, das uns gesetzt ist (*Osservatore Romano*, engl., 13. Mai 1985).

Die Tatsache, daß die selige Pauline ihre Arbeit für blinde Kinder als Laiin begann, führt den Papst zu der Folgerung, daß sie allen etwas zu sagen hat:

So sehen wir, daß Liebe zu den Armen und der Drang, ihnen konkret zu helfen, auch außerhalb des Ordenslebens möglich sind. Heute wie damals sollten wir Erwachsenen den jungen Menschen möglichst viel Anerkennung und Ermutigung geben, wenn sie sich aus ihrem jugendlichen Idealismus heraus um soziales Engagement bemühen, selbst wenn eine solche Anteilnahme uns zunächst leichtsinnig und planlos erscheinen mag.

Dies sieht wie ein Zugeständnis aus: Es ist *möglich*, weltlicher Sozialarbeiter zu sein. Es ist schwierig, sich vorzustellen, daß jemand diese Position leugnen könnte. Pauline allerdings ist kein sehr gutes Rollenmuster für weltliche Sozialarbeiter, da sie bald in das Ordensleben eintreten sollte. Und der Papst glaubt offenbar, daß soziale Betätigung in den Händen von Ordensleuten vorzuziehen ist. So schloß er seine Ansprache mit einer Ermahnung an die Eltern, religiöse Berufungen bei ihren Kindern zu pflegen und sich nicht von solchen abschrecken zu lassen, die sich fragen, ob Glück «im Klosterleben gefunden werden kann und ob sie sich auf diese Weise verwirklichen können». Somit wird ganz deutlich, daß diese besonderen Seligsprechungen der allgemeinen Marschrichtung des Pontifikates dienen. Die Wogen der Verweltlichung sollen durch eine Armee neuer Heiliger zurückgedrängt werden, und das Ordensleben soll empfohlen werden, indem man aufzeigt, daß es der normale Weg zur Heiligkeit ist.

Doch nicht alle geistlichen Orden möchten auf diese Weise empfohlen werden. Die franziskanischen Brüder der Versöhnung und Opus Dei (das freilich kein geistlicher Orden ist, aber auch kein Säkularinstitut mehr) haben eine sehr unterschiedliche Einstellung zur Seligsprechung ihrer Gründer.

Die Brüder der Versöhnung (Friars of the Atonement, FA) wurden 1898 von Lewis T. Wattson (1863–1940), einem anglikanischen Priester, zu Graymoor, einem Hügel in den Hudson Highlands im Staat New York, gegründet. Mit Klosternamen nannte er sich Pater Paul James Francis. Zusammen mit den Schwestern der Versöhnung, gegründet von Schwester Lurana White (1870–1935), «lief» seine kleine Gemeinschaft unter einem Sturm der Beschimpfung «zu Rom über». Diese Ursprünge erklären ihre ökumenische Berufung. Bei einem Kapiteltreffen in den 1970er Jahren beschlossen die Brüder der Versöhnung, nicht auf die Beatifikation ihres Gründers zu drängen, nicht weil sie ihn nicht für heilig genug gehalten hätten, sondern weil sie meinten, es wäre eine falsche Verwendung von Geld ohne bedeutende geistliche Entschädigung (siehe Joseph P. Eagan, *Pilgrim from Canterbury*).

Opus Dei hatte solche Hemmungen nicht gezeigt, obwohl sein Gründer,

Msgr. Escrivá de Balaguer, erst 1975 starb (ihn also die Änderung der Vorschriften von 1985 an zulassungsfähig macht). Im Gegenteil haben sie alles mögliche darangesetzt, um dafür zu sorgen, daß ihr Mann mit Hilfe des Präfekten der Heiligenkongregation, Kardinal Pietro Palazzini, durchgebracht wird. Ein Hinweis war, daß am 19. März 1982 bei einer feierlichen Zeremonie anläßlich des neuen Status von Opus Dei Erzbischof Romolo Carboni, immerhin der vatikanische Nuntius bei der Republik Italien, «sich auf den Tag freute, an dem Msgr. Escrivá zur Ehre der Altäre erhöht würde». Er sagte das in Gegenwart Palazzinis; das ganze Ereignis wurde im Fernsehen übertragen, und den Kommentar lieferte der wohlbekannte Nachrichtensprecher Alberto Michelini, ein Opus Dei-Mitglied. Anders als bei den Graymoor-Brüdern ist es klar, daß Opus Dei das dieser Sache gewidmete Geld gut angelegt hat.

Ihre Kampagne ist gründlich gewesen. 1982, anläßlich des siebten Jahrestages seines Todes, hielt sein Nachfolger Alvaro del Portillo eine Predigt, in der er erklärte, daß es eine «weitverbreitete volkstümliche fromme Verehrung für den Gründer» gebe und «er, ohne dem Urteil der Kirche vorgreifen zu wollen, eine Gestalt sei, die man nicht übergehen könne». Um es ganz deutlich zu machen, schrieb am selben Tag der Sekretär (in Kürze Vorsitzende) der C.E.L.AM. (Lateinamerikanische Bischofskonferenz), der argentinische Erzbischof Antonio Quarracino, einen Artikel in *L'Avvenire*, der katholischen Tageszeitung, in dem er sagte: «Ich weiß nicht, ob Msgr. Escrivá kanonisiert werden wird, aber wenn ich sehe, daß kluge und ernsthafte Menschen, die die Bedeutung der Worte kennen, ihn als Heiligen beurteilen, sage ich mir, daß dies geschehen muß.» Er schrieb Widerstand gegen die Beatifikation dem Wirken des Teufels zu. Inzwischen enthüllte der «Postulator» der Sache Escrivás, Pater Flavio Capucci, daß eine Opus Dei-Schwester in Madrid von einem Tumor geheilt und dies «durch ein Gebet des Gründers von Opus Dei veranlaßt» worden sei. Da Papst Johannes Paul ein begeisterter Bewunderer von Opus Dei ist, müssen die Chancen, daß Escrivá bald seliggesprochen wird, für sehr gut gehalten werden.

Dies alles ist um so wahrscheinlicher, als Palazzini ein weiterer eifriger Anhänger von Opus Dei ist. Er hat eine eigenartige Karriere gehabt. Paul VI. machte ihn 1973 zum Kardinal, betraute ihn aber nicht mit einem bedeutenden Posten. Er schien auf den sicheren Hafen der Pensionierung zuzusteuern, und seine einzige Aufgabe war, amtierender Vorsitzender einer Gesellschaft zu sein, die sich der Seligsprechung Pius' IX., des Papstes des Syllabus der Irrtümer und des Vatikanum I, widmete. Papst Johannes Paul machte diesen atavistischen Rückfall am 27. Juni 1980 zum Präfekten der Heiligenkongregation. Palazzini war damals achtundsechzig.

Fast genau fünf Jahre später wurde bekanntgegeben, daß Pio Nono die erste Hürde genommen hatte; er konnte jetzt mit dem Titel «Verehrungswürdig» bezeichnet werden. Giancarlo Zizola, einer der besten Vatikanologen, hat Palazzini in diesen Worten beschrieben:

> Er ist der eigentliche starke Mann des Pontifikates, derjenige, der Entscheidungen von grundlegender Bedeutung fällt. Während der Jahre der Päpste Johannes XXIII. und Paul VI. war er in der Opposition. Paul VI. verweigerte ihm bis zum letzten Augenblick das Amt eines Kardinals, weil er wußte, wie sehr Palazzini Johannes XXIII. gehaßt hatte. Palazzini ist der zentrale Pfeiler des Einflusses von Opus Dei im Vatikan, und er ist derjenige, der dem Papst den ständigen finanziellen Zustrom von seiten dieses riesigen katholischen Multis sichert – für alle seine Bedürfnisse, aber besonders für die Entfaltung des Wojtylaschen Bewegungsdranges und den Transfer polnischer Priester in andere Länder («Die Gegenreformation Johannes Pauls II.», *Magill*, Dublin, 7. März 1985).

Palazzinis Aufgabe also ist es, darauf zu achten, daß keine störenden Heiligen durchkommen. Man dürfte zum Beispiel Papst Johannes' XXIII. Chancen auf Seligsprechung nicht sehr hoch einschätzen. Dennoch ist in seinem Fall die vorgeschaltete historische Kleinarbeit abgeschlossen, Wunder sind glaubhaft vermeldet worden, und es gibt keinen Zweifel an dem Kult, der um ihn entstanden ist. Papst Johannes' Grab in der Krypta der Peterskirche hat immer die meisten Blumen. Warum also die Verzögerung? Weil seine Seligsprechung nicht dem Gesamtzweck dieses Pontifikates dienen würde.

Der gleiche Gedankengang schließt auch die Seligsprechung von Oscar Romero, Erzbischof von El Salvador, aus, der am Altar einer Krankenhauskapelle am 24. März 1980 ermordet wurde. Es sollte eigentlich ein klarer Fall von Martyrium sein, und unmittelbar danach bildete sich ein Kult. Er war, wie man sagt, schon «heiliggesprochen in den Herzen und Köpfen» der Lateinamerikaner. Gustavo Gutierrez, der «Vater» der Theologie der Befreiung, erklärte, daß Romeros Tod die lateinamerikanische Geschichte in «davor» und «danach» geteilt habe. Er war der erste bischöfliche Märtyrer der Theologie der Befreiung (obgleich über 800 Priester, Ordensleute und Laien schon getötet worden waren). Romero wurde ermordet, weil er die Armen und die Unterdrückten gegen die Regierung verteidigte. Er wurde getötet, weil er «die Stimme derer, die keine Stimme haben» wurde, und es war eine unbequeme, prophetische Stimme. Eines von den Dingen, die er Papst Johannes Paul sagte, mag ihm übelgenommen worden sein: «In meinem Land ist es sehr schwierig, von Antikommunismus zu sprechen, weil Antikommunismus das ist, was die Rechte predigt, nicht aus Liebe zu christlichen Ansichten, sondern aus einer selbstsüchtigen Sorge, ihre eigenen Interessen zu fördern.»

Das war keine Musik in Johannes Pauls Ohren. Jedenfalls hat er Romero nie einen Märtyrer genannt. Und obwohl er privat an Romeros Grab betete, als er nach San Salvador kam – er hätte diese Geste der Achtung kaum auslassen können –, verriet er keine große Begeisterung für die Sache des verstorbenen Erzbischofs und warnte sogar vor der «Manipulation» seines Gedächtnisses. Mit einer zum dramatischen Crescendo erhobenen Stimme (ich habe die Kassette noch) rief er: «Laßt nicht ideologische Interessen das Opfer dieses großen Seelsorgers ausbeuten!» Da El Salvador sich in einem Bürgerkrieg befand und da es keine Möglichkeit gab, wie die Regierung einen Mann ausbeuten könnte, den sie für ihren Widersacher hielt, muß dieser Ruf sich an die linksgerichteten Guerilleros in den Bergen gerichtet haben, die an ihren knackenden Transistorradios zuhörten. So versucht Papst Johannes Paul, der Linken ihren Helden zu nehmen. Vielleicht schenkt er halb der Theorie Glauben, die von Kardinal Alfonso Lopez Trujillo verbreitet wurde: Romero wurde nicht von einer Todesschwadron der Regierung ermordet (wie alle anderen glauben), sondern von Linken, die eine Revolte provozieren wollten.

Aber wenn Oscar Romero den rechten Augenblick abwarten muß, wird die Sache von Francesco Forgione, besser als Padre Pio bekannt, vorangetrieben. Wir wissen das, weil Papst Johannes Paul II. selbst den ungewöhnlichen Schritt getan und vor der Instanz, die Padre Pio untersucht, ausgesagt hat. Um zu verstehen, was vor sich geht, muß man in der Geschichte zurückgehen. Padre Pio, ein Kapuziner, war eine große Kultfigur im Pontifikat von Papst Pius XII, gewesen. Er hatte die Wundmale Christi an seinen Händen und Füßen und soll «den Duft von Rosen» verströmt und im Beichtstuhl angeblich das «zweite Gesicht» gebraucht haben. (Es gibt eine Geschichte, daß Graham Greene sich einmal in die Schlange einreihte, um bei Padre Pio zu beichten, aber in Panik flüchtete, als gerade die Reihe an ihn kam.)

Aber es gab immer Kontroversen um Padre Pio, und 1962 ordnete Papst Johannes eine Untersuchung an und verbot ihm, Pilger zu empfangen, solange sie andauerte. Karol Wojtyla jedoch, zur ersten Sitzungsperiode des Konzils in Rom, hatte weiterhin Vertrauen zu Padre Pio und bat ihn, für Wanda Poltawska zu beten, eine Krakauer Psychiaterin, Mutter von vier Kindern und Überlebende eines Konzentrationslagers, die nun im Alter von vierzig Jahren Krebs hatte und im Sterben lag. «Man kann bei so einer Bitte nicht nein sagen», soll Padre Pio gesagt haben. Zehn Tage später schrieb Kardinal Wojtyla einen zweiten Brief an Padre Pio, um ihm mitzuteilen, daß Wanda bereits geheilt wäre (siehe Bruno Bartolini, *Corriere della Sera*, 4. Oktober 1984). Dieser Briefwechsel, der auf Latein stattfand, wurde vom Papst der Heiligenkongregation vorgelegt. Zweifellos wird Kardinal Palazzini wissen, was er damit anzufangen hat. Aber man kann auf kein anderes vergleichbares Beispiel direkten päpstlichen Eingreifens in einen Seligsprechungsprozeß verweisen.

Ich will jedoch nicht andeuten, daß es der gegenwärtigen Heiligenkongregation an Integrität mangelt oder der geschichtliche Hintergrund unzuverlässig ist. Sie wird einfach aufgefordert, in manche Richtungen genauer zu blicken als in andere. Heiligsprechungen haben fast immer ein zusätzliches Motiv gehabt außer dem offenkundigen, das erklärt, daß jemand im Himmel ist. Sie drücken immer eine Auswahl bestimmter Werte aus. Die Seligsprechung des Curé d'Ars 1905 war ein Tribut an seine Tugendhaftigkeit, aber sie deutete auch an, daß «Einfachheit» von größerer Wichtigkeit in einem Priester ist als «Bildung» (die angeblich die «Modernisten» irreführte).

Die Heiligsprechung der Jeanne d'Arc 1920 war nicht nur die Berichtigung eines historischen Fehlers – sie war als rückfällige Ketzerin auf dem Scheiterhaufen verbrannt worden –, sie hatte auch eine politische Dimension. Sie besiegelte die Aussöhnung des Vatikans mit der französischen Regierung nach der *«union sacrée»* des Ersten Weltkrieges, als Katholiken gezeigt hatten, daß sie genauso patriotisch waren und für Frankreich zu sterben bereit wie jeder andere. So konnten die diplomatischen Beziehungen wieder aufgenommen werden. Die Heiligsprechung von Thomas More, dem ehemaligen Lordkanzler von England, und John Fisher, Bischof von Rochester, 1935 hatte die Absicht, den «Engländern» zu schmeicheln, während sie zugleich die Notwendigkeit einer Vereinigung mit Rom verteidigte. Sie «starben für den Papst».

Die Heiligsprechung ist, anders ausgedrückt, kein eindeutiger Akt mit einer einzigen Bedeutung. Ihre Bedeutung kann hierhin und dorthin geschoben werden. Eines der auffallendsten Beispiele war die Heiligsprechung der vierzig englischen und walisischen Märtyrer 1970. Ihr «Prozeß» hatte über Generationen auf der langen Bank gelegen. Es schien vielen Anglikanern und dem Britischen Kirchenrat inopportun, mit der Heiligsprechung fortzufahren. Sie würde Feindschaften und Leidenschaften in dem Augenblick wiederbeleben, wo sie dank der ökumenischen Bewegung gerade abflauten. Die englischen und walisischen Bischöfe wünschten die Heiligsprechung als eine Bekräftigung römisch-katholischer Identität, die durch diesen ganzen ökumenischen Unsinn, wie manche insgeheim glaubten, gefährdet würde. Obwohl die Vierzig anscheinend einen sehr englischen Mangel an Begeisterung für Wunder an den Tag gelegt hatten, wurde diese Bedingung zurückgestellt, und der große Tag kam am 25. Oktober 1970.

Bei dieser Gelegenheit veränderte Paul VI. die Bedeutung des Ereignisses und gab ihm eine neue Dimension. Denn er entschied sich dafür, seine herzlichste Erklärung über die Anglikanische Kirchengemeinschaft in ebendieser Predigt abzugeben:

> Möge das Blut dieser Märtyrer die große Wunde heilen können, die Gottes Kirche infolge der Trennung der Anglikanischen Kirche von der katholischen Kirche zugefügt wurde ... Ihre Hingabe an ihr Land gibt uns die Gewißheit, daß an dem Tag, an dem – so Gott will – die Einheit von Glauben und Leben wiederhergestellt ist, der Ehre und Souveränität eines großen Landes wie England keine Kränkung zugefügt werden wird. Es wird keinen Versuch geben, das rechtmäßige Ansehen und den Brauch, die der Anglikanischen Kirche eigen sind, zu mindern, wenn die römisch-katholische Kirche – diese demütige Dienerin Gottes – ihre stets geliebte Schwester in der einen gültigen Gemeinschaft der Familie Christi umarmen kann, eine Gemeinschaft der Herkunft und des Glaubens, eine Gemeinschaft des Priestertums und der Regel, eine Gemeinschaft der Heiligen in der Freiheit und der Liebe des Geistes Jesu.

Dies ist ein sehr klares Beispiel dafür, was mit der «Plastizität» der Heiligsprechung gemeint ist. Sie hat keine absolute Bedeutung an sich: Sie erhält ihre Bedeutung aus den Worten, die sie begleiten und erklären.

Dieses Kapital mag mit einigen Überlegungen schließen, die sich auf das Werk des belgischen Jesuiten Pierre Delooz stützen. Er hat eine soziologische Untersuchung der Heiligsprechungen durchgeführt («Beitrag zu einer soziologischen Studie kanonisierter Heiligkeit», in *Saints and Their Cults*). Er zeigt, daß man Heilige eine beliebige Zahl von Rollen spielen lassen kann. So ist der heilige Antonius von Padua – heute gewöhnlich mit dem Christuskind auf seinen Armen gemalt – in der Ikonographie als Weiser, Gesundbeter oder spanischer Admiral, der die Mauren aus Oran vertreibt, dargestellt worden. Das bekräftigt die Theorie von der «Plastizität» der Heiligsprechung.

Der heilige Antonius von Padua war wenigstens eine nachweisbare historische Persönlichkeit. Manche Heilige sind noch viel mehr «konstruiert» worden, entweder weil so gut wie nichts über sie bekannt war, wie im Fall der heiligen Anna, der Großmutter Jesu, oder weil sie nicht existierten, wie die unglückliche Philomena oder Katharina von Alexandria. Delooz schließt, daß Heilige «für andere Menschen» sind und «von anderen Menschen» gemacht werden. Man kann das Problem noch weiter komplizieren, indem man feststellt, daß die Bedingung der «heroischen Tugend» für die Heiligsprechung nicht viel bedeutet, wenn wir nicht wissen, welche besonderen Tugenden gewürdigt werden sollen.

Man betrachte dieses Beispiel: Thomas von Aquin sagte, daß die Tugend der Tapferkeit sich in der «Beständigkeit der Absicht» zeigt. Viele kanonisierte Heilige haben ungewöhnlich wenig Beständigkeit gezeigt und sind in geistliche Orden ein- und ausgetreten wie Jo-Jos. Antonio Maria Claret (1807–70) zum Beispiel trat in ein Seminar ein, verließ es aber, um Kartäuser zu werden. Ehe er jedoch das Kloster erreichte, änderte er seine Meinung und kehrte ins Seminar zurück, wo er zum Diözesanpriester geweiht wurde. Nach einer unbefriedigenden Weile als Jesuitennovize ging er nach Lateinamerika, wurde Erzbischof, überlebte mehrere Mordversuche, kehrte als Beichtvater der Königin nach Spanien zurück, begleitete sie nach der Revolution von 1868 ins Exil nach Paris und zog sich schließlich in eine Zisterzienserabtei zurück, um der französischen Polizei zu entgehen. Beständigkeit! Er wurde 1950 auf die Bitte der Ordenskongregation, die er fast geistesabwesend gegründet hatte, der Claretiner, heiliggesprochen. In einer Fußnote führt Delooz noch bemerkenswertere Beispiele von Unbeständigkeit an.

Kurz, wie sehr sich einer auch anstrengt, ist es doch so etwas wie ein Glückstreffer, wer für die Auszeichnung der Kanonisation ausgewählt wird. Das führt uns zum Ausgangspunkt dieses Kapitels zurück. Der «Heilige» ist ein Durchschnittschrist, der versucht, die Forderungen des Evangeliums in seinem Leben ernst zu nehmen. Daß einige herbeigewunken werden, um «zur Ehre der Altäre erhoben» zu werden, ist zweifellos eine gute Sache, denn es macht die Tatsache öffentlich, daß der Heilige Geist unter dem Volk Gottes noch am Werk ist und in Christus ein neues Zeitalter, die Heilsgeschichte, begann.

Hierin besteht die theologische Rechtfertigung für die Existenz der Kongregation für die Selig- und Heiligsprechung.

10

Sie dienen auch

Die allgemeine Einstellung der Römischen Kurie ist in den vorigen Kapiteln schon vermittelt worden. Bleibt noch, den Überblick über die «alte Kurie» (das ist die Kurie, wie sie bis zum 31. Dezember 1967 war) zu vervollständigen. In diesem Kapitel wird die Arbeit von drei weiteren Kongregationen beschrieben, und ein «typisches» Problem soll ihre Arbeit und Haltungen beleuchten. Neue Gedanken sind nicht zu erwarten.

Die Kongregation für den Klerus geht auf das Jahr 1564 zurück. Bis 1967 war sie als die Kongregation für das Konzil bekannt: Das Datum wie ihre Bezeichnung erinnern daran, daß ihre Aufgabe die Durchführung des Konzils von Trient war. Da Trient die Priesterschaft reformierte, gehörte der Klerus in ihre Zuständigkeit, aber es war eine Art Lumpensammlerabteilung, die vieles andere aufnahm, was an keine andere Stelle paßte. Sogar Paul Poupard, ein höchst respektvoller Schreiber über den Vatikan und heute Kardinal, gibt zu, daß sie «weniger historische Kontinuität» als jedes andere Dikasterium hat, und beschreibt sie etwas ambivalent als «einen Anachronismus, dem Paul VI. neues Leben einhauchte» *(Il Vaticano Oggi)*. Aber sie hat immer noch die drei Abteilungen oder «Ämter», die sie traditionell hatte.

Das erste befaßt sich mit dem intellektuellen und geistlichen Leben der Priester, das zweite mit der Verkündigung des Wortes Gottes, was Katechese in allen ihren Formen und die Billigung örtlicher katechetischer Richtlinien umfaßt, und das dritte und am meisten zum Gähnen reizende beschäftigt sich mit der weltlichen Verwaltung der Kirche – Vermächtnisse, Andachtsräume, Reliquienschreine, Kapellen, Gemälde, Gobelins und

Kunstwerke im allgemeinen, Steuern, Ruhegehälter des Klerus, Gesundheitsfürsorge und priesterliche Alkoholiker.

Den Vorsitz über diese mannigfaltige Tätigkeit – wovon das meiste auf einer örtlichen Ebene behandelt werden könnte – führte bis vor kurzem Kardinal Silvio Oddi. 1910 geboren, das zwölfte von vierzehn Kindern und Mitglied einer Gruppe, die in der Kurie als die «Piacenza-Mafia» bekannt ist, verbrachte er den größten Teil seines Arbeitslebens als vatikanischer Diplomat im Nahen Osten, landete dann aber schließlich als Nuntius in Belgien, wo Kardinal Léon-Joseph Suenens ihm mit seinen aufsehenerregenden Interviews schlaflose Nächte bereitete. 1969 kehrte er nach Rom zurück, als Paul VI. ihm einen Kardinalshut gab, aber keine ernsthafte Arbeit. Wie seinem Freund Palazzini wurde ihm in Wirklichkeit das Gnadenbrot gegeben.

Es wurde angenommen, daß er sich ruhig auf den Tod vorbereitete. Seine theologischen Ansichten waren kaum von denen des abweichlerischen Erzbischofs Marcel Lefebvre zu unterscheiden. Er betrachtete Vatikanum II als Ursache für die Krise der Kirche. Es war deshalb eine große Überraschung – für die Uninformierten –, als Johannes Paul II. ihn 1979 zum Präfekten der Kongregation für den Klerus machte. Oddi «konservativ» zu nennen, wäre eine Untertreibung. Er ist mit den am weitesten rechts stehenden katholischen Gruppen verbunden, darunter «Catholics United for the Faith» (CUF) in den USA. In Interviews in *The Wanderer* drängt er sie, nach Rom zu schreiben und die Unorthodoxie anzuzeigen, wo immer sie ihr begegnen.

So hört man gewöhnlich von der Kongregation für den Klerus nur, wenn sie irgend etwas verboten hat. Oddis eigene Erklärung, wie das Amt für Katechetik zustande kam, deutet an, daß es eines jener zeitweiligen Notbehelfe war, die dann zur Dauereinrichtung gemacht wurden. Er sagt:

> Das Amt für Katechetik entstand ursprünglich, als Länder, die Konkordate mit der Kirche hatten, darauf bestanden, religiöse Texte zu billigen, die zum Religionsunterricht in öffentlichen Schulen benutzt wurden. Da die Verhandlungen oft Beziehungen zu den nationalen Regierungen mit sich brachten, waren die örtlichen Bischöfe oft in einer ungünstigen Lage und begrüßten die Hilfe des Heiligen Stuhles. In jenen Tagen hatten viele Länder nur einen einzigen nationalen Katechismus, der für die Staatsregierung wie für die Kirche annehmbar war. In neuerer Zeit jedoch fehlt vielen Ländern ein einziger nationaler Katechismus. Statt dessen überwacht jede Diözese die Bücher, die als religiöse Texte benutzt werden dürfen. Von Ihrer amerikanischen Erfahrung her können Sie sich sicher leicht vorstel-

len, wie unser katechetisches Amt sich ausgedehnt hat. Warum das Amt für Katechetik im Amt für den Klerus untergebracht ist, hat seinen Grund darin, daß der Gemeindepriester oder -pfarrer der erste Lehrer des Glaubens in seiner Gemeinde ist, unmittelbar verantwortlich natürlich dem Bischof (Interview mit Richard Cowden-Guido in *The Wanderer,* 28. Juli 1983).

So wird also ein System, das für den Umgang mit der Kaiserin Maria Theresia von Österreich ausgedacht war, heute gegen Bischofskonferenzen eingesetzt. Poupard hatte recht, als er von Anachronismus sprach. Mit diesem umfassenden Prinzip ausgerüstet, ist Oddi gegen Katechismen in Frankreich und Italien vorgegangen. Die Franzosen versuchten, Zeit zu gewinnen. Die Italiener, die ihren Mann besser kennen, sagten praktisch, daß sie eine eigene katechetische Kommission hätten, mit der sie vollkommen zufrieden wären, und daß Oddi sich um seine eigenen Sachen kümmern sollte. Die Amerikaner gaben klein bei, als im April 1984 *Christ among Us,* einem Erwachsenenkatechismus, das *imprimatur* (die offizielle Druckerlaubnis) entzogen wurde. Es wurde nicht erklärt, wie ein Buch, das in über 1 600 000 Exemplaren verkauft und zur Einführung zahlloser Konvertiten benutzt worden war, so plötzlich sein *imprimatur* verwirkt hatte. Es war wie das Schließen der Stalltür, nachdem das Pferd durchgegangen war – wie sich herausstellte, so schnell wie möglich in Richtung eines weltlichen Verlegers, der sich nicht mit einem *imprimatur* herumschlagen mußte und für Verkaufszwecke diese vatikanische Entsprechung eines Gütestempels begrüßte.

Die Kongregation für den Klerus hat auch eine Erklärung produziert: «Über gewisse Bewegungen und Vereinigungen, die dem Klerus verboten sind» (8. Mai 1982). Sie besagte, daß Priester keinen organisierten politischen Bewegungen, gleich welcher Art, angehören dürfen. Das konnte gegen jeden Priester verwendet werden, der «sich parteipolitisch betätigte» wie jene, die Minister in der Sandinistischen Regierung in Nicaragua waren. Aber das wirkliche Ziel war die *Pacem in Terris*-Bewegung in der Tschechoslowakei. Auf sie wurde versteckt in der Verurteilung der Vereinigungen von Priestern angespielt, die «direkt oder indirekt, offen oder verdeckt, Ziele verfolgen, die mit Politik verbunden sind, selbst wenn sie sich so darstellen, als suchten sie humanitäre Ideale, Frieden und soziale Entwicklung zu fördern». In einem Interview mit Domenico Del Rio in *La Repubblica* (11. März 1982) gab Oddi zu, daß dieses Dokument *Pacem in Terris* im Visier hatte. Das Ergebnis in der Tschechoslowakei ist der totale Stillstand gewesen. Priester dürfen nicht zusammenkommen außer als Mitglieder von *Pacem in Terris.* Der Vatikan weigert sich, Bischöfe aus ihren

Reihen zu ernennen. Loyale Priester können sich überhaupt nicht treffen. Der einzelne Priester hat keine Unterstützung. Die Aussichten sind trostlos.

Papst Johannes Paul sprach vor der Vollversammlung der Kongregation für den Klerus – ihrem jährlichen Beisammensein – am 20. Oktober 1984. Er zeigte sich viel weniger konservativ als Oddi. Auf der einen Seite vertrat er den antibrasilianischen Standpunkt, daß die Kirchengemeinde (und nicht die Basisgemeinde) «die erste Schule des Glaubens, des Gebets und der kirchlichen Lebensführung ... das erste Feld kirchlicher Liebe ... der hauptsächliche Sitz der Katechese ist» (*Osservatore Romano*, 21. Oktober 1984). Es sei einem gestattet zu bemerken, daß in der entwickelten Welt es nicht so sehr «Basisgemeinden» sind, als die Tatsache, daß die Menschen Autos haben, was die Territorialgemeinde weniger wichtig macht. Sie können frei entscheiden, wo sie zum Gottesdienst gehen wollen. Aber auf der anderen Seite sprach der Papst von Laienämtern in Worten, die Kardinal Oddi fremd sind: «Da Laien sind nicht nur das Objekt des seelsorgerischen Amtes, sondern müssen auch aktive Mitarbeiter werden, aufgrund der ihnen eigenen Berufung als Laien und des wesentlichen Bedürfnisses der Kirche.» Diese Fragen werden auf der Synode 1987, die der «Mission der Laien in der Kirche und der Welt» gewidmet ist, auf den Tisch kommen. Da Laien und Priester durch den Gegensatz zueinander definiert werden, sind die zwei Themen sehr eng verbunden. In einem späteren Kapitel werden wir dies von der Seite der Laien her betrachten.

Oddis Vorgänger bei der Kongregation für den Klerus war der amerikanische Kardinal John J. Wright, früher Erzbischof von Philadelphia, in den 1960ern bekannt als «der Eierkopf-Bischof», vor allem aus dem Grund, weil ein Bischof, der Bücher liest, damals ein fünftes Rad am Wagen war. Er war auch außerordentlich dick, und den Platsch, wenn er ins Schwimmbecken sprang, mußte man miterleben, um es zu glauben. Dem unausgesprochenen nachkonziliaren Prinzip folgend, daß es einen Amerikaner auf einem Spitzenposten der Kurie geben mußte, wurde Kardinal William Wakefield Baum, Erzbischof von Washington, am 25. Januar 1980 Präfekt der Kongregation für das katholische Unterrichtswesen. Er war auch von Amts wegen Großkanzler der Gregorianischen Universität. Es kann kaum einen geben, der noch nie von Baums Geburtsort gehört hat: Dallas, Texas. Das Datum, der 21. November 1926, ist weniger bekannt. Aber die Familie zog nach Kansas City, Missouri, wo der junge Baum studierte, geweiht wurde und Gemeindepfarrer und schließlich Kanzler der Diözese wurde.

Er übt ebensoviel Zurückhaltung wie seine Kongregation. Das katholische Unterrichtswesen ist das Aschenputtel unter den vatikanischen Dikasterien. Die Kongregation wurde unter Sixtus V. 1588 ins Leben gerufen.

Ihre Aufgabe war, die römischen Universitäten und die anderen großen Universitäten der katholischen Welt – Bologna, Paris und Salamanca zum Beispiel – zu überwachen, aber auch die in der Neuen Welt wie Léon in Nicaragua. Bis dahin waren Universitäten unabhängige Lehen gewesen und wurden bei Konzilen aus eigenem Recht vertreten. Sie waren schließlich das ursprüngliche Magisterium, das heißt die Lehrautorität. Die neue Kongregation hatte nicht viel Erfolg. Der Beweis ist, daß Papst Leo XII. 1824 einen Neubeginn mit einer *Congregatio Studiorum* (Kongregation für die Studien) machen mußte, deren Mandat sich allerdings nur auf den Kirchenstaat erstreckte. Von 1870 an beanspruchte sie eine breitere und allgemeinere Autorität. Schrittweise wurden die Seminare dazugenommen, die gefügigere Ziele als die Universitäten waren.

Schließlich erreichte die Kongregation 1967 ihre gegenwärtige Form. Es gibt drei Abteilungen, die die Seminare einschließen (außer denen, die unter die Kongregation für die Orientalischen Kirchen oder Propaganda Fide fallen), die meisten Universitäten, Fakultäten und Einrichtungen der höheren Bildung in geistlichen Händen (*dipendenti da persone fisiche o morale ecclesiastiche, Annuario Pontificio,* 1984) sowie katholische Schulen im allgemeinen.

Bei den katholischen Schulen im allgemeinen kann Kardinal Baum nicht viel ausrichten, außer sie ermutigen, bei der Stange zu bleiben. Aber Lehrer in Seminaren und anderen hochschulähnlichen Bildungseinrichtungen müssen eine «kanonische Mission» aufweisen, was praktisch bedeutet, daß sie eine Lehrbefugnis des Bischofs haben müssen. Das ist es, was Hans Küng in Tübingen verlor (wenn es auch seine Lehrtätigkeit am Ökumenischen Institut nicht beeinträchtigen kann). Die Professoren im Seminar von São Paulo sind nach einer Sondervisitation von Kardinal Joseph Höffner aus Köln Anfang 1985 von einer ähnlichen Strafe bedroht. Es stimmt, daß er als Abgesandter der Kongregation für die Glaubenslehre reiste und nicht für das katholische Unterrichtswesen. Aber das mag nur auf Baums Schwäche hinweisen. Aschenputtel geht nicht auf den Kurienball.

Da die Kongregation für den Gottesdienst für die Liturgie zuständig ist, berührt sie das Leben von mehr Katholiken als jedes andere Dikasterium. Nur wenigen wird das jedoch bewußt, außer wenn Erlasse erscheinen, die die Verwendung von Mädchen als Ministranten verbieten, auf der Beibehaltung «sexistischer» Sprache bestehen oder «die Tridentinische Messe wiederherstellen» (Indult vom 3. Oktober 1984). Bei diesen Gelegenheiten steht Pater Cuthbert Johnson OSB, verantwortlich für das englischsprachige Pult in der Gottesdienstkongregation, auf und erklärt, was geschehen ist. 1980 zum Beispiel hätten die amerikanischen Bischöfe empfohlen, daß die Gebete der Eucharistiefeier revidiert werden sollten, um «den ausschließlich männlichen Ton der Originalsprache zu tilgen». Die Gottesdienstkongregation lehnte dies ab, weil «das Problem kein allgemeines ist»: Die ganze englischsprechende Welt muß den Schritt gemeinsam tun, oder keiner kann einen Schritt tun. «Persönlich», fügte Dom Cuthbert hinzu, «habe ich etwas gegen einzelne Gruppen, die das Recht beanspruchen, die Bedeutung von Worten wie ‹man› (Mensch, Mann) und ‹mankind› (Mensch, die Männer) zu ändern» (*National Catholic Reporter*, 16. November 1984). Dieses Beispiel faßt die Probleme der Gottesdienstkongregation zusammen: Sie versucht, «das Allgemeine» in einer Welt der Teilkirchen zu vertreten.

Die Gottesdienstkongregation erhielt ihre gegenwärtige Gestalt am 5. April 1984, als die Kongregation für die Sakramente, die sich mit bestimmten Dispensationen und nicht vollzogenen Ehen befaßt, wieder selbständig wurde. Aber trotz verschiedener Namensänderungen kann man sagen, daß die Gottesdienstkongregation in Kontinuität mit den Gremien steht, die für die Durchführung der von Vatikanum II verlangten liturgischen Veränderungen verantwortlich waren. Das wird sie nicht in aller Augen empfehlen. Die liturgische Veränderung gründete auf folgendem Prinzip: «Damit eine gesunde Tradition gewahrt bleibe und dennoch der Weg für einen berechtigten Fortschritt frei sei, soll eine gründliche Untersuchung jedes Teils der Liturgie, der revidiert werden soll, vorgenommen werden. Diese Untersuchung sollte immer theologisch, historisch und pastoral sein» *(Sacrosanctum Concilium).*

Diese drei Dimensionen, die theologische, die historische und die pastorale, bestimmen die Arbeit der Gottesdienstkongregation. Ich will ein Wort dazu sagen, wie jede von ihnen für die Eucharistiefeier, den zentralen gottesdienstlichen Akt, gilt.

Jeder liturgische Akt enthält eine Theologie und drückt eine Theologie aus. *Lex orandi, lex credendi:* wie wir beten, so glauben wir. Das Konzil von Trient sorgte sich mehr darum, wer ermächtigt war, die Eucharistiefeiern zu leiten, als um die tatsächliche feierliche Handlung. Das Ergebnis war, daß der Gottesdienstbesucher oft zu einem passiven und stummen Zuschauer gemacht wurde. Pius X. begann in den ersten Jahren dieses Jahrhunderts, mit dieser Tradition zu brechen, als er die «aktive Teilnahme» aller Gläubigen an der Messe betonte. Vatikanum II entwickelte die logische Folge: Wenn alle Gläubigen an der Messe teilnehmen sollten, dann müßte sie in einer allen verständlichen Sprache sein. Vatikanum II stellte auch den gemeinschaftlichen Aspekt des Gottesdienstes heraus. Der tridentinische Ritus überließ die Gottesdienstbesucher der andächtigen Isolation als getrennte Monaden, die bloß zufällig nebeneinanderstanden. Vatikanum II hoffte, daß den Christen die gemeinschaftliche Natur ihrer

Erlösung durch gemeinsames Beten und Singen bewußt würde. Warum singen? *Qui cantat, bis orat,* sagte Augustinus. Wer singt, betet zweimal.

Der zweite Aspekt der Arbeit der Gottesdienstkongregation ist historisch. Die Menschen neigten dazu, die offenkundige Wahrheit zu vergessen, daß die Messe eine Geschichte hatte. Verschiedene Einzelheiten wurden aus zufälligen Gründen dazugenommen. Andere Bräuche – wie die Handkommunion – fielen heraus. Die Bedeutung anderer Teile der Messe wurde undeutlich. Die Gebete des Offertoriums zum Beispiel wurden vom Priester unhörbar gesagt. Gewiß, man konnte in einem Buch «alles im Geist verfolgen». Aber wir sind keine körperlosen Geister, und es gibt allen Grund, weshalb die fünf Sinne (jene, die auf unserem Sterbebett gesalbt werden) in den Gottesdienst eingebracht werden sollen. Die Gegner einer liturgischen Veränderung in den 1960er Jahren waren zumeist unhistorisch in ihrem Denken, obwohl sie sich auf die Tradition beriefen. Sie bemerkten nicht, daß die «Messe Pius' V.» (oder Tridentinische Messe) selbst das Produkt einer Entwicklung von Jahrhunderten und in ihrer eigenen Zeit eine Reform war. Sie konnte keinen festgelegten, zeitlosen und unwandelbaren Standard beisteuern. Die Lektion der Geschichte war, daß die Kirche durchaus ein Recht hatte, ihren Gottesdienst selbst zu regeln.

Das dritte Kriterium der liturgischen Reform, das Vatikanum II anwendete, war, daß sie «pastoral» sein, das heißt auf die wirklichen Bedürfnisse der Menschen in ihrer eigenen Umgebung eingehen sollte. Sie strich den pädagogischen Sinn der Liturgie heraus. Das führte zum Beispiel zu einer größeren Vielfalt bei den Schrift-Lesungen, um den Katholiken breitere Teile der Bibel nahezubringen. Es führte zu größerer Flexibilität in der Liturgie für besondere Gruppen wie Kinder und Behinderte. Es führte auch zu einer stärkeren Anpassung an örtliche Kulturen. Dies kann jedoch Probleme schaffen.

Einer der ungelösten Streitpunkte, denen die Gottesdienstkongregation gegenübersteht, ist der liturgische Tanz. David tanzte vor der Bundeslade, und die Domherren von Sevilla tanzen immer noch (oder wiegen sich wenigstens leicht) zu Fronleichnam. Manche Wissenschaftler behaupten, daß Tanzen eine größere Rolle im frühen christlichen Gottesdienst spielte, als zugegeben worden ist (J.G. Davies, *Liturgical Dance: An Historical and Practical Handbook*). Aber man muß einräumen, daß es außer Gebrauch und außer Sicht geraten war. Man kann sich nicht vorstellen, daß Kardinal Augustin Meyer und Erzbischof Virgilio Noè, Präfekt und Sekretär der Gottesdienstkongregation, einen liturgischen Pas de deux tanzen. Selbst «Der Herr des Tanzes» gehört vermutlich nicht zu ihrem Repertoire.

Aber wo Tanzen Teil der einheimischen Kultur ist wie in vielen Gebieten Afrikas und Indiens, so argumentieren manche, habe es einen rechtmäßigen

Platz in der Liturgie, genauso wie die einheimische Musik. Es ist für einen Afrikaner genauso natürlich zu tanzen wie zu singen. Es ist bestimmt nicht natürlich, in ordentlichen Reihen auf Bänken zu sitzen und Frederick Fabers «Glaube unserer Väter» zu singen. In entwickelten Ländern sind Experimente mit liturgischem Tanz hauptsächlich auf Kinder («Musik und Bewegung») oder auf vornehme und würdevolle Gesten oder auf eine Pantomime biblischer Geschichten beschränkt gewesen. Manche sprechen lieber von Choreographie, weil das Wort weniger Leute reizt; andere meinen, daß die charismatische Bewegung nützlich dazu beigetragen hat, Hemmungen abzubauen. Diese Fragen wurden bei der von der Gottesdienstkongregation organisierten und in Rom vom 23. bis 28. Oktober 1984 abgehaltenen Konferenz angesprochen (voller Bericht in *«Vent' Anni di riforma liturgica»*, Il Regno, 1. Februar 1985).

Dieser internationale Kongreß beleuchtet die eine Art, in der sich die Gottesdienstkongregation von anderen Kongregationen unterscheidet. Sobald die Liturgie in der Landessprache möglich wurde, war die Gottesdienstkongregation ganz einfach unqualifiziert, als Mittelpunkt aller Initiativen, Experimente und Übersetzungen zu handeln. Sie war gezwungen, mit und durch örtliche liturgische Kommissionen auf einer nationalen oder Diözesanebene zu arbeiten. Sie machte aus der Not eine Tugend und nahm einen mehr «kollegialen» und beratenden Stil an: In den letzten zwanzig Jahren sind liturgische Texte in der erstaunlichen Zahl von 345 Sprachen gutgeheißen worden – und das ist noch nicht das Ende. Die Aufgabe der Gottesdienstkongregation ist es also, sicherzustellen, daß in allen diesen Texten «zuverlässige Einheit mit dem römischen Ritus» besteht. Offenbar kann man über das Vorhandensein oder Nichtvorhandensein «zuverlässiger Einheit» sehr lange streiten.

Jedoch haben die örtlichen Kirchen anscheinend nicht das Empfinden, daß die Gottesdienstkongregation ihnen im Nacken sitzt, und wenn doch, dann raten sie ihr, sie in Ruhe zu lassen. Die 228 Bischöfe und Experten, die im Oktober 1984 praktisch zu einer Minisynode über Liturgie zusammenkamen, nahmen kein Blatt vor den Mund. Einige unter ihnen waren über den Indult erbost, der erlaubte, das Meßbuch von 1962 (d.h. das tridentinische) zu benutzen. Sie waren verärgert, weil sie in dieser Frage 1981 zu Rate gezogen worden waren und ein festes Nein geäußert hatten (*Notitiae,* Dezember 1981). Das Urteil der Bischöfe und der Gottesdienstkongregation 1981 lautete, daß die tridentinische Messe eindeutig und unwiderruflich abgelöst war und daß ihre Wiedereinführung nicht dazu beitragen würde, Dissidenten wie Erzbischof Marcel Lefebvre zurückzuführen, weil der grundlegende Einwand der Traditionalisten der «hybriden und demokratischen Messe Paul VI.» galt. Sie lehnten die liturgische Veränderung ebenso ab, wie sie Vatikanum II ablehnten. Paul VI., der die tridentinische Messe liebte, sagte: «Dieser Ritus ist ein Symbol geworden wie die weiße Fahne der Monarchisten nach der Französischen Revolution – ein Symbol der Opposition gegen das Konzil.»

Der Indult, der die Erlaubnis gewährte, war von Meyer und Noè unterschrieben. Er war auf den 3. Oktober 1984 datiert. Er sah wie ein Präventivschlag aus, gerade zwei Wochen vor dem Kongreß. Die englischsprachige Diskussionsgruppe berichtete unter Beifall, daß der Indult «einen Schritt weg von der Ekklesiologie von Vatikanum II, das eine Einbeziehung des ganzen Volkes Gottes in die Eucharistie gemäß den unterschiedlichen Funktionen und Ämtern fordert» bezeichnete. Und noch einmal, «der Indult scheint die zu erfreuen, die der liturgischen Bewegung widerstanden haben, und zeigt einen Mangel an Rücksichtnahme gegenüber denen, die eine liturgische Erneuerung akzeptiert haben und den Richtlinien des Konzils gefolgt sind». Aber die letzte Anklage war die schmerzlichste. Dies sei eine handfeste Verhöhnung der Kollegialität. Sie waren um Rat gefragt worden. Sie hatten ihre Ansichten geäußert. Ihr Rat war herrisch umgestoßen worden.

Unglücklicherweise wurden diese Einwände an die falsche Adresse geschickt. Die Entscheidung kam vom Papst, und Noè war überstimmt worden. Wir wissen das aus einer Bemerkung von Lefebvre, der den Indult als ein kleines bißchen besser als nichts begrüßte und hinzufügte: «Dieses Dokument ist seit mehr als vier Jahren in Vorbereitung gewesen. Seine Veröffentlichung ist immer problematisch gewesen; es hat heftigen Widerstand dagegen gegeben. Der Papst muß eine persönliche Entscheidung gegen den Rat einer gewissen Zahl von Kardinälen und Msgr. Noè getroffen haben.» Hier haben wir also ein Beispiel von einem Dikasterium, das zwischen der Loyalität gegenüber seiner «Wählerschaft» und Loyalität gegenüber dem Papst gefangen ist. Das muß nicht selten vorkommen, aber es kommt selten ans Licht.

11

Propaganda und der Osten

Afrika und Asien sind schon im vorigen Kapitel im Zusammenhang mit dem liturgischen Tanz erwähnt worden. Aber strenggenommen fallen sie unter die Kongregation für die Evangelisation der Völker. Dieser unhandliche Brocken wurde von Paul VI. 1967 als neuer Name für die Kongregation *de Propaganda Fide* erfunden (was Propagierung oder Verbreitung des Glaubens bedeutete).

Propaganda Fide trat ins Leben, etwas vage, als zuständige Kongregation für einen geographisch definierten «Sektor» des katholischen Lebens anstatt für eine besondere Gruppe (Priester, Bischöfe oder Ordensleute). Da dies auch auf die viel neuere Kongregation für die Orientalischen Kirchen zutrifft, passen sie gut in ein Kapitel zusammen.

Propaganda nahm die Arbeit im 16. Jahrhundert unter Pius V. und Gregor XIII. auf, um mit zwei ziemlich eindeutigen Problemen fertig zu werden: die Evangelisation der Gebiete, die als Ost- und Westindien bekannt waren, und das Überleben in den Teilen Europas, die irgendeiner Form von Protestantismus erlegen waren. So war ihre ehrgeizige Aufgabe, die Neue Welt zu erobern und die Alte zurückzugewinnen.

Aber sie hörte zu Beginn des 17. Jahrhunderts völlig auf zu bestehen und mußte von Gregor XV. im Juni 1622 wiederbelebt werden. Seither blickte sie selten zurück. Der Präfekt von Propaganda war als «roter Papst» bekannt, weil seine Macht in Rivalität zum Generaloberen der Jesuiten gesehen wurde, den man den «schwarzen Papst» nannte. Sie befindet sich dennoch in den aufwendigen Gebäuden, die geschickt in der Nähe der spanischen Botschaft (und der Spanischen Treppe) liegen. Diese Nachbarschaft ist nicht zufällig. Spanien führte die katholische Missionsarbeit an, bis im 19. Jahrhundert Frankreich begann, eine führende Rolle zu spielen, und Holland, Belgien und Irland eine Bedeutung erlangten, die ihre Bevölkerungszahl weit überstieg. Heute, wie das *Annuario Pontificio* mit ärgerlicher Ungenauigkeit sagt, «umfassen die Gebiete, die von der Heiligen Kongregation abhängig sind, Regionen in Südosteuropa und den beiden Amerika, fast ganz Afrika, den Fernen Osten, Neuseeland und Ozeanien mit Ausnahme Australiens und fast die ganzen Philippinen».

Die Missionskongregation ist also in der Praxis für die «jungen Kirchen» in den «Missionsgebieten», wie sie meist hießen, verantwortlich. Zu der semantischen Veränderung kam es, als man sich klar machte, daß die ganze Kirche missionarisch war, und weil die Kirche eine Mission für die ganze Welt hat. Paris war gleichermaßen ein Missionsgebiet. Ghana konnte Missionare nach England schicken. Der Unterschied zwischen den örtlichen Kirchen ist, daß manche schon seit Jahrhunderten eingewurzelt und ein wenig müde geworden sind, während andere relativ frisch und voller Leben sind: Die meisten afrikanischen Kirchen reichen nicht mehr als hundert Jahre zurück. Sie sind alle Schwesterkirchen, wie Papst Johannes Paul mir auf dem Weg nach Afrika 1980 erzählte.

Doch wenn die Schwesterkirchen gleich sind, so scheint es doch, daß einige gleicher sind als andere. Die Kirchen, die Gegenstand des Wohlwollens der Missionskongregation sind, murren häufig über ihren demütigenden Abhängigkeitszustand. Sie mögen jung sein, aber sie sind nicht unreif. Zum Beispiel hat die Kirche in Zaire sechsundfünfzig Bischöfe, und die Hälfte seiner Zwanzig-Millionen-Bevölkerung ist katholisch getauft. Als Papst Johannes Paul es zum erstenmal im Mai 1980 besuchte, feierte es den hundertsten Jahrestag der ersten Missionare. Eigentlich dürfte die Kirche in Zaire inzwischen fest etabliert sein. Sie würde gern ihren Platz in den Reihen ihrer Schwesterkirchen einnehmen. Aber sie steht immer noch fest unter der Bevormundung durch die Missionskongregation und hängt ihr am Schürzenzipfel.

Macht das etwas? Ja, weil die Missionskongregation fast die vollständige Rechtsprechung über die jungen Kirchen hat – nicht ganz vollständig, denn die Rechte der Kongregationen für die Glaubenslehre, die Selig- und Heiligsprechung, den Gottesdienst, das katholische Unterrichtswesen (soweit es sich um Universitäten handelt) und die Orientalischen Kirchen (wo sie bestehen) behaupten sich immer noch in diesen ehemaligen Missionskirchen. Aber das läßt dennoch die Ernennung von Bischöfen in den Händen der Missionskongregation, was eindeutig das Entscheidende ist. Dann ist da auch das finanzielle Band: Kirchen der Missionskongregation sind vom Geld der Kongregation abhängig, das dorthin geht, wie weithin angenommen wird, wo die größte «Treue» und «Orthodoxie» gezeigt werden. Deswegen fühlen sie sich unreif, zweitrangig, abhängig.

Als Papst Johannes Paul 1980 nach Zaire reiste, wurde er von Kardinal Joseph Malula begrüßt, der allerdings bedauerte, daß er während seines Besuches keine wirklich afrikanische Liturgie sehen würde: Die vatikanischen Organisatoren der Reise hatten das verboten. Schwierige Fragen der Symbolik sind mit der Spendung der Sakramente verbunden. Brot und Wein zum Beispiel ergeben in der mediterranen Kultur einen Sinn, werden aber nicht allgemein in Äquatorialafrika verwendet. Diese Symbole sind also importiert und müssen gelernt werden. Die Frage, die sich hier stellt, lautet: Wieviel Verschiedenartigkeit ist mit der Einheit vereinbar? In Kampala, Uganda, erklärte Papst Paul VI. am 31. Juli 1969, am Fest des heiligen Ignatius von Loyola: «Eure Kirche muß vor allem katholisch sein. Aber wenn wir diese erste Antwort gegeben haben, müssen wir zur nächsten schreiten ... Ihr könnt und müßt ein afrikanisches Christentum haben.» Doch wenn es auf den praktischen Ausdruck eines «afrikanischen Christentums» ankommt, hat man letzten Endes immer sehr gezögert. Große Grundsatzerklärungen scheinen zu nichts zu führen. Papst Johannes Pauls Einstellung zur Afrikanisierung ist, gelinde gesagt, komisch. In der Hauptstadt von Zaire, in Kinshasa, drückte er sich 1980 dialektisch aus:

> Ihr versucht, ganz Christen und ganz Afrikaner zu sein. Der Heilige Geist fordert uns auf zu glauben, daß der Sauerteig des wahren Evangeliums die Macht hat, Christen in verschiedenen Kulturen, mit all den Reichtümern ihres Erbes, in einer geläuterten und verklärten Form zu erheben. Die Afrikanisierung bezieht weite und tiefe Bereiche ein, die erst noch voll erschlossen werden müssen, sei dies die Frage der Sprache, die notwendig ist, um die christliche Botschaft in einer Weise darzustellen, daß sie Geist und Herz der Menschen von Zaire anzieht, sei es der Katechismus oder die theologische Überlegung oder der passendste Ausdruck der gewöhnlichen Formen christlichen Lebens in der Liturgie oder das Herz Jesu.

Was man wirklich über «dialektische» Ausdrücke wissen muß, das ist, wo die Betonung liegt. Wenn wir das nicht wissen, können wir auch nicht wissen, was solche Gefühlsregungen bedeuten.

Bei seinem dritten Besuch Afrikas im August 1985 – die katholische Bevölkerung des Kontinents war inzwischen von 56 auf 67 Millionen gestiegen – definierte Papst Johannes Paul das Problem der Afrikanisierung als die Frage, «wie man ganz Christ und zur selben Zeit ganz Afrikaner sein kann». Was gebraucht werde, sagte er, sei ein Prozeß der «Inkulturation». Er gab zu, daß die frühen Missionare im allgemeinen die afrikanische traditionelle Religion als Barbarentum und Aberglauben verworfen hätten. Und doch enthielte sie einige religiöse Werte, der allgegenwärtige Sinn für das Göttliche, die Bindung an die erweiterte Familie, die Wertschätzung der Fruchtbarkeit. Also sagte Johannes Paul in Kamerun, es dürfe nicht die Rede davon sein, die traditionelle Religion auszurotten. Im Gegenteil sollte sie «geläutert, erhoben und erneuert» werden. Diese Formel geht auf Pius XI. zurück. Aber sie ist vielleicht weniger hilfreich als sie klingt. Denn alles hängt davon ab, wieviel «Läuterung, Erhebung und Erneuerung» gefordert sind und worauf diese Begriffe angewendet werden müssen. Die dreiundzwanzig Bischofskonferenzen Afrikas, die im Juli 1984 in Madagaskar zusammenkamen, baten förmlich um die Erlaubnis, ein «Konzil» für Afrika abzuhalten, um unter anderem die Afrikanisierung zu erörtern. Im Flugzeug auf dem Hinweg sagte Johannes Paul, er würde es sich lieber im Sinn einer «Synode» vorstellen.

Ein Vorfall, der andeutet, daß Papst Johannes Paul sich für bestimmte Aspekte der Afrikanisierung nicht begeisterte, war die unvermittelte Entlassung des Erzbischofs Emmanuel Milingo von seinem Amt in Lusaka, Sambia, im August 1982. 1930 geboren, 1958 zum Priester geweiht und 1969 zum Bischof, mißfiel Milingo die Art, wie fremde Missionare in Sambia afrikanische Kultur und Religion schmähten. Man könnte ihnen kulturellen Imperialismus vorwerfen. Ihr Gottesdienst in lateinischem Stil war zu intellektuell und langweilig für Afrikaner. Sie mißbilligten schreiende Säuglinge und nackte Frauenbrüste. Sie meinten, die Messe müßte pünktlich anfangen und nicht, wenn sich alle in der richtigen Stimmung fühlten.

Das Ergebnis war, daß viele enttäuschte afrikanische Katholiken zum *nyanga* (Medizinmann) und Ahnengeisterkult zurückkehrten. Ein kurzer Aufenthalt in Ann Arbor in Michigan überzeugte Milingo davon, daß das Christentum selbst eine Tradition des Heilens hatte, die die Kluft zwischen christlichem Glauben und afrikanischer Kultur überbrücken konnte. Die charismatische Bewegung hatte nur die Aufmerksamkeit auf etwas gelenkt, das in der Bibel stand. Außerdem stellte er fest, daß er eine besondere Gabe zum Heilen besaß. Es wurde das bemerkenswerteste Merkmal seines geistlichen Amtes. Aber Heilen bezog häufig Exorzismus ein, das Austreiben böser Geister, und das Weinen, Schreien, Rufen und Wälzen auf dem Boden, was das Exorzieren begleitete, verwirrte die Menschen, die mit solchen Dingen nicht vertraut waren.

Milingo wurde zwangsläufig von nichtafrikanischen Missionaren, darunter einigen Polen, beim Pronuntius in Lusaka, Erzbischof Giorgio Zur, denunziert. Es hieß, seine Heilungsgottesdienste wären eine Art Zauber. Es gab noch andere häßliche Andeutungen. Die Tatsache, daß die meisten von denen, die er heilte, Frauen waren, stellte ihn in ein schlechtes Licht. Doch Anthropologen erklärten, daß das nur zu erwarten gewesen war: In ländlichen Gebieten haben afrikanische Frauen einen eindeutigen Platz in der Gesellschaft; in den Städten haben sie keine Rolle und leiden an Identitätskrisen und psychosomatischen Beschwerden. 1978 wurde Milingo befohlen, seine Heilungsgottesdienste einzustellen. Er tat sein Bestes, um zu gehorchen, und versteckte sich manchmal, um seinen aufdringlichen Fans zu entkommen.

Der erste Hinweis, daß die Missionskongregation beschlossen hatte, Milingo an die Luft zu setzen, kam in einem Brief, den er von Erzbischof Zur im April 1980 erhielt. Milingo wurde «auf eine Weile zu theologischen Studien und stiller Besinnung, und auch um medizinische Hilfe bei den Ärzten zu suchen» nach Rom beordert. Da mit seiner körperlichen Gesundheit alles in Ordnung war, nahm Milingo an, daß seine geistige Gesundheit in Zweifel gezogen würde. Dies wurde durch Zurs nächste Bemerkung bekräftigt: «Wenn am Ende einer solchen Frist die Ärzte befinden, daß Sie bei guter Gesundheit sind, und wenn der Heilige Stuhl seitens Eurer Exzellenz alle notwendigen Garantien erhält, die es Ihnen möglich machen, Ihre Diözese in positiver und fruchtbringender Weise zu leiten, wird man Ihnen erlauben, Ihr Amt wieder aufzunehmen. Wenn nicht, wird die Diözese einem neuen Ordinarius anvertraut werden müssen.» Man kann dies mit gutem Recht als Drohbrief oder sogar Ultimatum beschreiben: Passe dich an oder mache dich auf Absetzung und Exil gefaßt. Der Brief steckt voller Phrasen und stellt den *stylus curiae,* den kurialen Stil, in seiner peinlichsten und schlimmsten Art dar.

Inzwischen hatte die Presse sich der Geschichte bemächtigt. Der Sekretär der Missionskongregation, der indische Erzbischof Simon Lourdasamy, protestierte ohnmächtig: «Dies ist eine Familienangelegenheit, eine interne Sache der Kirche – das geht die internationale Presse nichts an.» Das machte die Geschichte erst recht unwiderstehlich. Lourdasamy hatte einen stichhaltigen Punkt, als er klagte, daß *Time* und *Newsweek* bisher keine große Begeisterung für die Sache der «Afrikanisierung» gezeigt hätten. Ihr Interesse würde durch das berauschende Gebräu von Hexerei, Sex und Autoritarismus geweckt.

Milingo kehrte nie nach Sambia zurück und erhielt den neu erfundenen Posten eines «Sonderdelegierten» in der Päpstlichen Kommission für Auswanderung und Tourismus, ein unbedeutendes Amt unter der Kontrolle der Kongregation für die Bischöfe. Niemand scheint bedacht zu haben, daß die Missionskongregation der passende Ruhesitz für einen afrikanischen Erzbischof sein könnte. Die Ironie an der ganzen Affäre ist, daß Milingo dank seinem Rauswurf international bekannt wurde. Er hat einen Ruf erworfen, den er in Lusaka nie gehabt hätte. Er ist ein Symbol geworden und dazu ein recht fröhliches. «Wenn Gott einen Fehler machte, als er mich als Afrikaner schuf», sagt er, «ist es mir noch nicht klar geworden.» Er hat Bücher veröffentlicht und hält einen monatlichen Heilungsgottesdienst in Rom.

Der Grund, warum er in diesem Kapitel erscheint, ist, daß er einen Aspekt der Kurie im allgemeinen und der Missionskongregation im besonderen beleuchtet. Vielleicht gab es gute Gründe, Milingo aus Lusaka zu entfernen. Ein Anthropologe, der Milingo im großen und ganzen wohlgesinnt war, wies darauf hin, daß in der afrikanischen Kultur «die Funktionen des Heilens und Führens nicht verbunden werden können. Der Heiler ist nicht der Häuptling, und der Häuptling ist nicht der Heiler». Dies mag so sein, wenn auch der Vatikan gewöhnlich nicht so subtil in seinen Urteilen ist. Wichtig ist, daß die Sache gegen Milingo nie ordentlich geklärt oder ausgelegt worden ist. Allerwenigstens war es ein Fehlurteil. Heimlichkeit und das Fehlen eines ordentlichen Prozesses sind unvermeidlich, wenn administrative und richterliche Gewalt in demselben Organ konzentriert sind. Die Milingogeschichte zeigt auch, daß die Autorität der Missionskongregation über die Bischöfe durchgreifender ist als die der Kongregation für die Bischöfe über die, zu deren Ernennung sie beigetragen hat.

Es wäre praktisch unmöglich, einen europäischen oder amerikanischen Erzbischof zu entlassen. Sie würden anfangen, mächtig die Trommel zu rühren und darauf hinzuweisen, daß sie Nachfolger der Apostel sind. Kardinal John J. Cody zum Beispiel überstand mehrere Versuche, ihn zu entthronen, überging alle Winke zurückzutreten und starb, Erzbischof von Chicago bis zuletzt, mit diesen unsterblichen Worten auf den Lippen: «Ich mag meinen Feinden vergeben – aber Gott wird es nicht.» Die Afrikaner bemerkten den Gegensatz: Cody blieb trotz finanzieller Skandale, die eine Untersuchung durch die Bundesbehörden wert waren, während Afrikaner wie Kinder beliebig herumgeschubst werden können.

Die Tatsache, daß die beiden letzten Präfekten der Missionskongregation Europäer ohne unmittelbare praktische Erfahrung in der Dritten Welt gewesen sind, bestätigt diese traurige Analyse. Das läßt vermuten, daß in Papst Johannes Pauls Denken die hauptsächliche Funktion der Missionskongregation eine kontrollierende ist. Im Sommer 1984 wurde Dermot Ryan, Erzbischof von Dublin, zum Präfekten ernannt. Dies löste in Dublin genausoviel Überraschung wie in Rom aus. Wenn auch nicht ohne Fähigkeiten, war er groß, schüchtern und linkisch in Gesellschaft, war Professor für semitische Sprachen am University College in Dublin gewesen, und wußte wenig von den Missionen. Eine Theorie lautete, daß er berufen wurde, weil es immer noch eine große Zahl von irischen Missionaren in der

Welt gibt, von denen einige vom Gifthauch der «Theologie der Befreiung» infiziert worden sind. Doch Ryan hatte kaum Zeit, seine Koffer auszupakken, geschweige denn, seine Karten aufzudecken, denn er starb am 21. Februar 1985. Bei seiner Totenmesse schilderte der Papst Ryan als «praktisch und mutig, seelsorglich an allem interessiert und überzeugt – wie er zu sagen pflegte –, daß die Kirche tun muß, was sie kann, um ihre Mitglieder zu retten, wo sie zu finden sind». Das war nicht sehr hilfreich. Es ging in die Rätselsammlung Papst Johannes Pauls ein.

Auf Ryan folgte der einundsechzigjährige Slowake Erzbischof Jozef Tomko. Tomko ist seit den späten 1940er Jahren in Rom gewesen. Er hat einen Doktortitel in Gesellschaftswissenschaften von der Gregorianischen Universität (1951–54), hat aber den größten Teil seines Lebens als Kirchenrechtler in der Kongregation für die Glaubenslehre verbracht. Papst Johannes Paul II. machte ihn 1979 zum Erzbischof und Generalsekretär der Synode. So organisierte er die Synode von 1980 über die Ehe und die von 1983 über Buße und Versöhnung. Unter seiner Führung verlor die Synode als Institution, was sie an Unabhängigkeit gehabt haben mochte, und wurde ein Echo der päpstlichen Stimme. Es ist schwierig, in Tomkos Werdegang etwas zu finden, was ihn zum rechten Mann machen würde, die Missionsabteilung zu leiten. Er ist ein Organisator, zuverlässig hinsichtlich Afrikanisierung und Theologie der Befreiung. Der Gedanke eines Sonderkonzils für die Schwesterkirchen Afrikas ist erörtert worden; aber wenn es unter Tomko durchgeführt werden sollte und wenn man sich nach früheren Verfahrensweisen richten kann, wird es ein rücksichtslos durchorganisiertes und bis ins letzte voraussagbares Ereignis.

Was das alles ziemlich traurig macht, ist, daß zwischen den 1920er und den 1950er Jahren Propaganda Fide eine große Tradition hatte und durchaus die aufgeschlossenste Kongregation der Kurie war. Sie nahm den Prozeß der Entkolonialisierung vorweg, den viele Missionare, wenn niemand sonst, für unvermeidlich hielten. Einer der großen unbesungenen Helden der Kirche zu jener Zeit war Msgr. Celso Constantini (siehe Agostino Giovanogli: «Pius XII. und die Entkolonialisierung», in Riccardi, *Pio XII*). Constantini war von 1933 bis 1952 Sekretär von Propaganda. Er stammte aus einem kleinen Dorf bei Udine in Venetien, war aus dem gleichen Holz wie Papst Johannes und war wie dieser Kaplan im Ersten Weltkrieg gewesen. Er wurde 1922 als Apostolischer Delegat nach China geschickt, wo sein Auftrag lautete, eine chinesische Hierarchie zu begründen. 1924 hielt er das erste Konzil chinesischer Katholiken ab, und 1926 begleitete er seine ersten chinesischen Bischöfe auf der Pilgerreise nach Rom. Das erregte den Zorn der Franzosen, die das Recht beanspruchten, die Ernennung von Bischöfen zu überwachen.

China war das Testgelände der fortschrittlichsten Missionstheologien. Bei seiner Rückkehr zu Propaganda als Sekretär begann Constantini, sie in einem breiteren Bereich anzuwenden. Durch die Weckung eines missionarischen Bewußtseins – und auch mit Geldsammlungen durch die örtlichen Vereinigungen zur Verbreitung des Glaubens – gab Propaganda dem, was später «Kollegialität» genannt wurde, praktischen Ausdruck. Die Schwesterkirchen wurden in gegenseitiger Abhängigkeit voneinander und in Solidarität miteinander gesehen.

Durch die Betonung der Bedeutung einer «eingeborenen» Geistlichkeit und «eingeborener» Bischöfe wurde vorweggenommen, was das Konzil über die «örtliche Kirche» lehrte; sie enthält implizit die «ganze Kirche» und hat alle ihre Aufgaben. Die Notwendigkeit einer volkssprachlichen Liturgie wurde in zunehmendem Maße klar, je mehr die Kirche in entlegenere und außereuropäische Kulturkreise vordrang: Die Messe auf Latein mochte in Perugia oder Paris einen Sinn haben, nicht aber in Peking. Constantini wurde im Dezember 1952 zum Kardinal erhoben; er wurde in Wirklichkeit durch die Beförderung kaltgestellt. Das brach ihm das Herz. Er beklagte sich bei Montini und wurde enttäuscht, aber er gab nicht nach. Seine beinahe letzte Tat war, eine 200-Seiten-Denkschrift über die drängende Notwendigkeit besserer ökumenischer Beziehungen in den Missionsgebieten zu verfassen. Constantinis Argument war einfach: Streitigkeiten, die ihren Ursprung im Europa des 16. oder 17. Jahrhunderts hatten, wären völlig unbegreiflich, wenn sie nach China oder Indien getragen wurden. Christliche Spaltungen waren ein Skandal (Text in *Irenikón,* 1959). Constantini starb am 16. Oktober 1958, gerade ein paar Tage bevor Angelo Roncalli als Papst Johannes XXIII. gewählt wurde. Er hätte nicht für Roncalli gestimmt (wenigstens nicht im ersten Wahlgang), aber er stellte die Tagesordnung für dessen Konzil auf (siehe Hebblethwaite, *Johannes XXIII.*). Mit der Weite seines Horizonts beschämt Constantini seine Nachfolger.

Die Kongregation für die Orientalischen Kirchen begann 1862 als eine Sonderkommission innerhalb Propaganda. Sie wurde 1917 eine selbständige Kongregation, und ihr Feld wurde 1938 erweitert, als ihr Präfekt, der frühere französische Kavallerieoffizier Eugène Tisserant, die Verantwortung übernahm und sie über die nächsten zwanzig Jahre leitete. Sie ist immer klein gewesen, ihre Wasser sind selten ruhig geflossen, die Kirchen, mit denen sie zu tun hat, haben Unglück und Auflösung erlebt, und doch bleibt ihre theologische Bedeutung groß. Die Orientalischen Kirchenkongregation hat teils mit einem geographischen Gebiet und teils mit besonderen Kirchen zu tun. Ihr Ort ist weitgehend der Nahe Osten (Ägypten, Äthiopien, Bulgarien, Zypern, Griechenland, Iran, der Libanon, Palästina,

Syrien, Jordanien, die Türkei und Irak). Die systematische Verwendung von «Palästina» statt «Israel» hat eine semantische und eine diplomatische Bedeutung: Israel ist vom Vatikan noch nicht anerkannt worden; gewiß haben die «unierten» Kirchen eine ganze Menge mit diesem Urteil zu tun, das von den Juden für verletzend gehalten wird. Diese Orientalischen Kirchen in Gemeinschaft mit dem Bischof von Rom werden manchmal als Unierte Kirchen bezeichnet, ein Begriff, den sie nicht sehr mögen. Sie haben ihre eigenen Riten, ihre eigenen Formen des Gottesdienstes, ihre eigenen Traditionen und Bräuche – einschließlich im allgemeinen einen verheirateten Klerus. Sie sind deshalb ein Zeuge für die Mannigfaltigkeit, die innerhalb des Katholizismus möglich ist. Und Mannigfaltigkeit ist eine Bereicherung.

Der «römische» Katholizismus ist also nicht die Norm für jedermann: Es gibt auch völlig rechtmäßige und gültige koptische, äthiopische, maronitische, malabarische, melchitische, syrische, armenische, chaldäische, griechische, georgische, ungarische und slowakische Versionen des Katholizismus. Ich habe auf der Liste zwei Kirchen ausgelassen, die bis zum Ende des Zweiten Weltkrieges die größten waren: die ukrainische katholische Kirche, die 4 340 000 Mitglieder zählte, wurde gewaltsam und schmachvoll zur Orthodoxie «bekehrt», und die rumänische katholische Kirche von eineinhalb Millionen wurde ebenfalls unterdrückt. Wenn sie auf ihrem heimatlichen Boden überhaupt überleben, dann als «Untergrundkirchen».

Aber während es tröstlich sein mag, so große theologische Bedeutung zu haben – so sehr, daß die «unierte Lösung» als der Schlüssel zur Aussöhnung zwischen der Anglikanischen Kirchengemeinschaft mit Rom vorgeschlagen worden ist –, werden die Orientalischen Kirchen in der Praxis von ihren bei weitem zahlreicheren römisch-katholischen Brüdern unterdrückt. Sie sind nur 11 Millionen von 810 484 000 (*Osservatore Romano,* engl., 29. Oktober 1984). Sie fühlen, daß sie nicht viel gelten. Sie sind nur ein einziger Ton auf der Flöte in der großen katholischen Symphonie. Sie haben Angst vor der «Latinisierung» und dem Verlust ihrer ehrwürdigen Traditionen und fürchten, daß sie auf dem Altar des Ökumenismus geopfert werden. Die russisch-orthodoxe Kirche zum Beispiel haßt die ukrainische katholische Kirche ganz einfach und wünscht sie in der Sowjetunion nicht wiederbelebt zu sehen. Da die katholische Kirche in einem Dialog mit den Russisch-Orthodoxen steht, fühlen die Ukrainer und andere Orientalische Kirchen sich hinausgedrückt. Exil steigert Neurosen, und sie denken auch, daß die Ostkirchenkongregation nur ein Instrument dieser Unterdrükkungspolitik ist.

Gut, sie stimmten 1978 in den allgemeinen Jubel über die Wahl des slawischen Papstes ein. Zum erstenmal in der Geschichte hatten sie einen

Papst, der ihre Sprache sprechen konnte. Außerdem teilt Papst Johannes Paul den messianischen Nationalismus, der behauptet, daß die schrecklichen Leiden der slawischen Völker – das Golgotha der Ukraine zum Beispiel und das Martyrium Polens – geheimnisvoll eine Auferstehung vorbereiten.

Andererseits ist er Pole, und die Polen, Slawen der Rasse nach, aber Lateiner nach der kirchlichen Tradition, sind als «Latinisierer» berühmt gewesen. Keiner war sich dessen mehr bewußt als Kardinal Josef Slipyi, der Großerzbischof der Ukrainer, der über die übrigen 823 000 ukrainischen Katholiken im Exil, die meist in Kanada und den USA leben, herrschte. Slipyi wurde dank Papst Johannes 1963 aus einem sowjetischen Arbeitslager freigelassen. Obwohl er sich über die Ernennung zum Kardinal freute, betrachtete er dies als ein «westliches» Etikett von geringer Bedeutung und beanspruchte statt dessen den traditionellen östlichen Titel eines «Patriarchen». Papst Paul VI. sagte nein: Die Ukrainer hatten keine historische Tradition eines Patriarchen und hatten sowieso kein Territorium mehr. Aber ein Patriarch muß ein Territorium haben. Die ukrainische Kirche war in zwei Lager gespalten, die für oder gegen das Patriarchat waren. Der ukrainische Bischof in London wurde von Hitzköpfen mit Steinen beworfen, und Slipyi zeigte, was er für ein Kerl ist, indem er eine Synode einberief (unerlaubt, der Orientalischen Kirchenkongregation zufolge).

Papst Johannes Paul ging diese Probleme mit Eile und Schwung an. Er konnte den Ukrainern in ihrer eigenen Sprache eine Standpauke halten. Um zu zeigen, wer wirklich das Sagen hatte, rief er selbst – nicht ein Möchtegern-Patriarch – eine Synode der ukrainischen Kirche im Frühjahr 1980 zusammen. Er rief die ukrainischen Bischöfe nach Rom. Er stellte ihnen die Aufgabe, einen «Koadjutor mit dem Recht auf Nachfolge» des jetzt achtundachtzig Jahre alten Slipyi zu wählen. Es überrascht nicht, daß sie Miroslav Lubachivsky wählten, den der Papst persönlich zum ukrainischen Metropoliten von Philadelphia geweiht hatte und der für einen Gegner des Patriarchats gehalten wurde. Er folgte Slipyi, als dieser erstaunliche alte Mann schließlich im September 1984 starb.

Inzwischen wurde der polnische Kardinal Ladislaw Rubin im Juni 1980 zum Präfekten der Ostkirchenkongregation ernannt. Akte geschlossen, Ende der ukrainischen Affäre. Papst Johannes Pauls Worte an die ukrainische Synode 1980 schienen wahr geworden zu sein: «Von ganzem Herzen wünsche ich die innere Einheit eurer Kirche und ihre Einheit mit dem Stuhle Petri sicherzustellen.»

Aber das beendete natürlich nicht die Klagen. Die Orientalischen Kirchenkongregation war immer wegen der verheirateten Priester beunruhigt gewesen. Sie wären in der Ukraine recht, wo sie jedoch nicht mehr hineingelassen wurden; aber anderswo ließen sie römische Priester neidisch in ihre Richtung blicken, und so wurden Priesterweihen außerhalb der Ukraine verboten. Slipyi umging das, indem er die verheirateten Männer in Rom weihte und sie als «Missionare» nach Nordamerika einschleuste. Kaum war Slipyi gestorben, als Rubin einen vorwurfsvollen Brief an sämtliche ukrainischen Bischöfe schrieb. Ich zitiere ihn als ein weiteres Beispiel für den «kurialen Stil», der im Vatikan immer noch vorherrscht:

> Es geschieht nicht ohne aufrichtiges Bedauern, daß ich meine Pflicht erfülle und die Aufmerksamkeit Eurer Exzellenz auf die Versäumnisse und Mißstände lenke, die in der ukrainischen Eparchie geraume Zeit vorgekommen sind und den Heiligen Stuhl sehr beunruhigen.
>
> 1. Eine gewisse Zahl von Priestern, *illicite et in fraudem legis* (unerlaubt und dem Gesetz zum Trotz) geweiht, weswegen sie *a divinis* suspendiert wurden, fahren fort, zum großen Ärgernis der Gläubigen die Messe zu feiern und das pastorale Amt auszuüben ... Ich bitte Eure Exzellenz, dieser Heiligen Kongregation eine Liste von allen diesen Priestern vorzulegen.
>
> 2. Was die Frage des ukrainischen Patriarchats betrifft, bin ich sicher, daß Eure Exzellenz nicht versäumen wird, die Entscheidungen und Instruktionen des Heiligen Stuhles einzuhalten ... Eine schwierige Haltung in einem so heiklen Augenblick würde viele Gläubige tief beunruhigen und der ukrainischen Kirche ernsten Schaden zufügen, besonders im Mutterland.
>
> 3. Unter den ukrainischen Geistlichen der Eparchie breitet sich eine gewisse Unzufriedenheit aus wegen eines Mangels an Disziplin und geistlichem Leben, was einen Pseudopatriotismus entstehen läßt, der gefährlich für das kirchliche Leben ist. Die Pflicht Eurer Exzellenz als guter Hirte ist es, Frieden und Harmonie mit der Hilfe unseres Herrn Jesus Christus wiederherzustellen (*National Catholic Reporter*, 30. November 1984).

So weiß die Ostkirchenkongregation, wie die meisten römischen Abteilungen, genau, was vor sich geht, und wirft drohend mit Begriffen wie «Ärgernis der Gläubigen» und «schwerer Schaden im Mutterland» (das ist die Ukraine) um sich, ohne auch nur einen Beweis für ihre herrischen Urteile erbringen zu müssen. Ein Ton von salbungsvoller Frömmigkeit, verbunden mit bürokratischer Blasiertheit, wird im ganzen Sendschreiben durchgehalten. Die Sprache ist die des Dienens; die eigentliche Bedeutung ist eine der Macht. Im Herbst 1985 trat Rubin aufgrund schlechter Gesundheit zurück und wurde ersetzt durch ... Lourdasamy.

Es bleibt ein Dikasterium der «alten Kurie» übrig: die Kongregation für die Ordensleute und Säkularinstitute. Hat sie die gleiche Beziehung zur Macht?

12

Die Profis

Das Dekret des Vatikanischen Konzils *Über die zeitgemäße Erneuerung des Ordenslebens* (lateinischer Titel: *Perfectae caritatis*) war eines seiner radikalsten Dokumente. Es ermahnte nicht nur Ordensleute – die die drei Gelübde der Armut, der Keuschheit und des Gehorsams abgelegt hatten – zur Erneuerung; es bot ihnen auch fünf Kriterien der Erneuerung an, die sehr weit führen konnten, wenn sie ernst genommen wurden. Die fünf Kriterien waren:

1. «Da die grundlegende Richtschnur der Ordensleute ist, Christus nachzufolgen, wie im Evangelium vorgeschlagen, muß dies von allen Gemeinschaften als *ihr oberstes Gebot* angesehen werden.»

2. Die Gemeinschaften sollten ihren «eigenen Geist und Charakter» haben, der auf der besonderen Gnade oder dem Charisma ihres Gründers beruht.

3. Doch sie sollten am Leben der Kirche im allgemeinen teilnehmen und, wo nötig, die biblischen, liturgischen, ökumenischen, sozialen und missionarischen Bewegungen nachholen.

4. Sie müssen die Bedürfnisse der Kirche und der Welt *heute* kennen. Das wird ihnen ermöglichen, den Menschen von heute wirksamer zu helfen.

5. Aber selbst die wünschenswertesten Veränderungen werden scheitern, wenn sie nicht von einer geistigen Erneuerung getragen werden, die den Sinn des Ordenslebens zum Ausdruck bringt: Es ist ein Zeichen an die Welt, daß es vor allem auf Gott ankommt. (Der Deutlichkeit wegen frei wiedergegeben.)

Generalkapitel sollten einberufen werden, um diese Erneuerung zustande zu bringen. Ein Versuch wurde gemacht – mehr oder weniger energisch –, alle Mitglieder einer bestimmten Gemeinschaft an dem Erneuerungsprozeß zu beteiligen. Historische Untersuchungen mußten angestellt werden, um genauer zu bestimmen, was dieser schwer faßbare «Geist des Gründers» war. Für die älteren geistlichen Orden – Benediktiner, Dominikaner, Franziskaner, Karmeliter und Jesuiten zum Beispiel – war die Aufgabe relativ leicht: Zumindest gab es Material zum Durcharbeiten und einen gewichtigen Bestand an geistlicher Literatur. Viele Orden des 19. Jahrhunderts, besonders Frauenorden, hatten Gründer, die nur mit Mühe von anderen Gründern unterschieden werden konnten. Sie waren meistens fromme Frauen, die eine örtliche Gruppe versammelt hatten, um dem Bischof in Schulen, Krankenhäusern oder in der Sozialarbeit zu helfen. Oder sie waren Missionare. Viele lösten die Schwierigkeit, indem sie sagten, sie teilten die jesuitische oder franziskanische Spiritualität. Aber es gab eine enorme Menge von ziemlich quälenden Neubewertungen. Die zehn Jahre von 1965 bis 1975 wurden mit einer Suche nach der Identität ausgefüllt. Die Wurzeln wurden freigelegt und kräftig geschüttelt. In bestimmten Fällen ging dadurch die Pflanze ein.

Beaufsichtigt und überwacht wurde diese ganze vielseitige Aktivität von der Kongregation für die Ordensleute und Säkularinstitute. Ihre Geschichte ist nicht besonders ruhmreich. Die meiste Zeit wurde damit verbracht, Frauen in den Pferch zurückzuschicken, wann immer sie sich hinauswagen wollten unter die Ärmsten. 1586 von Sixtus V. gegründet, wurde sie 1601 in die Kongregation für die Bischöfe eingegliedert, wo sie sich verbietend und dispensierend dahinschleppte, bis Pius X. sie 1908 selbständig machte. Zusätzlich zu jedem Aspekt des Ordenslebens fallen auch die «dritten Orden» unter ihre Zuständigkeit. Die «Säkularinstitute» wurden im Februar 1947 dazugeschlagen. Der neue Codex des Kirchenrechts definiert ein Säkularinstitut als «ein Institut des geweihten Lebens, in welchem in der Welt lebende Gläubige nach Vollkommenheit der Liebe streben und sich bemühen, zur Heiligung der Welt, vor allem von innen her, beizutragen». Eine Zeitlang war Opus Dei glücklich mit dieser Beschreibung: Sie sangen sogar das *Te Deum*, als sie ihnen zugestanden wurde. Aber später änderte Opus Dei seine Meinung und dann seinen Status: anstatt des «Säkularinstituts» wurde es eine «Personalprälatur», eine Quasi-Diözese ohne Territorium, und schied so aus der Ordenskongregation aus und kam in die Obhut der Kongregation für die Bischöfe.

Die Ordenskongregation hat zwei getrennte Abteilungen, jeweils mit einem Untersekretär: Pater Jesus Torres CMF für Ordensleute und Pater Mario Albertini für Säkularinstitute. Ein Merkmal der Ordenskongregation ist, daß sie eine ansehnliche Zahl von Ordensleuten beschäftigt, und – man höre und staune! – einige von ihnen sind Frauen. Die Amerikanerin Schwester Mary Linscott von den Schwestern Unserer Lieben Frau von Namur steht im Rang direkt unter den Untersekretären. Ihre Aufgabe, und das ist ein Schleudersitz, besteht darin, «sich mit den Kapiteln und Konstitutionen für geistliche Gemeinschaften von Frauen zu befassen». Im Oktober 1985 wurde sie befördert und erhielt die gleiche Verantwortlichkeit für Männer. Von den siebenundzwanzig Ordensleuten, die der Ordenskongregation zugeteilt sind, sind zehn Frauen – was kaum ein gerechtes Verhältnis zu sein scheint, wenn wir bedenken, daß es bei der letzten Zählung 941 031 Schwestern in der Welt gab, verglichen mit 154 148 Ordenspriestern und 68 994 Brüdern. Aber die Schwestern haben sich wenigstens einen bescheidenen Brückenkopf in der Kurie gesichert, von dem aus sie in andere Richtungen vorstoßen konnten. In der Ordenskongregation sind sie nicht bloß Schreibkräfte und Telefonvermittlerinnen.

Der Präfekt der Ordenskongregation, der belgische Kardinal Jérôme Hamer, ist Dominikaner; sein Vorgänger von 1976 bis 1984 war der argentinische Kardinal Eduardo Pironio, der keinem Orden angehörte. Davor, von 1963 bis 1976, war da die durchwegs katastrophale Person des Kardinals Ildebrando Antoniutti. Er war ebenfalls kein Ordensmann. Es gibt also hier keine Regel oder auch nur einen Brauch.

Pironio wurde 1984 in den Päpstlichen Laienrat abgeschoben, was in einer weltlichen Verwaltung als ein «Abstieg» gesehen worden wäre. Daß er durch Hamer ersetzt wurde, der in den zehn Jahren bei der Glaubenskongregation den Ruf erworben hatte, einen harten Kurs zu verfolgen, bekräftigte die Ansicht, daß Pironio zu wenig Entschlossenheit im Umgang mit der CLAR (des Bundes der Ordensleute Lateinamerikas) gezeigt hatte. Pironios Sympathien mit der Theologie der Befreiung zusammen mit seiner Ungezwungenheit – er ist tatsächlich in seinem Büro in Hemdsärmeln gesehen worden – sprachen gegen ihn. Kardinal Alfonso Lopez Trujillo, Erzbischof von Medellín, überzeugte Papst Johannes Paul davon, daß die Erneuerung der lateinamerikanischen Kirche bei den Orden beginnen müßte. Aber es mußte eine härtere Hand her, als der gelassene Pironio aufbringen konnte. Er war zu sehr ein Mann der 1970er Jahre und des nachkonziliaren Optimismus.

Diese Stimmung hatte Kardinal Karol Wojtyla nie geteilt. Schon im Oktober 1972 schlug er dem Synodenrat vor, daß das Ordensleben *(De Vita Religiosa)* ein gutes Thema für die bevorstehende Synode abgeben würde. Dieser Vorschlag wurde nicht übernommen, weil niemand es für eine so dringende Sache hielt. Aber Karol Wojtyla schrieb ein kurzes Referat, das zeigte, wie tief beunruhigt er schon war.

Er begann mit der schlichten Erklärung, daß das Ordensleben sich in einem Zustand der *Krise* befände. Der Beweis wurde forsch zusammengefaßt: «Abfall; fehlende Berufung; Untreue im Einhalten der Gelübde.» Der zweite Absatz schlug Heilmittel gegen diesen traurigen Zustand der Dinge vor, die auf dem Prinzip «einer besseren Einfügung in die gegenwärtige Sendung der Kirche» beruhten. Er schlug vor, daß diese «bessere Einfügung» auf der Universitätsebene durch engere Verbindungen mit dem Papst und auf der örtlichen Ebene durch engere Verbindungen mit den Bischöfen erreicht werden sollte. Daß «bessere Einfügung in das Leben der Kirche» in Wirklichkeit ein Euphemismus für stärkere Kontrolle durch die Bischöfe war, ging deutlich aus der Bemerkung hervor, daß man noch einmal einen Blick auf die «Exemtion» werfen sollte, den juristischen Kniff, der manche Orden weniger abhängig von den örtlichen Bischöfen macht (Giovanni Caprile SJ, *Karol Wojtyla e il Sinodo dei Vescovi*). Die Jesuiten dachten, das ziele auf sie. Sie irrten sich nicht.

Auf der Synode von 1974 über Evangelisation richtete Kardinal Wojtyla, der nur die Rolle eines Berichterstatters hatte, dennoch einen Angriff auf die Theologie der Befreiung, die von Kardinal Evaristo Arns und Dom Helder Câmara, beide aus Brasilien, verteidigt worden war. Wojtyla antwortete:

> Hinsichtlich einer Verknüpfung zwischen der Befreiung und dem Evangelium glauben manche, daß die Bemühung, den Menschen zu befreien, mit dem eigentlichen Wesen des Evangeliums verbunden ist; andere betrachten sie als Beweis für die Glaubwürdigkeit des Evangeliums und zitieren, «die Armen lassen sich das Evangelium predigen»; wieder andere meinen, die Anstrengung zur Förderung des Menschen sei die Frucht der Tugend der Nächstenliebe. Diese letzte Einstellung ist die annehmbarste, da die Gefahr besteht, daß soziale Gerechtigkeit, wenn ihr der Impuls der Liebe fehlt, vielleicht nicht in den Dienst am Menschen gelenkt wird *(ibid.)*.

Wojtyla vertrat und vertritt den letzten Standpunkt: In seiner dritten Enzyklika, *Dives in Misericordia* (30. November 1980), erklärt er, daß das ausschließliche Trachten nach Gerechtigkeit zu tiefer Ungerechtigkeit führen kann. Er kann nicht der Unbeständigkeit beschuldigt werden: Von 1972 bis zu den Taten der 1980er Jahre läßt sich eine gerade Linie ziehen.

Die Krise im Ordensleben wurde an den Jesuiten veranschaulicht, mit 25 990 Mitgliedern immer noch der größte geistliche Orden – aber sie hatten in den vergangenen zehn Jahren 9 000 «Abfälle» gehabt. Dennoch schien der Generalobere der Jesuiten, der Baske Pater Pedro Arrupe, unerschüttert. Er verlor die Hoffnung nicht und sprach auch nicht von «Abfällen». Er erwartete, daß weiterhin Menschen der Kirche dienen. «Sie werden einen guten Laien abgeben, aber niemals einen guten Jesuiten», sagte er zu dem niederländischen Dichter Huub Oosterhuis, als er ihn in Gnade entließ. Arrupe glaubte auch, daß es zwei Möglichkeiten gäbe, warum manche die Gesellschaft Jesu verließen: Manche gingen weg, um ein psychologisches Problem zu lösen, und man konnte nicht mehr sagen als «Gott segne dich»; aber es gab andere, deren Ausscheiden signalisierte, daß die Gesellschaft Jesu in manchen Beziehungen versagte. Diese Haltungen waren Karol Wojtyla ein Greuel. Außerdem bedeutete Arrupes Stellung als Präsident der Union der Generalsuperioren (eine Vereinigung von Oberen und Oberinnen in Rom), daß sein Einfluß sich auf andere Männer- und Frauenorden ausgedehnt hatte – selbst auf die Dominikaner, ihre traditionellen Rivalen. Deshalb mußte an der Gesellschaft Jesu ein Exempel statuiert werden, *pour décourager les autres.*

Die Jesuiten drehten selbst den Strick, mit dem sie gehängt werden sollten, als sie sich bekannten oder vermuteten päpstlichen Methoden in Mittelamerika widersetzten. Die Päpstliche Kommission für Lateinamerika (CAL), eine Unterabteilung der Kongregation für die Bischöfe, der Kardinal Sebastiano Baggio vorstand, vertrat den Standpunkt, daß eine umfassende oder «globale» Lösung für die Probleme Mittelamerikas gefunden werden könnte. Die Ordensleute, die siebzig Prozent der Priester in der Region stellen und mit den Ereignissen vor Ort in Berührung waren, meinten, die Methode der Kirche könnte nicht überall gleich sein angesichts der Tatsache, daß in El Salvador ein Bürgerkrieg tobte, in Guatemala eine Militärdiktatur an der Macht war oder in Nicaragua ein linksgerichtetes System die verhaßte Diktatur ersetzt hatte. Diese Dinge wurden bei einem höchst geheimen Treffen der CAL vom 8. bis 12. Juni 1981 erörtert.

Man ließ die Ordensleute die theoretische Debatte gewinnen, aber als die Beschlüsse des Treffens schließlich veröffentlicht wurden, war es klar, daß sie praktisch verloren hatten. Es wurde zum Beispiel beschlossen, daß «in Hinblick auf Einheit und kirchliche Gemeinschaft die Ordenskonferenzen davon absehen sollten, ohne vorherige Zustimmungen der Bischöfe Stellung zu nehmen oder Erklärungen abzugeben». Höheren Ordenssuperioren wie Arrupe oder Vincent de Couénongle, Ordensmeister der Dominikaner, würde man gestatten, die betreffenden Länder zu besuchen, vorausgesetzt, daß «die Besuche rechtzeitig angekündigt würden und ausreichend vorbereitet wären». Kurz, Ordensleute wurden als eine Quelle des Ärgernisses empfunden. Sie müßten Zügel angelegt bekommen.

Arrupes Brief an die Provinzialen Lateinamerikas (8. Dezember 1980) wurde besonders übel vermerkt. Darin hatte er gefragt: «Kann ein Christ, ein Jesuit, sich die marxistische Analyse zu eigen machen, solange er sie von der marxistischen Philosophie oder Ideologie und auch von der marxistischen Praxis, zumindest in ihrer Totalität gesehen, unterscheidet?» Arrupes Antwort, recht lang und gründlich dargelegt, war «nein»: «Wenn man deshalb nicht nur einige Elemente oder einige methodologische Einsichten, sondern die marxistische Analyse insgesamt annimmt, ist das etwas, was wir nicht akzeptieren können.» Diese bedingte Ablehnung des Marxismus jedoch wurde von Baggio, Lopez Trujillo und dem Papst für unzulänglich gehalten. Arrupes Entlassung wurde nun unvermeidlich.

Arrupe half unabsichtlich nach, als er am 7. August 1981 einen Schlaganfall erlitt. Er blieb einseitig gelähmt und fast sprechunfähig. Ein New Yorker, Pater Vincent O'Keefe, wurde verfassungsgemäß sein Vikar. Aber am 5. Oktober 1981 erschien Kardinal Agostino Casaroli unerwartet in der jesuitischen Kurie und las Arrupe einen Brief vor, der ihm mitteilte, daß der achtzigjährige und fast blinde Jesuit Pater Paolo Dezza zum «persönlichen Delegaten des Papstes bei der Gesellschaft Jesu» ernannt worden war. Der Vorgang wurde, nicht nur im Spaß, als «der Putsch von Borgo Santo Spirito» bekannt. Es ging das Gerücht, daß irgendein römischer Kardinal ohne Amt, möglicherweise Paolo Bertoli, ursprünglich als der Mann ins Auge gefaßt worden war, der die Jesuiten am ehesten «normalisieren» könnte. Kardinal Carlo Maria Martini hätte aber den Papst davon überzeugt, daß das ein katastrophaler Fehler wäre: Ein Warnschuß vor den jesuitischen Bug wäre eine Sache, ihnen aber Segel, Takelage und Kompaß wegzunehmen wäre etwas ganz anderes und so gut wie eine zweite Unterdrückung.

Die Jesuiten schluckten den Tiefschlag ganz gut. Es gab weder Rücktritte noch sehr öffentliche Proteste. Johannes Paul räumte später in einer Rede an jesuitische Superiore am 27. Februar 1982 ein, daß sie «den Test» *(la prova)* glänzend bestanden hätten. War es also viel Lärm um nichts? Der «persönliche Delegat des Papstes», Pater Paolo Dezza, der Beichtvater Pauls VI., hatte in Wirklichkeit Papst Johannes Paul in aller Stille ausmanövriert. Er ließ alles, wie es war, und gab unanfechtbare Loyalitätsversicherungen ab, während er den Ball kühn ins Aus trat und auf Zeit spielte – das heißt die Rückkehr eines ordentlichen satzungsgemäßen Regiments. Der Papst konnte die anormale Situation nicht unbegrenzt weiterbestehen lassen, und die Jesuiten hatten nicht rebelliert, also wurde der normale Dienst September-Oktober 1983 wiederaufgenommen, als die dreiunddreißigste Generalkongregation den Niederländer Peter-Hans Kolvenbach im ersten Wahlgang zum Nachfolger von Pedro Arrupe wählte. Die italienische Presse hatte vorausgesagt, daß der Sarde Pater Giuseppe Pittau, Dezzas Nummer zwei und Kandidat des Papstes, gewählt würde. Wieder einmal falsch.

Als erstes schloß Kolvenbach Arrupe in die Arme und dankte ihm für seinen mustergültigen Gehorsam. Es gab kein trockenes Auge in der Kurie. Die Wahl Kolvenbachs und die Dokumente der Generalkongregation bewiesen, daß die Jesuiten Arrupe oder die mit ihm verbundene Politik nicht ablehnten. Die Souveränität war der Generalkongregation wiedergegeben.

Gleichzeitig ereignete sich Dramatisches beim dominikanischen Generalkapitel, das de Couénongles Nachfolger wählen sollte. Der erste Mann, der am 2. September 1983 gewählt wurde, war Pater Albert Nolan, der in einem Johannesburger Slum unter den Schwarzen wohnt, denen er dient. Er warnte die Delegierten, daß er nicht annehmen würde. Sie nahmen das nicht zur Kenntnis, und er wurde trotz seiner Proteste gewählt. Er trat sofort zurück, wobei er sagte, er «stelle den Gedanken in Frage, daß der Orden jemanden brauche, der das Streben nach Gerechtigkeit symbolisiere, das man unter den Dominikanern von heute findet. Alle Dominikaner sollten dieser Arbeit verpflichtet sein – nicht nur der Generalmeister.» Also wählten sie an seiner Stelle den Iren Pater Damian Byrne, der sagte, wie sehr er Pater Albert bewundere und auch Pater Edward Schillebeeckx, den flämischen Theologen, der in den Niederlanden arbeitete und für den die Glaubenskongregation sich zunächst wegen seiner Arbeit über Christologie und dann einer über das geistliche Amt interessierte.

Das alles zeigt an, daß die Jesuiten und Dominikaner jetzt Schulter an Schulter standen und sich nicht einschüchtern lassen würden. Die Schwäche der Ordenskongregation wurde offenbar: Anders als Propaganda hat sie keine Gelder zu verteilen, anders als die Kongregation für die Bischöfe hat sie keine Beförderung anzubieten, und da sie der Union der Generalsuperioren nichts vorschreiben kann, muß sie aus einer Position der Schwäche heraus verhandeln.

Die Jesuiten und Dominikaner waren stark genug, päpstlichem Druck zu widerstehen und ihrer Sicht des Vatikanums II treu zu bleiben. Sie warten den rechten Augenblick ab, da sie wissen, daß das Pontifikat nicht ewig dauern wird. Man könnte meinen, daß die 13 000 Karmeliternonnen, abgeschlossen, kontemplativ und ohne Stimme bei den Beratungen der Kirche, sich als leichtere Beute erweisen würden. Eine der ersten «Entscheidungen» unter dem neuen Regiment Hamers war, den Karmeliterschwestern die Verfassung der heiligen Theresia von Avila von 1581 aufzuerlegen statt der revidierten Verfassung, die nach Vatikanum II ausgearbeitet und fünf Jahre lang probeweise angewendet worden war. Achtzig Prozent der spanische Schwestern, die Welle der Zukunft, stimmten für die neue Verfassung, worauf die zwanzig Prozent in der Minderheit, meist nostalgische spanische Schwestern, aufschrien und sich an Rom wandten.

Zur Überraschung aller ergriff Kardinal Agostino Casaroli in einem auf den 15. Oktober 1984 datierten und an den Karmelitergeneral Pater Felipe Sáinz de Baranda adressierten Brief Partei für die Minderheit. Wieder einmal bekam der unglückliche Casaroli die Rolle des Zuchtmeisters, was er schon im Fall Arrupes gewesen war. Doch führte er nur päpstliche Befehle aus.

Es war in jeder Hinsicht ein seltsamer Brief. Die Kriterien, die am Anfang dieses Kapitels aufgestellt worden sind, wurden auf eines reduziert, und Casarolis Brief sagte, «Einheit müsse unauflöslich mit der Treue zum Charisma des Gründers verbunden werden». Das sah die Sache von vornherein als erwiesen an. Der Brief machte auch den beleidigenden Vorschlag, daß diejenigen, die nicht die Verfassung von 1581 akzeptieren könnten, «andere Formen eines geweihten Lebens suchen» sollten. Sáinz de Baranda schrieb pflichtgemäß an die Karmeliterinnen und bat sie, die Entscheidung anzunehmen, «ungeachtet des Urteils, das nach unserer Meinung die Verfügungen des Papstes und des Staatssekretärs wohl verdienen». Er meinte, daß sie von beiden nicht viel hielten.

Aber gleichzeitig schrieb Sáinz de Baranda mutig an Papst Johannes Paul und beanstandete den «schroffen und polemischen Ton» des Casaroli-Briefes. Er verwies darauf, daß die neue Verfassung von Papst Paul VI. gutgeheißen worden war und daß die überwältigende Mehrheit der Schwestern eine Gesetzgebung wünschte, die «sowohl dem Charisma Theresias als auch den Dokumenten von Vatikanum II treu wäre». Sechs Monate später machte die Ordenskongregation einen ganz kleinen Rückzieher. Es gab keine Entschuldigung. Sie kündigte an, sie würde «im Licht des Zweiten Vatikanischen Konzils handeln und die Experimente und Ereignisse der vergangenen Jahre berücksichtigen». Das dürfte im Prinzip eine schlichte Rückkehr zu 1581 ausschließen, obwohl sich «im Licht von Vatikanum II» als recht dehnbarer Begriff erweisen kann.

Alle Verhandlungen in dieser Angelegenheit wurden dem Brauch entsprechend vom General der männlichen Karmeliter geführt. Jedoch gibt es einige Priorinnen, unter ihnen Ruth Burrows aus Quidenham bei Norwich in England, eine bekannte religiöse Schriftstellerin, die besser in der Lage sind, das Charisma der heiligen Theresia neu zu definieren, als das Personal der Ordenskongregation. Karmeliter wie andere auch wußten, daß sie eine Wahl hatten: sich anzupassen und zu erneuern – oder unterzugehen.

Von allen Ordensfamilien ist es bei den Franziskanern am wenigsten wahrscheinlich, daß sie untergehen. Die Liebe des Franziskus zu seiner Braut Armut läßt sich ohne Ende in der modernen Welt anwenden: die «Entscheidung für die Ärmsten», die Leonardo Boff und die Kardinäle Evaristo Arns und Aloisio Lorscheider trafen, ist nicht ohne Bezug zu der

Tatsache, daß sie Franziskaner sind. Franziskaner sind auch in der Friedensbewegung herausragend gewesen. Außerdem sind sie, wenn man die drei Zweige des Ordens zusammennimmt, der größte Orden der Welt. Es gibt 20 262 Observanten (OFM), 4 013 Konventualen (OFMConv.) und 12 206 Kapuziner (OFMCap.). So kommen die verschiedenen Franziskaner auf eine Gesamtzahl von 36 881. Hier ist eine Faustregel, um sie auseinanderzuhalten. Observanten (wie Boff) rasieren sich, während Konventualen (wie Maximilian Kolbe) und Kapuziner (wie Padre Pio) Bärte tragen; aber die Konventualen haben eine schwarze Tracht und die Kapuziner eine braune. Sie arbeiten in zunehmendem Maße zusammen, wahren aber ihre organisatorische Unabhängigkeit.

Die Franziskaner hatten soweit Zurückhaltung geübt und, wie es schien, ein geschütztes Leben geführt. Gut, die Brasilianer waren in Schwierigkeiten wegen der Theologie der Befreiung. Es gab auch seltsame Vorgänge im gebirgigen Bosnien-Herzegowina, Jugoslawien, wo durch viele Jahrhunderte die Observanten die Kirche in einer türkisch-islamischen Umgebung geleitet hatten. Sie hatten das Privileg, sich Bärte wachsen zu lassen, ein Zeichen eines symbolischen Machismo. 1981 rief die Ordenskongregation die gesamte Führung der Franziskaner in Bosnien-Herzegowina nach Rom und entließ sie wegen Gehorsamsverweigerung gegenüber den örtlichen Bischöfen. Die heilige Jungfrau erschien dann (so hieß es) in Medjugorje und unterstützte die hinausgeworfenen Franziskaner.

Aber abgesehen von solchen begrenzten außergewöhnlichen Fällen, schienen die Franziskaner nicht den Zorn des Heiligen Stuhles im allgemeinen auf sich gezogen zu haben, bis im Mai 1985 die Observanten, die größte Gruppe, im Kapitel in Assisi zusammenkamen. Wo sonst sollten sie sich treffen als an dem Ort, wo der Geist des heiligen Franziskus fast greifbar war? Sie versammelten sich am 13. Mai 1985, dem Fest Unserer Lieben Frau von Fatima und dem vierten Jahrestag des Mordanschlags auf den Papst. Genau an diesem Tag brachte der *Osservatore Romano* einen erstaunlichen Brief von Papst Johannes Paul, der dem Kapitel praktisch befahl, die Arbeit der letzten fünfzehn Jahre zu verwerfen und zum wahren Geist des heiligen Franziskus zurückzukehren. Diesmal versteckte er sich nicht hinter Casaroli. Der Ton war genauso hart, wie ihn die Jesuiten zu spüren bekommen hatten, und in gewisser Hinsicht sogar noch schroffer. Der Papst bestand darauf, daß «die Regel des heiligen Franziskus befolgt werden mußte, so wie sie von der Kirche gebilligt worden war». Die Franziskaner waren nicht eine «bloße ‹Bewegung›, offen für neue Möglichkeiten, die kontinuierlich durch andere ersetzt werden auf einer unablässigen Suche nach Identität, als wäre diese noch nicht gefunden». Der Papst kritisierte endlose «neue Auslegungen», die «den Text der Regel durch ihre

Deutungen zu ersetzen oder zumindest die Einfachheit und Reinheit, mit der sie vom heiligen Franziskus geschrieben wurden, zu verdunkeln drohen».

Das war, gelinde gesagt, eine ziemlich voreingenommene und einseitige Darstellung dessen, was die Franziskaner vorgehabt hatten. Aber der eigentliche Grund für diesen heftigen Angriff offenbarte sich erst im zweiten Teil des Briefes. Die Anspielung auf die Theologie der Befreiung war stillschweigend inbegriffen, aber deutlich. «Brüderlichkeit» zum Beispiel, der Franziskus soviel Bedeutung beigemessen hatte, durfte nicht – fuhr Johannes Paul fort – «doppelsinnige Bedeutungen annehmen, die versäumen, die Gerechtigkeit zu schützen, während sie Unabhängigkeit begünstigen». Was genau waren die Gefahren, die in der «Brüderlichkeit» schlummerten? Der Papst sagte, sie könnte zu «einer ruinösen Autoritätskrise» führen (was mehr nach einer «Brüderlichkeit» klingt, wie die Französische Revolution sie begriff, als nach der des heiligen Franziskus). Schließlich wurde die Katze aus dem Sack gelassen, als der Papst die Franziskaner daran erinnerte, daß die Armut, die der heilige Franziskus gepredigt hatte, «sich nicht auf Proklamationen zur Verteidigung der Armen beschränkt». Sie sollte im Gegenteil im täglichen Leben gelebt werden und sollte weitgehend unsichtbar sein, so daß das Leben der Franziskaner «mehr eines der Stille als der Propaganda ist». In der italienischen Zeitschrift *Panorama* behauptete Giancarlo Zizola, daß der päpstliche Brief das Werk des Bischofs Bonaventura Kloppenburg OFM sei, der mit Pater Umberto Betti OFM, einem Konsultor der Glaubenskongregation, unter einer Decke stecke. Das mochte sehr wohl so sein. Aber der Papst unterschrieb es. Außer der Frage der Urheberschaft wäre es vielleicht wichtig gewesen zu fragen, von wie vielen der 20 262 Observanten man glaubte, sie wären in diese Fallen gegangen. War dies nicht ein weiterer *procès de tendance*, ein «Ernstfall-Szenario»?

Bevor diese Fragen gestellt, geschweige denn beantwortet werden konnten, wurde enthüllt, daß Erzbischof Vicenzo Fagiolo, Sekretär der Ordenskongregation, persönlich den Vorsitz über das franziskanische Kapitel führen würde, um zu garantieren, daß die oben erwähnten Erwägungen berücksichtigt und die richtigen Personen ernannt würden, um sie durchzuführen. Der Papst sagte, er habe Fagiolo eine «heikle Aufgabe» zugewiesen. Das war eine Untertreibung. Fagiolo verbesserte die Dinge nicht, als er schon frühzeitig erklärte, daß es «keinen wesentlichen Unterschied zwischen dem Wort Gottes und dem Wort des Papstes» gebe (Mark Day, *The National Catholic Reporter*, 5. Juli 1985).

Nichts ist besser geeignet, einen geistlichen Orden aus der Lethargie zu reißen, als ein Angriff auf seine Selbständigkeit. Ganz gleich, wie friedfertig der heilige Franziskus war, haben seine Nachfolger sich bei der Verteidigung der eigenen Interessen immer entschlossen gezeigt. Das geschah auch bei dieser Gelegenheit. Man raufte sich ein wenig die Haare und warf einen vagen Blick in päpstlicher Richtung, aber die Ansicht war, daß der Brief des Papstes irgendeine imaginäre Körperschaft, ein erfundenes Schreckgespenst betraf und nicht die Observanten. Am Tag, als er veröffentlicht wurde, sprach der Kalifornier Pater John Vaughn, der scheidende Generalminister, über die neuen Herausforderungen, denen der Orden sich in den Ländern der Dritten Welt stellen müßte. Er warf seinen Brüdern vor, selbstzufrieden traditionelle Muster des geistlichen Amtes hinzunehmen und zu sehr von Konsumkritik beeinflußt zu sein. Dies, sagte Pater Vaughn, hindere sie daran, die Möglichkeit zu ergreifen, den Flüchtlingen und den Opfern des Hungers in der Welt zu dienen.

Diese untadeligen Bemerkungen wurden mit einer fünfminütigen stehenden Ovation begrüßt. Es überrascht nicht, daß Vaughn am 25. Mai 1985 von 117 der 135 Delegierten erneut zum Generalminister gewählt wurde. Dies war eine Bejahung seiner Politik und eine höfliche Zurückweisung der in dem päpstlichen Brief vorgestellten Karikatur von den Brüdern. Es war auch eine Abfuhr für Fagiolo von der Ordenskongregation, dessen Versuch, Vaughn insgeheim in Verruf zu bringen, völlig danebenging und manchen Delegierten veranlaßte, Neuigkeiten des Kapitels an die Presse durchsickern zu lassen (obwohl ihnen verboten worden war, mit jemandem zu sprechen).

Außerdem gaben die Brüder eine Erklärung heraus, die jeder normale Mensch als indirekte Verwerfung des päpstlichen Briefes aufgefaßt hätte. Der Schlüsselabschnitt lautete:

> Es ist für uns zu spät umzukehren. Als Franziskaner können wir nicht von vorn anfangen. Wir machen uns nicht auf die Suche nach unserer Identität. Unser Handeln in der Welt wird nicht durch eine Suche nach unserer Identität bewirkt. Es *ist* unsere Identität. Es ist die Frucht von Jahrhunderten der Geschichte, der Lehre, der Traditionen und der Verpflichtung gegenüber der Welt (*National Catholic Reporter*, 21. Juni 1985).

Der wiedergewählte Vaughn griff allerdings den Rat einer Kommission des Kapitels auf, die eine Wiederherstellung des Postens eines «Kardinal-Protektors» empfahl. Franziskus hatte Kardinal Hugolino zu seiner Zeit gewiß hilfreich gefunden. Aber Papst Paul VI. hatte dieses Amt (für Franziskaner und andere) mit der Begründung abgeschafft, daß er lieber direkt mit dem General eines Ordens in Verbindung trat, ohne eine Mittelsperson einschalten zu müssen. Johannes Paul II. möchte das wiederhergestellt sehen. Warum? In der Theorie ist der «Kardinal-Protektor» alles andere als ein Wachhund der Kurie über die Franziskaner, sondern ermöglicht ihnen, «bessere Verbindungen» zum Papst zu haben. Aber das unterstellt, daß das einzige Problem «unzureichende Verbindungen» sind. Es könnte sein, daß es eine unterschiedliche Vorstellung dessen gibt, was franziskanisches Leben ausmacht, und in diesem Fall wird der Prellbock eines «Kardinal-Protektors» kaum einen Unterschied bedeuten.

Wenn Jesuiten, Dominikaner, Karmeliterinnen und Franziskaner alle auf Erneuerung bestehen, an wen kann Papst Johannes Paul sich dann um Unterstützung und Trost wenden? Er hätte sich an Opus Dei wenden können, aber sie sind an einen anderen Ort gewandert. Oder er kann sich, nach seiner Ansprache an das zweiundzwanzigste salesianische Generalkapitel zu urteilen, die er im April 1984 in Rom hielt, hoffnungsvoll an die Söhne des heiligen Giovanni Bosco wenden, die Salesianer (benannt nach dem heiligen Franz von Sales, dem Bischof des 17. Jahrhunderts von Annecy in Savoyen, den Leigh Hunt den «edlen Heiligen» nannte). Ihre besondere Aufgabe war die Erziehung der Kinder der Armen. Sie sind zahlreich: 16 869 waren es Ende 1982.

Im Pontifikat Pius' IX. gegründet, waren sie noch ultramontaner als die Jesuiten des 19. Jahrhunderts. Die Jesuiten erinnerten sich wenigstens manchmal, daß sie eine andere Tradition hatten, wie Pater Polanco, Ignatius' Sekretär, an die Jesuiten beim Konzil von Trient schrieb: «Wenn die Mitglieder der Gesellschaft Papisten sind, so sind sie es so weit, wie sie es sein sollen und nicht anders und auch dann nur aus der Sehnsucht nach der Ehre Gottes und dem allgemeinen Wohl heraus» *(Monumenta Nadal).* An diese befreiende Unterscheidung erinnerte der Jesuitengeneral Kolvenbach in seinem ersten größeren Brief an die ganze Gesellschaft, der auf den 3. März 1985 datiert ist. Die Salesianer hatten keine solche alternative Tradition, auf die sie zurückgreifen konnten.

Sie empfahlen sich Papst Johannes Paul wegen ihrer allgemeinen Gefügigkeit und weil Kardinal August Hlond, Primas von Polen beim Ausbruch des Zweiten Weltkrieges und während seiner ganzen Dauer, Salesianer war. Johannes Paul zitierte Fragmente seines geistigen Lehrens: «In der Salesianergemeinschaft habe ich gelernt, daß Arbeit weder eine Last noch ein Kreuz ist, sondern eine Freude . . .» und «Jedes Kreuz ist ein Stein, jedes Leiden ein Baustein, und Tränen liefern den Zement. Dies ist die Art, wie die Heiligen bauen, so baute Don Bosco» (*Bollettino* des Vatikanischen Pressebüros, 3. April 1984). Es ist möglich, solche Maximen auch ohne geistigen Snobismus nicht ganz überzeugend zu finden. Es bleibt zu ergänzen, daß zwei der «heikelsten» Bischofsernennungen in Mittelamerika an Salesianer gegangen sind: Arturo Rivera y Damas in San Salvador, der dem ermordeten Oscar Romero nach einer verdächtigen dreijährigen Unschlüssigkeit folgte, und Miguel Obando Bravo, Erzbischof von Managua, Nicaragua, dessen lautere Opposition gegen die Sandinisten Anfang 1985 mit einem Kardinalshut belohnt wurde.

Aber dieses Weiterleben viktorianischer Werte ist selten. Die Salesianer sind soweit ungefährlich. Man kann nicht für die Zukunft garantieren: Don Boscos Wunsch, unter den Armen zu arbeiten, könnte sich in irgendeine Form der Theologie der Befreiung verwandeln. Man kommt zwangsläufig zu dem Schluß, daß die Ordenskongregation meistens selbst ihr schlimmster Feind ist. Sie macht dieselben Menschen abspenstig, deren Unterstützung sie sich sichern sollte: die Profis der Kirche (sowohl in dem Sinn, daß sie Vollzeitbeschäftigte sind, als auch in dem Sinn, daß sie den Profeß der drei Gelübde geleistet haben). Ihre Rolle ist vollkommen negativ geworden, als würde sie sagen: Was immer ihr tut, hört sofort damit auf. Sie erinnert an Sydney Smith' Mrs. Partington, die während eines Sturms beobachtet wurde, «wie sie mit Scheuerlappen und Holzschuhen ... energisch den Atlantischen Ozean wegschob ... Der Atlantische Ozean schlug Mrs. Partington.» Es ist Zeit, sich der «neuen Kurie» zuzuwenden.

13

Dialog mit den Brüdern im Herrn

Es ist zurecht gesagt worden, daß ein Problem für den Vatikan solange nicht existiert, bis es ein Amt gibt, das sich damit befassen kann.

Als Papst Johannes 1960 Vorbereitungen für das Konzil traf, wurde ihm klar, daß die «alte Kurie» wenig Sympathien mit der ökumenischen Sache hatte. Die meisten italienischen Priester hatten nie einen Protestanten kennengelernt und gingen dem vereinzelten Waldenser, dem sie vielleicht begegnen konnten, aus dem Weg. Paul Johnson – der andere –, damals Leiter der Quäkerkonferenz für Diplomaten, lud einmal ein Mitglied der Römischen Kurie zum Mittagessen ein. Der Prälat zögerte und sagte: «Tja, ich denke, sprechen könnte ich vermutlich mit einem Quäker; aber *Mittagessen* – nein, ich glaube nicht» (Stella Alexander, *The Friend*, 11. Januar 1985). Kardinal Alfredo Ottaviani, damals im Heiligen Offizium, stellte sich vor, er würde ökumenischen Geist beweisen, wenn er die Brüder von Taizé ermutigte, nach Rom «rüberzukommen». Im echten gegenreformatorischen Geist waren «Protestanten» Material zur Bekehrung – oder zum Verbrennen.

In England stand es kaum anders. Bischof Andrew Beck erklärte in einem Brief an *The Times* 1949 feierlich, er könne nicht das Gebet des Herrn mit einem Anglikaner sprechen, denn wenn Katholiken sagen «Dein Reich komme», beten sie für die Bekehrung aller zum Katholizismus, eine Absicht, in die Anglikaner offensichtlich nicht einstimmen könnten. Er weigerte sich auch, mit dem Bischof von Winchester einen gemeinsamen Segen zu erteilen, weil der Bischof keine gültigen Weihen hätte und «nur ein Laie wäre» (Christina Scott, *A Historian and his World, A Life of Christopher*

Dawson). Diese Beispiele veranschaulichen die Größe der ökumenischen Aufgabe und die Entfernung, die wir zurückgelegt haben.

Papst Johannes' Erfahrung in Bulgarien, in der Türkei und Frankreich überzeugte ihn davon, daß gegenreformatorische Haltungen überholt waren. Was Christen vereinte, war viel wichtiger als das, was sie trennte. Johannes' Güte und geistige Intuition verwandelte die, die bisher als «Ketzer», «Schismatiker» oder bestenfalls «Dissidenten» betrachtet worden waren, in «getrennte Brüder». Und er beklagte die Trennung. Seine Lektüre des Neuen Testamentes sagte ihm, daß christliche Entzweiungen buchstäblich ein Skandal waren, das heißt ein Stolperstein. Sein ständiges Gebet war das aus dem Johannesevangelium: *«Ut unum sint!* Alle sollen eins sein!» (Johannes 17,21). Aber das alles wäre im Sand verlaufen, wenn sein Trachten keine institutionelle oder sogar bürokratische Gestalt im Sekretariat zur Förderung der Einheit der Christen (nach seinen italienischen Initialen als SPUC bekannt) bekommen hätte. Das war etwas völlig Neues: ein römisches Amt, dessen Aufgabe es war, von andern zu lernen.

Die Wahl des deutschen Jesuiten Augustinus Bea zum ersten Vorsitzenden des neuen Gremiums war glänzend. Bea, Sohn eines bayrischen Holzfällers, war 1881 geboren, im selben Jahr wie Johannes selbst. So überraschten die beiden sehr, sehr alten Patriarchen jeden, als sie sich auf ein großes Abenteuer einließen. Sie führten die jugendliche Vitalität des hohen Alters vor.

Beas Strenggläubigkeit war schwerlich anzufechten (was Ottaviani nicht von dem Versuch abhielt, sie anzufechten). Schließlich war er Beichtvater von Papst Pius XII. gewesen, der ängstlichste Orthodoxe unter den Päpsten. Gleichzeitig jedoch hatte Bea durch seine Lehrtätigkeit und durch Artikel zur Wiederbelebung katholischer Bibelstudien beigetragen, und er fühlte sich bei gelehrten Protestanten und Griechisch-Orthodoxen zu Hause und mit ihnen auf einer Stufe.

Beas lange Jahre als Rektor des Biblicum in Rom bedeuteten, daß er die meisten wichtigen katholischen Exegeten schon kannte. Er wurde ein unermüdlicher Reisender und nutzte seine Reisen nicht nur für ökumenische Kontakte, sondern auch um vielversprechende Talente ausfindig zu machen. Bea wußte eben, wer ein Buch über Antisemitismus im Neuen Testament geschrieben hatte (der Kanadier Gregory Baum) und wer die Arbeit des Weltkirchenrates sehr genau verfolgt hatte (der Holländer Jan Willebrands). Bea brachte solche Männer in sein Sekretariat, entweder als Konsultoren oder als reguläre Mitarbeiter. Willebrands kam und blieb, wurde Sekretär und dann Vorsitzender nach Beas Tod 1969. Der derzeitige Sekretär und Untersekretär, der Karmeliter Pater Pierre Duprey und Msgr. Jean-François Arrighi, sind ebenfalls schon seit diesen Anfangszeiten dabei. Manche können nicht fortbleiben: Der amerikanische Fachmann für die Orthodoxie, Pater John Long SJ, kehrte im Januar 1986 nach einigen Jahren in Washington zurück.

Man könnte einfach folgern, daß die Mitarbeiter des SPUC alle miteinander alt geworden sind und jetzt wie abgebrühte Veteranen auf immer die nostalgischen Geschichten des konziliaren Vorgestern wiederholen. Es ist wichtiger wahrzunehmen, daß keine andere Abteilung der Kurie eine solche Kontinuität des Personals und Beständigkeit des Zieles geltend machen kann. SPUC verkörpert deshalb in besonderer Weise den «Geist des Vatikanum II». Wenn es angegriffen wird, ist es das Konzil, das angegriffen wird. Es hält immer noch die Grundprinzipien – inzwischen durch Wiederholung etwas abgedroschen – am Leben, auf denen der Ökumenismus beruht. Die Christen teilen auf einer tiefen Ebene «einen Gott, einen Glauben, eine Taufe». Sie werden deshalb zu Recht Brüder genannt. Die heute Lebenden sind nicht verantwortlich für die Spaltungen, die sie geerbt haben, und ihnen kann nicht die Schuld zugeschoben werden. Es gibt eine «kirchliche Wirklichkeit» anderer christlicher Kirchen, die nicht geleugnet werden kann. Der Heilige Geist ist in der ökumenischen Bewegung am Werk.

Zwei Textstellen des Konzils insbesondere machen die Satzung des SPUC aus. Die erste besagt, die «eine, wahre, heilige, katholische und apostolische Kirche . . . besteht in der katholischen Kirche» *(Lumen Gentium).* Die Wendung «besteht in» ersetzte das ursprüngliche «ist» und bedeutet, daß es keine einfache Gleichsetzung der beiden Begriffe gibt und daß gültige, wenngleich unvollständige «kirchliche Elemente» auch anderswo gefunden werden können.

SPUC mußte auch die Folgerungen aus dieser Feststellung des Konzils entwickeln: «Wenn sie (d.h. katholische Theologen) Dogmen vergleichen, sollten sie nicht vergessen, daß es eine Rangordnung oder ‹Hierarchie› der Wahrheiten innerhalb der katholischen Lehre gibt, je nach der verschiedenen Art des Zusammenhangs mit dem Fundament des christlichen Glaubens» (*Unitatis Redintegratio,* 11). Dieser entscheidende Text wurde als Reaktion auf eine Rede von Erzbischof Andrea Pangrazio, damals Erzbischof von Görz und Gradisca, der an Jugoslawien angrenzenden Diözese, in das Schlußdokument eingefügt. Aber das SPUC hatte ihn dazu angestiftet, und die Rede wurde tatsächlich von Lukas Vischer vom Weltkirchenrat entworfen. Ohne diesen Text konnte kein ernsthafter theologischer Dialog beginnen: Denn manche Dogmen bringen uns Christus näher als andere. Er forderte ferner, daß katholische Theologen in der Lage sein sollten, den *christlichen* Inhalt von strittigen Dogmen, soweit sie können, zu demonstrieren, besonders von solchen, die die römisch-katholische Kirche nach dem Zerbrechen der christlichen Einheit eingeführt hatte. Unfehlbarkeit und die Himmelfahrt Mariä sind die zwei heikelsten Beispiele.

SPUC unterschied sich außerdem vom Rest der Kurie insofern, als seine Aufgabe war, auf andere zu hören: Es würde genausoviel lernen wie lehren. Es verwendete auch eine andere Sprache, die der getrennten Brüder. Italienisch verlor seinen Alleinanspruch, und Französisch, Englisch und Deutsch – in dieser Reihenfolge – traten in den Vordergrund. Es hatte von Anfang an einen anderen Stil. Es war herzlich und gastfreundlich und handelte als Führer und Betreuer verblüffter ökumenischer Besucher in Rom. Es hatte auch eine andere Arbeitsmethode. Anstatt in getrennten Abteilungen vor sich hin zu arbeiten, wissen SPUC-Mitarbeiter, was ihre Kollegen tun, weil ihre Arbeit sich fast unweigerlich in irgendeinem Punkt überschneidet. Der verstorbene Msgr. Richard Stewart, ehemaliger Professor am Wonersh-Seminar, erklärte, wie dies erreicht wurde. Jeder Mitarbeiter des SPUC hat eine dreifache Verantwortlichkeit: (1) für eine bestimmte Kirche (z.B. die Anglikanische Kirchengemeinschaft), (2) für einen geographischen Bereich (seiner war das Vereinigte Königreich und Afrika), (3) für ein besonderes Problem oder Thema (wie Mischehen oder Interkommunion). Die Themen sind so ausgedehnt wie die geographischen Gebiete. Aber dieses System sorgt für mehr Gemeinsamkeit und Kommunikation.

August Hasler, ein Schweizer Priester aus der Diözese Chur, war in jungen Jahren von Kardinal Bea entdeckt worden. Seine Kirche war der Lutherische Weltbund, sein geographischer Bereich die deutschsprachigen Länder, sein Thema die Unfehlbarkeit. Er bekam Krach mit dem *sostituto* im Staatssekretariat, Msgr. Giovanni Benelli, dem er vorwarf, die lutherische Lehre vom Abendmahl mit der calvinistischen zu verwechseln. Das war mehr als wahrscheinlich. Aber Hasler wurde aus dem SPUC hinausgeekelt und schlug die Tür zu, als er ging – und Akten, einige davon geheim, über Unfehlbarkeit auf dem Vatikanum I mitnahm. Dies wurde in weiten Kreisen als unfeines Benehmen angesehen. Er arbeitete danach am Goethe-Institut in Rom und schrieb auf der Grundlage des mitgenommenen Materials sein umstrittenes Buch: *Wie der Papst unfehlbar wurde.* Eine Einleitung von Hans Küng wies darauf hin, daß nach Hasler Vatikanum I kein wirklich freies Konzil war und daß deshalb das Dogma der Unfehlbarkeit erneut anerkannt werden müßte, machte das Buch im Vatikan nicht willkommener. Hasler starb 1981 und gewann so gerade noch das Rennen gegen seine unfreiwillige Laisierung. Er bleibt das *enfant terrible* in der Geschichte des SPUC.

Abgesehen von einer anderen Sprache, einer neuartigen Arbeitsmethode und einigen hervorragenden alten Burschen hat das SPUC noch eine andere Eigenart, die es von der alten Kurie abgrenzt. Es ist nicht allein auf dem ökumenischen Feld, sondern steht in engem Kontakt mit gut siebzig nationalen ökumenischen Kommissionen, die sich in der lokalen ökumenischen Arbeit betätigen. Das ist die Stelle, wo Christen sich wirklich als Nachbarn begegnen. Die höchsten kirchlichen Persönlichkeiten können keine kirchliche Einheit schaffen; so lautet die Lehre des Konzils von Florenz 1439.

Demnach erwartet das SPUC von den örtlichen Kirchen nicht einfach ein treues Echo seiner eigenen Stimme, wie es die Glaubenskongregation tut, sondern eine echte Rückkopplung. «Sie können uns anspornen», sagte Msgr. Stewart, «und manchmal bringen wir sie auch dazu, daß sie uns anspornen.» Spornt das Einheitssekretariat selbst auch ein wenig an? Es ist gewöhnlich nicht nötig gewesen. Die nationalen Delegierten kommen gern nach Rom zu ihrer jährlichen Vollversammlung, «um die Gesichter hinter den Unterschriften zu treffen».

Bei der Versammlung 1985 gab Papst Johannes Paul einen Wink mit dem Zaunpfahl, daß manche örtliche Kommissionen zu schnell zu weit vorgegangen waren. «Wenn Sie in Ihre Heimatländer zurückkehren», sagte er, «werden Sie, hoffe ich, beschließen, in engem Kontakt mit dem Sekretariat zu arbeiten, weil seine unersetzliche Arbeit nicht nur im Dienst der Weltkirche, sondern auch der Ortskirchen steht. Mit seiner Hilfe können Sie mit Phantasie und Klugheit vorangehen . . .» und so weiter (*Osservatore Romano,* engl., 13. Mai 1985). War das ein Warnschuß, ein Antippen der Bremse? Versuchten manche örtlichen Kommissionen, um den berühmten Satz zu verwenden, «zu rennen, bevor sie laufen konnten»? Robert Murray SJ sagte einmal zu einem Kanonikus von Westminster, der vor dieser Gefahr warnte: «Niemand bittet Sie darum zu rennen, nicht einmal zu laufen; allerdings erwartet man, daß man sieht, wie Sie einen Fuß vor den anderen setzen.» Zwanzig Jahre nach Vatikanum II scheint das ein ziemlich bescheidener Wunsch zu sein.

In Wirklichkeit hat das SPUC viel mehr als das erreicht. Seine Aktivität ist für ein Gremium, das nie mehr als zwanzig Vollzeitmitarbeiter hatte, erstaunlich gewesen. Gegenwärtig sind nicht weniger als acht wichtige zweiseitige Dialoge im Gange. In einem Zwischenbericht gegen Ende 1984 faßte der Neuseeländer Msgr. Basil Meeking den Stand der Dinge zusammen. Hier ist er in seinen eigenen Worten, die übrigens eine gute Einführung in die «Öku-Sprache» bilden, den besonderen Jargon, in dem solche Diskussionen geführt werden:

> 1. *Die gemischte internationale Kommission für den theologischen Dialog zwischen der katholischen Kirche und der orthodoxen Kirche* kam erst 1980 zustande, aber ein bedeutender Teil der Anstrengungen des

Sekretariates aus der Zeit vor dem Konzil war der Arbeit gewidmet, die volle Gemeinschaft wiederherzustellen, «die zwischen den örtlichen Kirchen und der katholischen Kirche erwünscht ist» (*Unitatis Redintegratio*, 14), wobei die gebührende Rücksicht auf die besonderen Aspekte des Ursprungs und Wachstums der Kirchen des Ostens genommen und die Einstellungen und das Verhalten entwickelt wurden, die zwischen Schwesterkirchen angebracht sind. Der «Dialog der Nächstenliebe», der den Päpsten Johannes XXIII. und Paul VI. sowie dem Patriarchen Athenagoras so viel verdankt, entwickelte sich mit zunehmender Intensität nicht nur durch Besuche und Handlungen, die Höflichkeit wie auch Gemeinschaft ausdrücken, sondern besonders durch die Erklärungen und Reden von Papst Paul VI. und Papst Johannes Paul II. und die des Ökumenischen Patriarchen und seiner Mitarbeiter. Dieses Material, gesammelt in dem Band *Tomos Agapis*, gibt eine noch ausführlichere theologische Darlegung der Beziehung und bildet jetzt einen inhaltsreichen Ausgangspunkt für den förmlichen Dialog, der im Gange ist. Dieser Dialog, der alle vierzehn orthodoxen Kirchen einbezieht, hat ein gemeinsames Dokument über «Das Mysterium der Kirche und der Eucharistie im Licht des Mysteriums des Heiligen Geistes» erarbeitet. Jetzt ist die Diskussion mit einem weiteren Thema «Glaube, Sakramente und Einheit der Kirche» ganz in eine vielversprechende Richtung gebracht worden, die die Probleme und den gemeinsamen Glauben im Auge hat. Ebenso wie diesen panorthodoxen Dialog gibt es zweiseitige Diskussionen mit einigen einzelnen orthodoxen Kirchen, um Fragen zu betrachten, die gerade für diese Kirchen spezifisch sind. Ein wichtiges Ereignis in jüngster Zeit war der Besuch des Heiligen Vaters im Orthodoxen Zentrum von Chambésy, ein weiteres in der Reihe von anhaltenden Zeichen der Gemeinschaft, die diese Beziehung begünstigen.

Auch befaßt sich das Sekretariat ausführlich mit dem Verhältnis zu den alten Ostkirchen, wo es ein ähnliches Muster von brüderlicher Kontakten und Gesten der Gemeinschaft gibt. Während es keinen förmlichen theologischen Dialog gibt, ist es möglich gewesen, zwei höchst bedeutsame gemeinsame Erklärungen abzugeben: die gemeinsame Erklärung zum christologischen Glauben zwischen Papst Paul VI. und Patriarch Shenouda III. von der Koptischen Kirche 1973 und die vor kurzem zustande gekommene gemeinsame Erklärung zwischen dem gegenwärtigen Heiligen Vater und dem syrisch-orthodoxen Patriarchen von Antiochia und dem Osten, Zaaka II. Iwas, die ein Glaubensbekenntnis ist, das die Lehre der Inkarnation im Sinne des Konzils von Nicäa einschließt. Ebenfalls bemerkenswert sind die «Leitprinzipien für die Suche nach Einheit zwischen der katholischen Kirche und der koptischen orthodoxen Kirche», aufgestellt von der katholisch-koptischen Kommission, unterschrieben von Patriarch Shenouda III. und jetzt offiziell von beiden Kirchen anerkannt.

2. *Die Anglikanisch-Römisch-katholische internationale Kommission* beendete die erste Phase ihrer Arbeit 1982 mit dem wichtigen theologischen Bericht über Eucharistie, geistliches Amt und Autorität. Als eine theologische Erklärung, die von einer Dialogkommission an ihre zuständigen übergeordneten Stellen verwiesen wurde, stellte dies einen bisher noch nicht dagewesenen Schritt im Prozeß des Dialogs dar. Der Bericht liegt dem Sekretariat für die Förderung der Einheit der Christen und der Kongregation für die Glaubenslehre vor und wird von den katholischen Bischofskonferenzen und von den Provinzen der Anglikanischen Kirchengemeinschaft geprüft. Antworten sind bis Ostern 1985 fällig, aber es wird seine Zeit brauchen, sie zu bearbeiten und die weiteren Beratungsverfahren vorzunehmen, die einem abschließenden Urteil über die Bedeutung des Berichts vorangehen. Auf der anglikanischen Seite wird dies erst zur Zeit der Lambeth-Konferenz 1988 erwartet.

3. *Die internationale Evangelisch-lutherisch-Römisch-katholische gemischte Kommission* war die erste der Kommissionen des Dialogs, die ins Leben gerufen wurden, und sie wurde eingerichtet und hatte ihre erste Sitzung schon während des Konzils. Mit ihrer Sitzung früher in diesem Jahr in Rom schloß sie die gegenwärtige Phase ihrer Arbeit ab. Die Kommission hat die folgenden wichtigen Dokumente veröffentlicht, die eine Vorstellung vom Umfang ihrer Aufgabe vermitteln:

- Die Eucharistie (1978)
- Wege zur Gemeinschaft (1980)
- Alle unter dem einen Christus (1980), eine Erklärung zur Augsburger Konfession
- Das geistliche Amt (1981)
- Martin Luther: Zeuge Jesu Christi (1983)
- In Hinblick auf die Einheit: Modelle, Formen und Phasen lutherischer/römisch-katholischer Einheit (erscheint in Kürze).

4. *Der reformiert-katholische Dialog* hatte nach vorbereitenden Diskussionen seine erste Sitzung 1970. Das Thema war die Gegenwart Christi in Kirche und Welt. 1977 wurde ein Bericht veröffentlicht, und die folgenden Jahre wurden darauf verwendet, nach Möglichkeit Reaktionen darauf zu erhalten, und schließlich wurde eine Bewer-

tung des Dialogs vorgenommen. Inzwischen werden Pläne für eine zweite Gesprächsrunde gemacht. Die erste Begegnung in der neuen Serie wird 1985 zum folgenden Thema stattfinden: «Die Kirche als Volk Gottes, Leib Christi und Tempel des Geistes.» Aufmerksamkeit wird man auch der Reformation und weiteren Ursachen des Bruches zwischen Katholiken und Reformierten an manchen Orten widmen.

5. *Katholisch-methodistische internationale Kommission.* Eine gemischte Kommission trat erstmals 1967 zusammen. Die ersten beiden Diskussionsrunden behandelten Probleme des christlichen Lebens und der Spiritualität. Die folgende Periode war der Diskussion über den Heiligen Geist in Beziehung zur christlichen Erfahrung und Autorität gewidmet, und es wurde ein Bericht veröffentlicht. Die gegenwärtige Runde betrachtet Fragen der Kirche, ihrer Sakramente, des Lebens und geistlichen Amtes.

6. *Der Dialog der «Jünger Christi» mit den Katholiken* begann 1977 und hat sich auf die Frage der Einheit konzentriert. Eine zweite Gesprächsrunde hat begonnen, die die Kirche als Urheber und Verwirklichung der Gemeinschaft *(koinonia)* diskutieren wird. Dieser Dialog konnte nützlichen Gebrauch von den Entwicklungen in anderen Dialogen und in der Kommission für Glauben und Ordnung im Weltkirchenrat machen.

7. *Der Dialog zwischen Katholiken und Pfingstbewegung* begann 1972 und hat zwei Berichte veröffentlicht. Anfangs beschäftigte er sich mit Fragen der Spiritualität und dem Pfingstgeschehen, ist aber zu zentraleren theologischen und sogar ekklesiologischen Fragen weitergeschritten. Sein Betätigungsfeld ist hauptsächlich eine Verbesserung des gegenseitigen Verständnisses.

8. *Der Dialog zwischen Baptistischem Weltbund und Katholiken* begann dieses Jahr und erhofft gegenseitiges Verständnis, Überwindung von Vorurteilen und Schwierigkeiten und Prüfung von Möglichkeiten gemeinsamen Zeugnisses. Die Diskussionen werden sich unter dem allgemeinen Thema «Evangelisation: die Mission der Kirche» entwickeln. Seine nächste Sitzung wird den Aspekt des Zeugens in bezug auf die Person und das Werk Jesu Christi und auf Bekehrung und Nachfolge aufgreifen (*Osservatore Romano,* engl., 3. Dezember 1984).

Wie an diesen bilateralen Gesprächen ist das Sekretariat auch an mehrseitigen Dialogen beteiligt, besonders an den Diskussionen über Glauben und Ordnung, die zum Lima-Report *Taufe, Eucharistie und geistliches Amt* von 1983 führten. Es sollte keinen Konflikt zwischen zweiseitigen und mehrseitigen Gesprächen geben: Eine Verbesserung im Verständnis zwischen zwei beliebigen Kirchen hat eine Wellenwirkung auf andere Dialoge. Dieselben Fragen ergeben sich immer wieder, weil sie die fundamentalen sind. Und die fundamentalen Fragen sind die richtigen. Diese Dialoge gleichen nicht diplomatischen Verhandlungen, bei denen ein Heranrükken an eine Partei ein Abrücken von einer anderen bedeutet. Sie streben alle nach einer «Konvergenz in Christus» – Pauls VI. ökumenischer Lieblingsausspruch.

Überdies haben einige Kirchen, namentlich die Lutheraner und die Anglikaner, bemerkt, daß nur im ökumenischen Dialog die wahre Originalität und Natur ihres Selbstverständnisses als Kirche ans Licht kommt. Die Lutheraner zum Beispiel entstanden als Protest gegen die Exzesse und Mißstände der spätmittelalterlichen Kirche; wie definieren sie sich selbst, wenn diese Exzesse und Mißstände abgestellt worden sind? Hingegen hat die Anglikanische Kirchengemeinschaft, so umfassend ihr theologischer Schirm sein mag, sich niemals als die ausschließliche Verkörperung der «einen wahren Kirche» verstanden, sondern als ein reformierter Zweig der katholischen Kirche, mit der sie sozusagen ein nicht anerkannter Reisegefährte oder besser ein Mitpilger ist.

Aber die römisch-katholische Kirche selbst ist ebenfalls in diesen Prozeß verwickelt, ihre wahre Identität durch den Dialog zu entdecken. Niemand erwartet von ihr, ihre Lehre aufzugeben, daß der Bischof von Rom als Nachfolger Petri einen Brennpunkt für die sichtbare Einheit der Kirche abgibt. Die Lutheraner zum Beispiel überlegten, ob sie «die Möglichkeit und Erwünschtheit des päpstlichen Amtes, erneuert gemäß dem Evangelium und der christlichen Freiheit verpflichtet, in einer größeren Gemeinschaft, die die lutherischen Kirchen einschließen würde» anerkennen könnten (siehe Paul C. Empie und T. Austin Murphy [Hgg.], *Papal Primacy and the Universal Church*). Sie schlossen es nicht aus. Die Anglikanisch-Römisch-katholische Kommission ging viel weiter und sagte 1977:

> Der einzige Bischofsitz, der einen Anspruch auf einen allgemeinen Primat erhebt und der ein solches *episcope* ausgeübt hat und immer noch ausübt, ist der Stuhl in Rom, der Stadt, in der Petrus und Paulus starben. Es erscheint angemessen, daß in jeder zukünftigen Union ein allgemeiner Primat, so wie er beschrieben worden ist, von diesem Stuhl wahrgenommen werden sollte (*Authority,* No. 23).

Aber diese beiden Erklärungen gehören den optimistischeren 1970er Jahren an, als eine vernünftige Hoffnung bestand, das petrinische Amt würde einen mehr «kollegialen», mehr «evangelischen» und weniger aggressiv gegenreformatorischen Stil annehmen. Papst Johannes Paul II. hat ungeachtet seiner vielen Gaben solche Erwartungen zunichte gemacht.

Das Dilemma des SPUC ist, daß es diese Tatsache nicht öffentlich zugeben kann. Es muß unter der Voraussetzung handeln, daß Papst Johannes Paul auf seiner Seite steht und ein begeisterter Förderer seiner Arbeit ist. Diese Vorstellung enthält soviel Wahres, daß sie plausibel ist. Bei den großen ökumenischen Gelegenheiten – namentlich den Besuchen in Konstantinopel, Canterbury und beim Weltkirchenrat – hat Papst Johannes Paul alle richtigen Dinge gesagt. In Konstantinopel sprach er von seinem eigenen Amt in annehmbaren «griechischen» Begriffen. Er definierte Petrus, den Bruder des Andreas, des Schutzheiligen von Konstantinopel, als «den Chorführer der Apostel» (eine Wendung, die in den orthodoxen liturgischen Texten verwendet wird, wo Petrus immer mit Paulus verbunden ist). Noch dazu beschrieb er Petrus «als einen Bruder unter Brüdern, der mit der Aufgabe betraut war, sie in ihrem Glauben zu bestärken». Als Wichtigstes von allem zitierte er am 30. November 1979 das Prinzip des Konzils von Jerusalem, «euch keine weitere Last aufzuerlegen als diese notwendigen Dinge» (Apostelgeschichte 15,28). Das war himmelweit entfernt von Vatikanum I mit seinen alles umfassenden Ansprüchen auf universellen Primat und universelle Rechtsprechung.

Auch in Canterbury tat Papst Johannes Paul keinen ökumenisch falschen Schritt. Er schien sich den Inhalt des Berichts der anglikanisch-katholischen Kommission zu eigen gemacht zu haben, als er seine eigene Rolle im Sinne eines «Vorsitzens über die Versammlung der Liebe» beschrieb. Und wie in Konstantinopel sprachen die symbolischen Gesten noch beredter als die Worte. Der Papst machte keinen Versuch, den Erzbischof von Canterbury in den Schatten zu stellen. Zusammen verehrten sie das Canterbury-Evangelium, das angeblich 598 von Augustin aus Rom mitgebracht worden war. Zusammen erneuerten sie ihre Taufversprechen: Die Taufe stellt ein dynamisches Streben auf die volle Gemeinschaft her. Und zusammen zündeten sie Kerzen für die neuzeitlichen Märtyrer an, deren Blut der Samen der Kirche ist. Johannes Paul zündete eine Kerze für den heiligen Maximilian Kolbe an, den polnischen Franziskaner-Konventualen, der in Auschwitz sein Leben hingab, damit ein verheirateter Mann leben durfte; und Runcie zündete eine Kerze für Erzbischof Oscar Romero an, der zwei Jahre vorher am Altar in San Salvador ermordet worden war. Genauso wichtig wie das großartig inszenierte Stück in Canterbury war der Besuch in der anglikanischen Kathedrale von Liverpool, wo Johannes Paul in höchst unanglikanischer Weise beim Ein- und Ausgang mit Beifall bedacht wurde. Die unerwartete Lehre aus dem Besuch in England, Schottland und Wales war, daß der Ökumenismus eine populäre Sache ist.

Der Haken ist, daß das Einheitssekretariat die Reden des Papstes für diese großen ökumenischen Gelegenheiten entworfen hat. Da er seine eigene Unerfahrenheit auf dem ökumenischen Feld einräumt, wendet er sich an das SPUC als ein Spezialistengremium, das in diesen Dingen zu Hause ist. Er fügt seine persönlichen Akzente hinzu, im allgemeinen um herauszustellen, daß Ökumenismus im wesentlichen eine geistliche Angelegenheit ist, aber im großen und ganzen liest er vor, was für ihn vorbereitet ist. So wird es ziemlich schwierig, die Schlüsselfragen zu beantworten: Was denkt Papst Johannes Paul wirklich über ökumenische Dinge? Welche Priorität räumt er ihnen ein? Hat er sie der Wiederherstellung katholischer Identität untergeordnet, die der Hauptprogrammpunkt seines Pontifikats zu sein scheint? Wie weit ist sein Interesse an den orthodoxen Kirchen eine Funktion seines Wunsches, die Gläubigen in Osteuropa und der Sowjetunion zu stärken?

Das SPUC mag meinen, daß es bestimmt schon genug Arbeit hat, ohne zu versuchen, solche großen Fragen zu beantworten. Aber das Problem der widersprüchlichen Äußerungen verschwindet nicht einfach. Zum Beispiel äußerte sich die Glaubenskongregation zum Schlußbericht der anglikanisch-katholischen Kommission in ziemlich entmutigenden Worten. Ihre «Beobachtungen», datiert auf den 29. März 1982, waren besonders streng hinsichtlich der von der anglikanisch-katholischen Kommission angewandten Methode, denn sie sagten, sie hätte die zugrundeliegenden Dokumente vergleichen sollen – die Neununddreißig Artikel und das Konzil von Trient zum Beispiel –, um den Weg nach vorn zu pflastern. Aber diese Wiederbelebung der Kontroversen des 16. Jahrhunderts hätte nur zu Schlußfolgerungen des 16. Jahrhunderts geführt. Wie Professor Henry Chadwick sagte, war das Originelle an der anglikanisch-katholischen Kommission, daß sie anstrebte, die Maginotlinie vergangener Kontroversen zu überwinden, um festzustellen, was der Glaube der zwei Kirchen heute ist.

Zu dieser Frage konnte das SPUC eine gute Karte ausspielen: Papst Johannes Paul hatte die Methode der anglikanisch-katholischen Kommission empfohlen, als er ihre Mitglieder am 4. September 1980 in Castelgandolfo traf:

> Ihre Methode ist es gewesen, hinter die Gewohnheit des Denkens und Ausdrucks zu gehen, die in Feindschaft und Widerspruch geboren und genährt wurde, um zusammen den großen Schatz zu prüfen, um ihn in eine Sprache zu kleiden, die traditionell ist und zugleich die Einsichten eines Zeitalters ausdrückt, das nicht mehr den Zwist verherrlicht, sondern versucht, zusammenzukommen und die leise Stimme des Heiligen Geistes zu hören.

Das war eine glänzende und sogar beredte Darstellung der Methode der anglikanisch-katholischen Kommission. «Die Stimme des Heiligen Geistes zu hören» ist einem Vergleich der polemischen Texte des 16. Jahrhunderts genau entgegengesetzt. Papst Johannes Paul allerdings schrieb diese Rede nicht selbst. Sie wurde von jemandem im Einheitssekretariat verfaßt, sehr wahrscheinlich von Msgr. William Purdy. Wichtig ist nicht, wird das SPUC sagen, wer sie schrieb, sondern daß der Papst bereit war, sie vorzutragen: Das ist das Bindende.

Es ist schön, wenn man so zuversichtlich ist. Die Wahrheit ist, daß das SPUC seine Seite geltend machen muß, um überhaupt zu bestehen. Es muß jede günstige päpstliche Bemerkung ausbeuten und die ungünstigen überhören, um im Geschäft zu bleiben. Das ist keine schändliche Position: Sie ist unvermeidlich in einem System, in dem selbst alltägliche päpstliche Äußerungen als Ausdruck des «ordentlichen Lehramts» betrachtet werden. Dies bezieht nicht stillschweigend irgendwelchen Unsinn ein, daß sie «unfehlbar» wären, doch sie haben ein besonderes Gewicht und eine besondere Autorität von nicht recht definierbarer Art. Papst Johannes Paul nimmt diese Doktrin ernst: Bei einer Audienz drängte er Mitglieder der Fußballmannschaft von Cagliari, den *Osservatore Romano* zu abonnieren, damit sie regelmäßig «das ordentliche Lehramt» verfolgen könnten.

Was die Fußballer aus Cagliari mit Papst Johannes Pauls Ansprache im Paushuis in Utrecht am 13. Mai 1985 angefangen hätten, wenn sie der päpstlichen Verfügung gefolgt wären, ist eine akademische Frage. Es ist noch weniger wahrscheinlich, daß sie die Berichterstattung in *The Times* verfolgt haben. Pater Bruno Brinkman SJ und andere sagten, daß die Rede ein Rückschlag für die ökumenische Sache war. Insbesondere bemerkten sie einen Widerspruch bezüglich der Mischehe. Auf dem Knavesmire Racecourse in York hatte Papst Johannes Paul am 31. Mai 1982 zu konfessionsverschiedenen Ehepaaren gesagt: «Ihr durchlebt in eurer Ehe die Hoffnungen und Schwierigkeiten auf dem Weg zu christlicher Einheit.» Aber jetzt in Utrecht, im Haus, das angeblich das Wohnhaus Hadrians VI. war, des letzten nichtitalienischen Papstes, sagte Johannes Paul, daß Mischehen mehr schadeten als nützten und daß sie leicht zu «Indifferentismus» führten – das heißt, daß beide Seiten das Interesse an ihrem Glauben verlören.

Was niemand zu bemerken schien, war, daß Papst Johannes die angeblichen beleidigenden Bemerkungen überhaupt nicht gemacht hatte. Sie fanden sich tatsächlich in seinem veröffentlichten Text, aber beim Vortrag ließ er, um Zeit zu sparen, die Abschnitte weg, die ausdrücklich «gewissen heiklen Problemen» gewidmet waren. Das Ergebnis war, daß seine holländischen reformierten Zuhörer, da sie keinen Text hatten, nicht einmal wußten, was er über die gegenteilige Wirkung von Mischehen zu sagen hatte; noch hörten sie ihn die «wilde» Interkommunion brandmarken oder sagen, daß es niemals in Frage kommen könnte, Frauen zum Priesteramt zuzulassen. Die holländischen Calvinisten bildeten sich ein, sie wären auf die freundlichste Weise angeredet worden. Henk Huting, Vorsitzender der Synode, sagte das unmittelbar darauf im Fernsehen. Dies warf ein neues theologisches Rätsel auf: Welchen Stellenwert haben nicht ausgesprochene päpstliche Reden?

Die Antwort scheint zu sein, daß sie ernst genommen werden müssen, wenn die nicht gehaltene Rede dennoch veröffentlicht worden ist. Ich schließe dies aus einem bemerkenswert aufschlußreichen Brief, den Msgr. Richard L. Stewart an *The Tablet* schrieb. Er schrieb in eigenem Namen, aber sein Brief verrät die Bestürzung im SPUC.

Msgr. Stewart beginnt mit einer Darstellung der Szene. Huting hatte gesagt, daß siebzig Prozent der Ehen in den Niederlanden konfessionsverschieden sind. Stewart sagt, daß die korrekte Zahl näher bei siebenunddreißig Prozent im Land insgesamt liegt und nur in den großen Städten auf siebzig Prozent ansteigt. Er wies dann darauf hin, daß der Papst die Ansprache in York erwähnt hätte, bemerkte, daß «solche heiklen Fragen nicht durch einen Austausch von Reden gelöst werden können», und betonte, daß es eine Verpflichtung des katholischen Partners ist, «alles mögliche zu tun», um den katholischen Glauben an die Kinder weiterzugeben, aber das wird durch die Wendung «innerhalb der Einigkeit der Ehe» eingeschränkt. Das löse ein, wer kann.

Hier ist der Schluß von Msgr. Stewarts Brief. Man mag es Haarspalterei nennen, aber man beachte, wie das SPUC danach strebt, seinen kleinen Freiraum offenzuhalten:

> Er (Papst Johannes Paul) drängte Paare, die «Schwierigkeiten und *Möglichkeiten*» ihrer Ehe im Auge zu haben (nirgendwo in der Rede kommt das Wort «Irrtümer» vor). Seelsorgerische Betreuung ist hier notwendig; nachdem er Papst Pauls VI. Lehre über die Notwendigkeit guter Kontakte zwischen Pfarrern – damit sie eine solche Fürsorge gewährleisten können – zitiert hatte, fuhr der Papst fort und sprach von der Rolle, die örtliche Gemeinden hier spielen können, «auch in den ersten Jahren des Ehelebens, in denen die Ehegatten sich vollkommener entdecken und zusammenwachsen in einem Leben des Glaubens, das fähig ist, nicht nur eine minimale Einmütigkeit auszudrücken» («ein einmütiges Minimum» wäre vielleicht eine bessere Übersetzung), «sondern auch eine echte Wertschätzung all dessen, was in den Traditionen und der geistlichen Praxis des anderen für gültig erachtet werden kann. Ich bete für solche Paare, die

einen gültigen Beitrag zum Werk der Versöhnung leisten. Ich bete auch für Pfarrer, Gemeinden und Gemeinschaften, die versuchen, die seelsorgerische Betreuung und Unterstützung anzubieten, auf die solche Paare ein Recht haben.» (Ich erinnere nicht an frühere päpstliche Bezugnahmen auf «Gemeinschaften» dieser Art).

Alles in allem möchte ich also meinen, daß die Rede des Papstes in Utrecht mindestens ebensoviel Nachdruck auf die Möglichkeiten wie auf die Schwierigkeiten legte (*The Tablet*, 22. Juni 1985).

Das ist fast so, wie wenn man einem Mann zusieht, der bei starkem Wind einen Schirm öffnen will. Msgr. Stewart zieht allen ihm möglichen Trost aus der Tatsache, daß die Rede positiv interpretiert werden *könnte* und daß sie eine gänzlich neue Idee enthielt: eine Empfehlung von Gemeinschaften konfessionsverschiedener Ehepaare. Er starb am 30. Juli 1985 im Haus seiner Schwester in Surrey im Alter von achtundfünfzig Jahren. Ich vermute, er entwarf den Satz über die «Gemeinschaften» selbst. So rückt der Ökumenismus von Nuance zu Nuance vor.

Ein Teil des Problems liegt in der Natur der «Öku-Sprache» selbst. Es gibt nur eine begrenzte Zahl von Dingen zu sagen, und sie sind alle schon viele Male gesagt worden. Bei jedem besonderen Punkt kann man die Wegstrecke betrachten, die man schon gemeinsam zurückgelegt hat, und sich an dem gemachten Fortschritt freuen; oder man kann nach vorn blikken auf der Straße zur tatsächlichen Einheit und sie lang finden, steinig, versperrt von Untieren und voller Gefahren. Das Einheitssekretariat nimmt von Berufs wegen einen optimistischen Standpunkt ein; die Kongregation für die Glaubenslehre ist von Berufs wegen pessimistisch.

SPUC-Mitglieder wissen, daß sie von Angehörigen der Glaubenskongregation «beschattet» werden. Die Rivalität zwischen den beiden Gremien hat manchmal zu spannungsgeladenen Szenen geführt. Bei einer Begegnung mit Journalisten am 22. März 1985 versuchte Pater Pierre Duprey, Sekretär des SPUC, so vorsichtig, wie er konnte, das sich gegenseitig ergänzende Verhältnis zwischen beiden darzustellen: «Die Glaubenskommission befaßt sich mit der Reinheit des Glaubens. Wir befassen uns mit der Reinheit des Glaubens und gehen über die traditionellen Arten, ihn auszudrücken, hinaus, um einen gemeinsamen Boden mit anderen Christen zu finden.» Obwohl dies nicht leuchtend klar ist, schließt man, daß die Glaubenskongregation und das SPUC ein gemeinsames Ziel haben, die wahre Lehre, während das SPUC ein zusätzliches Ziel hat, nämlich einen gemeinsamen Boden mit anderen Christen zu finden, das die Glaubenskongregation nicht teilt. Notgedrungen also wird die Glaubenskongregation kritisch zu den Bemühungen des SPUC um Dialog stehen. So ist ein gewisser Grad von Konflikt in die Situation eingebaut. Man kann sogar hochgesinnt behaupten, daß das eine gute Sache sei: Wenn der Augenblick der Einheit näher kommt, werden mögliche Übereinkünfte durch ein noch feineres Sieb gegeben werden müssen, um für das Gewissen der Kirche zu bürgen. Das meinte Pater Duprey vermutlich, als er hinzufügte: «Das Verhältnis ist nicht immer reibungslos, aber dies ist gesund» (*N.C. News Service,* 25. März 1985). Man spürt einen Reichtum an Erfahrung hinter dieser einfachen Bemerkung. Wenn Duprey bereit ist, so viel offiziell zu sagen, was würde er wohl inoffiziell sagen?

Der Standpunkt der Glaubenskongregation wurde am folgenden Tag von ihrem Sekretär, Erzbischof Alberto Bovone, dargestellt. «Wir sind nicht gegen den Ökumenismus eingestellt oder ohne Sympathie», begann er selbstsicher und fuhr fort:

> Die Kongregation ersetzt nicht andere vatikanische Abteilungen, sondern bietet Beiträge an, damit der Glaube zutreffend ausgedrückt wird. Die grundlegende Sorge der Kongregation ist es, die Vorstellung von einem einheitlichen versöhnenden Glauben, der auf eine einheitliche und genaue Weise ausdrückbar ist, zu verteidigen und zu fördern. Zur Rolle der Kongregation gehört auch, die Lehre zu fördern und den Menschen, die das Evangelium verkünden, neue Kraft zu geben, damit der Glaube in alle Bereiche des kirchlichen Lebens einzieht *(ibid.).*

Es ist etwas schwierig zu erkennen, was man mit diesen Umschreibungen anfangen soll, aber eine nochmalige Lektüre von Kapitel 7 dieses Buches sollte das erhellen. Die entscheidende Frage ist: Was geschieht im Konfliktsfall?

Der Papst könnte einschreiten, tut es aber in der Praxis nicht (oder nicht direkt). Artikel in *Osservatore Romano* wie der maßlose Angriff von Pater Daniel Ols OP auf den verstorbenen Karl Rahner im März 1985 wirken wie ein Vorzeichen. Eine Wiedervereinigung kann nicht zustande kommen, behauptete der Professor am Angelicum, wenn nicht andere Kirchen sich «jedem einzelnen der von der römisch-katholischen Kirche erklärten Dogmen» unterwerfen. Obwohl dies ohne Autorität gesagt wurde und obwohl der französische Dominikaner so berüchtigt rechtsgerichtet ist, daß seine eigene Provinz sich weigerte, ihn zu unterstützen (er schlich sich über Bologna zurück), machen solche Vorfälle dem SPUC Sorgen. Die entscheidende Frage ist, wer zum Nachfolger von Kardinal Willebrands ernannt werden wird, wenn er schließlich abtritt. Am 4. September 1909 geboren, ist er bereits über die normale Altersgrenze von fünfundsiebzig für kuriale Spitzenposten hinaus. Die Ernennung seines Nachfolgers wird eine Absichtserklärung sein: Entweder wird der Geist des Dialogs in der Kurie lebendig erhalten, oder er wird still und bürokratisch verlöschen. Was sich wahrscheinlich nicht verändern wird, ist die Unterabteilung des SPUC, die unter dem Namen «Kommission für religiöse Beziehungen mit der jüdischen Religion» läuft. Sie besteht aus denselben Personen, die nur andere Hüte tragen. Willebrands ist ihr Vorsitzender und Pierre Duprey ihr stellvertretender Vorsitzender, und der Argentinier Msgr. Jorge Mejia steigt hier zur Würde eines Sekretärs auf. Sie wurde in ihrer gegenwärtigen Form 1974 eingerichtet, aber die «jüdische Frage» als religiöses Problem war schon immer vom Sekretariat behandelt worden. Dafür gab es zwei Gründe. Niemand auf dem Konzil außer Bea und seiner Mannschaft hatte die Zähigkeit und den Wunsch, jene christlichen Araber abzuwehren, die nicht freundlich auf wohlwollende oder versöhnliche Erklärungen über die Juden reagierten. Und da das Christentum als ein Schisma im Judentum begann, blieb ein gemeinsames Band, zu dem es keine Parallele in einer anderen großen nichtchristlichen Religion gibt. Also war es politisch und theologisch das richtige Zuhause dafür.

Die Kommission hat stets auf dem Dekret *Nostra Aetate* von Vatikanum II aufgebaut, das nicht nur sagte, «was in der Leidensgeschichte Christi geschah, kann nicht allen Juden, die damals lebten, noch den Juden von heute unterschiedslos zur Last gelegt werden», sondern auch «das geistige Erbe, das Christen und Juden gemeinsam ist» betonte. Wenn heute die erste Erklärung etwas mißgünstig und die zweite ziemlich platt scheint, stellten beide 1965 einen großen Schritt nach vorn dar. Aber das Problem war immer, wie man von anspruchsvoller Theologie zu natürlichem Verhalten kommt. Wie konnte man diese Prinzipien dahin bringen, daß sie auf die tägliche Katechese und Predigt der Kirche einwirken? Denn der Antisemitismus war eine kulturelle Tatsache, die zum Teil durch den Sprachgebrauch des Neuen Testaments genährt wurde: «die Juden» im Johannesevangelium zum Beispiel werden stets als die Feinde Christi vorgestellt. Viel gelehrte Tinte ist verbraucht worden, um zu zeigen, daß «die Juden» nicht das jüdische Volk oder das Judentum an sich meinen. Willebrands selbst befaßte sich mit dieser und verwandten Fragen in einem bemerkenswerten Vortrag bei der Oxford Union im März 1985 («Ist das Christentum antisemitisch?», in *Briefing,* 22. März 1985).

Zwei Monate später veröffentlichte die Kommission *Das gemeinsame Band,* einen fachmännischen Text, der bescheiden als «Notizen für Lehre und Predigt» beschrieben wurde. Er erlitt ein vorhersehbares Schicksal: Wie jedes frische Dokument über jüdisch-christliche Beziehungen, das aus dem Vatikan kommt, wird es gespannt auf der jüdischen Seite geprüft, um aufzudecken, ob es einen Fortschritt oder einen Rückzug von einer früheren Erklärung bedeutet. *Das gemeinsame Band* wurde vom Großrabbi von Großbritannien, Sir Immanuel Jakobovits, aus zwei Gründen barsch beurteilt. Erstens wäre sein Hinweis auf den Holocaust «schmerzlich oberflächlich». Hier ist er: «Die Katechese sollte auf der anderen Seite dazu beitragen, die Bedeutung zu verstehen, die die Vernichtung in den Jahren 1939–45 und ihre Folgen für die Juden hatte.» Dies ist gewiß kühl, aber wer überhaupt kann das Mysterium der Ungeheuerlichkeit verstehen? Das jüdische Verlangen nach Bekundungen christlicher Schuld und Gewissensbisse hat einen unersättlichen Zug, der es schwierig macht, damit umzugehen.

Der andere Einwand des Großrabbis galt natürlich dem einen Satz, der dem Staat Israel gewidmet war: «Die Existenz des Staates Israel und seine politischen Zielsetzungen sollten nicht in einer Perspektive gesehen werden, die in sich religiös ist, sondern in ihrer Beziehung zu den allgemeinen Grundsätzen des internationalen Rechts.» Der Großrabbi fand es «schwierig, die Bedeutung dieser rätselhaften Erklärung zu ergründen . . . wenn in Wirklichkeit durch alle Zeiten die Vision der jüdischen Rückkehr nach Zion im wesentlichen religiös geworden ist» (*The Times*, 29. Juni 1985). Man kann die Verwirrung des Großrabbis nachempfinden. Christen machen eine Unterscheidung, die er nicht macht. Der Auftrag der Kommission ist nur, sich mit den «religiösen Beziehungen» zu den Juden zu befassen. Die Existenz Israels ist zweifellos eine politische Tatsache. Deshalb hätte nach vatikanischen Begriffen jeder politische Kommentar aus dem Staatssekretariat kommen müssen. Bis heute hat es die unwahrscheinliche Utopie einer «Internationalisierung Jerusalems» vorgeschlagen und die diplomatische Anerkennung mit der Begründung versagt, daß Israels Grenzen noch nicht durch einen internationalen Vertrag garantiert worden sind. Das stimmt, aber ob bewußt oder unbewußt, macht das Israels Status von den politischen Interessen seiner erklärten Feinde abhängig. Der Vatikan sollte die Atmosphäre reinigen, indem er anerkennt, daß Israel besteht. Aber das ist keine Entscheidung, die jemals von der Kommission für die religiösen Beziehungen mit der jüdischen Religion getroffen werden könnte.

Das Gebäude, den quietschenden Aufzug und einen ältlichen Pförtner in der Via dell'Erba 1, gleich an der Ecke zur Via della Conciliazione, teilt sich mit ihr das Sekretetariat für die Nichtchristen. Paul VI. gab seine Einrichtung am Pfingstsonntag, dem 19. Mai 1964, bekannt. Dies war ein Wink an die Konzilsväter, daß sie vorankommen sollten mit ihrem Dokument über nichtchristliche Religionen, das sie schließlich am 28. Oktober 1965 billigten.

Die Erklärung *Nostra Aetate* wurde die Gründungsurkunde des Sekretariats für die Nichtchristen. Aber es erwies sich als ziemlich schwierig, genau zu bestimmen, was die großen Weltreligionen gemeinsam hatten. Die Erklärung deutet an, daß sie «eine Suche nach Antworten auf jene unergründlichen Geheimnisse des Menschseins, die heute wie in alten Zeiten das menschliche Herz tief bewegen» miteinander teilen. Dies ist, wenn es ihn auch seltsamerweise nicht zitiert, ein Echo des Theologen Justinus der Märtyrer aus dem 2. Jahrhundert, der alle Wahrheiten, die man in den nichtchristlichen Religionen findet, dem Heiligen Geist zuschrieb: «Das wahre Licht, das jeden Menschen erleuchtet, kam in in die Welt» (Johannes 1,9). Die Erklärung sagt einfach: «Die katholische Kirche verwirft nichts, was wahr und heilig ist in diesen Religionen.»

Das mag bedrückend tautologisch klingen – das Problem ist, genau zu wissen, was in diesen Religionen wahr und heilig ist; aber es stellte doch eine neue Achtung vor nichtchristlichen Religionen dar und eine Bereitschaft, sich hinzusetzen und mit ihren Wortführern zu sprechen.

Der erste Vorsitzende des Sekretariats für die Nichtchristen war Kardinal Paolo Marella, dessen Amtszeit von 1964 bis 1973 dauerte. Er legte ganz ordnungsgemäß sein Amt mit achtundsiebzig nieder. Er war in etwa für den Posten geeignet, da er ein bei Constantini geschulter Mann war (siehe Kapitel 10), der während der schwierigen Kriegsjahre Apostolischer Delegat in Japan gewesen war. Das erklärte sein Interesse an Shintoismus und Zen. Aber anders als das Einheitssekretariat, dem es nie an eifrigen Partnern im Dialog fehlte, mußte das Sekretariat für die Nichtchristen sich anstrengen, Gesprächspartner zu finden. Ein großes Gemälde im Konferenzzimmer des Sekretariats stellt Papst Paul VI. dar, der mit ausgebreiteten Armen verschiedene safrangelb gekleidete buddhistische Mönche, wunderbar angeordnete Bonzen, allerhand Mullahs und andere geheimnisvolle religiöse Führer willkommen heißt. Das Gemälde enthält eine gewisse symbolische Wahrheit. Aber es gibt so viele innere Spaltungen bei Buddhisten und Moslems selbst, daß kein Dialog jemals zu irgendeinem sehr haltbaren oder feststellbaren Ergebnis geführt hat.

Das Gemälde gehört der Zeit an, als Kardinal Serio Pignedoli Vorsitzender des Sekretariats für die Nichtchristen war (1973–80). Pignedoli war einer der engsten Freunde Papst Pauls und sein Weihbischof in Mailand gewesen. So vergrößerte seine Ernennung die Wichtigkeit des Amtes: Er war nicht einfach ein Stück Schaufensterdekoration. Pignedoli schloß Freundschaften, wo immer er hinreiste. Als Apostolischer Delegat in Kanada fuhr er einen zerbeulten Volkswagen von Küste zu Küste und hinauf zum Yukon, um seinen vielen Freunden Lebewohl zu sagen. Jeder, den er kennenlernte, wurde in seinen umfänglichen Karteikasten aufgenommen. Sie wurden alle eingeladen, ihn in Rom zu besuchen, und manchmal stolperte man in seinem Eßzimmer über Studenten in Schlafsäcken. Eher mehr als seine bemerkenswerte Bildung machten diese menschlichen Qualitäten ihn bei den Vertretern nichtchristlicher Religionen beliebt. Aber er war auch kein Stümper auf diesem Gebiet. Er hatte seine Zeit in Vietnam abgeleistet, und manche von den Buddhisten, die ihn in Rom besuchten, waren alte Freunde.

Es gibt eine Legende, daß Pignedoli 1976 in Tripoli, Libyen, einen schrecklichen Fauxpas beging, als Oberst Moamar al-Gaddhaffi einen berühmten christlich-moslemischen Dialog im Opernhaus veranstaltete. Während Moslems in Richtung Mekka beteten, genossen Christen phantasievolle unalkoholische Getränke. Es versteht sich von selbst, daß von al-Gaddhaffis Standpunkt aus der Zweck des Treffens war, Propaganda für die «dritte internationale Theorie» zu machen, das Fundament, auf dem seine Volksrepublik angeblich ruht. Alle Anwesenden wußten das.

Pignedolis sogenannter Fauxpas war, nicht bemerkt zu haben, daß eine Resolution, die, wie vorauszusehen, «Zionismus als Rassismus» verurteilte, im letzten Augenblick an den Übersetzern vorbeigeleitet wurde. Sein Fehler war, daß er nicht genug Arabisch verstand. Ich war bei dieser Gelegenheit dabei und hielt den Fehler für verzeihlich. Aber dieser Vorfall wurde von Pignedolis Feinden in der Kurie ausgebeutet, die ihm seine Zugänglichkeit und Beliebtheit übelnahmen. Es wurde geflüstert, er sei zu sehr geneigt, «es allen rechtzumachen». Der Ruf des Sekretariats für die Nichtchristen verschlechterte sich mit dem Pignedolis. Man betrachtete es als von Grund auf unseriös. Es hatte nicht viel Gewicht in der Kurienpolitik. Er bekam ein paar Stimmen bei den Konklaven von 1978, hatte aber nie eine ernstzunehmende Chance.

Pignedoli starb im Dezember 1980. Sein Nachfolger war Erzbischof Jean Jadot, ein vatikanischer Diplomat aus Belgien, der wie Pignedoli in Vietnam Dienst getan hatte. Sein unmittelbarerer Anspruch auf Ruhm war, daß er während seines siebenjährigen Aufenthalts als Apostolischer Delegat in Washington den amerikanischen Episkopat erneuert hatte. Aber er hielt sich nur drei Jahre als stellvertretender Vorsitzender des Sekretariats für die Nichtchristen, wurde nicht zum Kardinal erhoben und im April 1984 plötzlich durch Francis Arinze ersetzt, Jahrgang 1932, der von 1967 an Erzbischof von Onitsha in Nigeria gewesen war. So wurde Arinze einer der führenden Afrikaner in der Römischen Kurie, ein Gegengewicht zu dem französischsprachigen Msgr. Emery Kabongo aus Zaire, dem ersten schwarzen päpstlichen Privatsekretär, der dem Polen Stanislaw Dziwisz half, ihn aber nicht verdrängte. Da Nigeria mit über 100 Millionen Einwohnern das nach der Bevölkerung größte Land Afrikas und nicht das ärmste ist (es ist Mitglied der OPEC) und da es in der Frontlinie der Begegnung von Moslems (47 %) und Christen (34 %) steht, war die Ernennung Arinzes recht sinnvoll. Das Zeichen des Vertrauens, das Jadot vorenthalten war, wurde auf Arinze innerhalb eines Jahres übertragen: Er wurde im Frühjahr 1985 zum Kardinal gemacht.

Doch Papst Johannes Pauls Bemerkungen über den Islam enthüllen eine Ambivalenz, die verwirrend ist. Bei besonderen Anlässen ist er freundlich, aber er kann scharf werden, wenn er an die Vergangenheit erinnert. Als er im November 1979 in die Türkei reiste, gab er sich sehr ökumenisch. Obwohl die Türkei offiziell ein weltlicher Staat ist, hat sie eine islamische Tradition und besitzt eine gemeinsame Grenze mit Irak und Iran, wo der Ayatollah Ruhollah Khomeini der «islamischen Erneuerung» einen neuen und finsteren Inhalt gegeben hat. Johannes Paul jedoch mit einer Vision von Monotheisten, die auf die Sowjetunion von Litauen bis Irak Druck ausüben, erkärte in der italienischen Botschaftskapelle in Ankara am 29. November 1979: «Nun, da Christen und Moslems in eine neue Phase der Geschichte eingetreten sind, ist es dringend, die geistigen Bande, die uns vereinen, zu erkennen und zu entwickeln, so daß wir ‹für alle Menschen soziale Gerechtigkeit, moralische Werte, Frieden und Freiheit schützen und fördern› können.» Das Zitat ist aus *Nostra Aetate.*

Diese Rede war zu optimistisch. Ein Ergebnis des Papstbesuches von 1979 in der Türkei war, daß ein junger Türke, Mehmet Ali Agca, der Presse erzählte, er beabsichtige, diesen «christlichen Kreuzfahrer» zu ermorden. Niemand schenkte ihm viel Beachtung, bis er am 13. Mai 1981 auf dem Petersplatz auf den Papst schoß und ihn verletzte. Wo Kugeln fliegen, ist nicht viel Platz für den Dialog.

Johannes Paul lag viel daran, an die heldenhafteren christlichen Großtaten gegen die Türken zu erinnern. Die Niederlagen waren genauso heroisch wie die Siege. Im Oktober 1980 ging er nach Otranto, wo ein Kastell in die Adria vorspringt; es ist der östlichste Teil Italiens, und Shelley schrieb ein leidenschaftliches Stück darüber. Fünfhundert Jahre früher waren 800 Christen von den Türken mit dem Gesicht nach unten auf den Minervahügel in Otranto geschleppt und enthauptet worden. Johannes Paul sprach genau von der Stelle aus, wo sie niedergemetzelt worden waren. Aber er verweilte nicht bei der Vergangenheit. Statt dessen blickte er über die Adria hinüber nach Albanien, nur siebzig Kilometer entfernt, wo «die Märtyrer unserer Zeit, die oft unbekannt und dennoch nicht so weit weg von uns sind» leiden. Daß man an die albanischen Kommunisten als Nachfolger der Türken denken sollte, war für beide Seiten nicht gerade ein Kompliment.

Im September 1983 reiste Papst Johannes Paul nach Österreich, um des

Sieges der österreichisch-polnischen Allianz zu gedenken, die dreihundert Jahre vorher die Türken an den Toren Wiens in die Flucht geschlagen hatten. Ungarn war befreit und Europa gerettet. Es war ein großer Sieg. Aber österreichische und polnische Schulbücher melden nicht die Tatsache, daß am 12. September 1683 dreitausend verwundete Türken lebend verbrannt wurden, «um die Luft zu reinigen». Türkische Quellen sagen, daß es zehntausend waren. Durch die ganze Barockzeit und bis weit ins 19. Jahrhundert stand der «Türkenkopf» aus Holz und Pappe vor kaiserlichen Postämtern. Die edlen Herren schlugen ihn mit ihren Schwertern ab oder schossen ihn mit ihren Pistolen herunter und spuckten dann darauf.

Nichts davon begünstigte den Dialog mit den Türken, die in historischer Sicht die Vorhut des Islam in Europa darstellten. Allerdings rief Papst Johannes Paul in Wien zu «einem geistigen Kreuzzug des Gebetes und der Tat» auf, gerichtet gegen irgendeinen ungenannten Feind; man sollte sich «mit derselben Hingabe und demselben Heldenmut, den unsere Vorfahren zeigten, als sie Wien retteten» darauf einlassen. Die Wiener, die aus bitterer Erfahrung gelernt haben, Kompromisse zu schließen, hörten diesen kühnen Worten mit einer gewissen Verwirrung zu. Sie wurden auf dem Heldenplatz gesprochen, wo fünfzig Jahre davor österreichische Katholiken den Nazis zugejubelt hatten.

Bei all dem war der ursprüngliche Zweck des Sekretariats für die Nichtchristen etwas außer Sicht geraten. Es wurde mehr ein Instrument der Rechtfertigung als ein Mittel des Dialogs. Der Beweis ist, daß es 1984 unter seinem neuen Vorsitzenden eine Studie der «Sekten» und besonders der Moon-Sekte in Angriff nahm. Niemand glaubte ernsthaft, daß man von den Moon-Leuten etwas Positives lernen könnte (obwohl ein Vergleich mit Opus Dei sich als lehrreich erwiesen hätte, wenn man sich darauf eingelassen hätte). Kardinal Arinze wurde degradiert, Botschaften des guten Willens zu Ramadan an die Moslems zu senden. In Pakistan nahmen die Katholiken an der einmonatigen Fastenzeit teil.

Am 19. August 1985 sprach Papst Johannes Paul vor 60 000 begeisterten jungen Moslems in einem Stadion in Casablanca, Marokko. «Heute», sagte er, «fordert Gott uns alle auf, unsere alten Gewohnheiten zu ändern, einander zu achten und einander auf dem Weg zu Gott anzuspornen.» Dies wurde mit stürmischem Beifall aufgenommen. Johannes Paul war der Gast König Hassans II. von Marokko, des geistigen und religiösen Führers seines Volkes von fast 20 Millionen Menschen. Der König macht eine direkte Abstammung von dem Propheten Mohammed durch fünfunddreißig Generationen geltend – die islamische Version der «apostolischen Sukzession». Aber König Hassan wird von der übrigen islamischen Welt nicht für repräsentativ gehalten, und seine Gefängnisse sind voll von politischen Gefangenen. Gerade als der Papst das Ende der Kreuzzüge erklärte, wurde die Idee des Djihad oder Heiligen Krieges im Islam wiederbelebt, nicht zuletzt im Libanon, der einst ein Ort war, wo Christen und Moslems in Frieden lebten.

So sind die meisten Beziehungen mit Moslems bisher ziemlich spekulativ gewesen, ein bißchen, wie wenn man eine Botschaft in einer Flasche ins Meer wirft.

14

Die neuen Kurialen

Der Erfolg des Sekretariats für die Einheit der Christen veranlaßte Paul VI., ein anderes für die Nichtglaubenden im April 1965 einzurichten. Von Anfang an gab es Ärger mit dieser Bezeichnung, weil nur wenige Menschen gelten lassen wollten, daß sie völlig Nicht-Glaubende wären, d.h. daß sie an überhaupt nichts glaubten. Die Agnostiker oder Atheisten könnten sehr wohl protestieren, daß sie zwar nicht an Gott glaubten, was sie aber nicht daran hinderte, an Wahrheit, Gerechtigkeit, Brüderlichkeit – die ganze Bandbreite der Werte – zu glauben. Diese sehen besser (mehr wie «transzendentale» Wahrheiten) in Großbuchstaben aus. Es gibt kaum einen Beweis, daß eigentliche Nicht-Glaubende tatsächlich wegen dieser Benennung beunruhigt waren, aber Katholiken waren in ihrem Namen zutiefst beunruhigt. Es war jedoch zu spät. Das Etikett saß, und niemand konnte sich einen besseren Namen ausdenken. Ein einäugiger libanesischer Jesuit, Gabriel Malik, reiste durch Europa und machte sich für ein «Sekretariat für das Studium gegenwärtiger Ideologien» stark. Aber sein Heilmittel schien beträchtlich schlimmer als die Krankheit.

Auf jeden Fall wußte er sehr genau, wen Paul VI. im Sinn hatte. In seiner ersten programmatischen Enzyklika, *Ecclesiam Suam,* skizzierte er seine Vision von der Kirche Roms und den «konzentrischen Kreisen», von denen sie umgeben war. Im Kapitel 13 haben wir gesehen, wie er die ersten zwei Kreise behandelte: die getrennten Brüder, diejenigen, die eine gemeinsame Taufe und einen gemeinsamen Glauben haben, und die Juden, die vom selben Stamm sind. Dann kamen die historisch bedeutsamen nichtchristlichen Religionen. Aber der «äußere Kreis» besteht aus allen anderen, dem Rest der Menschheit, jenen, die sonst weggelassen werden. Sie mochten Anhänger bestimmter politischer Ideologien wie des Marxismus sein oder nicht. Aber Paul VI. war überzeugt, daß «wo immer Menschen danach streben, sich selbst und die Welt zu verstehen, wir in der Lage sind, mit ihnen in Verbindung zu treten» (*Ecclesiam Suam,* 97). Um auszugreifen in dieses weiteste Gebiet gemeinschaftlichen menschlichen Gesprächs, errichtete Paul VI. sein Sekretariat für die Nichtglaubenden.

Er gab auch dem Konzil, dessen vierte und letzte Sitzungsperiode im September 1965 beginnen sollte, einen Wink. «Alle menschlichen Dinge sind unsere Sorge», schrieb Paul VI., «und wir haben mit der ganzen menschlichen Rasse eine gemeinsame Natur, ein gemeinsames Leben mit allen Gaben und Problemen» (*Ecclesiam Suam,* 97). Dies entspricht dem prächtigen Eröffnungsakkord der Pastoralkonstitution des Konzils, *Gaudium et Spes:* «Freude und Hoffnung, Trauer und Angst der Menschen von heute, besonders der Armen und Bedrängten aller Art, sind auch Freude und Hoffnung, Trauer und Angst der Jünger Christi.» (Man achte übrigens auf die Wendung «besonders der Armen», was der Ursprung der «Option für die Armen» der Theologie der Befreiung ist.) Normalerweise ist es überflüssig, einer Gruppe von Menschen zu dem Zugeständnis zu gratulieren, daß sie zur menschlichen Rasse gehören. Aber vom 19. Jahrhundert an hat die Kirche so oft die Welt verkleinert und sich selbst im Gegensatz zu ihr definiert, daß diese einfache Anerkennung der Zugehörigkeit mit der vollen Kraft einer Neuigkeit traf. So symbolisierte das Sekretariat für die Nichtglaubenden den Übergang von der mißbilligenden Kirche Pius' IX. zur Kirche im Dialog Pauls VI.

Genauer gesagt war sein Zweck, «in das Denken des zeitgenössischen Atheisten einzudringen, um die Gründe für seine geistige Unruhe zu verstehen» (*Ecclesiam Suam,* 104). Das ließ an ein Bild denken, daß den Atheisten als einen Invaliden zeigte, einen hoffnungslos kranken Mann. Theologen wurden eingeladen, sich wie Ärzte um sein Bett zu versammeln, ängstlich bemüht, ein Gegengift für diesen schrecklichen Zustand zu entdecken. Das ist eine ziemlich satirische Darstellung, aber vermutlich muß der Christ glauben, daß es unnatürlich ist, Atheist zu sein. Er baut auf das «ruhelose Herz» des heiligen Augustinus und George Herberts («Falls Güte ihn nicht führen mag, wird Überdruß ihn an die Brust mir werfen»). Aber wenn selbstgefällige Atheisten sich nie mit selbstgefälligen Gläubigen auf einen Dialog einlassen können, so könnten kritische Atheisten mit kritischen Gläubigen reden. Sie taten es manchmal. Die Abenteuer und Mißgeschicke des Sekretariats für die Nichtglaubenden in seinem ersten Jahrzehnt waren die Chronik im Kapitel «Dialog mit dem Humanismus in einer diesseitigen Welt» meines Buches *The Runaway Church.* Hier greifen wir die Geschichte gegen Ende 1984 auf, als ich ein Gespräch mit Erzbischof (jetzt Kardinal) Paul Poupard, Vorsitzender des Sekretariats für die Nichtglaubenden, in seiner Wohnung im Palazzo San Calisto hatte.

Dieses gewaltige kasernenartige Gebäude – Pius' XI. Antwort auf die faschistische Architektur – wurde im Herzen von Trastevere gebaut, einem Arbeiterviertel Roms, bekannt für seine Restaurants, seine hohe Kriminalität und das Regina Coeli-Gefängnis. Der größte Teil der «neuen Kurie», der in diesem Kapitel untersucht werden soll, ist hier zu Hause. Man betritt den Hof, und da steht hinter einem ganz kleinen Brunnen eine gewaltige Statue von Pius XI. mit seiner Tiara. Seine rechte Hand ist erhoben, aber ob dies segnend oder warnend ist, bleibt etwas ungewiß.

Überall in den Büros des Sekretariats hängen, wie auch sonst im Vatikan, Fotografien des regierenden Papstes. Sie dienen der gleichen Aufgabe, die Porträts des Königs im Frankreich des 17. Jahrhunderts erfüllten: Sie machen den «Fürsten» sichtbar, überall gegenwärtig. Der Papst ist hier in der Tat allgegenwärtig: Sogar über den Lichtschaltern befindet sich das päpstliche Wappen. Ich wurde in ein Empfangszimmer geführt, mit hoher Decke und vier Brokatstühlen, die aufgestellt waren wie für ein Konversationsstück im vierten Akt eines Schauspiels, das nie stattfinden wird. Es ist ein Ort von einer gewissen Düsterkeit und Strenge. Ich erinnerte mich an den kalifornischen Priester, der einmal hier gearbeitet hatte. Man kam zu dem Schluß, daß er verrückt wäre, und schickte ihn nach Hause, nachdem er einen Revolver auf seinen Vorgesetzten gerichtet hatte.

Aber bei dieser Gelegenheit hatte Msgr. Poupard ein gebrochenes Bein und konnte nicht von seiner Wohnung im obersten Stockwerk heruntersteigen. Also wurde ich in eine Art Kreuzgang oder offene Galerie vier Stockwerke höher geführt. Von da hat man einen herrlichen Blick auf den Gianicolo und die Kuppel der Peterskirche. Verschiedene Kardinäle wohnen hier oben, sicher vor Terrorismus und in bescheidenem, aber beneidenswertem Komfort. Es gibt kein Gemeinschaftsleben. Jeder hat seinen eigenen Haushalt: wenigstens einen Sekretär, zwei verläßliche Schwestern eines bestimmten Alters, ein Arbeitszimmer, ein Empfangszimmer, ein Eßzimmer und einen Andachtsraum. Das rechte Bein in Gips und auf den Schreibtisch gestützt, erklärte Msgr. Poupard, daß die anderen Sekretariate keinen Mangel an Dialogpartnern haben, die «Nichtglaubenden» dagegen schwer anzusprechen sind, da sie ein recht unorganisierter Haufen sind. «Nicht-Glaubende», erklärte er, «sind gewöhnlich Freidenker; und sie nehmen es jedem übel, der sich anmaßt, in ihrem Namen zu sprechen.» Aber er stellte die wichtige Behauptung auf, daß es, falls ein Dialog unmöglich war, schon eine Form von Dialog wäre, wenngleich ein innerer, mit den Gedanken bei den Problemen von Außenstehenden zu sprechen.

Dieses Gespräch fand auf französisch statt. Poupard, der eine prachtvolle Bibliothek hat *(«J'ai toutes les collections»),* bekannte seine Unwissenheit hinsichtlich der «angelsächsischen Welt». Er schien nicht über Gebühr interessiert, dem abzuhelfen. Ich legte ihm dar, daß der angelsächsische Ungläubige mit geringer Wahrscheinlichkeit der Erbe von Karl Marx und Friedrich Nietzsche war, sondern eher ein gewöhnlicher Bursche *(type),* der nicht über die erhältlichen Beweise hinausgehen wollte. Er war mit größerer Wahrscheinlichkeit ein Mann, der ein Fahrrad einen Berg hinaufschiebt, als Sisyphus, der vergebens seinen Felsblock schiebt, wie Albert Camus ihn schildert. Er war weder Prometheus, der den Göttern das Feuer stiehlt, noch Nietzsches Übermensch. Er war der Mann nebenan, der es einfach nicht wußte. Poupard sagte, ich würde eine sehr angelsächsische Behauptung aufstellen. Er bat mich, ihm einen Artikel über das Thema zu schicken. Ich habe es nie getan. Mögen diese Bemerkungen ein Ersatz für den ungeschriebenen Artikel sein.

Das Sekretariat für die Nichtglaubenden macht einem sehr deutlich bewußt, wie unser Denken (und folglich unser Wahrnehmen) von verschiedenen intellektuellen Traditionen geformt ist. Papst Johannes Paul hat immer ein *«pastorale de l'intelligence»* befürwortet und dies als den Zweck des Sekretariats definiert. Wie sollen wir diesen sehr gallischen Ausdruck übersetzen? «Die pastorale Fürsorge für das Denken»? «Das Apostolat an den Intellektuellen»? «Ein seelsorglicher Zugang zur Universität und wissenschaftlichen Gemeinschaft»? Vielleicht liefert der Rest der Erklärung des Papstes in seiner Ansprache an das Sekretariat am 3. April 1981 irgendeinen Schlüssel zu seiner Bedeutung:

> Das Sekretariat für die Nichtglaubenden hat eine wichtige Rolle zu spielen in diesem *pastorale de l'intelligence,* indem es Interesse weckt, Fragen vertieft, Anregungen und Vorschläge innerhalb der Römischen Kurie macht, während es im Dienst der Ortskirchen steht, die sich der Herausforderung des Atheismus und dem Drama des Unglaubens stellen müssen – immer in Verbindung mit Universitätsleuten. Auf diese Weise könnte es vielen Gläubigen helfen, für die Werte zu zeugen, die ihnen ihre *raisons de vivre* geben, Worte zu finden, um sie mit anderen zu teilen, und furchtlos zu sein, wenn sie sich selbst als Zeugen Gottes erklären, im Namen der hartnäckigen Suche nach der Wahrheit, die, durch Jahrhunderte wissenschaftlicher Forschung, die Größe der Menschheit ausgemacht hat (veröffentlicht in *Atheism and Dialogue,* 1, 1985).

Die bloße Unermeßlichkeit und Windigkeit des Vorhabens machen es schwierig zu packen. Denn es schließt alle Fragen ein, die immer zur Fundamentaltheologie gehörten, die sogenannten «Grenzfragen»: Glaube und Naturwissenschaft, die Rationalität des Glaubens, der Rang der Gesellschaftswissenschaften. Wenn sich ein örtlicher Zweig des Sekretariats trifft – viele haben nur eine Scheinexistenz –, diskutieren sie als erstes, was sie tun sollen. Liegt die grobe Beschreibung der Ziele vor, was kommt als nächster Schritt? Was sollen sie wirklich als erstes tun? Manche sind nie über diese vorbereitenden Fragen hinausgelangt und haben den bequemen Ausweg gewählt, die zahlreichen Fragebogen zu beantworten, die das Sekretariat verschickt hat.

Aber dann saßen sie in der Falle, weil 1984 ein Fragebogen kam, dafür gedacht, die Arbeit des Sekretariats in den vergangenen zwanzig Jahren zu «bewerten». Es konnte kaum angehen, zuzugeben, daß sie ihre Zeit damit verbracht hatten, Fragebogen wie diesen zu beantworten. Aber genau dies mußten manche bischöflichen Kommissionen bekennen. Die Philippinen meldeten, daß ihre Kommission im großen und ganzen auf dem Papier bestand und sie außer einigen Seminaren über Ideologien der Gegenwart nichts getan hatten. Bezüglich der Vierteljahresschrift des Sekretariats *Atheism and Dialogue* geben sie offen zu, daß «die Publikation nicht geholfen hat, aus dem einfachen Grund, weil sie nicht gelesen worden ist». Die Japaner meinten, dieses Reden über Atheismus *(munish-ron)* und die Gewohnheit, die Menschen in «Glaubende» und «Nicht-Glaubende» zu teilen, wären ihrer kulturellen Tradition fremd. Pater Francis J. Buckley SJ berichtete, daß die University of San Francisco, Kalifornien, «einen atheistischen Philosophen eingestellt habe, um gemeinsam mit hervorragenden katholischen Philosophen und Theologen Kurse in Philosophie und Theologie zu halten». Dies war ein Erfolg, da beide Seiten voreinander Achtung lernten. Aber der Atheist «erhielt keine Dauerstellung und verließ die Universität», zweifellos als traurigerer und klügerer Mann.

Es ist immer nützlich, polnische Reaktionen auf solche Fragen zu untersuchen, besonders wenn sie von Pater Marian Jaworski aus Krakau, einem Freund des Papstes, kommen. Er sagt frei heraus, daß «es wegen der vom System auferlegten Beschränkungen keinen Dialog mit dem marxistischen Atheismus in Polen gibt und nie gegeben hat». Die Bedingungen für einen Dialog sind einfach nicht gegeben; jede Begegnung würde für politische Zwecke manipuliert. Jaworski berichtet dann weiter von der gewaltigen «religiösen Erneuerung» in Polen, die in den zwei päpstlichen Besuchen 1979 und 1983 zum Ausdruck kam. Der erste polnische Papst in der Geschichte war nicht die Ursache für diese Bewegung, aber er war ihr Katalysator. Die «Solidarität» und dann das Kriegsrecht brachte die Polen zusammen in der Verteidigung menschlicher Werte. Es gab viele Bekehrungen, besonders im Gefängnis. Jaworski faßt zusammen: «Im allgemeinen ist die Kirche aus der Konfrontation mit dem atheistischen Marxismus gestärkt und geläutert hervorgegangen. Sie hat sogar ihre Feinde der ethischen Initiative beraubt, da sie Fürsprecher der Menschenrechte, der Freiheit und der Gerechtigkeit geworden ist und so ihre Glaubwürdigkeit in den Augen von Ungläubigen verstärkt worden ist.» Als Beweis der religiösen Erneuerung führt er das Interesse junger Menschen an Wallfahrten und die «fliegenden Universitäten» im Untergrund an (*Atheism and Dialogue,* 1, 1985).

Ohne Zweifel ist das alles völlig richtig. Aber es kann nicht auf andere Länder ausgedehnt werden, außer vielleicht auf die benachbarte Tschechoslowakei. Man kann kaum von uns erwarten, für das Entstehen kommunistischer Regierungen zu beten, damit wir alle eine ähnliche stärkende Atmosphäre erleben. So kann das Verhältnis zwischen den «Gläubigen» und «Ungläubigen», wie wir sie anmaßend nennen, in Polen kein Beispiel für den Rest der Welt sein.

Falls die Lektionen Polens auch nur annähernd auf andere Orte übertragen würden, dann würden sie überdies genau die Prinzipien umstoßen, auf denen das Sekretariat für die Nichtglaubenden aufbaut. Polen zeigt, daß ein «Dialog» wegen der Unversöhnlichkeit der anderen Seite unmöglich ist. Jede Vorstellung, von ihnen zu «lernen», steht außer Frage. Sie werden beschrieben als «unsere Feinde» *(adversaires).* Das Ziel ist, sie zu besiegen oder zu bekehren. Der Gedanke, den man in *Gaudium et Spes,* 19, findet, daß Christen durch ihre Unzulänglichkeit zum Atheismus beitragen können, wird als Schwäche, als selbst beigebrachte Wunde abgetan. Kurz, es ist ein Kreuzzug im Gange, eine Schlacht bis zur Entscheidung, und die Christen haben die Initiative ergriffen.

Dennoch leugnet Kardinal Poupard energisch, daß sein Sekretariat in diesem Pontifikat sein Wesen geändert habe. Örtliche Kommissionen machen weiter «Studium und Dialog» zu ihrer Losung. Aber man kann nicht umhin zu bemerken, daß *Atheism and Dialogue* eine Rechtfertigungszeitschrift geworden ist, die etwas offenbart, was man nur «besessen von Galileo Galilei» nennen kann. Und Papst Johannes Pauls im Kapitel 4 beschriebener apokalyptischer Sicht der Welt entspricht eine zutiefst pessimistische Beurteilung der europäischen Geistesgeschichte. Alles begann in der Renaissance unwiederbringlich falsch zu laufen:

> Der moderne Mensch, seit der Renaissance in einer gewaltigen Herausforderung *(un gigantesque défi),* stand auf gegen das Geheimnis der Erlösung und begann, im Namen der Menschenwürde Gott abzulehnen. Zunächst auf eine kleine Gruppe beschränkt, die Intelligentsia, die sich als eine Elite betrachtete, ist der Atheismus heute ein

> Massenphänomen geworden, das die Kirche angreift. Mehr noch, Atheismus dringt in die Herzen der Gläubigen ein, einschließlich jener, die den Namen Jesu Christi anrufen, und bewirkt eine geheime und ruinöse Mittäterschaft bei der Untergrabung des Glaubens an Gott – und tut das im Namen der Selbstbestimmung und Würde des Menschen (Ansprache an einen Kongreß über «Atheismus und Evangelisation», 10. Oktober 1980).

Dies kam der Ansicht Jacques Maritains (Charles Maurras folgend) in seinen *Three Reformers* sehr nahe. Aber wenn man das glaubt, wird man wahrscheinlich eher Energie auf die Unterdrückung der Irrtümer verwenden, die in die Kirche eingedrungen sind, als sich auf einen höflichen Dialog mit jenen prometheischen Gestalten einlassen, die diesen erschreckenden Zustand der Gottlosigkeit herbeigeführt haben. Also wird das Sekretariat für die Nichtglaubenden zur Bedeutungslosigkeit verblassen, während die Kongregation für die Glaubenslehre belebt werden wird – was geschehen ist.

Das mag erklären, warum Papst Johannes Paul es für notwendig befand, ein neues Kurienamt einzurichten, den Päpstlichen Kulturrat. Dies fand am Himmelfahrtstag 1982 statt, als niemand hinsah. Das neue Gremium schmiegt sich unter den Flügel des Sekretariats, und Poupard fungiert auch hier als Vorsitzender. Sein Sekretär ist der kanadische Jesuit und frühere Rektor der Gregorianischen Universität, Pater Hervé Carrier. Sein offiziell erklärter Zweck ist es, «den Dialog und die Zusammenarbeit zwischen der Kirche und Kulturen zu fördern». Zu den ersten Mitgliedern gehörten Sir William Rees-Mogg, ehemaliger Herausgeber von *The Times*, Leopold Senghor, Dichter und ehemaliger Präsident von Senegal, und Pater Theodore M. Hesburgh, Präsident der Universität Notre Dame. Eine Frau, Schwester Mary Braganza aus Indien, ist in das Dutzend eingedrungen. Diese hervorragenden Namen machen vielleicht den Eindruck, daß der Papst nur die «hohe Kultur» im Auge hat – Streichquartette und Ausstellungen moderner Kunst. «Hohe Kultur» ist sicher in das Vorhaben einbezogen. Der Papst sagt mit einem Zitat Pascals:

> Der Mensch übertrifft unendlich den Menschen; das bezeugen die Anstrengungen so vieler schöpferischer Genies, sich in Kunstwerken auszudrücken und durch die abstrakten Werte von Schönheit und Wahrheit, flüchtig wahrgenommen als ein Ausdruck des Absoluten (Zitiert in Kardinal Casarolis Brief, mit dem der Rat eingerichtet wurde).

Wieder muß man Jacques Maritains *Art and Scholasticism* lesen, um diesen Satz zu verstehen (und ein Blick auf die Literaturkritik von Charles du Bos würde ebenfalls helfen).

Aber Johannes Paul befaßt sich gleichermaßen mit «Kultur» im anthropologischen Sinn: Sie ist die Luft, die wir atmen, die Annahmen, die wir automatisch machen, die zusammengehörigen Werte, die man in jeder einzelnen Gesellschaft findet. Er nennt es «die lebende Kultur» und definiert sie als «die Gesamtheit der Werte und Prinzipien, die das Ethos eines Volkes ausmachen».

Zweifellos ist dieses Interesse an Kultur (in beiden Bedeutungen) ein weiteres Produkt seiner polnischen Erfahrung. Da jegliche kulturelle Aktivität in Polen offiziell vom Staat kontrolliert wird, verteidigt man die Freiheit, wenn man «kulturelle Werte» verteidigt. Die Erfahrung der «Solidarität» zeigte, daß trotz fünfunddreißig Jahren sozialistischer Indoktrination die polnische Kultur in christlichen Werten verwurzelt blieb. Filmemacher, Schauspieler, Dichter, Künstler, Schriftsteller tauchten aus ihren Verstekken auf, angespornt von dem Schauspieler-Dichter-Dramatiker aus Krakau.

Johannes Paul sagte von diesem Päpstlichen Kulturrat:

> Wo agnostische Ideologien, die der christlichen Tradition Feind sind, führende Denker inspirieren, ist es um so dringlicher für die Kirche, in den Dialog mit Kulturen einzutreten, um den modernen Menschen entdecken zu lassen, daß Gott, weit davon entfernt, der Rivale des Menschen zu sein, ihm erlaubt, ganz er selbst zu werden und in seinem Ebenbild und Abbild zu wachsen.

So trifft die Lektion ebenso im Westen wie im Osten zu. Und das Ziel des Kulturrates ist rechtfertigend: Seine Aufgabe ist, agnostische und atheistische Mißverständnisse zu vertreiben. Gegen die Ansprüche eines «atheistischen Humanismus» (zusammengefaßt in Marx' Aphorismus «Der Mensch ist das höchste Wesen für den Menschen») erklärt er, daß es in der Tat einen christlichen Humanismus gibt, der allein die echten Güter freisetzen kann. Dies ist völlig richtig. Aber wie eine jährliche Spritztour der Großen, der Guten und der Hervorragenden diesem Prozeß weiterhelfen kann, ist schwer zu sagen.

Gerade über den Hof des Palazzo San Calisto befindet sich der Päpstliche Laienrat. Er entstand als Reaktion auf das Dekret des Vatikanum II über den Laienstand *(Apostolicam Actuositatem).* Paul VI. richtete ihn probeweise 1967 als *Consilium de Laicis* ein und gab ihm seine endgültige Gestalt 1967 als *Pontificium Consilium pro Laicis.* Laien, das versteht sich von selbst, machen die überwältigende Mehrheit der 810 000 000 Katholiken der Welt aus – 99,8 Prozent, hat jemand ausgerechnet. Der späte Auftritt des Rates auf der vatikanischen Bühne sagt etwas darüber aus, wie klerikalisiert die Kirche geworden war. Im 19. Jahrhundert waren die Laien als die dankbaren Objekte des klerikalen Amtes gesehen worden. Das sollte sich nun ändern.

Paul VI. definierte den Zweck des Laienrates als «Arbeit für den Dienst und die Förderung des Laienapostolates, indem er als ein Ort der Begegnung und des Dialogs in der Kirche zwischen den Laien und der Hierarchie und zwischen verschiedenen Formen von Aktivität der Laien fungiert». Das bedeutete natürlich nicht, daß er das einzige Forum für solche Begegnungen war, und parallele Laienkommissionen wurden auf der örtlichen Ebene eingerichtet. Aber der Laienrat wurde einerseits als das internationale Koordinierungsgremium und andererseits als die Stimme der Laien im Vatikan gesehen.

Er besteht aus zwei Abteilungen. Abteilung I «befaßt sich mit Fragen, die die Laien als in der Welt lebende Christen und als Mitglieder der kirchlichen Gemeinschaft betreffen». Das klingt recht harmlos, aber Vorsicht! Das ganze Gebiet ist ein theologisches Minenfeld, übersät von Einschlagtrichtern früherer Kontroversen, wie wir sehen werden.

Abteilung II ist mehr praktischer Art. Sie befaßt sich mit den katholischen internationalen Organisationen, die unter einer Vielzahl von Abkürzungen bekannt sind, z.B. UNDA (Rundfunk und Fernsehen), OCIC (Film) und UCIP (Journalisten). In den ersten 1970er Jahren gab es Diskussionen wegen des Gebrauchs des Wortes «katholisch» in den Bezeichnungen solcher Gremien; manche wünschten, ökumenischer zu sein, als der Heilige Stuhl erlauben wollte. Von Zeit zu Zeit kam es zu Auseinandersetzungen wegen der Billigung neuer «Satzungen» von Organisationen und der Ernennung von Kaplänen. Manche katholische internationalen Organisationen sind auch NGO (übersetzt: von den Vereinigten Nationen als nichtstaatliche Organisationen anerkannt). Zwei von diesen sind die St. Joan's Alliance, 1911 gegründet (als katholische Vereinigung für das Frauenstimmrecht), um die Rolle der Frauen in der Kirche zu stärken und auf ihre Ordination zu drängen, und UCIP, die aufgefordert wurde, zu dem unter einem schlechten Stern stehenden UNESCO-Projekt einer «neuen internationalen Informationsordnung» Stellung zu nehmen.

Diese katholischen internationalen Organisationen sind mit verdienten Personen besetzt, die sozusagen «professionelle Laien» geworden sind. (Der verstorbene Karl Rahner wollte alle voll im Dienst der Kirche Arbeitenden, ob geweiht oder nicht, «Kleriker» nennen. Er fand wenig Unterstützung.) Sie haben sich über örtliche, dann nationale Organisationen auf diese höchste Ebene von Laienaktivität und -repräsentation hochgearbeitet. Das soll sie nicht herabsetzen. Sie bekommen wenig oder keinen materiellen Lohn, müssen ein gestörtes Familienleben hinnehmen, weil sie an endlosen internationalen Konferenzen teilnehmen müssen, und sind glücklich, wenn sie ihre Auslagen erstattet bekommen. Die sechsundzwanzig Vollzeitmitarbeiter des Laienrates kommen meist aus diesem Milieu. Sie haben Geschmack daran gefunden, der Kirche zu dienen.

Das Jahr 1984 sah drastische Veränderungen im Laienrat, die vom kurieninternen Klatsch als *terremoto* – ein Erdbeben – bezeichnet wurden. Was geschah, war, daß die alte Garde entlassen wurde. Personen, die dem Laienrat von Anfang an gedient hatten, entweder als Mitglieder wie Erzbischof Derek Worlock aus Liverpool oder als Berater wie die Australierin Miss Rosemary Goldie, wurden hinausgeworfen und ersetzt (allerdings hatte Worlock später ein Come-back). Dies war im wesentlichen das Werk des verhältnismäßig jungen deutschen Bischofs Paul J. Cordes (Jahrgang 1934), stellvertretender Vorsitzender des Laienrates. Der brasilianische Kardinal Opilio Rossi schüttelte den Kopf und fragte sich, wo das noch enden sollte. Er wurde prompt durch Kardinal Eduardo Pironio ersetzt. Msgr. Coughlan ist, nach Erfahrung bei Liturgie und Nichtchristen, Untersekretär geworden und somit der höchstgestellte englische Priester in der Kurie.

Die meisten Laien in der Kirche wissen nichts über den Laienrat. Es fällt schwer, sich eine Möglichkeit auszudenken, wo er wesentlich in ihr Leben eingriffe. Auch glauben sie gewöhnlich nicht von sich, daß sie ein theologisches Problem darstellen. Aber es hat ein «Problem» um den Laienstand seit den 1950er Jahren gegeben, als Prediger, von Pius XII. angespornt, den Katholiken zu sagen begannen: «Ihr seid die Kirche.» Eine radikale Gleichheit in der Gnade wurde von Vatikanum II behauptet und im neuen Codex des Kirchenrechts festgehalten: «Unter allen Gläubigen besteht, und zwar aufgrund ihrer Wiedergeburt in Christus, eine wahre Gleichheit in ihrer Würde und Tätigkeit, kraft der je alle nach ihrer eigenen Stellung und Aufgabe am Aufbau des Leibes Christi mitwirken.»

Das erste Problem mit dem Laienstand ist, welche praktischen Konsequenzen sich aus diesen Feststellungen ableiten. Wie sollen sie eingelöst werden? Denn es liegt auf der Hand, daß der Klerikalismus nicht verschwindet, nur weil er angeprangert worden ist, und daß die Laien nicht «mündig werden» und «ihren rechtmäßigen Platz in der Kirche einnehmen», einfach als Ergebnis von Reden dieses Inhalts. Man darf mit Recht sagen, daß die institutionellen Folgerungen, die sich ergeben, wenn man von der Kirche als Volk Gottes spricht, nicht verwirklicht wurden. Aber gleichzeitig verlockte man katholische Augen mit einer schimmernden

Vision: «Die Kirche ist nicht wirklich fest begründet und lebt nicht ganz, noch ist sie ein vollkommenes Zeichen Christi, wenn nicht ein echter Laienstand existiert und neben der Hierarchie arbeitet» *(Ad Gentes).*

Das zweite Problem des Laienstandes ist die Definition. Die einfachste und praktischste Definition ist, daß eine Laienperson kein Kleriker ist, das heißt, nicht dem geistlichen Stand angehört. (Man beachte, daß diese Definition Ordensfrauen und nicht geweihte Brüder unter die Laien rechnet.) Aber niemand wollte sich mit so einer negativen Definition zufriedengeben. Bischof Christopher Butler meinte, daß ein Laie «nicht einfach ein Mönch mit Melone» ist. Worauf die anglikanische Schriftstellerin Kathleen Bliss antwortete: «Niemand möchte ein ‹ist nicht› sein.»

Aber die Frage nach einer positiven Definition des Laienstandes führte zu der Vorstellung, daß sie eine besondere Rolle in der Kirche haben. «Gewisse Dinge», sagt der Rat nicht sehr selbstsicher, «gehören in einer besonderen Weise zu den Laien, Männern wie Frauen, aufgrund ihrer Situation und Sendung» (*Lumen Gentium,* 30). Wenn wir fragen, welche Dinge in besonderer Weise zum Laienstand gehören, ist die Antwort, daß «eine säkulare Beschaffenheit dem Laien eigen ist» und daß «die Laien durch ihre Berufung selbst das Reich Gottes suchen, indem sie sich mit weltlichen Angelegenheiten befassen . . . Sie leben in der Welt . . . Der Laie ist eng in weltliche Angelegenheiten jeder Art einbezogen» (*ibid.,* 31).

Das alles war gut gemeint. Es wurde von progressiven Theologen als die «liberale» Sicht verteidigt. Aber es führte in die Theologie erneut die Zweiteilung ein, die soeben gebannt worden war, indem man das «Volk Gottes» zum Ausgangspunkt gemacht hatte. Denn es wies dem Priester, dem geweihten Amtsträger, den geistlichen Bereich zu, während sie die Welt dem Laienstand ließ. Dies erinnerte an die Theorie der katholischen Aktion in den 1930er Jahren. Laien arbeiten in der Ordnung der Schöpfung (weltliche Aufgaben usw.), während Priester in der Ordnung der Erlösung arbeiten (die Sakramente usw.). Der Laie wurde der verlängerte Arm des Priesters, der die Teile erreichte, die der Priester nicht erreichen konnte. Das ist schlechte Theologie, weil sie eine undurchführbare Unterscheidung trifft: Der Priester kann nicht aus der Welt ausgeschlossen werden (in der er zufällig lebt); und der Laienstand kann nicht aus den unterschiedlichen Formen des Amtes innerhalb der Kirche ausgeschlossen werden.

Was in Wirklichkeit nach dem Konzil geschah, war, daß Laien zunehmend in Ämter einbezogen wurden oder, so könnte man genauer sagen, die Arbeit, die sie schon taten, im Sinne eines Amtes zu begreifen begannen. Eine Katechetin zum Beispiel hatte vielleicht vorher diese Tätigkeit als ihr «Apostolat» verstanden. Jetzt nahm es seinen Platz unter den geistlichen Ämtern ein. Die Kirche hat *eine* Sendung, aber viele Ämter. In den Vereinigten Staaten und Kanada gab es eine starke Vermehrung der Ämter. In einer Kirchengemeinde fand ich einen Amtsträger der Gastlichkeit ebenso wie Inhaber eines Singeamtes (die im Kirchenchor sangen) oder Tanzamtes. Man mußte es dem Jungen, der den Rasen mähte, ausreden, seine Tätigkeit als «geistliches Amt des Grasschneidens» zu bezeichnen. In Chicago gab es eine ganze Konferenz, die dem Amt des Clowns gewidmet war («Narren für Christus»). Manche von diesen Entwicklungen haben etwas Modisches und sogar Albernes; aber sie sollten uns nicht für die Tatsache blind machen, daß die Explosion von Ämtern eine Gabe des Heiligen Geistes gewesen ist. Die große Masse von Laien in einem Amt sind entweder Katecheten oder außerordentliche Spender der Eucharistie. Alle diese Ämter sind natürlich «nicht ordinierte» Ämter.

So ist die Theologie des Laienstandes von Vatikanum II in gewisser Hinsicht überholt. Deshalb wird «Die Berufung und der Laienstand in der Kirche und der Welt zwanzig Jahre nach dem Zweiten Vatikanischen Konzil» (um es bei dem flotten offiziellen Titel zu nennen) das Thema der Bischofssynode im Herbst 1987 in Rom sein. Sie sollte im Herbst 1986 stattfinden, aber die nicht vorgesehene «Außerordentliche Synode» 1985 verursachte die Verschiebung. Es ist zu teuer, jährliche Synoden abzuhalten. Das wird den Laienchristen mehr Zeit lassen, das vorbereitende Dokument zu studieren.

Sie werden es vielleicht ziemlich verwirrend finden. Denn es warnt vor Gefahren, die wohl nicht jeder erfahren hat. Hier ist die wichtigste:

> In bestimmten Situationen in manchen örtlichen Kirchen besteht eine Tendenz, apostolische Aktivität auf kirchliche «Ämter» nur zu beschränken, solange man sie nach einem «klerikalen Erscheinungsbild» interpretiert. Dies kann die Gefahr einer Vermischung in der korrekten Beziehung, die zwischen Klerus und Laienstand in der Kirche bestehen sollte, nach sich ziehen. Es kann auch zu einer Verarmung der Heilssendung der Kirche an sich führen, obgleich sie berufen ist – auf eine besondere Weise mittels des Laienstandes –, diese Mission «in» und «für» die Welt der zeitlichen und irdischen Realität zu erfüllen.

Dies ist in einer Art vatikanischem Code geschrieben. Die Angehörigen des Päpstlichen Laienrates werden in der Lage sein müssen, ihn zu knacken. Wenn es wirklich wahr wäre, daß ein bescheidenes Amt in der Kirche den Laien dahin führen kann, was das Dokument an anderer Stelle «eine negative Flucht aus der Welt» nennt, dann könnte etwas an dieser Gefahr sein. Aber die Erfahrung weist darauf hin, daß die Aktivsten in der Kirche auch die Aktivsten in der Welt sind.

Die verborgene Tagesordnung der Synode 1987 wird in einem Zitat aus Papst Johannes Pauls Ansprache an die Schweizer Bischöfe im Juni 1984 verraten. Er drängte sie, «die Klerikalisierung des Laienstandes und die Laisierung des Klerus» zu vermeiden. Dieses Argument wurde zum erstenmal von Kardinal Alfonso Lopez Trujillo vorgebracht. Er verwendete es, um jene Priester der Theologie der Befreiung anzugreifen, die angeblich in Verweltlichung verfallen waren, und jene Laien, die eine wichtige Rolle in der Kirche spielen wollten. Es mag sein, daß Papst Johannes Paul etwas Ähnliches im Sinn hat. Er besteht zum Beispiel immer darauf, daß es einen wesentlichen Unterschied zwischen dem Priesteramt und anderen Ämtern gibt. Dies versetzt ihn in die Lage, die Zwei-Reiche-Theorie wiederzubeleben und so zu rechtfertigen, daß der geweihte Priester aus der Politik herausgehalten wird («seine Aufgabe ist in der Kirche»). Und auf der anderen Seite erlaubt es ihm zu verhindern, daß Laienämter als weltliche Zwischenstationen auf der Straße zu verheirateten Männern – und sogar Frauen – betrachtet werden. Das Synodendokument spielt in der folgenden Frage darauf an: «Stellt sich in Ihrer örtlichen Kirche das Problem von Ämtern, mit denen Laien betraut sind? Falls ja, in welcher Weise und aus welchem Grund?» Also sind wir wieder an dem Punkt, die Laien als Problem zu sehen.

Die Päpstliche Studienkommission für Gerechtigkeit und Frieden (Iustitia et Pax) ist ebenfalls im Palazzo San Calisto zu Hause. Am 21. April 1973 verglich Papst Paul VI. sie mit einem Wetterhahn, der «als Symbol der Wachsamkeit» auf die Kirchturmspitze gesetzt ist, und sagte, sie sollte die Aufgabe haben, «das Auge der Kirche, ihr Herz offen und ihre Hand ausgestreckt zu halten für die Liebe, die sie der Welt zu geben aufgerufen ist». Zwischen 1967 und 1972 trug die internationale Kommission dazu bei, das katholische Bewußtsein für internationale Fragen zu schärfen: Gerechtigkeit, Ungerechtigkeit, Folter, Frieden, Hunger.

Sie brachte nationale Kommissionen hervor, die in einigen Ländern Lateinamerikas die einzige wirksame Kontrolle der Tyrannei und die einzige Informationsquelle waren. Aber diese nationalen Kommissionen hingen nicht von Rom ab und gingen ihre eigenen unterschiedlichen und radikalen Wege. Die internationale Kommission wurde in zunehmendem Maße ängstlich, «Erklärungen abzugeben», die einen politischen Inhalt haben könnten, und verstummte schließlich. Als Iustitia et Pax Rhodesiens (was es damals noch war) ihren Vorsitzenden Bernadin Gantin über die Natur der Regierung Ian Smith aufklärte, sagte er ihr, er könne nichts tun. Sie müßten ihre Geschichte vor dem Staatssekretariat wiederholen. Iustitia et Pax verlor ihre Rolle und beschränkte sich in einem ihrer Bulletins darauf aufzuzählen, wie oft «die Soziallehre der Kirche» (oder dem Entsprechendes) in den Reden Papst Johannes Pauls vorkam.

Allerdings wurde im April 1984 der Kardinal-Erzbischof von Marseille, Roger Etchegaray, Vorsitzender von Iustitia et Pax, und man begann auf Besseres zu hoffen. 1970 im jungen Alter von zweiundvierzig nach Marseille berufen, war er 1975 zum Vorsitzenden der französischen Bischofskonferenz gewählt worden. Er schockierte französische traditionalistische Katholiken, als er algerische Moslems, die die Heilige Jungfrau sehr verehren, am örtlichen Marienheiligtum willkommen hieß. Als er Papst Johannes Paul 1980 in Paris begrüßte, sagte er, daß «Säkularisierung» nicht gänzlich schlecht wäre und daß die Kirche ihre Lektionen lernen müßte. Bei der Synode 1983 wählte er Versöhnung mit dem jüdischen Volk als den wichtigsten Aspekt dieses Themas. Auf allen diesen Wegen ging er gegen den Strich dieses Pontifikates. Dennoch wurde er im April 1984 nach Rom gerufen. In seinem neuen Amt hat er den Libanon und andere Unruheherde besucht, aber ansonsten keinen Hinweis gegeben, daß er etwas anderes als der Alibifranzose in der Kurie ist.

Er ist jedoch auch von Amts wegen Vorsitzender des Päpstlichen Rates *Cor Unum* (Ein Herz). Anders als Iustitia et Pax befindet sich dieser nicht in San Calisto, sondern im Apostolischen Palast selbst, ein Hinweis, wie nahe er dem Papst steht. «Er ist», heißt es im *Annuario Pontificio,* «das Organ der Nächstenliebe des Papstes.» Er wurde 1971 von Paul VI. eingerichtet, um die katholische karitative Arbeit zu «harmonisieren». Er verleiht der Solidarität praktischen Ausdruck. Zu seinen Mitgliedern gehören deshalb die Leiter von wohltätigen Körperschaften wie CAFOD (Catholic Fund for Overseas Development, «Katholischer Fonds für überseeische Entwicklung») in Großbritannien, Catholic Relief Services («Katholische Hilfsdienste») in den USA und Secours Catholique («Katholische Hilfe») in Frankreich. Nicht dabei ist aus geheimnisvollen Gründen die deutsche Organisation Misereor; dabei ist aber Graf Géraud Michel de Pierredon, Großmeister der Malteserritter. Es hat Gemunkel gegeben, daß Cor Unum nur an nicht kontroverse Projekte, die lediglich den Status quo stützen, Geld gibt. Da Kardinal Alfonso Lopez Trujillo im Vorstand sitzt, ist dies mehr als wahrscheinlich.

In einer Ansprache an die Vollversammlung von Cor Unum im November 1982 spielte Papst Johannes Paul taktvoll auf dieses Problem an:

> Man darf die Nächstenliebe nicht von den anderen Forderungen der Seligpreisungen isolieren und muß ihr Verhältnis zur Gerechtigkeit hervorheben – auf die sie nicht reduziert werden darf, und ihren spezifischen Beitrag zur Aufgabe der menschlichen Förderung im Ver-

hältnis zu den sozialpolitischen Projekten der Zivilbehörden berücksichtigen.

Das scheint zu heißen, daß man, wenn sein Projekt einer Regierung nicht gefällt, noch einmal darüber nachdenken muß, wenn man es nicht gleich ganz vergißt.

Papst Johannes Paul deutete auch die Existenz von Abgrenzungsschwierigkeiten an:

> Die Aufgabe Ihres Rates ist gewiß schwierig und heikel. Als eine amtliche Struktur im Dienst der kirchlichen Nächstenliebe steht Cor Unum in Beziehung zu den örtlichen Kirchen, den Bischofskonferenzen, den Bischöfen verschiedener Diözesen und ihrer abhängigen Organisationen. Seine Aufgabe ist nicht, diese zu ersetzen, noch ein zentralisierendes Gremium zu werden, noch weniger, ihre Finanzen zu übernehmen. Er steht zur Verfügung, um ihnen zu helfen, Entscheidungen in einer universelleren und besser koordinierten Perspektive zu treffen . . .

Aber Koordinierung kann so leicht in Kontrolle umschlagen. Also versuchte Johannes Paul die Ängste der nationalen Vertretungen zu zerstreuen. Er versicherte ihnen, daß Cor Unum zu ihren Gunsten und für die örtlichen Kirchen arbeitet. Dann der Dolchstoß: Cor Unum kann diesen wertvollen Dienst erfüllen, weil seine «vollständigere Information und universelle Sorge – beruhend auf dem Papst, der ihm diese Autorität und Kompetenz gab – es mit dem Charisma der Uneigennützigkeit und universellem Interesse ausstatten». Vielleicht waren sie mehr an der Dritten Welt als an der Zweiten interessiert, an Afrika mehr als an Polen.

Nach diesem kurzen Ausflug in den Apostolischen Palast kehren wir in den Palazzo San Calisto zum Päpstlichen Rat für die Familie zurück. Von Papst Paul VI. 1973 unter dem anspruchslosen Namen eines Komitees für die Familie gegründet, kam er zu seinem gegenwärtigen Rang erst am 9. Mai 1981 durch das Motuproprio *Familia a Deo Instituta* (Die Familie wurde von Gott eingesetzt). Das war nur vier Tage, bevor die Kugeln Mehmet Ali Agcas Papst Johannes Paul II. beinahe getötet hätten. Es setzt sich aus zwanzig Ehepaaren zusammen, die Konsultoren nicht gerechnet. Das klingt vielversprechend. Aber sie sind alle hinsichtlich ihrer Verläßlichkeit nach *Humanae Vitae* überprüft worden: Sie sind alle entschieden gegen künstliche Geburtenkontrolle eingestellt. Vor allem weil der Laienrat nicht ganz «standfest» hinsichtlich *Humanae Vitae* war – er räumte ein, daß es ein Problem der «Rezeption» gab –, wurde der Päpstliche Rat für die Familie abgespalten und aufgewertet. Man sah seine Bemühungen auf der Synode 1980 über Ehe und Familie.

Dieser Rat steht unter der Obhut des frankokanadischen Kardinals Edouard Gagnon. Daß er in der Kurie diesen Posten innehat, ist ein Rätsel. Im Januar 1918 in Port Daniel geboren, war er von 1969 bis 1972 Bischof von St. Paul, Alberta. Seither ist er im Vatikan ein Spezialist für Familienfragen gewesen. Ein in *The Wanderer* 1983 veröffentlichtes Interview enthält eine Kostprobe seiner Ansichten. Er denkt, daß ungehorsame Bischöfe ein Problem sind, und «wann immer die Bischöfe nach Rom kommen, sagt der Papst ihnen, was er möchte, über Moral und Katechetik und so weiter. Aber er hat keine Gefängnisse, in die er sie sperren kann, also gehen viele zurück und gehorchen nicht.» Gagnon fühlt offenbar, daß eine Erneuerung päpstlicher Gefängnisse willkommen wäre, da er glaubt, daß «die Kirche ein materielles Schisma in den Vereinigten Staaten toleriert». Sein wichtigstes Heilmittel für unseren gegenwärtigen beklagenswerten Stand der Dinge wäre, «neunzig Prozent der Lehrer der Moraltheologie auszutauschen und sie vom Unterrichten abzuhalten. Weil sie grundsätzlich Prinzipien lehren, die zu sexuellen Scheußlichkeiten führen». Er ermahnt die beunruhigten Laien, auf Abwege geratene Bischöfe und Theologen in Rom anzuzeigen. Die Postsäcke der Kurie quellen über vor Beschwerden.

Also tun manche Teile der neuen Kurie lediglich die Arbeit der alten Kurie. Die hochgesteckten Hoffnungen der nachkonziliaren Periode sind enttäuscht worden. Es bleiben genug an schönen Reden, daß man den Traum vom Dialog flüchtig erblicken kann, aber er ist ein seltener Schimmer von Sonnenlicht zwischen jagenden Wolken. Wie das alles der Welt präsentiert wird, ist das Thema des nächsten Kapitels.

15

Kommunikation mit dem Weltdorf

Die ersten Kommentare des Vatikans zu den Massenmedien kamen in Gregors XVI. Enzyklika *Mirari Vos* 1832. Sie waren feindselig. Der Papst war wie die anderen wieder eingesetzten Monarchen Europas erleichtert, daß die Ära der Revolution vorbei war, aber ängstlich, daß sie eines Tages wiederkehren könnte. So ächtete er die Pressefreiheit in seinem gewohnten schwülstigen Stil und schrieb von «der entsetzlichen, nie genügend verwünschten und verabscheuenswerten Pressefreiheit, die unter den Menschen Schriften jeder Art verbreitet». Zeitunglesen war gefährlich, weil es dem Volk Ideen von Liberalismus und Sozialismus in die Köpfe setzte. In dieser Sicht des 19. Jahrhunderts stellte die Presse die feindselige und gefährliche Welt da draußen dar. Das Verhältnis von Kirche und Welt spiegelt sich in dem Verhältnis von Kirche und Medien.

Aber Gregor XVI. war auch über die Art, wie liberale und demokratische Ideen in die Kriche einsickerten, beunruhigt. Dies geschah angeblich in Frankreich in Abbé de Lamennais' Zeitung *L'Avenir.* Obwohl Lamennais seine Redaktionsmannschaft überredete, «sich respektvoll der Autorität des Stellvertreters Christi zu unterwerfen ... und alle ihre Freunde zu drängen, das gleiche zu tun», befriedigte das den Papst nicht, der in einer weiteren zornigen Enzyklika *Singulari Nos* (1834) de Lamennais' Rechtfertigung *Paroles d'un Croyant* (Worte eines Glaubenden) anprangert und erklärt, daß «der Autor in verfänglichen Wendungen versucht, die christliche Lehre, wie Wir sie definiert haben, anzugreifen und zu zerstören». Insbesondere hatte de Lamennais sich «der Schranke, die gegen die wilde Zügellosigkeit der freien Rede errichtet werden muß» widersetzt. In dem allem handelten der Pontifex und seine Kurie als Richter, Jury und Zeugen, und es gab kein Berufungsgericht. Der unglückliche de Lamennais starb außerhalb der Kirche, ohne Absolution.

Als sich Gregors XVI. Nachfolger Pius IX. vom Revolutionsjahr 1848 erholte, ermutigte er die damals treu ultramontanen Jesuiten, eine vierzehntägige Zeitschrift mit dem Namen *Civiltà Cattolica* zu gründen. Man dachte, die besten Geschichten dürften nicht alle dem Teufel überlassen werden. Ihr erster Herausgeber, Pater Carlo Maria Curci, erklärte 1850, daß ihr Ziel wäre, «dem ideologischen Gift, das die Köpfe vergiftet, entgegenzuwirken und solide Lehre zu verbreiten». In ihren ersten Jahren veröffentlichte sie erbauliche Fortsetzungsromane, die gefahrlos von frommen Damen in der Provinz gelesen werden konnten. Curci selbst wurde leider 1877 aus der Gesellschaft Jesu ausgestoßen, weil er gesagt hatte, der Verlust der weltlichen Macht des Papstes wäre ein großer Segen für das Papsttum. Er büßte dafür, daß er das Richtige zum falschen Zeitpunkt gesagt hatte. Es erging ihm allerdings besser als de Lamennais, denn er wurde auf dem Sterbebett wieder von den Jesuiten aufgenommen (siehe Pietro Pirri [Hg.], *Pio IX e Vittorio Emanuele*). Civiltà Cattolica besteht heute noch. Sie hat sich sehr zum Besseren gewandelt, obwohl sie immer noch ärgerlicherweise vom Staatssekretariat zensiert wird.

Die vatikanische Tageszeitung, der *Osservatore Romano,* im Juli 1861 gegründet, ist ein weiteres Produkt der Zeit, als man vom katholischen Journalisten erwartete, Propagandist und Verteidiger zu sein. Er hat sich eher weniger gewandelt als *Civiltà Cattolica.* Vielleicht hatte er weniger Spielraum für einen Wandel, denn er ist das Hausorgan des Vatikans, und seine hauptsächliche Funktion ist, päpstliche und andere vatikanische Texte zu präsentieren. Er hatte seine Glanzzeit unter dem Faschismus, als er die einzige unabhängige Zeitung in Italien war. Er wurde oft unterdrückt. Aber man kann durchaus der Ansicht sein, daß er gar keine richtige Zeitung ist. Er wagt sich kaum jemals an Berichte aus erster Hand, außer wenn er päpstliche Reisen beschreibt. Er hat kein Gespür für Nachrichten. Er untersucht nie irgend etwas. Seine erste Regel ist Vorsicht und sich keine Blößen zu geben. Das sorgt für Langeweile. «Verglichen mit *L'Osservatore Romano*», schrieb *The Economist* einmal, «strotzt die *Prawda* geradezu von Klatsch.» Er ist schwach in Tatsachen, aber stark in Meinungen. Die meisten Artikel bringen stillschweigend persönliche Meinungen. Dies wurde von Paul VI. erkannt, der als Sohn eines Zeitungsherausgebers in Brescia wußte, wovon er redete. Er sagte, der *Osservatore Romano* «berichtet von Begegnungen, bevor sie in Wirklichkeit stattgefunden haben» – um ganz sicher zu sein, daß nichts Ungünstiges durchsickert.

Die meisten Regierungen im Westen legen zumindest Lippenbekenntnisse für eine «offene Regierung» und das Recht auf Zugang zu den Entscheidungsträgern ab. Der Vatikan nicht. Er bleibt eine verschwiegene Organisation, offen nur für Mitglieder. Die meisten Debatten und Entscheidungen in der Kirche gehen ohne einen Zusammenstoß von Orthodoxie und Unorthodoxie vor sich, sie betreffen Meinungsunterschiede, die völlig legitim sind; doch es gibt kein Forum, auf dem Maßnahmen analysiert oder debattiert werden können. Die Bischofssynode, die diese Rolle spielen sollte, ist ein bloßer Jasager geworden, der sich am Ende mehr oder weniger widerwillig den päpstlichen Standpunkten anschließt. Wichtige Beschlüsse fallen einfach von oben herab. Kein Dokument existiert tatsächlich, bis es schließlich veröffentlicht wird, und die Entstehungsgeschichte (was *iter* – Reise – genannt wird) irgendeines bestimmten Textes bleibt undurchdringlich. Keine Ernennung wird jemals gemacht werden, bis sie gemacht ist. Kein Kommentar zur Bedeutung eines päpstlichen Textes kann herausgegeben werden, weil das bedeuten würde, daß der Sprecher «das Magisterium usurpiert», das heißt, die Lehrtätigkeit des Papstes selbst übernimmt. Das Äußerste, was der Sprecher tun kann, ist noch einmal vorzulesen, um sicherzustellen, daß man es rechtzeitig mitbekommen hat.

Pater Romeo Panciroli, langjähriger Pressereferent im Vatikan, bis man ihn gegen Ende 1984 unbarmherzig als Bischof nach Afrika abschob, wurde bei Journalisten berühmt-berüchtigt wegen seiner Dementis. Die Erfahrung bewies, daß sie gewöhnlich das Gegenteil dessen bedeuteten, was sie besagten. So sagte Panciroli im November 1979, daß der Plan eines päpstlichen Besuches der Türkei «eine völlig unbegründete Spekulation» wäre, bis zu dem Tag, an dem der Papst ihn selbst auf dem Petersplatz verkündete. Aber Panciroli wurde nicht rot. Bei der ersten Sonderkonferenz der Kardinäle ein paar Wochen vorher sagte Panciroli, daß die Eröffnungsansprache mit Sicherheit überhaupt nicht jemals zur Verfügung gestellt würde. Die wenigen eifrigen Reporter, die um 20 Uhr noch arbeiteten, entdeckten, daß der Text auf sie im Pressebüro wartete. Am nächsten Tag erklärte Panciroli ernst: «Es war nie daran gedacht gewesen, die Rede des Papstes zur Verfügung zu stellen, aber als die Kardinäle davon hörten, drängten sie den Papst, sie zum Nutzen der Kirche zu veröffentlichen.» Ich hielt diese unwahrscheinliche Geschichte drei Tage später einer Gruppe französischer Kardinäle vor, und es war offensichtlich das erste, was sie davon gehört hatten. Sie hatten ihre liebe Not, die Gesichter nicht zu verziehen. Jedes römische Ereignis bringt eine reiche Ausbeute solcher Geschichten hervor.

Manchmal können sie in ihren Folgen sehr schädlich sein. So brachte der Bericht des Vatikans, wie die Leiche Papst Johannes Pauls I. am frühen Morgen des 29. September 1978 entdeckt worden war, David Yallop auf seine Morduntersuchung. Es gab von Anfang an, behauptet er, «eine Vertuschung». Was wirklich geschah, war weniger eine Vertuschung als ein Durcheinander. Das vatikanische Pressebüro meldete, Papst Johannes Paul sei von seinem Priester-Sekretär entdeckt worden und er habe *Die Nachfolge Christi* gelesen. Er wurde in Wirklichkeit von Schwester Vincenza entdeckt, und er las nicht *Die Nachfolge Christi.* Yallop, ein sehr moralischer Mann, beteuert, daß er von diesen Lügen sehr schockiert sei.

Aber der vatikanischen Mentalität schien es unpassend, die Welt wissen zu lassen, daß Schwester Vincenza Johannes Paul I. regelmäßig um 4.30 Uhr seine Thermosflasche Kaffee brachte, genauso wie sie es in Venedig getan hatte, und er hätte sehr wohl mitten in der Nacht *Die Nachfolge Christi* lesen können. Die Geschichte war retuschiert, aufpoliert, erbaulicher gemacht für den öffentlichen Gebrauch. Das ist nicht die Einstellung zur Wahrheit, die man ermutigen möchte, und in diesem Fall wurde sie mit einer «natürlichen Sanktion» bestraft: einem üblen Geruch und dem Verdacht eines Verbrechens. Aber es veranschaulicht Montinis Bemerkung über den *Osservatore Romano:* Vatikanische Presseerklärungen beschreiben nicht, was geschehen ist, sondern was hätte geschehen sollen.

Der Schlüssel zu dieser typischen Vorstellung von Wahrheit ist, daß die Verteidigung der Institution über allem steht. Es ist, als ob der Besitz der einen Wahrheit einem gestattete, an langweiligeren Wahrheiten herumzudrehen. Ich merkte das sofort, als ein Brief von Kardinal Jean Villot, damals Staatssekretär, mich beschuldigte, «gegen die Wahrheit und den Heiligen Stuhl verstoßen zu haben». Er reagierte auf die Anzeige eines Missionars, der einen ironischen Einfall in *The Tablet* mißverstanden hatte. Aber man kann nur gleichzeitig gegen «Wahrheit und den Heiligen Stuhl» verstoßen, wenn die beiden Begriffe für austauschbar gehalten werden.

Ironie kann sich als Bumerang erweisen. Dennoch muß man das Risiko auf sich nehmen. Die größte Ironie auf diesem Gebiet ist, daß die Kirche eine durchaus gute Theologie der sozialen Kommunikation zur Hand hat – dieser Begriff wird benutzt, um die angeblich pejorativen Bedeutungen von «Massenmedien» zu vermeiden, denn Menschen sollten nicht zu Massen erniedrigt werden. Sie wurde nicht von dem Konzilsdokument über die Medien *Inter Mirifica* formuliert, das Kardinal John Carmel Heenan zu Recht als «nicht von Konzilsformat» bezeichnete, sondern in der Instruktion, die zur «Durchführung» jenes Dokuments bestimmt war. Sie wurde 1971 vom Päpstlichen Rat für die sozialen Kommunikationsmittel verfaßt. Es war ein explosives kleines Dokument. Es verwirft die irrige Vorstellung, daß «Tatsachen» irgendwo draußen existieren und einfach aufgelesen werden müssen: «Information findet sich nicht einfach, sie muß gesucht werden.» Die naheliegende logische Folge wurde gezogen: «Es ist nutzlos, über das Recht auf Information zu reden, wenn eine Vielzahl von Quellen dafür nicht zugänglich gemacht wird.»

Es besteht kein Grund anzunehmen, daß dieses Prinzip nicht auf die Kirche selbst angewendet werden sollte. Im Gegenteil, die Instruktion sagt sehr klar: «Die Liberalität, die eine wesentliche Eigenschaft der Kirche ist, verlangt, daß die Nachrichten, die sie herausgibt, sich durch Vollständigkeit, Wahrheit und Offenheit auszeichnen und daß diese ihre Absichten wie auch ihre Werke betreffen.» Das hat man sich im Vatikan nicht zu Herzen genommen und gründlich bedacht. Journalisten dort verstehen genau, was die Instruktion bedeutet, wenn sie mit löblichem Realismus bemerkt, daß «Journalisten gewaltigen Hindernissen gegenüberstehen und zu diesen Hindernissen manchmal Personen gehören, die interessiert sind, die Wahrheit zu verbergen.» Ja, wir haben einige von ihnen kennengelernt. Natürlich gibt es Gründe für eine Geheimhaltung, aber sie sollte beschränkt sein «auf Angelegenheiten, die den guten Namen von Persönlichkeiten betreffen oder die Rechte von Menschen berühren, seien es einzelne oder ein Kollektiv». Dieses Dokument hatte eine sehr erfrischende Wirkung in der entwickelten Welt, wo Beziehungen zwischen der Presse und den Bischöfen sich in dem Maße verbesserten, wie die Bischöfe hauptberufliche Pressereferenten einstellten und an ein gewisses Verständnis der Medien gewöhnt wurden. Es gab immer wieder Reibungen, aber ihr völliges Fehlen wäre ein schlechtes Zeichen gewesen. Es würde zeigen, daß die Journalisten ihre Arbeit nicht ordentlich machten. Mein Meister, der verstorbene Robert Rouquette SJ, riet mir einmal: «Kommen Sie den Spitzenleuten in der Kirche nicht zu nahe – wenn Sie das tun, werden Sie zuviel Sympathie mit ihren Schwierigkeiten haben.» Ich habe diesen Rat oft außer acht gelassen.

Aber aufgrund einer weiteren Ironie scheint die Lektion in den Abteilungen, die von Berufs wegen mit den Medien befaßt sind, nicht gelernt worden zu sein, obwohl es in Teilen der neuen Kurie durchaus Verständnis für die Medien gibt. Außerdem hat das Pontifikat Johannes Paul II. einen Schritt nach rückwärts gesehen. Die holländische Synode vom Januar 1980, als die sieben holländischen Bischöfe in einem Raum aus dem 15. Jahrhundert eingesperrt wurden, bis sie sechsundvierzig Punkte unterschrieben hatten, in denen sie ihre in den 1970er Jahren angenommenen Positionen verwarfen, fand unter absoluter Geheimhaltung statt. Bei einer Audienz erklärte der Papst den ungefähr fünfzig holländischen Journalisten, die nach Rom gekommen waren, um über das Ereignis zu berichten, den Grund für die Heimlichkeit:

> Ich bin sicher, Sie werden verstehen, daß die Kirche, wie alle Familien, wenigstens bei bestimmten Gelegenheiten Augenblicke des Aus-

tausches, der Diskussion und der Entscheidung braucht, die in Vertrautheit und Verschwiegenheit stattfinden, um den Teilnehmern zu ermöglichen, frei zu sein und Menschen und Situationen zu achten.

Die Zuversicht des Papstes war unangebracht. Die holländischen Journalisten verstanden es einfach nicht. Sollte das heißen, daß sie aus der «Familie» der Kirche ausgeschlossen waren? Bedeutete «Kirche» inzwischen wieder «der Papst und die Bischöfe» und nicht mehr die Laien? Es war schwierig, diese Folgerungen zu vermeiden. Außerdem vermuteten die holländischen Journalisten, daß der wahre Grund für die Geheimhaltung war, den Widerstand der holländischen Bischöfe zu verschleiern: Alles, was offiziell über die Synode zu erfahren war, brachte das einmütige Schlußkommuniqué. Die Ordnung war wiederhergestellt in den Niederlanden.

Der Leser mag den Eindruck bekommen, daß Berichterstattung aus dem Vatikan ein frustrierender Beruf ist, den kein redlicher Mann und keine redliche Frau lange ausüben können, ohne zuerst ihre Beherrschung und schließlich ihren Verstand zu verlieren. Dieser Eindruck besteht zu Recht. Aber manches kann frustrierend und zum Verrücktwerden sein, ohne tatsächlich unmöglich zu sein. Ein altes Sprichwort sagt: «In Rom ist alles ein Mysterium und nichts ein Geheimnis.» Genug Personen haben ein Interesse, die Wahrheit durchsickern zu lassen, um ein Nachrichtensammeln möglich zu machen. Die Geschichte von der holländischen Synode zum Beispiel bekam ich unter melodramatischen Umständen, die ich nicht preisgeben werde. Auch abgesehen von solchen vertraulichen Einblicken fungiert Geheimhaltung als eine Herausforderung an den findigen Journalisten. Er kann auch auf Indiskretion zählen, denn der Vatikan ist wie ein Dorf, in dem der Klatsch grassiert.

Auf den mittleren Rängen der Kurie gibt es viele Männer und einige Frauen, die unglücklich sind, weil sie übergangen wurden oder weil ihre Textentwürfe nicht beachtet oder ihre christlichen und seelsorglichen Gefühle beleidigt wurden. Die richtigen Umstände und etwas zu trinken vorausgesetzt, werden sie reden, immer unter der Bedingung, daß die Geschichte ihnen später nicht zugeschrieben werden kann. Ich habe meine eigene Theorie, daß der Zölibat etwas mit den Indiskretionen zu tun hat: Da ihnen eine Frau fehlt, bei der sie ihre Last abladen können, freuen sich Kuriale über einen diskreten, sympathischen Außenstehenden als einen, bei dem sie wirklich entspannen und an die gewöhnliche seelsorgerische Arbeit der Kirche, die die besten unter ihnen, Bürokraten wider Willen, immer noch anstreben, erinnern lassen können.

Hier wird man vom «inoffiziellen Vatikan» sprechen müssen, die Orte, wo Kontakte geknüpft und Informationen ausgetauscht werden. Die Lourdes-Grotte im Vatikan ist ein beliebter Treffpunkt greiser Kardinäle nach der Siesta. Marienfrömmigkeit kann in glücklicher Weise mit den letzten Neuigkeiten verknüpft werden. Weniger frivol ist der Santa Marta Club, nach dem Palast links der Peterskirche benannt, wo man sich zum Mittagessen trifft, familiär als der *Circulo* (das heißt Club) bekannt, wo alle wesentlichen Entscheidungen hinsichtlich Ernennungen und Dokumenten fallen, wie manchmal behauptet wird. Restaurants im Borgo Pio spielen eine wichtige Rolle. Das Sekretariat für die Einheit der Christen bevorzugt «Roberto». Andere bleiben «Marcello» treu, aus Nostalgie nach dem Konzil, als sein Garten der Schauplatz vieler berühmter Begegnungen war.

Das faszinierendste Restaurant ist «L'Eau-Vive» in der Via Monterone 85, das von einem Säkularinstitut geleitet wird. Es ist dem Dienst der Gastronomie gewidmet. Die Küche ist an sich französisch, aber auch verschiedene afrikanische und kreolische Gerichte werden von der multinationalen Mannschaft der Köche zubereitet. Es ist himmelweit entfernt von der Suppenküche am Klosterhintertürchen. Jeden Abend gegen 22.30 werden die Mohrenköpfe beseite geschoben, die Zigarren abgelegt und die Weingläser vergessen, wenn die Schwestern Kellnerinnen in eleganten Nationaltrachten sich den Gästen zum Abendgebet und dem Singen der Hymne von Lourdes, *Ave, ave, Maria,* anschließen. Das Mahl wird danach wieder aufgenommen, ohne ein Gefühl der Unvereinbarkeit. Kommunisten schätzen das Haus und benehmen sich mit der gebührenden Achtung.

Das Gästebuch macht es einem möglich herauszubekommen, wer denn wen und wann getroffen hat. Am Vorabend des zweiten Konklave 1978 zum Beispiel bewirtete Kardinal Franz König aus Wien im «Eau-Vive» Kardinal František Tomášek aus Prag: Es wäre erstaunlich, wenn sie nicht von der Möglichkeit gesprochen hätten, daß ein polnischer Papst herauskommen würde. Die gesamte jugoslawische Hierarchie speiste hier ein Jahr später und freute sich an den kapitalistischen Fleischtöpfen. Erzbischof Paul Marcinkus, Finanzfachmann («Man kann die Kirche nicht mit Ave-Marias leiten»), war hier Stammgast, bis seine Bewegungsfreiheit von der italienischen Polizei eingeschränkt wurde. Papst Johannes Paul selbst speiste hier, bevor er Papst wurde, wie aus einer Bemerkung an die Schwestern bei einer Audienz zu entnehmen ist: «Sie haben im Eau-Vive einen Papst vorbereitet.» Dies tröstete sie, weil sie zu jener Zeit verleumderisch angegriffen wurden. Es ist sehr schwierig für einen heutigen Kardinal oder Kurialen, ausschweifend im Maßstab der Renaissance zu sein. Aber ein Ausgeh-Abend im «Eau-Vive» erlaubt ihnen, unschuldig die Schönheiten der Schöpfung und Kultur (das ist eine Bedeutung von *cuisine*) in einer freundlichen Umgebung wiederzuentdecken, während man nützliche, aber diskrete Geschäfte erledigt. Ein Prälat aus der Mission, mit dem ich dort speiste, verschwand nach dem Essen in der Küche. «Sie wollten sich wohl bei den Köchen bedanken», sagte ich. «Nein», erwiderte er, «ich wollte sie in meine Diözese einladen.»

Diese inoffiziellen Treffpunkte spielen eine wichtige Rolle. Es gibt auch eine Buchhandlung, die von einem Monsignore mit Unternehmungsgeist, einem ehemaligen Kardinalssekretär, geleitet wird, wo es immer Kaffee und die letzten Neuigkeiten gibt. Er bleibt anonym, weil er nicht von unwissenden Reportern überlaufen werden will. Die eigene Leichtgläubigkeit wird jedoch auf eine harte Probe gestellt durch zwei zweifelhafte Vatikanologen, Gordon Thomas und Max Morgan-Witts, die behaupten, «ein Netz von sicheren Restaurants in Rom errichtet zu haben», um ihre Recherchen über angeblichen CIA-Einfluß auf den Vatikan durchführen zu können. Wie andere Autoren, die über vatikanische Verschwörungen schreiben, geben sie vor, daß ihr Leben vom CIA oder irgendeiner anderen finsteren Organisation bedroht sei. Ihre Verleger meinen, das trägt dazu bei, ihre Bücher zu verkaufen. Aber ihr Leben ist nicht nur Mühsal. Bei «Rasella» spülte dieses Paar sein Lamm und seine Artischocken mit einem Wein hinunter, den sie «Capri Chianti» nennen (wie wenn man von «Pariser Burgunder» spräche). Wie lang dieses Mittagessen dauerte, kann man nach der Tatsache schätzen, daß am Ende Pater Lambert Greenan OP, der Mann aus Ulster, der die englische Ausgabe des *Osservatore Romano* herausgibt, wegtorkelte, um «eine frühe Abendmesse zu lesen». «Viel Glück, Jungs» war sein fröhlicher Abschiedsruf (in England kann man in jeder Bahnhofsbuchhandlung nachsehen: *The Year of Armageddon*). Andere Autoren behaupten, ihr Leben wäre vermutlich in Gefahr gewesen, weil sie wagten, über den Vatikan «die Wahrheit zu sagen».

Die direktere Gefahr ist, daß man nicht sein Leben verliert, sondern seine Papiere, die unverzichtbare *tessera* oder den Presseausweis, der einem Zugang zum vatikanischen Pressebüro und seinen Einrichtungen verschafft. Veränderungen in der Organisation des Pressebüros haben dies wahrscheinlicher denn je gemacht.

Im Dezember 1984 wurde Pater Romeo Panciroli verbannt und durch einen achtundvierzigjährigen Spanier, Dr. Joaquin Navarro-Valls, ersetzt. Dies wurde als die erste Tat des «dynamischen» neuen Vorsitzenden der Päpstlichen Kommission für die sozialen Kommunikationsmittel, Erzbischof John J. Foley, vorgestellt. 1935 in einem Vorort Philadelphia geboren, kann Foley zu Recht behaupten, der erste Vorsitzende dieser Kommission zu sein, der tatsächlich im katholischen Journalismus gearbeitet hat. Er war Chefredakteur der katholischen *Standard and Times*, der Zeitung der Erzdiözese Philadelphia, von 1970 bis zu seiner derzeitigen Stellung. Aber es gibt Journalismus und Journalismus. Um den Punkt zu veranschaulichen, daß katholische Journalisten nicht vorsichtig genug sein können, gab Erzbischof Foley mir ein Beispiel aus seiner eigenen Erfahrung. Er hatte einmal einen Artikel veröffentlicht, in dem er «enthüllte», daß Briefe, die um die Fürbitte des Papstes baten, täglich an den päpstlichen Betstuhl gesteckt werden. Diese «Unvorsichtigkeit» führte zu einer Lawine von Briefen, unter denen der päpstliche Betstuhl wahrhaftig verschwand. Ich muß gestehen, ich würde das nicht ganz oben auf meine Liste von «Problemen, die den katholischen Journalisten heimsuchen» setzen. Es gibt Fragen der Wahrheit, die wichtiger erscheinen. Foleys Schreibstil ist mehr inspiriert als informativ. In einem Artikel für die Zeitschrift UCIP (des internationalen Katholischen Presseverbandes) im Dezember 1984 sagte er: «In gewisser Weise sollten katholische Journalisten wie Kerzen sein, die das Licht der Wahrheit Christi und die Wärme der Liebe Christi mitteilen und sich im Dienste Gottes verzehren.»

Zweifellos wird Joaquin Navarro-Valls fähig sein, Erzbischof Foleys strengen Anforderungen des Kerzenabbrennens zu entsprechen. Er ist ebenfalls ein erfahrener Journalist, da er Korrespondent der spanischen Tageszeitung *ABC* in Rom gewesen ist. Er war auch Vorsitzender der *Stampa Estera*, des ausländischen Presseclubs in Rom. Er wurde seinen Kollegen als ein moderner Leonardo da Vinci vorgestellt, da er Doktor der Medizin ist und eine Lehre als Stierkämpfer absolviert hat (wie schlecht für Tierfreunde). Aber der große Durchbruch war, so sagte man uns, daß Navarro-Valls als erster Laie Leiter des vatikanischen Pressebüros ist. Was nicht verraten wurde, war, daß Navarro-Valls Mitglied von Opus Dei ist. So ging der Versuch, ihn uns als «gewöhnlichen Laien» anzudrehen, einfach daneben. Kein gewöhnlicher Laie muß regelmäßig seinem «Direktor» (Opus Dei-Begriff für Superior) berichten. Kein gewöhnlicher Laie wird wohl nur zu einem Opus Dei-Priester zur Beichte gehen. Und kein gewöhnlicher Laie kann auswählen, unter welchen Bischof er kommen will (was die praktische Wirkung davon ist, daß Opus Dei zu einer «Personalprälatur» gemacht wurde). Daß Navarro Valls persönlich reizend ist (eine ungeheure Verbesserung gegenüber Panciroli) und Termindruck versteht, mag soweit großartig sein, aber es kann nichts an der Tatsache ändern, daß er höchstwahrscheinlich nicht der Sache der Wahrheitssuche im Vatikan förderlich sein wird.

Als erstes wird jede Nachricht über Opus Dei unzuverlässig sein und mehr mit Public Relations als mit der Vermittlung handfester Information zu tun haben. Navarro-Valls zum Beispiel trat seine Stelle zu der Zeit an, als Opus Dei gerade die Übernahme des Gebäudekomplexes um die Kirche San Girolamo an der Via Giulia von den Oratorianern abschloß. Die Oratorianer erhoben Anspruch darauf, weil sich darin das Zimmer befand, in dem ihr Gründer, Filippo Neri, dreißig Jahre lang gewohnt hatte. Paul VI. hatte ihren Anspruch stillschweigend unterstützt, indem er den Oratorianer Pater Giulio Bevilacqua, seinen alten Mentor, zum Kardinal erhoben und San Girolamo zu seiner Titularkirche gemacht hatte. Johannes Paul II. deckte seine Karten auf, als er sie Kardinal Pietro Palazzini übertrug, dessen Freundschaft mit Opus Dei wir gesehen haben. Die Oratorianer waren nun verloren. Sie konnten es sich nicht leisten, die notwendige Restaurierungsarbeit zu bezahlen; mit Hilfe von strategisch gut plazierten Freunden im römischen Stadtrat sprang Opus Dei mit seinen unbegrenzten Mitteln ein, um die Arbeit zu vollenden.

So leitet Opus Dei gerade gegenüber vom Vatikan auf der anderen Tiberseite bereits ein «Zentrum höherer kirchlicher Studien», das mit ihrer Universität Navarra in Spanien verbunden ist. Ihre optimistische Hoffnung ist, daß es eines Tages an Wichtigkeit Universitäten wie der Gregorianischen (Jesuiten) und dem Angelicum (Dominikaner) den Rang streitig machen kann. Für jeden, der den Aufstieg von Opus Dei in diesem Pontifikat verfolgt hatte, war dies eine wichtige Geschichte. Aber das vatikanische Pressebüro hatte nichts dazu zu sagen.

Navarro-Valls' erste Handlung nach dem Amtsantritt im Januar 1985 war bekanntzugeben, daß Domenico Del Rio, Redakteur für religiöse Angelegenheiten bei der römischen Tageszeitung *La Repubblica*, nicht an Bord des Flugzeuges zugelassen würde, das den Papst zu einem am 26. Januar beginnenden zwölftägigen Besuch nach Lateinamerika bringen sollte. Was hatte Del Rio getan, daß er diese Strafe verdiente? Navarro-Valls erklärte es nicht. Er mag für die Entscheidung nicht verantwortlich gewesen sein. Man konnte nur mutmaßen, daß Del Rio gegen den «Verhaltenskodex» verstoßen hatte, der besagte, daß die Akkreditierung im Fall «unkorrekten Verhaltens seitens des Journalisten gegenüber der Kirche oder dem Heiligen Stuhl» entzogen werden kann. Keiner der rund 300 akkreditierten Journalisten konnte sich erinnern, daß diese Regel jemals angewendet worden wäre, obwohl sie häufig über dem Kopf von Bruno Bartolini gewedelt worden war – einem Vatikanologen von der Familientradition her, dessen komisch-opernhafte Temperamentsausbrüche im allgemeinen jeden erheiterten, wenn sie auch Pater Panciroli ärgerten. Aber selbst wenn er Bartolini mit Exkommunizierung drohte, hatte Panciroli ein verschmitztes Zwinkern im Auge. Italiener wissen, wie man etwas unter sich ausmacht.

Aber an der Verbannung Del Rios aus dem päpstlichen Flugzeug war nichts komisch. Was hatte er getan? Es schien, als wäre die Ursache des Ärgers ein Artikel in *La Repubblica*, der am 29. Dezember 1984 erschienen war. Es war der erste einer Artikelserie über den Zustand der Kirche zwanzig Jahre nach Vatikanum II. Unter einer Fotografie von Kardinal Joseph Ratzinger, der cherubinisch lächelte und sein rotes Birett in den Händen hielt, stand die etwas schwerfällige Überschrift: «Und der Tag der Restauration kam – eine Reise durch die Intelligentsia des guten alten katholischen Europa.» «Restauration» war das Wort, das Ratzinger in einem berühmten Interview mit einer italienischen Zeitschrift, *Jesus*, verwendet hatte, in dem er eine Rückkehr zu vorkonziliaren Werten gefordert hatte. Also machte Del Rio geduldig die Runde durch Europa von Paris bis Zagreb und fragte die Theologen, die das Konzil gestaltet hatten, was sie von der Politik der «Restauration» hielten. Wie eigentlich vorherzusagen war, hatten sie von ihr keine hohe Meinung. Keiner von ihnen teilte Ratzingers Pessimismus hinsichtlich des Konzils.

Aber das zu berichten, war gewiß kein Verbrechen. Also fragte man noch einmal, warum das Verbot? Der *Osservatore Romano* ließ sich schließlich zu einer Antwort herab, wenn es auch keine sehr klare war: Del Rio hatte einen Artikel geschrieben, der «widerlich und voll von schmutzigem Antiklerikalismus» war. Der Beweis? Er hatte den hervorragenden französischen Kirchenhistoriker Emile Poulat zitiert, der gesagt hatte: «Der Papst ist ein religiöser Führer, der weiß, wie man eine Schau abzieht, und perfekt die Massenmedien versteht.» Diese Bemerkung scheint so wahr, wie man sie unter den Umständen nur erwarten darf. Man könnte sie sogar als Kompliment ansehen: Endlich haben wir einen Papst, der die Arbeitsweise des Fernsehens versteht. Wenn natürlich das Urteil durchblikken ließe, der Papst wäre nicht mehr als ein oberflächlicher Showman, dann wäre es beleidigend. Aber diese Interpretation blieb dem Betrachter überlassen.

Es kam zu einem kurzen römischen Sturm, einer «Del Rio-Affäre». Der italienische Journalistenverband protestierte beim Staatssekretariat. Fragen nach der Pressefreiheit im Vatikan wurden im italienischen Parlament gestellt. Italiener in einem gewissen Alter erinnerten sich, daß der letzte italienische Führer, der Pressekritik unterdrückt hatte, Benito Mussolini gewesen war. Keiner dieser Proteste zeigte eine Wirkung. Del Rio wurde in die Ecke gestellt wie ein ungezogener Junge, während sein Platz im päpstlichen Flugzeug von Alberto Michelini eingenommen wurde, dem bekannten Fernsehkommentator, der durch einen bemerkenswerten Zufall Mitglied von Opus Dei und dem Europäischen Parlament ist.

Es scheint, daß ein neues Verbrechen erfunden worden ist, das des *lèse-papauté.* Es reicht aus, eine berechtigte andere Meinung zu haben, um entlassen oder zum Schweigen gebracht zu werden. Pater Virgilio Levi, stellvertretender Herausgeber des *Osservatore Romano,* wurde auf der Stelle an die Luft gesetzt, weil er gesagt hatte, die Kirche in Polen würde in aller

Stille Lech Walesa fallenlassen. Der Herausgeber von *Civiltá Cattolica,* Pater Bartolomeo Sorge SJ, ein Mann von tadelloser Strenggläubigkeit und gleichzeitig eine einflußreiche Gestalt auf der christdemokratischen Bühne, wurde im Juli 1985 in das ferne Palermo abgeschoben. Sein Verbrechen war, daß er die Begeisterung des Papstes für *Communione e Liberazione* nicht teilte, eine Massenjugendbewegung mit einer Opus Dei nahestehenden Ideologie, die von manchen als die Hoffnung der Zukunft angesehen wird. Im Exil kann Sorge über das Schicksal seines Vorgängers, des Gründers von *Civiltá Cattolica,* der am Anfang dieses Kapitels erwähnt wurde, nachgrübeln. Auch er hatte das Pech, die richtigen Dinge zur falschen Zeit zu sagen.

Wir könnten schließen, daß in 150 Jahren das Rad einen vollen Kreis beschrieben hat und wir wieder bei einem Journalismus im Sinn von Propaganda angelangt sind. Aber es gibt zwei wichtige Unterschiede. Niemand kann mehr ein totales Monopol auf vatikanische Nachrichten besitzen, so daß es Platz gibt, um sich in den Lücken einer unvollständigen Kontrolle zu bewegen. Und ziemlich viele Menschen haben durch Vatikanum II eine Vision von der Kirche erfahren, die das gegenwärtige Vorgehen des Vatikans nachteilig, irrig und verderblich aussehen läßt. Bleibt der Vision treu: Es wird ein neues Pontifikat kommen, und es wird anders sein. Das letzte Kapitel wird anregen, wie.

16

Das nächste Konzil: Lateranum VI

Man schreibt das Jahr 199-. Papst Benedikt XVI., ein französischer Benediktinermönch, hat die Welt in Erstaunen versetzt, als er seinen Sitz aus dem Vatikan verlegte. Seine nächste Überraschung war, daß er nach Moskau ging, um mit dem Russisch-orthodoxen Patriarchen den Friedenskuß zu tauschen. Schließlich berief er ein Ökumenisches Konzil ein und beharrte darauf, es Lateranum VI zu nennen anstatt Vatikanum III, was die meisten Kommentatoren erwartet hatten.

Papst Benedikt erklärte alle diese Schritte in seiner Eröffnungsansprache an das Konzil. Dem Autor gelang es, die authentische Abschrift des Textes in die Hand zu bekommen. Sie wich beträchtlich von der im Osservatore Laterano *veröffentlichten Version ab.*

Mein lieben Schwestern und Brüder,
Gaudet Mater Ecclesia hac in celebratione.

Ich wollte die alten lateinischen Worte verwenden, um dieses Sechste Lateranische Konzil zu eröffnen: Es freut sich Mutter Kirche in dieser Feier. Diese Worte wurden von Papst Johannes XXIII. verwendet, als er das letzte Konzil im Oktober 1962 eröffnete. Sie erinnern uns vor allem anderen daran, daß ein Konzil eine Feier des Glaubens der Kirche ist.

Schon bald wird das Hin und Her der Debatte beginnen – einer richtigen Debatte, öffentlich, nicht bloßes Schattenboxen. Aber der Rahmen der Debatte wird die ununterbrochene christliche Geschichte sein, in unserer Mitte erzählt und immer wieder aufs neue erzählt, die unseren eigenen

Geschichten einen Sinn gibt, den Geschichten des Mannes und den Geschichten der Frau, die uns zu einer Gemeinschaft macht, ständig an neue Situationen von neuen Generationen angepaßt, *per omnia saecula saeculorum*, jetzt und in alle Ewigkeit. Ja, *Amen.* Möge unsere Glaubensfeier keine maßlose Selbstbespiegelung werden. Möge sie Freude bringen und ein wenig mehr Frieden in eine unruhige Welt, die wegen – ganz wörtlich – «Gott weiß es» auf uns schaut.

Ihr kennt die Gründe, die mich veranlaßt haben, den Vatikan zu verlassen und mich hier im Lateran einzurichten. Päpste haben hier länger als ein Jahrtausend gewohnt. Sie zogen erst 1377 in den Vatikan um, als mein ehrwürdiger Vorgänger ausgesprochen unglücklichen Andenkens aus dem Exil im französischen Avignon zurückkehrte. So war der Vatikan von Anfang an mit dem Prunk der Renaissance und der Polemik der Gegenreformation verbunden.

Mir schien die einzige Möglichkeit, mit solchen gedanklichen Verbindungen zu brechen, der Auszug zu sein. Aber wohin? Der Lateran ist der Ort, wo der Bischof von Rom eigentlich hingehört. Alle meine vornehmeren Titel haben ihren Ursprung in diesem einen. Es ist deshalb passend, daß der Bischof von Rom unter den Menschen Roms leben sollte und mitten im Strudel des Verkehrs anstatt in einem Palast auf einem Hügel, der von einer hohen und undurchdringlichen Mauer umgeben ist.

Die vatikanischen Paläste sind hervorragende Museen, und die einst zänkische Unesco wurde plötzlich friedlich und zielstrebig, als sie eingeladen wurde, sie zu verwalten. Und die Peterskirche mit ihren kostbaren Gebeinen ist immer noch unser, unveräußerlich. Aber jetzt wohne ich hier, «über dem Geschäft».

Obwohl die Kathedrale der Diözese Rom als San Giovanni in Laterano bekannt ist, war sie ursprünglich unserem Erlöser geweiht. Da das ganze christliche Leben auf Jesus, unseren Herrn und Erlöser, konzentriert sein muß, geleitet uns diese uralte Widmung auf der richtigen Straße. Von Johannes dem Täufer selbst wird berichtet, er habe gesagt: «Jener muß wachsen, ich aber geringer werden» (Johannes 3,30). So habe ich euch in meiner Eigenschaft als Bischof von Rom hierher in die Basilika des Erlösers zu diesem Sechsten Lateranischen Konzil eingeladen.

Einfach durch unser Kommen – noch bevor wir unseren Mund geöffnet haben und unseren ersten Streit ausfechten – geben wir eine Absichtserklärung. Es ist keine Nostalgie, die uns aufmerksam auf die Vergangenheit blicken läßt. Wir schätzen die Tradition, aber wir sind nicht ihre Gefangenen. Diejenigen, die beteuern, die Geschichte zu ignorieren, sind verurteilt, ihre Fehler zu wiederholen. Wie Papst Johannes XXIII. und Cicero glaube ich, daß die Geschichte die Lehrerin des Lebens ist *(magistra vitae).*

Nicht alle Assoziationen – die «Luft» nannte man das in meiner Jugend – mit der Lateranbasilika sind gute. Sie zogen heute morgen in feierlicher Prozession hier ein, durch die vielleicht ältesten Türen der Welt, die noch benutzt werden: die großen Bronzetüren, die einst den Eingang zum römischen Senat hüteten. Durch jene Türen schritten ernste Männer in Togen, um das Geschick der bekannten Welt zu erörtern, während im fernen Palästina wieder ein unbekannter Jude gekreuzigt wurde. Was für ein Bindeglied zur Vergangenheit!

Drei Jahrhunderte später ließ Kaiser Konstantin diese Kirche und die erste Peterskirche bauen. Wie ist Konstantin beschimpft worden. Er ist beschuldigt worden, die Kirche dem Staat untergeordnet und dadurch die Christen in Anpasser und Bewahrer verwandelt zu haben. Er hat vieles zu verantworten. Aber das ist nicht das letzte Wort zu diesem Thema. Vielleicht werde ich eines Tages versuchen, Konstantin zu rehabilitieren.

Der Lateran birgt andere Erinnerungen. Fünf Konzile wurden hier durchgeführt. Das letzte war 1512. Es war möglicherweise das wirkungsloseste Konzil im Leben der Kirche. Am Vorabend der Reformation abgehalten, nur fünf Jahre bevor der Augustinermönch Martin Luther seine Thesen annagelte, versagte es schmählich, die Kirche «an Haupt und Gliedern» (wie der gängige Satz lautete) zu reformieren.

Heute haben wir einen besseren Standort, um den christlichen und prophetischen Inhalt von Bruder Martins Protest zu verstehen; und so werden wir hier die Arbeit zu vollenden haben, die 1512 unfertig liegenblieb. Bei der Eröffnungssitzung des Lateranum V, der Entsprechung der heutigen, war der Prediger Ägidius von Viterbo, der zufällig General der Augustiner war. «Man muß vom Heiligen verwandelt werden», erklärte er, «und das Heilige darf nicht vom Menschen verwandelt werden.» Kein schlechtes Motto für uns, vorausgesetzt wir wissen, was die Begriffe bedeuten.

Aber während wir diese Fäden aus so alter Zeit aufgreifen, hält die Geschichte für uns eine viel umfassendere Lektion bereit. Vor allem lehrt sie, daß unsere Kirche eine pilgernde Kirche ist. Und auf ihrer Reise durch die Jahrhunderte hebt sie Lasten auf, die es schwieriger machen, ihr Ziel zu erreichen. Institutionen, in einem Zeitalter zweifellos aus guten Gründen erdacht, werden Behinderungen, *impedimenta*, in einem anderen.

Doch wir werfen so selten etwas weg. Wir sind Eichhörnchen, geistige Hamsterer. Es fällt uns so schwer, etwas loszulassen, es in Gott loszulassen, uns fehlt ein Gefühl, das die mittelalterlichen deutschen Mystiker «Gelassenheit» nannten. Wir brauchen «Gelassenheit», um den überflüssigen Ballast unserer Institution loszulassen. Es wird ein Teil unserer Aufgabe hier sein, dafür zu sorgen, daß die pilgernde Kirche schlanker, elastischer und entrümpelter hervortritt, damit sie mit größerer Spannkraft in ihrem Tritt vorwärtsgehen kann.

Ich will euch nicht verbergen, daß es starken Widerstand gegen ein neues Konzil gab. Er kam nicht nur aus der Römischen Kurie, die immer mißtrauisch gegenüber Fremden in Rom ist – *questa gente da fuori,* wie wir genannt werden. Viele von euch hatten, darauf angesprochen, Einwände.

Manche von euch sagten eher überdrüssig: «Das kommt viel zu früh nach Vatikanum II, das noch nicht umgesetzt worden ist. Der Gedanke an wieder ein Konzil ist verfrüht. Eines in einem Jahrhundert ist durchaus genug.» Ich sehe den springenden Punkt: Im vorigen Pontifikat gab es einige Pessimisten, die meinten, Vatikanum II wäre gescheitert. Aber ich glaubte, es wären eher wir selbst, die das Konzil im Stich gelassen haben. Ein Konzil im Jahrhundert ist kein schlechtes Prinzip in einem geruhsameren Zeitalter. Aber in diesem Jahrhundert «beschleunigt sich die Geschichte» (wie Vatikanum II selbst feststellte), und das Tempo des Wandels ist hektisch gewesen. So ist *aggiornamento,* Anpassung an die Zeit, selbst schnell überholt. «Modern» ist eine Grabschrift.

Der andere Haupteinwand war einfach, daß Konzile Unruhe erzeugen. In der Absicht, Einigkeit zu schmieden, schaffen sie Spaltungen. Nach jedem Konzil sind immer zwei Interpretationen möglich: die nach vorn blickende, die unterstreicht, was neu ist, und die konservative, die unterstreicht, was wiederholt worden ist. Gewiß ist dies nach Vatikanum II geschehen; und es wird zweifellos wieder geschehen. Aber wir können das Risiko nicht zurückweisen. Wie Johannes XXIII. bemerkte, hätte es keinen Sinn, ein Konzil zu versammeln, nur um zu wiederholen, was schon bekannt ist. Es gibt ein Bindeglied zwischen Erneuerung und Neuerung, das mehr als nur semantisch ist.

Also beschloß ich trotz solcher Einwände von ernsten und ernst zu nehmenden Personen, dieses Vorhaben voranzutreiben. Warum? In den einfachsten Worten ist dieses Konzil einberufen worden, damit die katholische Kirche noch katholischer werden möge. *Lumen Gentium* sagt, die Funktion des Stuhles Petri – auf dem ich sitze – ist, «über die Versammlung der brüderlichen Liebe den Vorsitz zu führen und legitime Unterschiede zu schützen».

Während ich über diesen Text meditierte, diese Stellenbeschreibung des Stellvertreters Petri, wurde mir bewußt, daß legitime Unterschiede nicht ausreichend in der Kirche geschützt wurden und daß wir auf dieser Straße noch viel weiter gehen sollten. «Legitim» ist ein schwaches und glattes Wort. Es kann leicht bedeuten, «womit ich übereinstimme». Es gibt zum Beispiel «legitimen Pluralismus» für Theologen in der Kirche, aber wieviel Pluralismus ist das genau? Wieviel ist legitim? Mir schien, man müsse legitime Unterschiede, wie auch immer sie definiert sind, nicht nur verteidigen und schützen, sondern sie fördern, sie hegen und pflegen und ihren Spielraum ausdehnen.

Die grundlegende Frage betrifft das Wesen der Autorität – eure und meine – in der Kirche. Sie existiert nach *Lumen Gentium* nur zu einem Zweck: «damit alle sich frei und dennoch geordnet vereinigen mögen». In der Vergangenheit, und aus verständlichen Gründen, haben wir eher Ordnung als Freiheit betont, eher Einheitlichkeit als Verschiedenheit. Wie sind Stationsvorsteher gewesen, die Uhren kontrollieren, anstatt Propheten, die die Zeichen erkennen.

An diesem Punkt werden viele unruhig – und schreiben mir besorgte Notizen. Sie denken, daß die Einheit der Kirche einer Gefahr ausgesetzt wird. Sie fürchten, daß diese ungleichartigen örtlichen Kirchen, von einer Zentrifugalkraft getrieben, auseinanderfliegen in ein Chaos, wenn sie nicht fest unter Kontrolle gehalten werden. Kontrolle durch wen?

Ich bin nicht der Hauptfeldwebel der Kirche. Ich bin nicht der Rektor einer aufsässigen Schule. Das Verhältnis zwischen dem Bischof von Rom und seinen Mitbischöfen kann nicht wie zwischen einem Diktator und seinen Lakaien sein. Wir können es nicht stark genug hervorheben: Unsere Einheit ist eine Einheit der Gemeinschaft oder *koinonia.* Verschiedenheit bedroht die Kirche nur, wenn unser Modell der Einigkeit ein Modell der Uniformität ist.

Selbst durch die ganze Periode der größten Zentralisierung in der Kirche, nach Vatikanum I, als die römischen Akademien anscheinend in Massen Bischöfe und Bürokraten produzierten, gab es immer noch die Ostkirchen, im allgemeinen klein und oft verfolgt, die das Prinzip hielten, daß wahrer Katholizismus nicht Uniformität bedeutete, sondern «versöhnte Vielfalt». Ich sehe sie zustimmend nicken.

Ihr Zeugnis ist uns kostbar gewesen. Ihr Martyrium ist beredt gewesen. In einer Zeit zunehmender Zentralisierung, da es fast schien, als wäre das Ziel, jede Ortskirche zu einer treuen Kopie der römischen Kirche zu machen, lehrten sie uns, was Katholizismus war. Sie stellten ein alternatives Modell der Einheit vor. Sie lehrten den Bischof von Rom, daß er eher ein Förderer als ein Diktator war.

Laßt mich das auf eine praktische Frage anwenden. Erfordert die Einheit der Kirche, daß die Ernennung von Bischöfen zentralisiert sein sollte? Ihr selbst mögt das glauben. Ihr seid fast alle von mir oder meinen Vorgängern ernannt worden.

Dennoch liegt es auf der Hand, daß ich nicht die detaillierte Kenntnis jeder Situation habe, die gefragt wäre, um eine kluge Wahl zu treffen. Übermenschliche Kräfte würden dafür gebraucht. Ich glaube, daß ich göttlichen Beistand habe, ebenso wie ihr, aber er stattet mich nicht mit magischen Eigenschaften aus.

Ist es wesentlich für die Einheit der Kirche, daß ich verpflichtet sein sollte, Woche auf Woche, manchmal Tag für Tag, Listen zu überprüfen, voller Namen von Personen, die ich nicht persönlich kenne und die auf der Grundlage von Berichten aus zweiter oder dritter Hand, von Zeugen, die nicht ganz unparteiisch sind, beurteilt werden müssen?

Es findet sich nichts im göttlichen Recht, das sagt, daß alle Bischöfe von mir ernannt werden müssen. In Wirklichkeit ist die zentralisierte Ernennung eine moderne Sache. Bis 1820 wurde die Mehrheit eurer Vorgänger mittels einer anderen Methode berufen, zu der gewöhnlich die Wahl durch das Domkapitel gehörte.

Manche werden sagen – oder haben schon gesagt – «Verzichten Sie auf diese Macht, und Sie führen einen Schlag gegen das Herz der Einheit der Kirche.» Aber warum muß das sein? Gründet diese Furcht nicht auf einer falschen Vorstellung von Einheit? Natürlich ist es meine Rolle, die Einheit der Kirche auszudrücken und zu verkörpern. Aber es wäre blasphemisch zu vergessen, daß die tiefere Ursache unserer Einheit «der in unsere Herzen ausgegossene Heilige Geist» ist, durch den wir getrieben sind zusammenzukommen. Wir erflehen ständig den Heiligen Geist, wenn wir singen, wie wir jeden Tag bei diesem Konzil singen wollen, *Veni, Creator Spiritus.* Können wir nicht annehmen, daß unser Gebet erhört worden ist, und auf den Heiligen Geist vertrauen?

Es gibt viele Möglichkeiten, die Einheit der Kirche anders als durch die Ernennung von Bischöfen auszudrücken. Obwohl ich absichtlich viel weniger gereist bin als mein Vorgänger Johannes Paul II., habt ihr mich auf dem Fernsehschirm gesehen. Ihr seid regelmäßig zu Synoden hiergewesen, zu allgemeinen und besonderen, die – wie ich gestehen muß – mich davon überzeugten, daß ein Konzil notwendig war. Ich schließe, daß der Versuch, der Kirche Uniformität zu verordnen, indem man die Ernennung der Bischöfe fest in die Hand nimmt, inzwischen den historischen Zweck erfüllt hat. Darauf sollte deshalb verzichtet werden. Somit ist es von jetzt an aufgegeben.

Das heißt nicht, daß das alte System völlig falsch war. Nur hat sich eine solche Methode, die Einheit der Kirche auszudrücken, einfach überlebt.

Ich sehe Journalisten – sicher von Nachrichtenagenturen – hinauseilen, um ihre Berichte durchzugeben. Sie sollten geduldig sein. Ich bin noch nicht fertig.

Was das System betrifft, dem ihr folgt, wen ihr zu Rate zieht, wie die Laien in den Prozeß der Bischofserhebung einbezogen werden: das werden Dinge sein, die ihr bei diesem Konzil diskutieren und beschließen werdet.

Es braucht kein einheitliches System überall in der Welt zu geben. Manche von euch in totalitären Ländern – linken oder rechten – begrüßen die Hilfe eines Außenstehenden wie des Bischofs von Rom, die euch von der völligen Unterwerfung unter örtliche Satrapen befreit. Wenn einige von euch ein solches Element der «Anerkennung durch Rom» in eure Vereinbarungen eingebaut sehen wollen, dann sagt es deutlich.

Gewisse andere Konsequenzen werden sich aus dieser Entscheidung unmittelbar ergeben. Die Kongregation für die Bischöfe wird aufgelöst werden. Sie ist überflüssig. Diejenigen, die sich so oft über den «Priestermangel» in dieser Diözese Rom beklagt haben, werden jetzt eine Möglichkeit haben, seelsorgerisch in ihr zu arbeiten. Dies wird der erste Schritt zu einer Umwandlung der Römischen Kurie in ein Sekretariat der Kirche sein.

Es ist ebenso klar, daß das gesamte Netz der päpstlichen Nuntien, Internuntien und Apostolischen Delegaten einer genauen Prüfung bedarf. Eine ihrer Hauptfunktionen ist traditionell gewesen, Informationen über Bischofskandidaten zu sammeln und nach ziemlich unzuverlässigen «Beratungen» die *terna* für die Kongregation für die Bischöfe auszuwählen.

Wenn diese Funktion wegfällt, bin ich versucht, den vatikanischen dimplomatischen Dienst abzuschaffen. Ich werde euch sagen, was ich denke, und überlasse euch die Entscheidung.

Der vatikanische diplomatische Dienst hat sich hier und da als nützlich erwiesen. Aber ich kann nicht an der theologischen Schwierigkeit vorbeikommen: Warum sollte es eine Mittelsperson zwischen der örtlichen Kirche und dem Stuhl Petri geben? Unumgänglich neigt die Mittelsperson, ungeachtet ihrer Verdienste oder Absichten dazu, als Spion zugunsten ihres Vorgesetzten – in diesem Falle ich – zu handeln. Aber ich möchte solche geheimen Informationen nicht. Wenn jemand geheime Informationen anbietet, sage ich: Verbrenne sie.

Informationen in der Kirche sollten von Angesicht zu Angesicht mitgeteilt werden. Wenn wir sagen, die Kirche ist eine Gemeinschaft, erheben wir den Anspruch, eine Form der Kommunikation zu bevorzugen, die direkt ist, ohne Hintergedanken, so ehrlich und wahrheitsgemäß, wie es möglich ist.

Es gibt eine zweite theologische Schwierigkeit. Die meisten Nuntien, Internuntien und Apostolischen Delegaten haben den Titel eines Erzbischofs. Sie bekommen Titel von erloschenen Sitzen in Kleinasien oder sonstwo. Ein Bischof ohne Menschen, Gemeinde, Wählerschaft und Territorium ist eine Anomalie, eine Monstrosität. Dennoch haben wir jahrelang gute Männer in diese Position gedrängt. Ist die Zeit gekommen, diese in der Diplomatie geschulten Männer – nur etwa zweihundert – für die seelsorgerische Arbeit freizugeben, die sie nach ihren eigenen Worten erstreben?

Aber noch einmal, ich möchte keine Wandlungen *auferlegen.* Ich würde verstehen, wenn eine bestimmte Bischofskonferenz ihren vatikanischen Diplomaten als Puffer oder *cordon sanitaire* gegen die Übergriffe des Staates behalten möchte. Es steht euch frei, darum nachzusuchen. Aber ich meine nicht, daß es die normale Praxis sein sollte.

Ich sehe noch mehr Reporter eilig verschwinden. Ich warne sie, daß sie Gefahr laufen, die saftigsten Bissen zu verpassen. Ich habe von Hinzufügungen gesprochen, von der Ablagerung von Jahrhunderten, den angekrusteten Muscheln an der Barke Petri. Ich habe gerade zwei davon abgekratzt. Es gibt noch viele mehr. Aber es geht nicht darum, zerstörerisch oder bilderstürmerisch als Selbstzweck zu sein.

Das Kriterium wird sein: Sorgt diese Veränderung für ein erfolgreicheres und evangelischeres Amt? Die Bischöfe üben das geistliche Amt in der Kirche aus und überwachen es. Alles, was dieses Amt einem erfüllteren, breiteren, tieferen Dienst an der Menschheit öffnet, ist ein Fortschritt im Herrn.

Ihr werdet diskutieren müssen, was das für andere «Ämter» in der Kirche mit sich bringt. Ihr werdet euch erinnern, wie die Synode vom Herbst 1987 eure Augen in dieser Sache öffnete. Es wurde deutlich und war ein Zeichen des Heiligen Geistes in unserer Zeit, daß es viele Ämter innerhalb der einen Sendung der Kirche gibt. Wer zu ihnen berufen ist, Frauen und Männer, und wie Freiheit, Disziplin und Tradition zu verknüpfen sind, wird ganz oben auf eurer Tagesordnung stehen. Ich möchte dieser Debatte nicht vorgreifen. Ich möchte euch nur bitten zu bedenken, daß Interventionen, die erklären, «nichts wird jemals zum erstenmal geschehen», keinen Eindruck auf mich machen werden.

Eine kanadische Theologin, Joanne Dewart, erklärte einmal, daß «Tradition» in der Kirche kein Museumsgebäude darstellt, das sorgfältig, sagen wir, die Vergangenheit des 19. Jahrhunderts bewahrt, sondern mehr wie ein ziemlich unordentliches bewohntes Zuhause ist. Das Museum verändert sich nie; es ist für alle Zeiten eingerichtet. Aber in einem Zuhause geschieht ständig etwas: eine neue Küche, eine verglaste Veranda, eine Verfugung des Mauerwerks. Ihr versteht, was ich meine.

Das bringt mich auf mein eigenes petrinisches Amt, das durch ein seltsames Versehen der Untersuchung beim letzten Konzil völlig entging. Mein sehr geschätzter Vorgänger Papst Paul VI. bekannte in einem schmerzlichen Augenblick, daß er wußte, wie sehr sein eigenes Amt ein ökumenisches Hindernis war. Aber er sah nicht, was er dagegen unternehmen könnte. Er war durch Eid gebunden, das Patrimonium, das er erhalten hatte, keiner Gefahr auszusetzen.

Ich erhebe keinen Anspruch, klüger zu sein als meine Vorgänger. Aber manchmal hilft uns die Erfahrung, die Dinge in einem neuen Licht zu sehen. Wenn das geschieht, treffen die Worte zu, die Papst Johannes XXIII. kurz vor seinem Tod schrieb: «Das Evangelium hat sich nicht etwa gewandelt; es ist nur so, daß wir begonnen haben, es besser zu verstehen.»

Also fragte ich mich, ob es etwas gäbe, was ich mit Recht tun könnte, um mein Amt weniger unannehmbar für jene Christen zu machen, mit denen wir Glauben, Hoffnung und Liebe, diese drei, teilen. Schließlich ist dieses gemeinsame Erbe schon so überwältigend, daß es gewisse Unterschiede, reine Produkte der letzten achthundert Jahre, an die zweite Stelle rücken oder sogar zur Bedeutungslosigkeit verblassen läßt.

Erst als ich hier in den Lateran kam, begann ich zu verstehen. Ich war in gewisser Hinsicht in eine Epoche zurückgegangen, als solche Unterschiede nicht bestanden oder gerade erst aufkamen. So konnte meine Phantasie frei fliegen. Wenn ein Gesetz der Geschichte behauptet, daß Funktionen sich in dem Maße anhäufen, wie die Zentralisierung zunimmt, behauptet ein anderes einfach, was in menschlicher Freiheit getan worden ist, kann in menschlicher Freiheit rückgängig gemacht werden.

Kurz, es kann eine Dezentralisierung und die freiwillige Übergabe angehäufter Funktionen geben. Wir können tatsächlich etwas verändern. Soziologen sagen im allgemeinen, daß das nicht geschehen kann, weil kein Mensch – oder keine Körperschaft – institutionellen Selbstmord begeht. In diesem Fall irren sie sich.

Die «Tradition», auf die wir uns stützen, liefert nicht in jedem Fall eine Blaupause für das päpstliche Amt in genau der Weise, wie es sich entwikkelt hat. Es gibt einen Aspekt der Unbestimmtheit in dem, was wir geerbt haben. Die Tradition liefert, wenn ihr die Wortschöpfung entschuldigen wollt, keine Blaupause, sondern eine «Grünpause» – die lebendige Führung durch den Heiligen Geist statt der toten Hand der Vergangenheit. In solchen Dingen kann ein kleines Abgehen vom Vorangegangenen so wichtig wie ein größeres sein. Deshalb begann ich bei der Ernennung von Bischöfen. Es ist ein wirklicher und symbolischer Wandel. Er gibt euren örtlichen Kirchen zurück, was ihnen eigentlich gehört. Ich kann behaupten, ich bin ein besserer «Traditionalist» als die, die zwangsläufig sagen werden, daß ich, wie König Lear, ein närrischer alter Mann bin, der bald bereuen wird, seine Autorität weggeworfen zu haben.

Aber seht nur, was durch diese einfache Entscheidung über die Ernennung von Bischöfen gewonnen wird. Es wird eurer örtlichen Kirche ihre Würde und ihren Wert bewußter machen. Es wird mit bedeuten, daß ihr als erwachsen und reif behandelt werdet. Statt des Verhältnisses von Herr und

Lehnsmann wird es meine Beziehung zu euch im wahren Sinn brüderlich machen. Auch glaube ich nicht, daß ihr mich weniger schätzen werdet.

So muß der Verzicht auf Macht nicht zur Verkleinerung der Autorität führen. Aber wieviel weiter kann der Verzicht auf Macht gehen? Wo hält man an auf diesem schlüpfrigen Hang? Die Antwort ist: Wo der Verstand einem sagt stehenzubleiben. Anders als mein mönchischer Vorgänger Papst Coelestin V. gedenke ich nicht zurückzutreten.

Aber ich kann mir eine selbstverleugnende Verordnung auferlegen. Wir brauchen zum Beispiel nicht feierlich Vatikanum I zu wiederholen – auch angenommen, es gäbe eine kirchenrechtliche Möglichkeit, das zu tun, die es allerdings nicht gibt. Jedoch könnte ich sagen, daß ich nicht beabsichtige, das Charisma der Unfehlbarkeit anzuwenden, das Vatikanum I der Kirche und dann über die Kirche dem Papst zugeschrieben hat. Ich könnte das sagen, und es wäre nicht einmal schockierend.

Alle Päpste im letzten halben Jahrhundert haben das in Wirklichkeit gesagt, namentlich Papst Johannes XXIII., der es privat ganz deutlich gemacht hat. Es sollte mir möglich sein, öffentlich zu sagen: Ich leugne nicht, daß ich diese Macht habe, aber ich versichere euch, daß ich nicht beabsichtige, sie anzuwenden. Ist es nicht wahr, daß dieser Aspekt der Lehre von Vatikanum I zeitweilig außer Kraft getreten ist? Kann man diesen Stand der Dinge nicht ratifizieren und ihm eine förmlichere Grundlage geben?

Es gibt keinen Beweis, daß Papst Johannes XXIII. etwas weniger Autorität in der Kirche hatte, weil die Menschen wußten, daß er sich nicht auf die Unfehlbarkeit berufen würde. Eher das Gegenteil. Seine Autorität wuchs, weil seine Lehre, sein Magisterium, von Belang für die Probleme der Welt war. Er brauchte sich nicht auf den großen Knüppel im Hintergrund zu verlassen.

Wenn ihr meint, solche Worte seien anstoßerregend, bedenkt dies: 1830 sagte Papst Gregor XVI., daß er in der Krise nach der Französischen Revolution den Knüppel schwingen mußte (nur nannte er ihn Rute). 1962 sagte Papst Johannes XXIII., daß er diesen Knüppel beiseite gelegt hätte (nur nannte er ihn Rute). Falls wir in der Kirche das Kind beim Namen nennen können, sollten wir auch einen Knüppel einen Knüppel nennen können.

Manche werden diese Rede dahingehend interpretieren, daß ich Ansprüche auf die Weltführung der ökumenischen Bewegung anmelde. Laßt mich euch versichern, es stimmt. Falls die Schlagzeilen morgen lauten *«Papst bewirbt sich um Spitzenposten»*, würde ich mich nicht beschweren, vorausgesetzt, wir sind alle bereit, über Schlagzeilen hinaus zu denken, und verstehen, daß dieser Ehrgeiz eher dem Dienst als der Macht gilt. Ich erniedrige mich nicht, um zu erobern.

Die ganzen 1970er und 1980er Jahre hindurch sagten unsere christlichen Brüder und Schwestern, nicht immer im Chor, aber so beharrlich, um darauf aufmerksam zu werden, daß die Einheit der Kirche sichtbar ausgedrückt und verkörpert sein sollte und daß ein reformiertes und evangelisches Papsttum einer vereinten Kirche diesen Dienst erweisen könnte. Die Lutheraner sagten das als erste.

Der anglikanische Standpunkt war bekannt. Der Bischof von Rom ist der historische Brennpunkt der christlichen Einheit gewesen – und es gibt keine anderen Kandidaten für die Stelle. Aber wenn der Bischof von Rom diese Funktion heute wahrnehmen will, möchten die Anglikaner davon überzeugt sein, daß er seine Autorität unter Achtung der Kollegialität ausüben – und nicht einfach handeln würde wie ein einsamer Monarch an der Spitze des hierarchischen Gebäudes. Mit diesem Konzil gehen wir ein Stück auf die Erfüllung dieser vernünftigen Forderungen zu.

Bei unseren orthodoxen Brüdern und Schwestern gab es weniger theologische Hindernisse zu überwinden. Die Interkommunion war bereits verwirklicht. Die Orthodoxen haben übrigens einen feinen Sinn für «Gesten». Sie verstanden voll und ganz die Bedeutung meines Besuches in Moskau und den Friedenskuß, den ich mit dem Moskauer Patriarchen in Zagorsk tauschte.

Es war kein Schauspiel. Es war die Anerkennung eines Bruderpatriarchen durch einen anderen Bruderpatriarchen. Ferner war es eine Anerkennung, daß unsere Kirchen «Schwesterkirchen» sind. Es besiegelte unsere Aussöhnung und erklärte unsere Gleichberechtigung. Was durch den Besuch Papst Johannes Pauls II. in Konstantinopel 1979 vorgezeichnet war, wurde durch meinen Besuch in Moskau 199- bestätigt und vollendet. Petrus bleibt der ältere Bruder des Andreas, des Schutzpatrons der Kirche von Konstantinopel, von der alle orthodoxen Kirchen ihren Glauben herleiten.

Erlaubt mir eine Abschweifung. Ich möchte etwas über das Pontifikat meines Vorgängers, Papst Johannes Pauls II., sagen. Es ist Brauch bei Päpsten, ihre Vorgänger «verehrt» zu nennen. Wenn ich diesen Titel in einer förmlichen und routinemäßigen Weise vorenthalte, geschieht es nur, um ihn präziser zu verwenden. Ich habe mich oft gefragt, was Gott mit der Wahl von Karol Wojtyla, Papst Johannes Paul II,. im Sinn hatte. Das sind geheimnisvolle Fragen, verborgen in den Plänen der Vorsehung. Aber wir sollten, fühle ich, in der Lage sein, etwas über sie sagen zu können – um wenigstens eine Richtung, einen Trend, eine Strömung anzuzeigen.

Die meisten von euch wurden von Johannes Paul II. zu Bischöfen ernannt und auch einige zu Kardinälen. In diesem Sinn steht ihr persönlich in seiner Schuld. Es mag nicht gänzlich eine Sache der Dankbarkeit sein.

Persönlich wäre ich glücklich gewesen, wenn ich weder Bischof noch Kardinal gewesen wäre. Ich hätte es vorgezogen, mich zurückzuziehen, um zu fischen, zu beten und mich auf den Tod vorzubereiten. Viele unter euch würden etwas Ähnliches sagen. Die andern unter euch könnten des unbiblischen Ehrgeizes beschuldigt werden.

Aber es ging für uns alle anders aus. Ich weiß nicht, wie ihr jetzt von meinem Vorgänger, Johannes Paul II., denkt. Er sagte viele Dinge. Er war weitschweifig. Er war, um offen zu sein, langatmig. Er schien durch einen Blick in sein Herz genau zu wissen, was die Kirche brauchte. Er stand der westlichen Welt, aus der viele von uns entweder kommen oder der sie sich gern anschließen möchten, nicht von Natur aus wohlwollend gegenüber. Er war ein Mann aus dem Osten.

Ich rätsele über die von der Vorsehung gewollte Bedeutung seines Pontifikates. Johannes Paul II. glaubte, er hätte eine Kirche in Unordnung geerbt, und strebte an, ihr Gestalt, Charakter und Disziplin zu geben. Es war die Politik der «Restauration», verfochten von dem jüngst verstorbenen Kardinal Joseph Ratzinger, dessen unerklärlicher Zusammenbruch eine solche Tragödie war.

Aber die wirkliche Leistung meines Vorgängers, glaube ich, war in seiner vierten Enzyklika, *Slavorum Apostoli*, enthalten, die nicht die Aufmerksamkeit erhielt, die sie verdiente. Johannes Paul II., der erste slawische Papst in der Geschichte, wollte das Gleichgewicht der Kirche wiederherstellen. Sie war zu «westlich» im Sinn von zu rational, zu juristisch gesinnt, kurz, zu «römisch». Wir brauchten die östliche Tradition, die gleichermaßen katholisch ist, aber mehr mystisch, intuitiv und auf den Heiligen Geist vertrauend.

Was 1054 – ich weiß, das Datum ist das herkömmliche, aber es ist auch bequem – auseinandergetrieben wurde, versuchte er, 1985 zusammenzubringen. Es gibt manche Probleme, die nur ein Slawe empfinden konnte. Und es gibt manche Probleme, die nur ein Slawe lösen konnte.

Ich nehme an, das wurde mir während meines Besuches in Moskau bewußt, der einen derartigen Aufruhr in den Medien verursachte. Er wäre nicht möglich gewesen, wenn Johannes Paul II. nicht den Weg bereitet hätte. Mein Besuch dort baute auf einem Prozeß auf, der schon lange untergründig eingesetzt hatte, und erntete seine Früchte. Ich denke, ich kann euch das ohne Illusion sagen.

Es gibt neue Einstellungen überall in der Sowjetunion. Die Entscheidung der Kommunistischen Partei, die orthodoxe Kirche eher einzubeziehen als zu schikanieren, kam als völlige Überraschung, aber sie hatte ihre Parallele zwischen 1942 und 1945, als die Verheerungen des «Großen Vaterländischen Krieges» (wie die Russen ihn immer nannten) sogar Stalin veranlaßten, die Hilfe der Kirche zu suchen.

Es gab eine totale Krise, aber interner Art, in den späten 1980ern, und eine ähnliche Lösung wurde im Namen des nationalen Zusammenhalts gesucht. Die Führer der Sowjetunion werden mir allerdings vergeben, wenn ich sage, daß die Umarmung des Staates immer zweischneidig für die Kirche ist. Die liebevolle Umarmung des Bären erdrückt einen leicht. Das ist der Kern des Konstantinischen Problems.

Dennoch war der Wandel in der Politik der Sowjetunion willkommen als ein Weg aus der Sackgasse. Deshalb glaubte ich, nach Moskau gehen und den Patriarchen umarmen zu können. Es ist wichtig, die Reise zusammen anzutreten – auch wenn die Motive am Anfang gemischt sind. Die meisten Reisen beginnen so. Die Motive werden unterwegs geläutert.

Natürlich ist das für unsere ukrainischen Brüder im Exil alles schwer zu verstehen. Sie sehen keine Aussicht, in ihr Heimatland zurückzukehren. Sie denken, ich hätte sie verraten, als ich Mördern die Hand schüttelte und sie sogar umarmte. Sie sagen, es sei eine Beleidigung ihrer Märtyrer, daß der Bischof von Rom freundlich zu denen ist, die die katholische Kirche in der Ukraine zerstört haben.

Ich bezweifle, daß jemand ihre Gemüter beruhigen kann. Ich bitte sie, diese Wahrheit anzuerkennen. Die Generation, die dieses Verbrechen beging – es war ein blutiges Verbrechen –, ist im großen und ganzen dahingegangen. Ihre Nachfolger erbten eine Situation, die sie nicht geschaffen hatten und vielleicht nicht wünschten. Man sollte im Zweifel für den Angeklagten entscheiden, denn wenn der gemeinsame christliche Glaube die nicht aussöhnen kann, die ihn haben, wie könnten wir dann noch hoffen, jene zu erreichen, die ihn nicht haben?

Sage ich einfach, daß die Ukrainer die Niederlage gnädig hinnehmen sollen? Ja und nein. Ich brauche der ukrainischen katholischen Kirche nicht zu sagen, daß die Passion Christi nicht nur wie eine Niederlage aussah, sondern eine war und es dennoch ohne sie keine Auferstehung gegeben hätte.

So bin ich schließlich bei internationalen Themen angelangt und bei der «Welt». Im Neuen Testament ist «die Welt» ein ambivalenter Ort, manchmal zu meiden, manchmal bereitwillig anzunehmen, weil «Gott sie so liebte, daß er seinen eingeborenen Sohn sandte». Für den Christen ist die Welt Heimat und doch nicht ganz Heimat, unser und doch nicht ganz unser, freundlich und feindselig zugleich.

Nun ist in einer paradoxen Weise dieses christliche Bewußtsein, «Fremde» auf dieser Welt zu sein, von der drohenden nuklearen Gefahr verstärkt worden. Sie hat uns gezwungen, im Vorläufigen zu leben. Wir können Paulus besser verstehen, der fühlte, daß das Ende der Welt nahe wäre und daß wir hier «keine bleibende Wohnstatt» hätten. Die Eschatologie ist uns wiedergegeben.

Als ich Bischof von Rom wurde, nahm ich den Namen Benedikt an, weil ich ein Mönch seines Ordens bin, weil sein Motto *Pax* war und weil der letzte Papst Benedikt ein Mann war, der sich ganz dem Frieden verpflichtet hatte. Im Ersten Weltkrieg verärgerte er alle Kriegführenden, als er ihren Kampf als «sinnloses Gemetzel» bezeichnete. Er wurde beschuldigt, die Soldaten zu demoralisieren.

Als ich seinen Namen wählte, wollte ich am Ende des Jahrhunderts die Fackel aufnehmen, die Benedikt an seinem Anfang angezündet hatte. Aber das Friedenstiften hat jetzt das Stadium hinter sich gelassen, in dem Ermahnung von Nutzen ist. Es ist in den in hohem Grade technischen Bereich der Konfliktlösung eingetreten und wurde zur interdisziplinären Forschung. Daran ist nichts speziell Christliches.

Aber Christen können, glaube ich, einige entscheidende Elemente zum Friedensprozeß beitragen: ein Motiv, dafür zu arbeiten, ein Gefühl, daß «der Feind» immer noch seine Rechte und seine Würde hat, und vor allem Hoffnung. Hoffnung, das wißt ihr, ist nicht einfach eine Haltung, die wartet, daß etwas erscheint oder – in diesem Fall – vergeht.

Hoffnung ist eine positive Antwort auf die Verheißung des Herrn. Er hat gesagt, er wird bei uns sein als Stärke und Licht. Wir bestätigen das jedesmal, wenn wir beten und sagen «Ja, Amen». Christus, sagt Paulus, ist das «Amen» der Verheißung Gottes. Es mag sein, daß in unserer Zeit Gott uns mehr als der Gott der Hoffnung denn als der Gott der Vorsehung erscheint. Auch er war eher eine Grünpause als eine Blaupause.

Ich brauche euch nicht die Geschichte des letzten Jahrzehnts zu erzählen. Die Tatsache, daß der Nuklearkrieg nicht eingetroffen ist, kann man nicht einmal einem plötzlichen Ausbruch von Tugend zuschreiben, sondern dem sicheren Wissen, daß es keine Sieger geben kann. Was Ermahnung nicht zuwege bringen konnte, bewirkte aufgeklärtes Eigeninteresse.

Dafür verantwortlich war nicht allein, daß gegenseitige sichere Zerstörung eine Aussicht war, die nicht nur Völker, sondern auch Führer auf beiden Seiten zurückschrecken ließ. Es war die Gewißheit, daß selbst ein erfolgreicher Präventivschlag jene, die der Verwüstung entkämen, nicht in Sicherheit bringen würde. Eine dicke rauchige Schicht würde sich über die ganze nördliche Halbkugel ausbreiten und Flora und Fauna und somit die Mittel zum Leben in einer neuen Eiszeit auslöschen. Das erwies sich als die äußerste Abschreckung.

Also überlebten wir, gefahrvoll und ängstlich, bis heute und können nun das Ende des Jahrhunderts schon flüchtig erblicken. Doch noch immer leben wir am Rande des Abgrunds; aber selbst wenn wir hineinfallen, fallen wir in die Hände des Herrn.

«Dem Herrn gehört die Erde und was sie erfüllt», sagt der Psalmist. So ist es, einschließlich des Abgrunds und einschließlich der menschlichen Freiheit. Ohne Freiheit hätten wir keine Würde, keine Verantwortlichkeit. Manchmal scheint es, daß die Last der Freiheit fast zu schwer zu tragen ist. Wir könnten versucht sein, den Roboter oder den Computer zu beneiden. Aber nicht lange.

Die Tatsache, daß wir der Vernichtung entkommen sind, bedeutet freilich nicht, daß die Welt im Frieden gelebt hat. Im Gegenteil, heftige und erbittert grausame ideologische Kriege sind in vielen Grenzgebieten ausgefochten worden, wo die Supermächte ihre Interessen bedroht glaubten, selbst aber Distanz hielten.

Viele unter euch haben solche Kriege persönlich erlebt. Ihr wißt, daß die darunter Leidenden gewöhnlich sagen: «Dies ist der Krieg anderer, warum führen sie ihn nicht anderswo?» Und ihr wißt von den furchtbaren neuen Waffen, die verstümmeln und blind machen können ohne die gnädige Erlösung durch den Tod. Ein gutes Stück unter der nuklearen Schwelle gibt es immer noch Arbeit für Friedensstifter. Sie sind mehr denn je gesegnet.

Aber nicht alles ist Verzweiflung. Der Nordsüdkonflikt ist nie in den offenen Krieg, den viele fürchteten, umgeschlagen. Die Gefahr, daß das Öl versiegt, mäßigte die Aggressivität der islamischen Renaissance: Der Islam hat sich auf sein *aggiornamento* eingelassen. Politische Ideologien haben an Einfluß verloren, da sie immer weniger Überzeugung bieten konnten.

Dieses Konzil wird diese und andere «Zeichen der Zeit» betrachten müssen, während dieses 20. Jahrhundert sich seinem Ende zuneigt. Was versucht uns der Heilige Geist durch diese göttlich verschlüsselten Ereignisse zu sagen? Können wir die christliche Geschichte erzählen und erneut erzählen, daß sie sich allmählich verdichtet und der Erfahrung des späten 20. Jahrhunderts einen Sinn gibt? Das ist das Maß unserer Aufgabe.

Ich begann, bei einem Benediktiner durchaus passend, in San Giovanni in Laterano, der Kirche unseres Erlösers, in der Vergangenheit und mit innerkirchlichen Fragen. Zweifellos möchten andere in der Gegenwart anfangen, die die Tagesordnung für die Kirche schreibt. Das Wichtigste ist, die Verbindung herzustellen.

Denn ich meine, wir sind aufgerufen, äußerst radikal und äußerst gegenwärtig zu sein. Radikal sein heißt, im ursprünglichen Sinn, mit seinem Wurzeln verbunden zu sein. Ein Christ kann sich nicht von seinen Wurzeln abtrennen, ohne oberflächlich zu werden. Aber dann, aus dieser lebendigen Tradition heraus, muß das christliche Auge klar sein, um die gegenwärtige Welt mit ihren ganzen reichen Möglichkeiten für die Gnade zu sehen.

So werden wir eine Verknüpfung brauchen – nicht jeder wird das leicht finden – von Überzeugung und Aufgeschlossenheit. Ich denke, dieses Konzil kann seine Ziele verwirklichen.

Es bleibt nur noch eines zu sagen. Ein alter Grundsatz der Kirchenväter lautet: «*In necessariis unitas, in dubiis libertas, in omnibus caritas*» (In notwendigen Dingen Einheit, in zweifelhaften Dingen Freiheit, in allen Dingen Liebe). Die Kunst eines Konzils besteht darin, den Unterschied zwischen dem Wesentlichen und dem Unwesentlichen zu erkennen und dabei ständig in Liebe eingebettet zu sein, der Gabe des Heiligen Geistes.

Dies ist der Segen, den ich auf uns alle herabflehe.

Verzeiht mir, solange gesprochen zu haben. Ihr werdet zu spät zum Mittagessen kommen. Aber es geschieht nur ein oder zweimal in einem Jahrhundert, daß man eine solche Gelegenheit hat zu sagen, was einem auf dem Herzen liegt. *Dixi.* Von jetzt an liegen das Konzil und die Zukunft in euren Händen.

Nachwort

Aggiornamento oder «Eine Flut von Ereignissen»

«Eine Woche», bemerkte Harold Wilson, «ist ein lange Zeit in der Politik.» Aber für den Vatikan, der bekanntlich «in Jahrhunderten denkt», ist eine Woche oder ein Jahr kaum mehr als ein Augenblick. Doch die vergangenen Monate sind mit Ereignissen vollgepackt gewesen. Marshall McLuhan sprach von einer Zeitung des 18. Jahrhunderts, die ankündigte, sie würde zweimal in der Woche erscheinen «oder öfter, wenn es eine Flut von Ereignissen gibt». Es hat zweifellos eine «Flut von Ereignissen» im Vatikan gegeben, seit die englische Originalausgabe dieses Buches im April 1986 erschien.

Der Zweck dieses Nachwortes ist es, die Geschichte auf den neuesten Stand zu bringen. Der Vatikan ist eine bewegliche Zielscheibe. Obwohl sich das allgemeine Bild langsam wandelt, ändert sich das Detail auf hintergründige Weise, so daß nicht aufgefrischtes Wissen schnell Unwissenheit wird. Im großen und ganzen ist meine Analyse durch spätere Geschehnisse bestätigt worden – manchmal in einem solchen Maß, daß es bedrückend ist. Kardinal Ratzinger ist von der «Theologie der Befreiung» weitergeschritten und hat mit der Suspendierung Pater Charles Currans von seiner Lehrtätigkeit an der Catholic University of Washington den Angriff auf Moraltheologen begonnen. Die Kirche der Vereinigten Staaten fühlt sich noch mehr als bevorzugtes Ziel des Vatikans, nachdem merkwürdige Dinge in Seattle passiert waren. Erzbischof Raymond Hunthausen, am meisten als Streiter für den Frieden bekannt, bleibt Erzbischof, aber man hat ihm einen Weihbischof an die Seite gestellt, der verantwortlich ist für das Ehegericht, Priester, die aus dem Amt ausscheiden, Ausbildung des Klerus, Gottesdienst und alle moralischen Fragen, die sich auf Empfängnisregelung und auf die Betreuung der Homosexuellen beziehen. Der Weihbischof Donald Wuerl war in Rom wohlbekannt, weil er früher in der Kongregation für den Klerus arbeitete. Er leugnete zunächst, daß er als vatikanischer Wachhund nach Seattle geschickt worden wäre. Aber dieses Märchen kann nicht mehr aufrechterhalten werden. Also bedarf meine Bemerkung «es wäre praktisch unmöglich, einen europäischen oder amerikanischen Erzbischof zu entlassen» einer Einschränkung. Es ist möglich, einen Erzbischof handlungsunfähig zu machen.

In anderen Punkten habe ich mich höheren Beweisen gefügt und meine Meinung geändert. Kardinal John J. O'Connor zum Beispiel verdient ein differenzierteres Porträt als das von mir gezeichnete. Eigentlich noch wichtiger ist, daß Papst Johannes Paul II. *seine* Meinung zur Theologie der Befreiung geändert hat. Dieser Hinweis muß geprüft werden. Dann hat es Schritte hinsichtlich der «Reform» der Römischen Kurie gegeben, während die Außerordentliche Synode Ende 1985 die Kirche ziemlich behutsam wieder auf das Zweite Vatikanische Konzil (1962–65) verwies.

Die Reform der Römischen Kurie bleibt ein geheimnisumwittertes Rätsel. Papst Johannes Paul zieht es vor, von «Revision» statt «Reform» zu sprechen, vielleicht weil «Reform» Schwächen und Unzulänglichkeiten durchblicken ließe. Jedenfalls existiert ein Plan zur Revision der Römischen Kurie. Offiziell haben ihn nur ungefähr zweihundert Personen gesehen. Er wurde bei einer nicht öffentlichen Kardinalsversammlung vom 21. bis 23. November 1985 im Vatikan diskutiert. Sowohl der Plan als auch das Treffen waren geheim. Es ist jedoch bekannt, daß die wichtigsten Vorschläge das Sekretariat für die Einheit der Christen (nach den Anfangsbuchstaben im Italienischen SPUC genannt) und den Rat für die öffentlichen Angelegenheiten der Kirche – so etwas wie die vatikanische Entsprechung zu einem Außenministerium – betrafen.

Der Konflikt zwischen dem Sekretariat und der Kongregation für die Glaubenslehre, der in Kapitel 13 beschrieben ist, sollte durch den einfachen Kunstgriff gelöst werden, daß es in einen «Rat» umgewandelt würde, der der Glaubenskongregation vollkommen untergeordnet ist. Bürokratenköpfe legten dar, daß «Sekretariat» ein dem Kirchenrecht nicht geläufiger Begriff sei. Dies war genau der Grund, warum Papst Johannes XXIII. ihn verwendete, als er das Sekretariat 1960 gründete: Es ließ unvorhergesehenen Entwicklungen Raum, da die Fortschritte des Ökumenismus nicht voraussehbar waren. Der Begriff «Rat» wird für zahnlose Gremien, die bloß beratend sind, verwendet. So würde ein «Rat für christliche Einheit» keinen Kardinal an der Spitze haben und in der statusbewußten römischen Szene über wenig

Gewicht verfügen. Das war jedoch der Vorschlag, der im November 1985 auf den Tisch gelegt wurde. Die Aufgabe des neuen Gremiums würde «Studium, Förderung und pastorale Anregung ohne Ausführung normaler Verwaltungsakte» sein (um die amtliche Erklärung zu zitieren). Aber das SPUC hatte in der Vergangenheit eindeutig solche Handlungen ausgeführt, wenn es beispielsweise eigene Dokumente und Richtlinien für die Gesamtkirche erarbeitet hatte. Der Vorschlag an die Kardinäle zielte deshalb darauf, das Sekretariat in seine Schranken zu verweisen.

Drei englischsprachige Kardinäle stellten sich an die Spitze der Opposition gegen diesen unglückseligen Vorschlag. Joseph Bernardin (Chicago), Basil Hume (Westminster) und Tomas O'Fiach (Armagh) wiesen nachdrücklich darauf hin, daß ungeachtet seiner Absichten der Vorschlag von anderen Christen als ernstlicher Schaden für die ökumenische Sache aufgefaßt würde. Sie gewannen Kardinal Francis Arinze als ihren Sprecher – als schwarzem Nigerianer konnte ihm nicht vorgeworfen werden, die eigennützigen Zwecke der entwickelten Welt zu verfolgen, und er war noch nicht so lange im Vatikan (im Sekretariat für die Nichtchristen), daß er vergessen hätte, wie das Leben in einer gewöhnlichen Diözese war. Kein noch so geschicktes Jonglieren mit Worten, erklärte Arinze, könnte die Mitchristen überzeugen, daß die Unterordnung der nachkonziliaren Sekretariate unter Kardinal Ratzingers Glaubenskongregation einen großartigen ökumenischen Fortschritt darstellte. Das wäre einfach nicht zu machen. Und es wäre nicht wahr.

Der Gegenvorschlag wurde gemacht, daß es besser wäre, das SPUC, wenn die Kategorie «Sekretariat» im Namen der «Rationalisierung» um jeden Preis abgeschafft werden sollte, zu einer ausgewachsenen Römischen Kongregation unter der Leitung eines Kardinals zu machen. Die bürokratische Frage verschmilzt mit der tieferen: Wie sehr ist Papst Johannes Paul persönlich der ökumenischen Sache verpflichtet? Man wird eine Andeutung einer Antwort erhalten, wenn Kardinal Jan Willebrands schließlich als Vorsitzender des Einheitssekretariats zurücktreten wird. Er überschritt das offizielle Pensionierungsalter von 75 am 4. September 1984. Falls jemand ohne Erfahrung im Umgang mit den christlichen Brüdern für den Posten ernannt wird, so wird ungeachtet seines Ranges der Schaden groß sein. Daß solche Befürchtungen nicht das Produkt einer über das Ziel hinausschießenden Phantasie sind, bewies eine Bemerkung von Howard Root, dem hauptberuflichen anglikanischen Beobachter beim Vatikan:

> Ziemlich hochgestellte, sehr vernünftige und vielseitig erfahrene Mitglieder der Kurie selbst ließen erkennen, daß sie sich mehr fürchteten, als ich es jemals seit dem Konzil bei ihnen erlebt hatte. Ohne

Zweifel gab es dafür viele Gründe. Ich habe den Verdacht, daß dazu stark die von vielen empfundene Ungewißheit beitrug, wie denn nun der gegenwärtige Papst über ökumenische und andere Dinge denkt (*Newsletter of the Friends of the Anglican Centre in Rome,* Frühjahr 1986, S. 8).

Der «revisionistische» Plan setzte auch ein Fragezeichen vor den Rat für die öffentlichen Angelegenheiten der Kirche. Von Paul VI. 1967 eingesetzt, ist er verantwortlich für die Leitung des vatikanischen diplomatischen Dienstes, die Aufsicht über das Pressebüro und die Behandlung aller Beziehungen zu Regierungen. Der Vorschlag lautete, daß dieses Gremium vom eigentlichen Staatssekretariat (siehe Kapitel 6) abgetrennt und eine «Kongregation für die Beziehungen zu Regierungen» werden sollte. Das sah wie eine Anhebung seines Ranges aus, aber in Wirklichkeit kann der Rat, wie Erzbischof Achille Silvestrini, sein derzeitiger Leiter, recht nachdrücklich argumentierte, nur erfolgreich arbeiten, wenn er in täglichem Kontakt zum Heiligen Vater steht. Er muß *jetzt* ein Beileidstelegramm an die Opfer einer Ausschreitung oder Katastrophe schreiben und kann nicht im gemächlichen Rhythmus anderer römischer Abteilungen arbeiten, die bis zu zwei Jahren für die Ausarbeitung eines Dokuments brauchen können.

So waren die Kardinäle aus den verschiedensten Gründen nicht allzu glücklich über die Vorschläge zur «Revision» der Römischen Kurie. Sie ließen sie zu einer weiteren Prüfung zurückgehen. Sie baten um ein «theologisches Vorspiel», weil man nur sagen kann, wie die Kurie organisiert sein müßte, wenn man weiß, wozu es gut sein soll. Dieses Buch hat unwissentlich zur theologischen Vorarbeit beigetragen. Inzwischen ist die höchst geheime Kommission, die an dem Projekt arbeitet, «vergrößert» worden. Die Namen sickerten durch Zufall im März 1986 durch. Der Kardinal im Ruhestand Sebastiano Baggio führt den Vorsitz über eine Prüfungskommission, der fünf weitere Kardinäle angehören, der Italiener Opilio Rossi, der Nigerianer Francis Arinze, der Venezolaner José Rosalio Castillo Lara, der Frankokanadier Edouard Gagnon und der österreichische Salesianer Alfons Stickler. Zwei italienische Kurienprälaten, Giovanni Marra und Bruno Bertagna, vervollständigen das Team. Abgesehen von Arinze flößen einem diese Namen nicht viel Vertrauen auf die Zukunft des Sekretariats für die Einheit der Christen ein. Gagnon zum Beispiel glaubt die amerikanische Kirche in einem «materiellen Schisma» und möchte 90 Prozent der Professoren für Moraltheologie rauswerfen. Curran ist nur ein Probeschuß. Im Augenblick sind die Vorschläge zur Kurienreform in dem schwarzen Loch verschwunden, das zukünftigen Plänen vorbehalten ist: Nichts «wird je geschehen» im Vatikan, man muß warten, bis es verkündet wird. Was dann verkündet wird, das wird ein *fait accompli* sein, wahrscheinlich im August, wenn die Presse keinen findet, der ihn intelligent kommentieren kann.

War das Reformieren der Kurie eine undurchsichtige Frage, zu der nur eine kleine Gruppe von Eingeweihten oder vatikanischen Beobachtern (*Vaticanisti* ist die italienische Bezeichnung) Zugang hatte, brachte die Außerordentliche Synode scharenweise Reporter nach Rom, in einer Zahl, wie man sie seit den Tagen des Vatikanischen Konzils, zu dessen Gedenken sie bestimmt war, nicht mehr gesehen hatte. Für viele war die Feier zwanzig Jahre nach Vatikanum II eine nostalgische Reise in die Vergangenheit. Mit verschleiertem Blick erinnerten sich Veteranen des Konzils berühmter Siege von damals, als die guten und die bösen Buben anscheinend sehr viel leichter auszumachen waren. Der Redemptoristenpater aus Washington Francis X. Murphy schlüpfte wieder in sein *alter ego* «Xavier Rynne» und brachte unter diesem Pseudonym ein Buch über die Synode heraus. Auch ich schrieb ein Buch über die Synode *(Synod Extraordinary)*, deshalb brauche ich ihr hier nicht zuviel Platz zu widmen.

Die Teilnehmer an der Synode erklärten alle, daß sie ein «großer Erfolg» war. Aber wenn man nachfragte, worin ihre Leistung genau bestand, wurden sie ziemlich schüchtern und stumm. Der Grund war ganz schlicht, daß die Hauptleistung der Synode negativ war. Sie war dem Programm der «Restauration» *nicht* gefolgt, das Kardinal Joseph Ratzinger in einer Reihe von Interviews, die als Buch veröffentlicht wurden, aufgestellt hatte. Um Ratzinger Gerechtigkeit widerfahren zu lassen: Er verschrieb sich nie der Linie des abtrünnigen Traditionalisten Erzbischof Marcel Lefebvre, der sagte, daß Vatikanum II. irrte, weil es unterwürfig dem Säkularismus, dem Protestantismus, der Freimaurerei, dem Zionismus und dem internationalen Kommunismus nachgegeben hätte. Ratzinger glaubte im Gegenteil, daß Vatikanum II eine gute Sache war. Seine Beanstandung – so sagte er – richtete sich nicht gegen Vatikanum II an sich, sondern gegen die falschen Interpretationen, die Mode geworden waren. Er war besonders wegen derjenigen beunruhigt, die alles, was sie nur wollten, im Namen des «Geistes von Vatikanum II» taten.

In der Überzeugung, daß die Kirche «deutlich an mehr als ein oder zwei Orten auseinanderfiel», lud Ratzinger die Schuld an diesem Stand der Dinge klar auf die Theologen ab, die mit der verderblichen Lehre vom «anonymen Christentum» (Karl Rahner) die Verkündigung des Evangeliums untergraben und «die Kirche kritiklos einer agnostischen und feindseligen Welt geöffnet» hatten. Moraltheologen, besonders in den Vereinigten Staaten, hatten Kompromisse mit einer weltlichen Ethik geschlossen, weil sie sich vorstellten, daß «sie zwischen einem Zusammenstoß mit ihrer

Gesellschaft und einem Zusammenstoß mit ihren Bischöfen wählen müssen». Ratzinger behauptete, sie hätten sich für den Konflikt mit ihren Bischöfen entschieden. Diese Beurteilung hatte einige harte Konsequenzen in der realen Welt. Es wurde erst im März 1986 bekannt, daß Ratzinger schon vor langem, am 10. Mai 1983, an Charles Curran einige kritische «Beobachtungen» geschrieben hatte. Es kam im Herbst 1985 zu einem weiteren Briefwechsel, bei dem Curran hartnäckig sein Recht verteidigte, von der Unfehlbarkeit nicht betroffene Lehren zu untersuchen. Was als «Dialog» über die Prinzipien der Moraltheologie begonnen hatte, von dem die ganze Kirche hätte profitieren können, wurde bald eine «Konfrontation», die zu nichts führte. Curran wollte wissen, wer seine Ankläger wären. Ratzinger antwortete mit der Bemerkung des Inquisitors: «Ihre eigenen Schriften verurteilen Sie.» Currans Kompromißvorschlag, keine Sexualethik zu unterrichten, wurde abgelehnt. Der Niederschlag erreichte unsere Küsten, als Kevin Kelly, ordentlicher Professor der Moraltheologie am Heythrop College, University of London, Curran in *The Times* (30. August 1986) verteidigte. Die Katholische Theologische Vereinigung von Großbritannien – oder strenggenommen diejenigen ihrer Mitglieder, die ihre jährliche Konferenz in Leeds nicht verlassen hatten – drückte ihre «tiefe Sorge über eine offensichtliche Tendenz in einigen jüngsten Handlungen kirchlicher Autoritäten aus, die rechtmäßige Anwendung einer verantwortungsvollen Freiheit in der theologischen Diskussion und Erörterung innerhalb der Kirche zu gefährden». Das war am 8. September 1986. Aber das lag alles noch im Schoß der Zukunft im Herbst 1985, als es so aussah, als hätte Ratzinger die Tagesordnung für die Synode aufgestellt und als würde sich sein Pessimismus hinsichtlich Vatikanum II durchsetzen. Beide Annahmen erwiesen sich als falsch. Auf seinem Rückweg von Afrika im August 1985 räumte Papst Johannes Paul ein, daß Kardinal Ratzinger seine eigenen «persönlichen Ansichten» und nicht die seines Amtes ausgedrückt hätte. So weit diese Bemerkung hergeholt sein mochte, erlaubte sie theologischen Kritikern, mit beträchtlichem Schwung über Ratzinger herzufallen. Während die Berichte von den 104 Bischofskonferenzen aus der ganzen Welt eintrafen, wurde es überaus deutlich, daß die meisten Bischöfe glaubten, Vatikanum II sei das Werk des Heiligen Geistes gewesen und habe mehr Vitalität in die Kirche gebracht, die nun trotz zunehmender Verweltlichung eine geeignete Liturgie und einen zunehmend aktiveren Laienstand hatte. Ratzingers systematischer Pessimismus wurde zurückgewiesen. Als die Synode begann, machte ihr *rapporteur,* Kardinal Godfried Danneels von Mecheln-Brüssel, ihn vollends fertig. Gefragt, ob Ratzingers Buch irgendeinen Einfluß auf die Arbeit der Synode hätte, antwortete er: «Diese Synode befaßt sich nicht mit dem Buch von irgend jemandem.»

Es gab einen kleinen Hinweis, daß Ratzinger selbst klar wurde, daß sein Amt als Präfekt der Kongregation für die Glaubenslehre (siehe Kapitel 7) ihm nicht automatisch das geistige Rüstzeug gab, sich zu jedem theologischen Thema überall in der Welt zu äußern. Er beklagte sich, überlastet und mißverstanden zu sein. Er gab sich sehr viel Mühe, die Bedeutung des Begriffes der «Restauration» zu erklären, um sich aus der Klemme zu befreien, in die er sich selbst hineinmanövriert hatte. «Restauration», erklärte er nun, hätte nicht die natürliche Bedeutung, «etwas zurückzubringen, wie es war», sondern bedeutete vielmehr, «das Streben nach einem neuen Gleichgewicht nach all den Übertreibungen einer kritiklosen Öffnung zur Welt» *(Zur Lage des Glaubens).* Dies war eine neuartige Definition von «Restauration». So war die Außerordentliche Synode von 1985 nach jeder gängigen Definition kein Werk der «Restauration». Ihr Schlußbericht – der erste, der jemals unmittelbar nach einer Synode veröffentlicht wurde – stellte mit größter Klarheit fest:

> Der Zweck, zu dem diese Synode einberufen wurde, war die Feier, Bestätigung und Förderung von Vatikanum II. Dankbaren Herzens fühlen wir, daß wir mit Gottes Hilfe wahrlich seine Frucht erhalten haben. Einmütig haben wir das Zweite Vatikanische Konzil gefeiert, aus dem viele geistige Früchte für die Weltkirche und die einzelnen Kirchen wie auch für die Männer unserer Zeit hervorgegangen sind. Einmütig und froh bestätigen wir auch, daß das Konzil eine rechtmäßige und gültige Äußerung und Deutung des anvertrauten Glaubensgutes ist, wie es in der Heiligen Schrift und der lebendigen Tradition der Kirche zu finden ist. Deshalb sind wir entschlossen, auf dem Weg, den uns das Konzil angezeigt hat, weiter voranzugehen.

Ich habe diesen Text in der Fassung belassen, wie das Vatikanische Pressebüro ihn am Ende der Synode zur Verfügung stellte. Unausgefeilt, sexistisch («die Männer unserer Zeit») und bizarr (in welcher Hinsicht kann eine Synode ein Konzil «bestätigen»?), wie er ist, vermittelt er ein Gefühl der Unmittelbarkeit und erklärt, warum sie also so zufrieden mit sich waren. Gegen alle Schwarzseher hatten sie Vatikanum II gebilligt. Das sieht nur dann wie eine große Leistung aus, wenn man etwas anderes befürchtet hatte.

Wenn man den Schlußbericht jedoch genau betrachtete, waren da zwei Merkmale, die Grund zur Besorgnis gaben und andeuteten, daß Ratzinger nach einem anfänglichen Zugeständnis wieder ein wenig verlorenen Boden an sich gerissen hatte. Erstens erscheint die Vorstellung von der Kirche als dem «neuen Volk Gottes auf dem Weg» kaum im Schlußbericht. Doch das

Konzil hatte das Volk Gottes in den Mittelpunkt seines Verständnisses von der Kirche gerückt. Kapitel 2 von *Lumen Gentium* ist ausschließlich ihm gewidmet. Es gibt viele mögliche Bilder von der Kirche im Neuen Testament: Arche, Herde, Weinberg, Braut Christi, Leib Christi und so weiter. Aber die umfassendste, stenogrammartige Zusammenfassung dessen, was die Kirche wirklich ist, das ist – nach *Lumen Gentium* – das Volk Gottes. Doch in der Behandlung durch die Außerordentliche Synode ist das Volk Gottes sozusagen eingezwängt zwischen Betonung der Kirche als «Mysterium», das man im Kapitel 1 von *Lumen Gentium* findet, und der Kirche als hierarchische Institution, die man in Kapitel 3 der Konzilskonstitution findet.

Was steht hier auf dem Spiel? Die Tatsache, daß das Vatikanum II das Volk Gottes vor die hierarchische Verfassung der Kirche stellte, hatte große praktische Bedeutung. Dies stand dem Neuen Testament und der patristischen Tradition näher. Es erklärte, daß die Kirche im wesentlichen das neue messianische Volk war, über dem die Gaben des Heiligen Geistes ausgegossen worden waren.

Der griechische Ausdruck für das Volk Gottes, *laos tou theou*, war der Ursprung unserer Begriffe Laien und Laienstand. Er hob die Gleichheit aller Getauften in der Gnade hervor. Unterscheidungen des Amtes in der Kirche sind deshalb praktischer Art und in gewissem Sinn zweitrangig. Das Volk Gottes würde also der Angelpunkt der Synode von 1987 über «die Rolle und Berufung des Laienstandes in der Kirche und in der Welt» sein. Da dies auch eine Annäherung an die Kirche war, in der alle Christen sich finden könnten, hatte es große ökumenische Bedeutung.

Wenn man aber umgekehrt das Volk Gottes als Ausgangspunkt des Denkens über die Kirche fallenließe, würde das bedeuten, daß alle diese Einsichten unter dem zweifelhaften Vorwand, sie wären mit einer gefährlichen Dosis «demokratischen» Denkens vergiftet, weggeworfen worden wären. Aber die Kirche ist keine Demokratie. *Quod erat demonstrandum.*

Pater Kenneth Baker, ein amerikanischer Jesuit, den niemand beschuldigen konnte, ein liberaler Theologe zu sein, ließ die Katze aus dem Sack, als er die italienische Zeitung *La Repubblica* zitierte, in der es hieß, «der Ausdruck ‹Volk Gottes› ist von der Synode begraben worden». Baker hielt das für ein glückliches Ergebnis. Er erklärte: «Das mag ein bißchen stark sein, aber es spiegelt durchaus das fast völlige Verschwinden des Bildes aus den Reden und Dokumenten der Synode.» Er wies auch auf die Ähnlichkeiten zwischen diesem Schlußbericht und dem Ratzinger-Interview hin, «besonders in der Vorstellung von der Kirche eher als Mysterium Christi und Gemeinschaft denn als Volk Gottes». Baker verlangte auch, daß dieser Schlußbericht «jetzt verwendet werden muß, wenn es auf die authentische

Auslegung von Vatikanum II ankommt». Aber dies, meint Professor Joseph A. Komonchak von der Catholic University of America, «ist eine Ansicht, der man sich aus materiellen und formalen Gründen widersetzen muß» (*The Tablet*, 8. März 1986, S. 266). Denn das hieße, daß Vatikanum II in einem entscheidenden Punkt verworfen worden wäre.

Theologische Argumente, das dürfte klar sein, sind nicht immer so direkt, wie sie erscheinen mögen. Stets ist eine verborgene Tagesordnung am Werk. Was man beabsichtigt, ist nicht immer das, was erklärt wird. Das konnte man an der Art erkennen, wie der Schlußbericht der Synode die Bedeutung der «Zeichen der Zeit» umwandelte. Wie es von Papst Johannes XXIII. und dem Konzil benutzt wurde, bedeutete «die Zeichen der Zeit erkennen» die Anwesenheit des Heiligen Geistes in den positiven Trends unseres Zeitalters zu entdecken. Johannes' Enzyklika *Pacem in Terris* begrüßte das Ende des Kolonialismus, die Emanzipation der Frau und das Vorankommen der Arbeiterklasse als willkommene «Zeichen der Zeit».

Aber der Schlußbericht der Synode untergrub diesen Standpunkt. Er sagte:

> Die Kirche als Gemeinschaft ist das Sakrament der Erlösung der Welt ... In diesem Zusammenhang bekräftigen wir die große Bedeutung der Pastoralkonstitution *Gaudium et Spes.* Gleichzeitig bemerken wir, daß die Zeichen unserer Zeit sich in einem gewissen Grad von denen unterscheiden, die das Konzil erkannte, denn heute haben Angst und Leiden zugenommen. Überall in der Welt gibt es Hunger, Unterdrückung, Ungerechtigkeit, Krieg, Folter, Terrorismus und andere Arten von Gewalt jeglicher Art. Dies verpflichtet uns zu einer neuen und tieferen theologischen Überlegung, die solche Zeichen im Licht des Evangeliums deutet.

Das läßt darauf schließen – vielleicht ist das die Absicht –, daß die 1964/65 angebotene Deutung der Zeichen der Zeit oberflächlich war und in die allzu optimistischen und der Selbsttäuschung verfallenen 1960er Jahre gehört. Zweifellos ist etwas an der Sache. Zweifellos wird eine «Theologie des Kreuzes» immer von Gläubigen gebraucht, um besser mit Unglück und Scheitern fertig zu werden. Ja, Christus leidet in Auschwitz und im Libanon und in Südafrika und im Archipel Gulag. Der Fall von Irina Ratuschinskaja, einer sowjetischen Katholikin, die zu sieben Jahren Zwangsarbeit verurteilt wurde, weil sie Gedichte schrieb, beweist das. Aber das ist es nicht, was das Konzil im Sinn hatte, als es von den «Zeichen der Zeit» sprach.

Nach dieser theologischen Plackerei – es ist manchmal notwendig,

Haare zu spalten, damit sie nicht ausfallen – ist es eine Erleichterung, in die langweiligere Welt des Persönlichen zurückzukehren. Msgr. George Higgins von der Catholic University of Washington sagte mir, daß ich ungerecht gegenüber Kardinal John J. O'Connor war. Ich bekenne, mich zu stark auf Information aus zweiter Hand verlassen zu haben, und räume freimütig ein, daß O'Connor als «Mannschaftsspieler» sich beträchtlich von dem Einzelkämpfer O'Connor unterscheidet. Mein Chefredakteur Tom Fox gab zu, daß O'Connors Erklärung vor der Catholic Press Association 1986 in Columbus, Ohio, «differenzierter und nachdenklicher war als das, was er während der Präsidentenwahl 1984 gesagt hatte» (*National Catholic Reporter*, 20. Juni 1986). O'Connor hat offenbar Fortschritte gemacht.

Daß er nicht mehr ein bedingungsloser Anhänger der republikanischen Regierung ist, wird außerdem durch die folgenden Punkte bewiesen. Er hat sich vor einem Kongreßausschuß gegen Hilfe für die Contras im Krieg gegen Nicaragua ausgesprochen. Dies machte die Regierung wütend. Ebenso empfahl O'Connor, als er sich vor dem Kongreßausschuß über Wohnungsbau äußerte, Mittel vom MX-Raketenprojekt in den sozialen Wohnungsbau umzuleiten. Desgleichen hat sein weit und breit veröffentlichtes Telegramm an Präsident Reagan, das auf eine Änderung seiner «Bitburg-Reise» drängte, die Regierung sehr verstimmt. Kurz, O'Connor ist alles andere als der Schoßhund des Präsidenten, als den ich ihn geschildert habe, und hat von Anfang an die «konsequente ethische» Haltung Bernadins unterstützt. Die nach dem *Corriere della Sera* in Kapitel 8 zitierte Bemerkung wird nun als «Scherz» hingestellt. Reporter fragten ihn, ob er Papst und Präsident nahestände. Nach meiner letzten Quelle antwortete O'Connor: «Einige Reporter scheinen zu glauben, ich stehe ihnen so nahe, daß jeder mich mehrmals wöchentlich anruft und manchmal einer warten muß, weil ich gerade mit dem anderen spreche.» Dieser geistreiche Einfall wurde mit Lachen beantwortet.

In Rimini wurde im August 1985 also gelacht, aber in Brasilien gab es am 12. April 1986 Tränen bei den 320 Bischöfen, als ihnen ein Brief Papst Johannes Pauls verlesen wurde. Es waren Freudentränen, denn der Papst pries jetzt die Theologie der Befreiung und sagte, sie sei «nicht nur angebracht, sondern nützlich und notwendig». Die brasilianischen Bischöfe umarmten einander vor Freude und sangen Hallelujas. Am Tag vor Ostersonntag hatte es einen Hinweis gegeben, daß das kommen würde. Der Franziskanerpater Leonardo Boff, ihr oberster theologischer Ratgeber, erfuhr, daß der Bann, der ihm Schweigen auferlegt hatte, aufgehoben worden war. Es gab natürlich weder eine Erklärung noch eine Entschuldigung. Aber es war eine der schnellsten Rahabilitierungen der Kirchengeschichte. Sie geschehen gewöhnlich, wenn die Person wirklich und wahrhaftig tot ist. So sprach man bei den Dominikanern 1986 davon, Meister Eckhart zu rehabilitieren, der 1329 verurteilt worden war. Boff hatte mehr Glück. Er wurde nicht jahrhundertelang gebeten zu widerrufen.

Diese verschiedenen Schritte veranlaßten Kommentatoren, Spekulationen anzustellen über dieses «einmalige Beispiel einer Meinungsänderung des Papstes in einer erstrangigen Streitfrage. Man schreibt ihm allgemein bemerkenswerte Gaben im Zuhören zu, aber dann fährt er fort, als hätte er nichts gehört» (Peter Nichols, *The Times,* 18. Juni 1986). Hatte Johannes Paul also wirklich seine Meinung geändert? War er ein «Liberaler» geworden?

Um diese Frage zu beantworten, vergleicht man am besten, was Johannes Paul den brasilianischen Bischöfen in diesem Osterbrief von 1986 sagte, mit seiner Rede an sie in Fortaleza in Brasilien am 10. Juli 1980. Die Ansprache an die Bischofskonferenz ist immer der wichtigste Teil jedes Papstbesuches: ohne Fernsehkameras spricht der Papst seine Gedanken ungehemmt aus und gibt den Bischöfen seine Beurteilung ihrer pastoralen Methoden. In Fortaleza 1980 hatte er viel an den brasilianischen Bischöfen auszusetzen. Er behandelte «Basisgemeinden», auf die sie ihre Hoffnungen setzten, mit Mißtrauen. Man dürfte nicht zulassen, daß sie auf politische Ziele zutrieben. Dann kam die Warnung: «Wir wären alle glücklich, wenn Irrtümer und Abweichungen in den Bereichen Christus, Kirche und Mensch entlegene Möglichkeiten wären anstatt eine tatsächliche Bedrohung. Aber ihr wißt, daß dies nicht so ist.» Es war in Puebla im März 1979 gewesen, daß Johannes Paul zum erstenmal diese Dreiheit der Irrtümer anprangerte, die Christus betrafen (indem sie ihn zu einem politischen Befreier verkleinerten), die Kirche (indem sie eine Volkskirche erfanden, die von unten her kommt) und den Menschen (indem er sich falschen Ideologien verschreibt, d.h. dem Marxismus). Er fügte hinzu, daß sie die Glaubenskongregation mit Respekt behandeln müßten, weil sie in seinem Namen handelte. Es war ein scharfer Ton für einen, der ein Land zum erstenmal besucht. Die Brasilianer bekamen keine Zeit zu erklären, daß die Beschuldigungen nicht trafen.

Dieses negative Urteil von 1980 über die Brasilianer wurde von außen gefällt. Es gründete auf anonymen, feindseligen und aussortierten Berichten. Es ging vom schlimmsten aus. Seine Auswertung setzte voraus, daß das drängendste Problem, vor dem die brasilianischen Bischöfe standen, Unorthodoxie wäre, wogegen sie dachten, es wären Ungerechtigkeit und äußerste Armut. Es spiegelte das Urteil von Erzbischof (jetzt Kardinal) Alfonso Lopez Trujillo wider, dem Vorsitzenden der C.E.L.AM, der Lateinamerikanischen Bischofskonferenz, der kein Geheimnis aus seinem Wunsch machte, die Theologie der Befreiung auszurotten und die brasilianischen Bischöfe «fertigzumachen».

Was zwischen 1980 und 1986 geschehen ist, läßt sich einfach so sagen, daß Papst Johannes Paul die brasilianischen Bischöfe besser kennengelernt hat. Er hat Berichte aus zweiter Hand gegen Wissen aus erster Hand ausgetauscht. Entscheidend war die Begegnung, die er mit repräsentativen brasilianischen Bischöfen vom 13. – 15. März 1986 im Vatikan hatte. Es war keine förmliche Konferenz und wurde nicht als besondere Synode tituliert (der holländische Vorläufer von 1980 war nicht sehr ermutigend, denn er konnte nicht in die Tat umgesetzt werden, nachdem die Bischöfe nach Hause in die Niederlande gegangen waren).

Aber diese locker strukturierte Konferenz ermöglichte den Brasilianern zu sagen, was sie wirklich von der Römischen Kurie dachten, und der Römischen Kurie, was sie von den brasilianischen Bischöfen dachte – und das alles in Anwesenheit des zuhörenden Papstes, der dann und wann ermutigend, wenn auch geheimnisvoll nickte. Ein Hinweis auf die Stimmung bei diesem höchst geheimen Treffen war, daß die Brasilianer, als Kardinal Bernadin Gantin als Vorsitzender vorschlug, sie sollten einen Sprecher wählen, sagten, sie könnten das nicht gut tun, weil sie sich bei ihren eigenen Konferenzen ständig gegenseitig unterbrächen. «Das Recht zu unterbrechen» ist das grundlegendste Menschenrecht. Das Eis war gebrochen.

Schließlich unterbrachen sie sich mit so gutem Erfolg, daß Johannes Paul innerhalb von zwei Wochen den Brief, der sie so rührte, schrieb oder schreiben ließ. Die schuldigen Verdächtigen wurden jetzt beispielhaft: «Ihr habt der Kirche von Brasilien und darüber hinaus anderen Kirchen und der Weltkirche einen unschätzbaren Dienst erwiesen, einen Dienst, der indirekt der brasilianischen Gesellschaft hilft und darüber hinaus der ganzen menschlichen Familie.» Ein höheres Lob war nicht denkbar. Sie hatten einen neuen Weg gefunden, «Kirche» zu sein.

Aber es waren nicht nur die Komplimente, was für die Brasilianer eine Rolle spielte, so erfreulich sie auch waren. Es war das Gefühl, daß jetzt richtig verstanden wurde, was sie zu tun versucht hatten. Ihre «Option für die Armen» wurde jetzt gesehen, wie sie selbst sie sahen, und nicht als Deckmantel für politisches Parteiergreifen: «Als Seelsorger seid ihr euren Menschen außerordentlich nahe, solidarisch mit ihnen in ihren Freuden und Leiden, genauso bereit, sie im Glauben zu erziehen und ihr christliches Leben zu stärken, wie ihnen in der Not zu helfen, Mitgefühl mit ihren Beschwerden und Prüfungen zu haben und ihnen Hoffnung zu bringen.» Dann kam die Bemerkung über die Theologie der Befreiung, die überdies als «ein neues Stadium in der theologischen Betrachtung» begrüßt wurde. Gut, dieses «neue Stadium» wurde in der Kontinuität mit der apostolischen Tradition und dem gegenwärtigen Magisterium dargestellt (einschließlich seiner eigenen Sozialenzyklika *Laborem Exercens)*, aber das beunruhigte die Brasilianer nicht. Sie hatten immer geglaubt, daß sie die Tradition vertieften und erneuerten und sie nicht beiseite schoben oder ihr widersprachen.

Es wäre also richtiger zu sagen, daß Papst Johannes Paul nicht so sehr seine Meinung über die Theologie der Befreiung geändert hatte als vielmehr seine Einstellung gegenüber den Brasilianern. Er bleibt gegenüber der Theologie der Befreiung zutiefst mißtrauisch, insofern als sie nicht vom «Marxismus» gereinigt ist, und während die Brasilianer freigesprochen wurden, ermahnte er die nicaraguanischen Bischöfe, unter der «Verfolgung» durch die «marxistischen» Sandinisten standhaft zu bleiben.

Zur Bestätigung, daß es eher ein Wandel der Methode als des Denkens war, braucht man sich nur der zweiten Instruktion *Über christliche Freiheit und Befreiung* zuzuwenden, die am 5. April 1986 herauskam (wenn auch offiziell auf den 22. März 1986 datiert). Sie tat nichts, um dem negativen Eindruck der Instruktion vom September 1984 entgegenzutreten. Tatsächlich erklärt sie, daß ihre Warnungen, hinsichtlich «Abweichungen oder Gefahren von Abweichungen, die dem christlichen Glauben Schaden zufügen ... weit davon entfernt, überholt zu sein, noch aktueller und wichtiger erscheinen» (S. 1). In Wahrheit wurde jeder über das von der ersten Instruktion versprochene «positive Dokument» getäuscht. Man nahm an, daß nach der Herauslösung der negativen Aspekte der Theologie der Befreiung das positive Dokument das Gleichgewicht wiederherstellen würde, indem es sagte, was ihre Verdienste wären. Aber das war immer eine falsche Annahme.

Eine gründlichere Lektüre enthüllte, daß eine «positive Behandlung *des Themas der Befreiung*» versprochen worden war. Dies ermöglichte es Johannes Paul, vertreten durch Ratzinger, das Problem neu zu definieren und die Befreiung in eine tief geistige Erfahrung zu verwandeln, der Art und Weise Alexander Solschenizyns sehr ähnlich. Der Gefangene ist freier als sein Kerkermeister. Der Papst sagt: «Freiheit ist nicht das Recht, alles zu tun. Es ist die Freiheit, Gutes zu tun, und darin allein das Glück zu finden. Das Gute ist also das Ziel der Freiheit» (S. 26). Deshalb war er ziemlich verstimmt, daß andere sich mit diesem Begriff von «Befreiung» davongemacht hatten.

Johannes Paul geht es in dieser Instruktion – sie trägt seinen unverkennbaren persönlichen Stempel – am meisten darum, den Mythos des Fortschritts zu verurteilen. Besonders warnt er davor, Versprechungen vom Paradies auf Erden, die unausweichlich in Tyrannei enden, zu glauben. Die zweite Instruktion macht zwar einige tiefsinnige Feststellungen, dreht sich aber in Wirklichkeit überhaupt nicht um Theologie der Befreiung. Sie steht auf einer anderen Ebene des Gesprächs. Sie führt ein weiteres «Sprachspiel» ein (Ludwig Wittgenstein). Aus diesem Grund konnte der Befreiungstheologe Jon Sobrino, ein baskischer Jesuit, der in El Salvador arbeitet, sie als «ein Dokument ohne Zeugen, ohne Märtyrer, ohne Zuhause» beschreiben.

Andere Befreiungstheologen nahmen die Instruktion freundlicher auf und erklärten, sie hätte «der Debatte ein Ende bereitet». Das war taktisch zweifellos schlau von ihnen. Aber keine Debatte ist in der Kirche jemals endgültig «gelöst», und die Dialektik von Primat und Kollegialität, von Zentrum und Peripherie, von Autorität und Gewissen liefert Szenarien, die ständig in frischer Besetzung und mit neuen Hoffnungen wieder durchgespielt werden müssen. Das nämlich bedeutet Leben in der Kirche.

Was Johannes Paul der brasilianischen Kirche also signalisierte, war die dringende Notwendigkeit eines Waffenstillstands. Da er sie nun besser kennengelernt hatte, würde er sich weniger aufregen und ihnen mehr trauen. Er wollte nicht ausschließlich als Papst der Banne und Exkommunikationen in die Geschichte eingehen.

Es gab auch einen politischen Faktor, dessen Bedeutung erst allmählich zutage trat. 1986 befand sich Brasilien in einem empfindlichen Stadium seiner «Rückkehr zur Demokratie». Die Nation hatte eine Überfülle von Plänen für eine neue Verfassung. Die Kirche war an diesen Diskussionen stark beteiligt. Wie die Bischöfe und Leonardo Boff immer betonen, ist «formale Demokratie» – nur hin und wieder seine Stimme abgeben – nicht genug. Sie brauchen eine *soziale* Demokratie, die Gerechtigkeit und Brüderlichkeit bringt. Im Nordosten Brasiliens wurde ein junger Priester, Pater Josimo Tavares, am 10. Mai 1986 hinterrücks erschossen, von einem bezahlten Mörder, der sein Verbrechen mit der Begründung rechtfertigte, die Unterstützung des Priesters für die Landreform habe bewiesen, daß er «Kommunist» sei. Der Papst wollte diese Art von Propaganda nicht glaubhaft machen. Er wünschte den Gedanken zurückzuweisen, er sei uneins mit den brasilianischen Bischöfen.

Doch die ganze langwierige und blutige Schlacht um die Theologie der Befreiung deckte einen seltsamen Zug in diesem Pontifikat auf. So viele Worte sind geäußert und so viele Leidenschaften geweckt, und doch ändert sich im Grunde so wenig. Ob man an die Jesuiten denkt, an die Kirche in den Niederlanden oder an die Theologie der Befreiung – es sieht fast so aus, als wären die Siege des Papstes Pyrrhussiege und existierten nur auf dem Papier oder der Mattscheibe.

Die Theorie von Marshall McLuhans Schüler Derrick de Kerckhove von der University of Toronto, der erklärt, daß Papst Johannes Paul der erste «bionische» Papst und eine «kollektive Ikone» sei, zugleich persönlich und planetarisch, könnte Licht darauf werfen. De Kerckhove behauptet auch, daß theologische Kontroversen nicht viel gelten, wenn der Papst in seinem «glitzernden Hubschrauber» eintrifft und «durch seine Gegenwart überzeugt». Falls das stimmt, bin ich mir nicht sicher, wie wünschenswert das ist. Denn die grundlegende Zelle der Kirche ist immer eine kleine Gruppe von Menschen, die sich persönlich kennen.

Daheim im Vatikan hat es einige Veränderungen an der Spitze gegeben. Der aus Polen stammende Kardinal Ladislaw Rubin hat sich aus Gesundheitsgründen zurückgezogen und ist als Präfekt der Kongregation für die Orientalischen Kirchen durch den indischen Kardinal Simon Lourdasamy ersetzt worden. Kardinal Silvo Oddi zog sich ordnungsgemäß zurück, als er 75 wurde, und sein Nachfolger als Präfekt der Kongregation für den Klerus wurde der gleichgesinnte Kardinal Antonio Innocenti. Bei den Diplomaten hat Erzbischof Giorgio Zur Ostafrika mit Paraguay vertauscht, der Billardspieler Erzbischof Luigi Barbarito ist vom ausgedörrten Canberra, Australien, ins grüne Wimbledon in London gegangen, während der allererste Botschafter der Vereinigten Staaten beim Vatikan, der Malteserritter William Wilson, nach einer unpassenden Dienstreise nach Libyen eilends abgezogen wurde. Während das geschrieben wurde, ist Frank Shakespeare als Nachfolger im Gespräch.

Die ökumenischen Beziehungen erlitten einen Rückschlag, als die Bischöfe und Theologen der orthodoxen Kirchen demonstrativ die vierte Konferenz der Katholisch-Orthodoxen Kommission im süditalienischen Bari am 8. Juni 1986 verließen. Sie beschwerten sich, daß eine Ausstellung makedonischer Ikonen im Vatikan eine de facto-Anerkennung der Makedonischen Kirche als «autokephal» wäre: Die meisten Orthodoxen meinen, die Makedonier sollten unter dem griechischen Patriarchen bleiben. Dieser Streit ließ es weniger wahrscheinlich aussehen, daß Papst Johannes Paul die Sowjetunion 1988 zur Tausendjahrfeier des Christentums in Rußland besuchen kann. Auch hat er keine guten Aussichten, bei seinem für 1987 geplanten dritten Besuch zu Hause Litauen zu besuchen, das so lange mit Polen vereint war.

Die anglikanisch-römisch-katholischen Beziehungen steckten auch einige harte Schläge ein. Im September brachte die ARCIC-II-Konferenz in Llandaff offiziell «die Reformation zu einem Ende», mit einer gemeinsamen Erklärung über jenen alten Zankapfel «Rechtfertigung» (durch den Glauben? oder durch Werke?). Ob dies Evangelische, die die Losung «Rechtfertigung» auf ihre Fahne geschrieben haben, überzeugte, wohlwollender auf Rom zu blicken, darf in Frage gestellt werden. Die früheren Übereinkünfte von ARCIC über die Eucharistie und über Amt und Autorität, bisher höflich aufgenommen, wurden von John Drury in *Theology* (Juli 1986) als «hochtrabend großsprecherische Erklärungen» abgetan, die das Papsttum idealisierten und die Kirche romantisierten.

Dann war da noch die Weihe von Frauen zu Priestern. Die Anglikanische Synode hatte bei ihrer Versammlung in York im Juni 1986 einen Plan vorliegen, der zu einer «Kirche von England A», zusammengesetzt aus Traditionalisten und einem ausschließlich männlichen Klerus, und einem «Modell B», das für dogmatisch Liberale und einen gemischten Klerus Platz haben würde, geführt hätte. Die eine oder andere hätte dann «vom Staat getrennt» werden müssen. Dieser entzweiende, um nicht zu sagen absurde Plan wurde klugerweise fallengelassen. Es wird weitere Verzögerung und erneutes Überdenken geben. Aber es könnte ein stärkeres Gefühl bischöflicher Verantwortung dabei herauskommen – was Vatikanum II «Kollegialität» nannte. Sind Bischöfe die Lehrer *(doctores)* der Kirche und die Zeugen des Glaubens *(testes fidei)* oder sind sie es nicht?

Die Ordination von Frauen ist Gegenstand eines Briefwechsels zwischen Canterbury und Rom gewesen. Robert Runcie ergriff die Initiative, indem er sehr bestimmt sagte, «der Rahmen für diese Diskussion» (Weihe von Frauen) «ist der Rahmen der sakramentalen Theologie und der Tradition der Kirche». In anderen Worten, es ging nicht darum, ein Unrecht in Ordnung zu bringen oder in den soziologischen Gang der Dinge zu geraten oder zu sagen, daß Frauen auch Priester sein können, wenn sie Premierminister werden oder an der Börse arbeiten können. Die Ordination ist nicht die Bastille, die die Feministinnen stürmen müssen. Sie hat eine tiefe theologische Begründung. Die eigentliche Bedeutung der Menschwerdung ist, daß Jesus menschlich ist, und nicht, daß er ein Mann ist. «Was nicht aufgenommen wird, wird nicht erlöst», lautet ein alter Spruch. Wenn Weiblichkeit nicht in Christus eingeschlossen ist, dann werden Frauen nicht erlöst. Runcie, der den Papst 1986 zweimal traf, im Februar in Indien und im Oktober in Assisi, geht also zum Angriff über: «Weil das Menschsein Christi, unseres Hohenpriesters, männlich und weiblich einschließt, wird somit nachdrücklich geltend gemacht, daß das Priesteramt jetzt den Frauen geöffnet werden sollte, damit es vollkommener das ganze Hohepriesteramt Christi darstellt.»

Papst Johannes Paul überließ Willebrands die Aufgabe, diesen Brief (der angeblich von Henry Chadwick entworfen wurde) im einzelnen zu beantworten. Obwohl seine Antwort wenig Hoffnung auf eine Bewegung hinsichtlich der Ordination von Frauen machte, stimmte er mit Runcie wenigstens darin überein, daß die Frage auf die Ebene der Lehre gestellt wurde. Aber er argumentierte, daß die Vorstellung vom Priester als der *Ikone* oder dem Abbild Christi Frauen davon ausschließt, *in persona Christi* zu handeln. Die phantastische Vorstellung, daß die römisch-katholische Kirche in eine ernsthafte Diskussion über die Ordination von Frauen durch das Mittel der ARCIC einträte, wurde jedoch durch das geheime Einvernehmen der katholischen Kommissionsmitglieder im Keim erstickt. Ihr Auftrag war, die Ordination von Frauen *nur* als ein zusätzliches *Hindernis* für eine zukünftige Union zu betrachten, und falls anglikanische Weihen schließlich anerkannt werden könnten, würde man unterscheiden müssen zwischen denen der Männer (möglicherweise gültig) und denen der Frauen (unter keinen Umständen gültig). Dies war eine geheime Klausel, deren Existenz nicht öffentlich bekanntgegeben wurde. Es sieht aus wie ein Rezept, ungeheuer langsam an kein Ziel zu gelangen.

Wenig, was in diesem Nachwort geschrieben wurde, verrät einen sehr zuversichtlichen Ausblick auf die unmittelbare Zukunft. Das Pontifikat hat eine feste Form gewonnen. Sein Ziel ist, nach dem Chaos, das Paul VI. angeblich verursachte und duldete, wieder Kontrolle über die widerspenstigen Provinzen geltend zu machen. Aber es könnte zu spät sein. 1975 brachte ich ein Buch mit dem Titel *The Runaway Church* heraus. Sehr viele Menschen sind seit damals weggelaufen. Fest steht, daß die Laien es am Ende glauben, wenn man ihnen oft genug sagt, «Ihr seid die Kirche», wie Papst Pius XII. es tat.

Ein Wort zu guter Letzt über den Geist, in dem dieses Buch geschrieben ist. Ich bin eingetragener, aktiver, gläubiger und (glaube ich) treuer Katholik. In seinem Buch über Bischöfe war Lord Longford so freundlich, mich als «fromm» zu beschreiben. Ich kann dazu nichts sagen. Aber ich weiß, daß meine Ekklesiologie fest auf der Theologie des Zweiten Vatikanischen Konzils gründet.

Sie läßt Spielraum für Freiheit und jene *parresia* – die Kühnheit, laut und deutlich zu sprechen, von der in der Apostelgeschichte die Rede ist. Denen, die sagen: «Bring das Boot nicht ins Schaukeln», kann ich antworten: «Manchmal muß man es ins Schwanken bringen, um es aus der Schlickzone herauszubekommen.»

Oxford, 8. September 1986

Bibliographie

Abbott, Walter M. (Hg.), *The Documents of Vatican II,* London 1966.

Acton, Lord, *Essays on Church and State,* hg. von Douglas Woodruff, London 1952.

Adam, Karl, *Vom Wesen des Katholizismus,* Augsburg 1924.

Adista, Roms Nachrichtenagentur mit dem Spezialgebiet Vatikan.

Andreotti, Guilio, *A Ogni Morte di Papa,* Mailand 1980.
deutsch: *Meine sieben Päpste – Begegnungen in bewegten Zeiten,* Freiburg i. Br. 1982.

Andrieux, Maurice, *Daily Life in Papal Rome in the Eighteenth Century,* London 1968.

Annuario Pontificio, das vatikanische Handbuch, herausgegeben von der Libreria Editrice Vaticana.

Atheism and Dialogue, Vierteljahresschrift des Sekretariats für die Nichtglaubenden, Rom.

Boff, Leonardo, *Church: Charism and Power,* London 1985.
deutsch: *Kirche: Charisma und Macht,* Düsseldorf 1985.

Bollettino, das tägliche Bulletin des vatikanischen Pressebüros.

Briefing, Dokumente und Informationen des Catholic Media Office, London.

Brown, Raymond E., *Crises Facing the Church,* London 1975.

Caprile, Giovanni, *Karol Wojtyla e il Sinodo dei Vescovi,* Vatikanstadt 1980.

Cardinale, Hyginus Eugene, *The Holy See and the International Order,* Gerrards Cross 1976.

Chadwick, Owen, *The Popes and European Revolution*, Oxford 1981.
Clark, Kenneth, *Civilisation, A Personal View*, London 1969.
deutsch: *Zivilisation. Von den Gedanken, Bauten, Büchern, Kunstwerken und Genies, die den Glanz des Abendlandes schufen*, Reinbek 1970.
Congar, Yves, *Diversity and Communion*, übers. v. John Bowden, London 1984.
Cornwell, Rupert, *God's Banker, An Account of the Life and Death of Roberto Calvi*, London 1984.
Creighton, Mandell, *A History of the Papacy from the Great Schism to the Sack of Rome*, 5 Bände, London 1897.
Davies, J.G., *Liturgical Dance: An Historical and Practical Handbook*, London 1984.
Delooz, Pierre, «Towards a sociological study of canonised sainthood in the Catholic Church», in *Saints and their Cults, Studies in Religious Sociology, Folklore and History*, hg. von Stephen Wilson, Cambridge 1983.
Eagan, Joseph P., *Pilgrim from Canterbury*, New York 1972.
Empie, Paul C./Austin, Murphy T. (Hgg.), *Papal Primacy and the Universal Church*, Minneapolis 1974.
Fitzgerald, Penelope, *The Knox Brothers*, London 1977.
Fremantle, Anne, *The Papal Encyclicals in their Historical Context*, mit einem Vorwort von Gustave Weigel, New York 1956; neubearbeitete und erweiterte Auflage 1963.
Frossard, André, *Be Not Afraid! André Frossard in Conversation with John Paul II*, London 1984.
deutsch: *Fürchtet euch nicht! Im Gespräch mit Johannes Paul II.*, München 1982.
Graham, Robert, *Il Vaticano e il Nazismo*, Rom 1975.
Granfield, Patrick, *The Papacy in Transition*, New York 1980.
deutsch: *Das Papsttum. Kontinuität und Wandel*, Münster 1984.
Grootaers, Jan, «Quelques données concernant la rédaction de l'encyclique Humanae Vitae», in *Paul VI et la Modernité*, Ecole Française de Rome, 1984.
Gross, Jan Tomasz, *Polish Society Under German Occupation. The Generalgouvernement 1939–1944*, Princeton, New Jersey, 1979.
Guarducci, Margherita, *Saint-Pierre retrouvé, le martyre, la tombe, les reliques*, Paris-Fribourg 1974.
deutsch: *Petrus, Sein Tod – Sein Grab. Chronik einer Entdeckung*, Regensburg 1976.
Guitton, Jean, *Dialogues avec Paul VI.*, Paris 1967.
deutsch: *Dialog mit Paul VI.*, Wien 1967.

Hasler, August Bernhard, *Wie der Papst unfehlbar wurde: Macht und Ohnmacht eines Dogmas,* München 1979.

Hastings, Adrian (Hg.), *Bishops and Writers, Aspects of the Evolution of Modern English Catholicism,* Wheathampstead 1977.

Haynes, Renée, *Philosopher King,* London 1970.

Hebblethwaite, Peter, *The Runaway Church,* London 1975; neubearbeitete und erweiterte Auflage 1978.

Hebblethwaite, Peter, *Christian-Marxist Dialogue and Beyond,* London 1977.

deutsch: *Mehr Christentum oder mehr Marxismus?,* Frankfurt a.M. 1977.

Hebblethwaite, Peter, *John XXIII, Pope of the Council,* London 1984.

deutsch: *Johannes XXIII. Das Leben des Angelo Roncalli,* Zürich-Köln 1986.

Heenan, John Carmel, *Not the Whole Truth,* London 1971.

Insegnamenti, siehe Paul VI.

Johannes XXIII., *Geistliches Tagebuch und andere geistliche Schriften,* eingeleitet von Loris Capovilla, Freiburg i.Br. 1964.

Johannes Paul II., *Liebe und Verantwortung. Eine ethische Studie,* München 1979.

Johannes Paul II., *Person und Tat,* Freiburg i.Br. 1981.

Kenny, Anthony, *A Path from Rome,* London 1985.

Keohane, R.O./Nye, J.S. (Hgg.), *Transactional Relations in World Politics,* Cambridge, Massachusetts, 1972.

Küng, Hans, *Unfehlbar? Eine Anfrage,* Zürich-Köln 1970.

Küng, Hans, *Wozu Priester? Eine Hilfe,* Zürich-Köln 1971.

Longford, Elizabeth, *Pilgrimage of Passion,* London 1979.

Maritain, Jacques, *Three Reformers,* London 1928.

Maritain, Jacques, *Art and Scholasticism,* London 1930.

Martin, Malachi, *Three Popes and a Cardinal,* London 1973.

Mercier, Désiré, *Per Crucem ad Lucem,* Paris 1917.

Murphy, Francis X., *The Papacy Today,* London 1981.

N.C. News Service, internationale Nachrichtenagentur; arbeitet für die nordamerikanischen Bischöfe.

Oliveri, Mario, *The Representatives. The Real Nature and Function of Papal Legates,* Gerrards Cross 1981.

Parpagliolo, Luigi, *Italia negli scrittori italiani e stranieri,* Band 5: *Roma,* Rom 1937.

Paul VI et la Modernité dans l'Eglise, Ecole Française de Rome, 1984.

Paul VI., *Insegnamenti di Paolo VI,* 16 Bände und Index, Vatikanstadt.

Pawley, Bernard und Margaret, *Rome and Canterbury through the Centuries,* London 1974.

Pin, Emile, *La religiosità dei Romani,* Bologna 1975.
Pirri, Pietro (Hg.), *Pio IX e Vittorio Emanuele dal loro Carteggio Privato,* Rom 1961.
Pomian-Srzednicki, Maciej, *Religious Change in Contemporary Poland,* London 1982.
Poupard, Paul, *Il Vaticano Oggi,* Rom 1968.
deutsch: *Der Vatikan heute,* Paderborn 1969.
Ratzinger, Joseph, *Rapporto sulla Fede,* Mailand 1985.
deutsch: *Zur Lage des Glaubens. Ein Gespräch mit Vittorio Messori,* München 1985.
Riccardi, Andrea (Hg.), *Pio XII,* Rom-Bari 1984.
Rouquette, Robert, *La Fin d'une Chrétienté,* 2 Bände, Paris 1968.
Scott, Christina, *A Historian and his World, a Life of Christopher Dawson,* London 1984.
Seton-Watson, Christopher, *Italy from Liberalism to Fascism,* London 1967.
Tardini, Domenico, *Pio XII,* Vatikanstadt 1960.
deutsch: *Pius XII. Als Oberhirte, Priester und Mensch,* Freiburg i.Br. 1963.
Wall, Bernard, *Italy, a Personal Anthology,* London 1964.
Walsh, Michael J., *Vatican City State,* Band 41 der World Bibliographical Series, Oxford 1983.
Zizola, Giancarlo, *Quale Papa?,* Rom 1977.

Der *Portone di Bronzo,* das Bronzetor, ist der normale Fußgängereingang zum Vatikan. Nach dem Konstantinsportikus mit Berninis Statue des ersten christlichen Kaisers führt die *Scala Regia* hinauf in den Apostolischen Palast, die päpstlichen Wohnräume.

Der Vatikan aus der Luft, bevor die neue Audienzhalle auf dieser Seite der Peterskirche gebaut wurde. Die 44 Hektar lassen sich grob in ein Drittel Gebäude, ein Drittel Gartenanlagen und ein Drittel Straßen und Plätze einteilen (der Petersplatz gehört zum Vatikan).

Der Petersplatz 1575, als 400 000 Pilger anläßlich des Heiligen Jahres kamen. Ein Stich von de Cavaller befindet sich heute im Britischen Museum. Die neue Peterskirche erhebt sich hinter der Fassade und dem Portikus der Basilika Konstantins.

Papst Paul VI. besichtigt 1963 die Restaurierungsarbeiten an San Giovanni in Laterano, der Kathedrale des Bischofs von Rom. Abgesehen von der Zeit im Exil wohnten die Päpste bis 1367 hier. Papst Johannes XXIII. wollte den Lateranpalast als Mittelpunkt seiner Diözese neu beleben.

Die Bronzestatue aus dem 13. Jahrhundert rechts in der Peterskirche. Die linke Hand ist zum Segen erhoben, während die rechte «die Schlüssel des Himmelreichs» (Matthäus 16,19) hält.

Paul VI. war der letzte Papst, der die Tiara trug. «Die wahren Schätze der Kirche», sagte sein Nachfolger Johannes Paul I., «sind die Armen, die Entrechteten, die Schwachen.» So verzichtete er auf die dreifache Krone asiatischen Ursprungs, in der man einst ein Symbol der päpstlichen Macht über Erde, Himmel und Hölle sah.

Pius XII. an seiner berühmten weißen Schreibmaschine. Wenn sie die Worte *Qui Pacelli* (hier Pacelli) am Telefon hörten, fielen Kardinäle und Monsignori auf die Knie, um den päpstlichen Anruf entgegenzunehmen.

Pius XII. mit dem Mann, dem er seine Schreibmaschine hinterließ, Giovanni Battista Montini, später nach Mailand abgeschoben und nicht zum Kardinal ernannt. Montini ist hier am 3. März 1956 zu sehen, als er dem Papst zum achtzigsten Geburtstag gratuliert. Es war ihre erste Begegnung nach Montinis Entfernung aus Rom.

Papst Johannes XXIII. küßt den abgenutzten Fuß der Petrusstatue – ein uralter frommer Brauch – und wird dabei aufmerksam von Kardinal Alfredo Ottaviani beobachtet, damals Präfekt des Heiligen Offiziums, besser bekannt als der Großinquisitor.

Apostolische Sukzession: Johannes Paul I., der Dreiunddreißig-Tage-Papst, begrüßt im September 1978 Karol Wojtyla. Nach wenigen Wochen starb Johannes Paul I. unter bedrückenden Umständen, und Wojtyla, danach zum Papst gewählt, nahm zwangsläufig seinen Namen an – Johannes Paul II.

Johannes Pauls II. Marienverehrung ist allgemein bekannt: Er hat ein großes unheraldisches M auf seinem Wappen; sein Motto *Totus tuus* (ganz dein) bezieht sich auf die Jungfrau Maria. Was sie ihm wohl sagt?

Pier Luigi Nervis neue Audienzhalle bei ihrer Eröffnung am 9. Juli 1971. Der Synodensaal ist in ihr Dach eingebaut. Sie bietet 6300 Personen Platz, zu wenig für heutige Audienzen, die deshalb im Frühjahr auf den Petersplatz umziehen. Die Skulptur des auferstandenen Christus (kleines Bild) kam später dazu. Halle und Skulptur sind die letzten größeren Beispiele päpstlichen Mäzenatentums.

Paul VI. mit Athenagoras, dem Ökumenischen Patriarchen von Konstantinopel, in gewissem Sinn Führer der orthodoxen Kirchen. Sie kamen in vier Jahren dreimal zusammen. Die erste Begegnung fand im Januar 1964 in Jerusalem statt: Auf dem Ölberg sprachen sie zusammen das Vaterunser, umarmten sich als Bruderpatriarchen und erteilten einen gemeinsamen Segen, der bedeutete: «Wir sind uns einig.»

Johannes Paul II. am 29. Mai 1982 in Canterbury. Der Thronfolger Prinz Charles traf ihn noch einmal mit seiner Braut, während Robert Runcie, der Erzbischof von Canterbury, dem Papst bereits in Akkra, Ghana, begegnet war und ihn im indischen Bombay am 9. Februar 1986 wieder treffen würde.

Johannes' XXIII. Arbeitszimmer und Bibliothek, wo er wichtige Gäste empfing. Der Kronleuchter war ein Geschenk der veneziani schen Glasbläser, und die zwei Statuen erläutern seine Namenswahl: Johannes der Täufer und Johannes der Evangelist.

Der Lesesaal in der Vatikanischen Bibliothek. Sie besitzt kostbare Handschriften, so ein griechisches Neues Testament des 4. Jahrhunderts, einen Vergil des 5. Jahrhunderts, die Partituren Palestrinas und viele andere Schätze. Sie birgt auch «das wichtigste Archiv der Welt» – dessen Bestände 75 Jahre unter Verschluß bleiben.

Kardinal Joseph Ratzinger im Vatikanischen Pressebüro, als er am 7. September 1984 den Marxismus anprangert, dem ungenannte lateinamerikanische Theologen angeblich verfallen sind.

Kardinal Agostino Casaroli trinkt auf die Revision des Konkordats mit Spanien am 28. Juli 1976. Francos Tod machte es Spanien möglich, gewisse Privilegien aufzugeben. Aber der großgewachsene Außenminister, Laureano Lopez Rodo, war ein Mitglied von Opus Dei. Kardinal Marcello Gonzalez, Erzbischof von Toledo und spanischer Primas, macht einen begeisterteren Eindruck als Casaroli.

Der Chor der Kardinäle: Bei seinem letzten Konsistorium am 27. Juni 1977 machte Paul VI. diese Männer zu Kardinälen und vervollständigte das Wahlkollegium, das seinen Nachfolger wählen würde. Von links nach rechts: Ratzinger, Benelli (knapp unterlegen beim zweiten Konklave 1978, inzwischen verstorben), Gantin (jetzt Leiter der mächtigen Bischofskongregation), Tomášek (der immer noch gegen die Regierung in Prag kämpft) und Ciappi (ein greiser Dominikaner, der Karol Wojtylas Lehrer in den 1940er Jahren war).

Frauenarbeit im Vatikan: Nonnen, die einen Wandteppich in den Vatikanischen Museen restaurieren. Außer in der Kongregation für die Ordensleute und im Laienrat sind Frauen im Vatikan streng untergeordnet.

Die Cohors Helvetica oder Schweizergarde, das letzte Überbleibsel der päpstlichen Streitkräfte. Bürgerliche Freiwillige aus katholischen Tälern der Schweiz beschwören das 16. Jahrhundert. Daß Michelangelo oder Raffael ihre Uniformen entworfen hat, ist leider Legende.

Männer vom Zentralen Sicherheitsbüro des 20. Jahrhunderts in Bereitschaft (meist ehemalige italienische Polizisten). Seit dem Mordanschlag auf Johannes Paul II. am 13. Mai 1981 sind die Sicherheitsmaßnahmen verschärft worden.

Eine Pause zum Gebet – zum Angelus um 12 Uhr – im Staatssekretariat. Textverarbeitungsgeräte haben die Schreibmaschinen hier auf dem Bild ersetzt.

Eine Pause für klerikale Geselligkeit in einer römischen Trattoria. Restaurants spielen eine wichtige Rolle im «inoffiziellen Vatikan».

Ein Zug am Tag bringt EG-Waren in den Vatikan, wo sie steuerfrei an Angestellte des Vatikans verkauft werden. Sonst bleibt das massive Stahltor geschlossen. Das Wappen ist das von Pius XI., der Papst war, als dieser Eisenbahnabzweig 1929 eröffnet wurde. Die Größe der Mauersteine ist seit römischen Zeiten fast gleich geblieben. *Arrivederci.*